Wolfgang Leonhard
Die Reform entläßt ihre Väter

Wolfgang Leonhard

Die Reform
entläßt ihre Väter

Der steinige Weg
zum modernen Rußland

Deutsche Verlags-Anstalt
Stuttgart

Die Deutsche Bibliothek – CIP-Einheitsaufnahme

Leonhard, Wolfgang:
Die Reform entläßt ihre Väter :
der steinige Weg zum modernen Rußland /
Wolfgang Leonhard. –
Stuttgart : Deutsche Verlags-Anstalt, 1994
ISBN 3-421-06674-4

© 1994 Deutsche Verlags-Anstalt GmbH, Stuttgart
Alle Rechte vorbehalten
Lektorat: Ulrich Volz
Satz: Fotosatz Dorner, Aichwald
Druck und Bindung: Mohndruck
Graphische Betriebe GmbH, Gütersloh
Printed in Germany
ISBN 3-421-06674-4

Inhalt

Inhalt

Inhalt

Systemwandel 1990–1994

Inhalt

Rußland am Scheideweg

Vorwort

Aus Rußland und den übrigen Staaten auf dem Gebiet der ehemaligen Sowjetunion erreichen uns fast täglich Hiobsbotschaften: Die Versorgungskrise spitzt sich zu, die Produktion geht dramatisch zurück, die Geldentwertung wächst sich zur Hyperinflation aus, zwischen den Nationalitäten werden blutige Kämpfe ausgetragen, die organisierte Kriminalität ist längst zur Herrschaft der Mafia geworden, Morde auf offener Straße sind an der Tagesordnung. Protziges Gehabe von Neureichen steht neben dem Elend großer Teile der arbeitenden Bevölkerung.

So schwierig, ja teilweise katastrophal die heutige Situation ist – wir sollten nicht vergessen: Seit der Ernennung Gorbatschows am 11. März 1985 erleben wir einen Umgestaltungsprozeß, der in der Geschichte ohne Beispiel ist. Er erfolgt auf einer Landfläche, die größer ist als die USA, Kanada und die Europäische Union zusammen genommen. Von diesem Systemwandel sind 290 Millionen Menschen betroffen, die sich in 60 bis 80 Völker und Nationen gliedern.

Der Wandel hat alle gesellschaftlichen und menschlichen Bereiche erfaßt. Im Mittelpunkt steht der Übergang von einer Diktatur zu einer pluralistischen Demokratie, von einer bürokratisch-zentralistischen Planwirtschaft zur Marktwirtschaft, von der früheren zentralistischen Union zur »Gemeinschaft Unabhängiger Staaten«.

In diesem Buch wird versucht, die widersprüchliche Transformation des letzten Jahrzehnts darzustellen, die Teilerfolge,

Schwierigkeiten, Rückschläge, Konflikte und Probleme aufzuzeigen, die Zusammenhänge des schwierigen und wider-
spruchsvollen Prozesses zu verdeutlichen. Im letzten Teil
werden der heutige Stand Rußlands skizziert, einige Zukunfts-
perspektiven aufgezeigt und Vorschläge unterbreitet, wie der
Westen den Reformprozeß in Rußland und den GUS-Staaten
wirksam unterstützen könnte.

An der Spitze dieses beispiellosen Systemwandels standen
mit Michail Gorbatschow und Boris Jelzin zwei ehemals hohe
kommunistische Funktionäre, die – im selben Jahr 1931 geboren, mit paralleler Ausbildung, aber abweichenden Karrierestu-
fen – an Temperament und Charakter wie an Methoden und
Zielen kaum unterschiedlicher hätten sein können. Ihnen gilt
eine einleitende biographische Gegenüberstellung.

Anhänger des früheren Sowjetsystems waren zunächst auch
Männer wie Eduard Schewardnadse, Alexander Jakowlew und
Vadim Bakatin – um nur einige zu nennen –, die jedoch bereits
relativ früh die Reformbedürftigkeit ihres Landes erkannten
und die beiden Protagonisten bei der Umgestaltung des Systems
unterstützten.

All dies ist mir nicht fremd. Zehn Jahre, von 1935 bis 1945,
lebte ich in der Sowjetunion, besuchte dort die Schule und studierte seit 1940 an der Staatlichen Pädagogischen Hochschule
für Fremdsprachen. Ich erlebte Stalins große Säuberung in den
dreißiger Jahren, die Verhaftung meiner Mutter im Oktober
1936 – sie verbrachte neun Jahre im Zwangsarbeitslager Workuta –, den Hitler-Stalin-Pakt im Sommer 1939, schließlich den
deutschen Überfall auf die Sowjetunion im Juni 1941. Drei
Monate später wurde ich, wie alle in Moskau lebenden Deutschen, nach Kasachstan zwangsumgesiedelt.

Nach Ausbildung an der geheimen Kominternschule bei Ufa
für Parteiaufgaben nach Kriegsende war ich von September
1943 bis Ende April 1945 Rundfunksprecher des in Moskau

stationierten Senders des Nationalkomitees »Freies Deutschland«.

Schon damals empfand ich durchaus den Zwiespalt zwischen den verkündeten Zielen und den grauenhaften Erscheinungsformen des stalinistischen Systems, hoffte indes auf Änderungen nach dem Sieg über den Faschismus. So flog ich als Vierundzwanzigjähriger im Mai 1945 mit der »Gruppe Ulbricht« nach Deutschland, um am Aufbau einer antifaschistisch-demokratischen Republik mitzuwirken. Doch die Hoffnung trog – nach langen Zweifeln und wegen wachsender innerer Opposition floh ich am 12. März 1949 nach Jugoslawien und kam Ende 1950 in die Bundesrepublik.

Seit dieser Zeit beschäftige ich mich ausschließlich mit der Entwicklung in der Sowjetunion und den Reformversuchen im Ostblock – der Entstalinisierung unter Chruschtschow, der ungarischen Revolution vom Herbst 1956 und vor allem dem Prager Frühling in der Tschechoslowakei von 1968. Bereits in den siebziger Jahren war ich davon überzeugt, daß die wachsenden Widersprüche des Systems auch in der Sowjetunion zu einer großen Reform führen mußten – und habe dies wiederholt zum Ausdruck gebracht.

Mit der Ernennung Michail Gorbatschows zum Generalsekretär der KPdSU im März 1985 begann jene voraussehbare, gleichwohl nur selten vorausgesehene Entwicklung. Nach meinem bisherigen Lebensweg fiel es mir nicht schwer, mich in die handelnden Personen hineinzuversetzen, ihre Erklärungen und Maßnahmen, aber auch ihre Zweifel einzuschätzen.

Im Juli 1987 konnte ich – als ehemaliger »Renegat« – nach über vierzig Jahren erstmals wieder in die Sowjetunion reisen. Auf weiteren acht Reisen habe ich dort dramatische Wendepunkte erlebt: den Reformdurchbruch im Sommer 1988, die Vorbereitungen für die Mehrkandidatenwahlen vom März 1989, den Truppenaufmarsch zur Einschüchterung Jelzins und der Demokraten im März 1991, den Konflikt zwischen der Jelzin-Exekutive und dem reformgegnerischen Parlament im Sommer 1992, das Referendum vom 25. April 1993, dem letzten Erfolg Jelzins, und schließlich – als Wahlbeobachter in Kaliningrad – die Wahlen vom Dezember 1993 mit dem unerwarteten Wahlerfolg des Rechtsextremisten Shirinowski.

Gewiß: wenn ich jetzt wieder regelmäßig nach Rußland komme, so verschließe ich meine Augen nicht. Mit Schmerz sehe ich den Wirrwarr, die erschreckende Kriminalität, das Wirken der Mafia, die Unsicherheit der Atomkraftwerke, den ökologischen Ruin, das Ansteigen des Nationalismus, die Rechtsradikalen und den scharfen sozialen Gegensatz zwischen den einfachen Menschen und den Neureichen.

Aber ich sehe auch die positiven Aspekte des bedeutsamen Reformprozesses. Das heutige Rußland mit all seinen Problemen ist mir hundertmal lieber als die Sowjetunion Breschnews oder gar Stalins.

Manderscheid, im April 1994   Wolfgang Leonhard

Gorbatschow und Jelzin: Der Aufstieg
1931–1985

Parallelen: Kindheit, Jugend, Studium

Es ist verblüffend, wie ähnlich die ersten vierundzwanzig Jahre des Lebens von Michail Gorbatschow und Boris Jelzin verliefen. Beide wurden im Frühjahr 1931 geboren. Beide entstammten einer bäuerlichen Familie, und beide wurden (in der damaligen Sowjetunion durchaus nicht typisch) getauft. Als Kinder erlebten beide die Schreckensjahre der »großen Säuberung« von 1936 bis 1938. Beide waren außerordentlich gute Schüler, und beide besuchten von 1950 bis 1955 die sowjetische Hochschule.

Michail Sergejewitsch Gorbatschow: der Jurist

Priwolnoje ist ein kleiner Ort in der westlichsten Ecke des Krai Stawropol, einem Gebiet, das sich vom Kaukasus im Süden bis zur Manytsch-Niederung im Norden erstreckt. Diese Region zählt zu den fruchtbarsten Gebieten der Sowjetunion: riesige Weizenfelder, so weit das Auge reicht. Bis zur Gebietshauptstadt Stawropol sind es 170 Kilometer, bis zur nächsten Kreisstadt 20 Kilometer.

Michail Sergejewitsch Gorbatschow wurde am 2. März 1931 in Priwolnoje geboren. Der Vater, Sergej, war »Mechanisator«, er fuhr Mähdrescher und Traktoren und war für die Instandhaltung der Landmaschinen zuständig; die Mutter, Maria Pantelejewna, arbeitete auf dem Feld.

Ende der zwanziger Jahre hatte Stalin die durchgängige Kollektivierung der Landwirtschaft und die Vernichtung der Kulaken, der wohlhabenden Bauern, beschlossen. Jeder Widerstand wurde brutal niedergeschlagen; wer sich auflehnte, wurde verhaftet. Stalins Häscher machten regelrecht Jagd auf die Großbauern, denen sofortige Deportation oder gar Erschießung drohte. Die Zwangsmaßnahmen verbreiteten nicht nur Angst und Schrecken unter den Menschen, sie verursachten auch ein rapides Absinken der landwirtschaftlichen Produktion. Die ohnehin geringen Ernteerträge ließ Stalin rücksichtslos requirieren, um die Versorgung der Städte und der Armee zu gewährleisten und durch den Export an Devisen zu gelangen. Extreme Hungerkatastrophen in den agrarischen Gebieten der Sowjetunion waren die Folge, Millionen von Menschen kamen um.

Auch in Priwolnoje wurden die Bauern kollektiviert. Gorbatschows Großvater, Pantelej Jefimowitsch Gopkalo, hatte schon nach der Revolution die Bauern in einer freiwilligen Genossenschaft zusammengeführt. Nun übernahm er es, die Kolchose zu organisieren. Später wurde er ihr Vorsitzender. Er war Mitglied der KPdSU und einer der angesehensten Männer im Dorf. In Priwolnoje erzählt man noch heute, es sei Pantelej Gopkalo zu verdanken, daß die Menschen die Zeit der Hungersnot und Bauernverfolgung hier besser überstanden hätten als in den meisten anderen Orten.

An einem Abend im Jahre 1937 standen plötzlich Männer der Geheimpolizei NKWD in der Hütte der Großeltern. Michails Großvater wurde ohne weitere Erklärungen mitgenommen. Die Familie befürchtete, er werde exekutiert. In Wirklichkeit wurde er nach Archangelsk verschleppt und später zu neun Jahren Gulag verurteilt. 1940 wurde er entlassen und kehrte überraschend nach Priwolnoje zurück.

Großmutter Gopkola stand Michail in den ersten Jahren am nächsten. Sie war russisch-orthodoxe Christin, sorgte dafür, daß Michail getauft wurde und ging regelmäßig mit ihm in die Kirche. Trotz des staatlich verordneten Atheismus gab sie ihren Glauben nicht auf, behielt wie viele Menschen auf dem Lande ihre Ikonen und versteckte sie vor unliebsamen Blicken hinter gewöhnlichen Bildern. Auch Mutter Gorbatschow, neben der Großmutter die wichtigste Person in Michails Jugend, ist bis heute gläubige Christin. Mutter und Großmutter sorgten gemeinsam dafür, daß Michail in religiösen Traditionen erzogen wurde. Die Mutter Gorbatschows, Maria Pantelejewna, war eine energische Frau und im ganzen Dorf für ihre Temperamentsausbrüche bekannt. Im Hause Gorbatschow hatte sie »die Hosen an«. Der Vater, Sergej Andrejewitsch, hingegen war ein ruhiger, wortkarger Mann, der von den Leuten im Dorf wegen seiner Freundlichkeit und seines Fleißes geachtet wurde.

Mit 13 Jahren begann Michail regelmäßig im Kolchos mitzuarbeiten. Nachdem sein Vater, mit einer Medaille für Tapferkeit ausgezeichnet, unversehrt aus dem Krieg zurückgekehrt war, half er ihm in der Maschinen-Traktoren-Station bei den Mähdreschern. Trotz der regelmäßigen Arbeit gelang Michail ein guter Schulabschluß. Er galt als außerordentlich begabter, fleißiger Junge.

Im Anschluß an die siebenjährige Dorfschulzeit schickten ihn seine Eltern auf die weiterführende Schule. Die nächste Zehn-Jahres-Schule lag in Molotow, dem heutigen Krasnogwardejsk, zwanzig Kilometer von Priwolnoje entfernt. Sergej Gorbatschow mietete seinem Sohn in einem einstöckigen Holzhaus in Molotow einen Schlafplatz. 150 Rubel mußten die Gorbatschows dafür im Jahr bezahlen – viel Geld für eine Bauernfamilie, zumal noch das Schulgeld für die obersten drei Klassen aufgebracht werden mußte.

Um mitzuverdienen, kam Michail daher an den Feiertagen und in den Sommerferien nach Hause und half in der Landwirtschaft. Zusammen mit seinem Vater arbeitete er während der

Ernte auf dem Mähdrescher. Für die außergewöhnlichen Leistungen bei der Ernte wurden die Gorbatschows 1948 ausgezeichnet. Sergej erhielt den Lenin-Orden, Michail den Orden des Roten Banners der Arbeit. Trotz dieser zusätzlichen Arbeitsbelastung brachte Michail weiterhin in der Schule ausgezeichnete Leistungen.

1950 verließ er die Schule mit einem guten Abschlußzeugnis und einer Silbermedaille. Eine Goldmedaille hätte ihm den direkten Zugang zum Universitätsstudium eröffnet. So mußte er sich einem Aufnahmeexamen stellen. Die Voraussetzungen waren gut, denn sowohl die Schule als auch der Komsomol, der Jungkommunistenverband, in dem Michail seit seinem 14. Lebensjahr Mitglied war, hatten ihm eine ausgesprochen gute Charakterbeurteilung ausgestellt. Nach längeren Überlegungen entschied er sich, nach Moskau zu gehen und sich um einen Studienplatz an der juristischen Fakultät der berühmten Moskauer Universität zu bewerben.

Ende August 1950 brach der 19jährige Michail Gorbatschow zu der beschwerlichen Bahnreise nach Moskau auf. Die Fahrt führte durch die trostlosen Ruinenstädte, die der Krieg zurückgelassen hatte. Nach zwei Tagen erreichte der Zug Moskau. Und welch ein Kontrast zu den trostlosen Eindrücken der Reise bot sich hier dem jungen Mann aus Priwolnoje: breite Prachtstraßen, riesige Bürgerhäuser, Villen und Theater, das prächtige Mausoleum Lenins und schließlich der Kreml, in dem Stalin lebte und herrschte.

Aber hinter der Fassade war Moskau, wie in den dreißiger Jahren, gezeichnet von der Angst vor dem stalinistischen Terror. In allen Gesellschaftsbereichen wurden seit 1948 die Zügel wieder angezogen. Erneute Verhaftungs- und Säuberungswellen gingen über das Land. Zivilpersonen, die als Zwangsarbeiter nach Deutschland verschleppt worden waren, kamen ebenso wie die rückkehrenden Kriegsgefangenen bereits 1945/

46 in die stalinistischen Lager. Menschen, die in von Deutschen besetzten Gebieten gelebt hatten, wurden als Kollaborateure verdächtigt.

Zu Beginn der fünfziger Jahre waren es vor allem die Juden, gegen die sich das Mißtrauen des Diktators richtete. Anfang 1953 erreichte diese antisemitische Kampagne ihren Höhepunkt in der sogenannten »Verschwörung der Kreml-Ärzte«: Neun namhafte Ärzte, darunter sechs Juden, sollten führende sowjetische Persönlichkeiten durch falsche Diagnosen und Sabotage getötet und weitere Attentate auf Sowjetführer geplant haben. Im Umfeld dieser angeblichen Verschwörung verstärkte sich die gezielte Kampagne gegen »Kosmopolitismus und Zionismus«.

Einige Tage nach seiner Ankunft absolvierte Michail erfolgreich das Aufnahmeexamen für die Universität. Nun war er ordentlicher Student der Fakultät, an der ein Mann wie der berüchtigte Andrej Wyschinski, der als Stalins Staatsanwalt die Schauprozesse der dreißiger Jahre inszeniert hatte, als Professor lehrte. Einige Professoren versuchten dennoch, einen Rest von freier Lehre und selbständiger Forschung zu bewahren.

Am 1. September 1950 zog Michail Gorbatschow in das Studentenwohnheim an der Stromynka, einem düsteren Gebäude, das früher als Kaserne gedient hatte. Weitab vom Universitätsgelände wohnten hier zehntausend Studenten. 15 von ihnen teilten sich mit Michail das Zimmer 336. Die Einrichtung war spartanisch: für jeden ein Bett und ein Nachtschränkchen, dazu ein großer Tisch, an dem gemeinsam gegessen, diskutiert und gefeiert wurde. Michail Gorbatschow gelang es schnell, sich in der fremden Umgebung einzugewöhnen, obwohl er mit seinem südländischen Dialekt und dem ausgebeulten braunen Anzug, der fast für das gesamte Studium sein einziger blieb, einen provinziellen Eindruck machte und ihn die Studenten zunächst belächelten, weil er seinen Orden so auffallend häufig trug.

Schnell fand er seine Reihe von Freunden. Hierzu zählten der Tschechoslowake Zdenek Mlynar, der während des Prager Frühlings zu den Architekten des »Sozialismus mit menschlichem Antlitz« zählte, und Wladimir Liberman, ein Sohn jüdischer Juristen. Als Liberman im Februar 1953 im Zuge der »Ärzteverschwörung« von einigen Studenten wegen seiner jüdischen Abstammung angegriffen wurde, intervenierte Gorbatschow und verteidigte ihn.

Schon 1951, mit zwanzig Jahren, bewarb Gorbatschow sich um die Aufnahme in die KPdSU. Ein Jahr später wurde er im kommunistischen Jugendverband Komsomol Sekretär seines Jahrgangs an der Universität. Sein Vorgesetzter im Komsomolbüro der juristischen Fakultät war Anatolij Lukjanow, der ein enger politischer Mitarbeiter des Generalsekretärs Gorbatschow werden sollte, aber 1991 die Putschisten unterstützte. Bereits 1952 wurde Gorbatschow Vollmitglied der Partei, 1954 Komsomolleiter der gesamten Universität.

Gorbatschow galt in der Partei als jemand, der die offizielle Linie mit Entschiedenheit und Härte vertrat. Für die, die ihn nur von seiner Parteiarbeit her kannten, galt er als strammer Stalinist. Unter Freunden aber äußerte er sich offen und kritisch zu den Fragen von Studium und Politik.

Das juristische Studium ermöglichte damals keinerlei kritische Auseinandersetzung, sondern bestand aus reiner Reproduktion der gültigen Lehre. Bezeichnend dafür war ein Ereignis aus dem September 1952: Stalins letzte Schrift »Ökonomische Probleme des Sozialismus in der UdSSR« war gerade erschienen. Sofort wurde ein Sonderseminar eingeführt, in dem ein Professor das Buch Zeile für Zeile laut vorlas. In der dritten Sitzung lag ein Zettel auf dem Pult des Professors. Empört las er laut vor: »Das hier ist eine Universität, die nur Leute aufnimmt, welche zehn Jahre auf der Schule waren. Das heißt, Leute, die selbst lesen können.« Erbost rief der Professor, diese Notiz könne nur von Leuten stammen, die weder den Marxismus-Leninismus noch die Partei und ihr Vaterland achteten. Gorbatschow stand langsam auf, Liberman folgte seinem Beispiel. Obwohl beide sofort zum Dekan beordert wurden, blieb die Aktion für beide ohne Folgen. Vielleicht, weil beide als Komsomol-Aktivisten einen guten Ruf genossen.

Am 5. März 1953 starb Stalin. Die Freunde saßen auf ihrem Zimmer und führten eine ihrer üblichen Diskussionen. Als Stalins Tod gemeldet wurde, machte sich Bestürzung breit. Schweigend blickten sich die jungen Männer an, einige weinten, kaum einer sprach mehr als ein paar zusammenhanglose Worte. Stalin war selbst für viele, die die Entwicklung in der Sowjetunion kritisch verfolgten, immer noch der große »Woshdj«, der unangreifbare Führer der Sowjetunion. Als Liberman andeutete, ihn freue die Nachricht, schaute ihn Gorbatschow in einer Art an, die ihn augenblicklich verstummen ließ. Seine Betroffenheit war offensichtlich.

Im Frühjahr 1953 wurde im Studentenwohnheim für einen Tanzkurs geworben. Wladimir Liberman und Jurij Topilin, ein anderer Freund Gorbatschows, gingen gemeinsam hin. Später kam auch Gorbatschow hinzu – nicht um zu tanzen, sondern weil er sich über seine Freunde lustig machen wollte. Jurijs Partnerin war Raissa Maximowna Titarenko, und Michail Gorbatschow, der im Gegensatz zu seinen Freunden während des Studiums kaum ein Auge auf die Studentinnen geworfen hatte, verliebte sich Hals über Kopf in sie.

Ein halbes Jahr später heirateten Raissa und Michail in Moskau. Sie wurden auf dem Standesamt von Sokolniki getraut. Die Hochzeit feierten sie in der Stromynka. Raissa Gorbatschowa erinnert sich: »Es war eine ausgelassene Studentenfeier. Es wurde gesungen, getanzt und getrunken. Michail Sergejewitsch hatte das Geld verdient, das wir für die Hochzeit, einen neuen Anzug und ein ›Brautkleid‹ brauchten.«

Raissa Maximowna stammt aus einfachen Verhältnissen. Ihr Vater war Eisenbahner. Am 5. Januar 1932 in der Kleinstadt Rubzowsk im westsibirischen Altai-Gebirge geboren, wuchs sie in verschiedenen kleinen und mittleren Städten auf, in die ihr Vater versetzt wurde. Raissa schloß die Zehn-Jahres-Schule mit einer Goldmedaille ab und studierte anschließend an der Philosophischen Fakultät der Moskauer Staats-Universität. Nach erfolgreichem Abschluß des Studiums schlug die Fakultät sie für ein Promotionsstipendium vor.

1955 beendete Gorbatschow sein Jurastudium mit Auszeichnung. In Moskau wurde ihm eine Tätigkeit bei der Staatsanwaltschaft angeboten. Aber die Gorbatschows zog es nach Stawropol, zurück in die Heimat Michails. Ausschlaggebend dafür war Raissas angeschlagene Gesundheit, die einen Klimawechsel angeraten erscheinen ließ. Zudem konnte ihnen die Staatsanwaltschaft in Moskau keine Wohnung zur Verfügung stellen.

Boris Nikolajewitsch Jelzin: der Bauingenieur

Das Gebiet Swerdlowsk ist ein riesiges Territorium am Ural. Von Norden nach Süden erstreckt es sich über 630 Kilometer, von Westen nach Osten über 360 Kilometer. Damit ist es größer als die ehemalige DDR. Statt landschaftlicher Reize dominiert hier die Industrie, nicht zuletzt die Rüstungsindustrie.

Zentrum des Gebietes ist die gleichnamige Stadt an der Iset, die heute wieder Jekaterinburg heißt. Sie wurde 1721 als »Fenster nach Asien« gegründet, ungefähr zeitgleich mit dem »Fenster nach Europa«, St. Petersburg. In der schmucklosen Industriestadt wohnen 1,2 Millionen Menschen. Bekannt ist ihre Technische Universität. Berühmt ist Swerdlowsk jedoch aus einem anderen Grund: Hier wurde am 17. Juli 1918 die Zarenfamilie ermordet – wahrscheinlich auf direkten Befehl Lenins oder Swerdlows. J. M. Swerdlow war seit 1917 Vorsitzender des Allrussischen Zentral-Exekutivkomitees der Sowjets (VCIK), eine Art Staatsoberhaupt, auf dessen Namen die Stadt 1924 umbenannt wurde.

Nur ein Monat vor Michail Gorbatschow, am 1. Februar 1931, wurde Boris Jelzin in Butka, einem Dorf im Bezirk Taliza im Gebiet Swerdlowsk, geboren. Auch der kleine Boris, ältester Sohn einer Bauernfamilie, wurde getauft. Da der Pope trotz hoher Geburtenrate nur einmal im Monat taufte und ihm die Eltern der Täuflinge stets ein Glas schwarzgebrannten Schnaps brachten, kam es vor, daß der Pope am Nachmittag schon ziemlich angetrunken war.

»Meine Mutter«, schreibt Jelzin in seiner Autobiographie, »hat mir oft erzählt, wie ich getauft wurde . . . der Pope tauchte mich in diesen Zuber – und vergaß, mich wieder herauszuholen! Er hatte allerlei mit dem Publikum zu bereden. Meine Eltern standen in einiger Entfernung von diesem ›Taufbecken‹ und begriffen zunächst nicht, was los war. Dann stürzte meine Mutter herbei und fischte mich heraus. Ich kam wieder zu mir . . . Ich will nicht sagen, daß diese Geschichte mein Verhältnis zur Religion bestimmte, aber immerhin . . . Der Pope verlor übrigens nicht die Ruhe und meinte nur: ›Na, wenn der das ausgehalten hat, dann muß er ja äußerst kräftig sein. Er soll Boris heißen.‹ So wurde ich Boris Nikolajewitsch genannt.«

Boris Jelzin beschreibt seine Kindheit als ausgesprochen hart. Als Folge der Kollektivierung und wegen der Mißernten konnten die Eltern die Familie nur mit Mühe ernähren. Bis 1935 hielten es die Jelzins im Kolchos aus. Dann warf der Vater, Nikolaj Ignatjewitsch, ihre Habseligkeiten auf einen alten Leiterwagen, und die Familie machte sich auf den beschwerlichen Weg nach Beresniki im benachbarten Permer Gebiet. Dort erhielt der Vater eine Stelle als Arbeiter auf der Baustelle eines

Kalikombinats. Zehn Jahre lebten die Jelzins in einem einzigen
Raum in einer zugigen Holzbaracke ohne sanitäre Einrichtungen, in der insgesamt zwanzig Familien untergebracht waren.
Die Jelzins – Großvater, Eltern und die Kinder – schliefen auf
dem Fußboden.

Eines Nachts im Jahre 1937, auf dem Höhepunkt der stalinistischen Säuberungen, wurde der Vater von der Geheimpolizei
mitgenommen, wenig später aber wieder entlassen. »Ich erin-
nere mich nur zu gut daran, wie mein Vater mitten in der Nacht
abgeholt wurde, obwohl ich erst sechs Jahre alt war.«

Boris war ein guter Schüler. Stets erreichte er hervorragende
Noten. Nur für sein Betragen erhielt er schlechte Noten. Mehrmals stand er deshalb davor, von der Schule relegiert zu werden. Neben allerlei Unsinn, den der junge Boris ausheckte, fiel
er schon damals durch seine außergewöhnliche Courage auf. In
seiner Autobiographie beschreibt Jelzin eine Szene während der
Abschlußfeier der siebten Klasse. Im Saal hatten sich etwa 600
Eltern, Lehrer und Schüler eingefunden. »Die Stimmung war
andächtig, jeder bekam feierlich sein Zeugnis überreicht, alles
verlief wie gewohnt. Bis ich plötzlich ums Wort bat, fast wie
später auf dem Oktober-Plenum des ZK. Keiner zweifelte
daran, daß ich vortreten und die üblichen Dankesworte sprechen werde. Ich hatte ja alle Prüfungen ausgezeichnet bestanden und nur Einser im Zeugnis. Deshalb ließ man mich auch
sofort auf die Bühne. Ich sagte natürlich den Lehrern, die uns
wirklich allerhand Nützliches fürs Leben gelehrt hatten,
freundliche Worte. Dann aber erklärte ich, daß unsere Klassenleiterin nicht das Recht hätte, Lehrerin und Erzieherin von Kindern zu sein, da sie sie schikaniere.«

Daraufhin wurde Boris das Zeugnis abgenommen und ihm
die Versetzung in die 8. Klasse verweigert. Diese Entscheidung
akzeptierte er nicht und ging bis zum Stadtkomitee der Partei.
Dort erwirkte er die Einrichtung einer Kommission, die den

Unterricht der Klassenleiterin prüfte und dem jungen Jelzin recht gab. Er bekam sein Zeugnis wieder, und der Lehrerin wurde untersagt, mit Kindern zu arbeiten.

Boris Jelzin wechselte auf die Zehn-Jahres-Schule, zur Puschkin-Schule in Swerdlowsk. Obwohl er wegen einer Typhus-Erkrankung mehr als die Hälfte des letzten Schuljahres fehlte, schloß er die Schule mit einem guten Zeugnis ab. Er bewarb sich nun erfolgreich an der Fakultät für Bauwesen der Polytechnischen Hochschule des Ural.

Das Studentenleben empfand Jelzin als »stürmisch und interessant«. Neben dem Studium widmete er sich ausgiebig dem Sport. Er war ein begeisterter Volleyballspieler und verbrachte täglich sechs Stunden auf dem Sportplatz. Lernen konnte er nur abends oder nachts. Schon damals gewöhnte Jelzin sich an, nur dreieinhalb bis vier Stunden zu schlafen, ein Lebensrhythmus, den er bis heute beibehalten hat.

In seinem Freundeskreis gab es eine junge Frau aus Orenburg, die es ihm besonders angetan hatte. Sie hieß Naja Girina und stammte ebenfalls aus einer Bauernfamilie. Boris Jelzin beschreibt Naja als eine bescheidene, freundliche und immer sanfte Frau, die ausgezeichnet zu seinem »ziemlich ungebärdigen Charakter« passe. Ihre Liebe hielten sie vorerst geheim. Da aber nur verheiratete Paare Stellen in derselben Stadt zugewiesen bekamen, mußten sie sich nach dem Studium trennen.

Jelzin blieb in Swerdlowsk, während Naja nach Orenburg zurückkehren sollte. Die beiden beschlossen, wie Jelzin später erzählte, »unsere Liebe zu erproben . . . In genau einem Jahr wollten wir uns auf neutralem Boden, also weder in Orenburg noch in Swerdlowsk, sondern in Kujbyschew treffen. Dann würden wir endgültig wissen, ob unsere Gefühle in dieser Zeit kälter oder im Gegenteil intensiver geworden wären.«

1955 – im gleichen Jahr wie Gorbatschow – schloß Jelzin sein Studium erfolgreich ab.

Unterschiedliche Laufbahnen

Gorbatschows Weg als Funktionär

Die Hauptstadt des Stawropolskij Kraj, mit 66 000 Quadratkilometern etwas kleiner als Bayern, ist eine ansehnliche Industriestadt, nicht wie viele vergleichbare Städte schmucklos aus dem Boden gestampft, sondern von einem Kern mit Bauten aus der katharinischen Zeit und ansprechenden Verwaltungsgebäuden aus dem 19. Jahrhundert geprägt. Für Raissa Gorbatschowa war die Stadt Stawropol ein »einziges wogendes Grün, und es schien, als habe sie sich mit prächtigen grünen Kleidern herausgeputzt. Schwarzpappeln und Kastanien, wohin man blickte. Im Herbst bietet das Pflanzenkleid der Stadt einen rotgoldenen, betörend sanften Anblick.«

Im Herbst 1955 traf Michail Gorbatschow in Stawropol ein, seine Frau Raissa folgte ihm einige Wochen später. Als ausgebildeter Jurist wurde er zunächst der dortigen Staatsanwaltschaft zugewiesen. Aber die Arbeit und der gesamte Lebensstil gefielen ihm nicht. In einem Brief an Raissa Maximowna beklagte er sich: »Ich bin so deprimiert wegen der Situation hier . . . Und ich spüre um so deutlicher, wie scheußlich meine Umgebung hier ist, insbesondere die Lebensweise der hiesigen Bonzen. Die Einhaltung von Konventionen, die Unterordnung unter alles, was einmal festgelegt wurde, die Unverschämtheit der Funktionäre und ihre Arroganz.«

Als ihm nach zehn Tagen ein Posten in der regionalen Organisation des Komsomol angeboten wurde, zögerte Gorbatschow nicht und wechselte in den Kommunistischen Jugendverband. Dort wurde er Instrukteur für Propaganda, arbeitete also nunmehr auf der untersten Stufe im Komsomol-Apparat.

Die Gorbatschows bewohnten ein Zimmer ohne fließendes Wasser. Kurz bevor am 6. Januar 1957 ihre Tochter Irina geboren wurde, zogen sie in eine Einzimmerwohnung mit eigener Küche. Raissa Maximowna hatte inzwischen eine Anstellung als Lektorin für Marxismus-Leninismus am Medizinischen Institut von Stawropol erhalten.

Ende 1956 wurde Michail Gorbatschow zum Ersten Sekretär des Komsomolkomitees der Stadt Stawropol ernannt und war damit zugleich Mitglied der Parteileitung der Stadt. Wenig später reiste er zu einer Tagung des ZK des Komsomol nach Moskau. Hier lernte er einen Mann kennen, der später zu einem engen Weggefährten werden sollte: Eduard Ambrosius Schewardnadse, am 25. Januar 1928 unweit des Schwarzen Meeres in Georgien geboren.

»Vieles an ihm imponierte mir und rief den Wunsch hervor, ihn näher kennenzulernen«, schilderte Schewardnadse rückblickend seine Eindrücke von Gorbatschow. »Es waren die gleichen bäuerlichen Wurzeln wie bei mir, die Tatsache, daß er gleichfalls von Kindheit an auf dem Acker gearbeitet hatte und das Leben des Volkes gut kannte. Augenfällig war seine Bildung, seine Belesenheit ... In Michail Gorbatschow fand ich einen Kameraden, der jederzeit bereit war, mir mit Rat und Tat zur Seite zu stehen.«

Besonders angenehm empfand Schewardnadse, daß sich der Komsomolsekretär aus Stawropol so auffallend von den anderen Tagungsteilnehmern unterschied: »Er war frei von jeglichem gekünstelten Sich-einfach-Geben eines Komsomolfunktionärs, das mich immer stutzig gemacht hat. Die Hauptsache aber – es war deutlich erkennbar, daß sein Denken weit über

die Grenzen der vorgeschriebenen Normen hinausreichte.« Die
Beziehung zwischen beiden wurde in den folgenden Jahren ausgesprochen intensiv. Schewardnadse war oft zu Gast bei den
Gorbatschows in Stawropol, häufig telefonierten sie miteinander, und »ohne es zu merken, gaben wir allmählich unsere
innersten Gedanken preis«.

Zwei Jahre später folgte der Aufstieg zum Zweiten Komsomolsekretär des *Gebiets* Stawropol, 1960 wurde Gorbatschow
dann Erster Gebietssekretär des Kommunistischen Jugendverbandes. Sein Aufstieg vollzog sich in der Phase des politischen
Umbruchs in der Sowjetunion, der Entstalinisierung, die auf
dem XX. Parteikongreß der KPdSU im Februar 1956 von
Nikita Chruschtschow eingeleitet worden war. Chruschtschow
schien den Übergang zu einem besseren Sozialismus zu verkör-
pern, Eigeninitiative und persönliches Engagement waren wieder gefragt. Gorbatschow fühlte sich von dieser politischen
Entwicklung bestätigt – er glaubte an den Sozialismus, sah aber
auch den dringenden Bedarf an Änderungen des bestehenden
Systems.

Im Oktober 1961 nahm Gorbatschow erstmalig an einem
Parteitag als Delegierter teil. Der XXII. Parteitag der KPdSU
stand ganz im Zeichen der Auseinandersetzung mit dem Stalinismus. Viele Funktionäre verfolgten diese Debatte mit Unbe-
hagen, mußten sie doch befürchten, alsbald nach ihrer Rolle in
diesen Jahren befragt zu werden. Und nicht wenige hatten
Grund, solche Fragen zu fürchten.

Im März 1962 – Gorbatschow war gerade 31 Jahre alt –
hörte seine Tätigkeit als Komsomolfunktionär auf. Er wechselte in den Parteiapparat über. Im Rahmen des Stawropoler
Gebietskomitees der Partei wurde er Abteilungsleiter für den
Bereich der Kollektivwirtschaften.

Es war eine turbulente Zeit. Chruschtschow begann im Sommer 1962 mit seiner überhasteten Reorganisation. Er teilte alle

157 Gebietskomitees der Partei auf – in ein Gebietskomitee für die Industrie und ein Gebietskomitee für die Landwirtschaft. Welches für alle anderen Bereiche zuständig sein sollte – Bildung, Kultur, Gesundheitswesen, Sicherheitsfragen –, wurde nicht mitgeteilt. Die Konfusion war total, die Opposition der Parteifunktionäre gegen Chruschtschow nahm drastisch zu.

Politbüromitglied Fjodor Kulakow, für Landwirtschaftsfragen in der zentralen Parteiführung zuständig, wurde – offensichtlich weil er Bedenken angemeldet hatte – abgesetzt und zum Ersten Parteisekretär des Stawropoler Gebiets degradiert. Mehr als zwei Jahre lang stand Gorbatschow – was sich für seine weitere Laufbahn als entscheidend erweisen sollte – nun unmittelbar in der täglichen Arbeit mit Fjodor Kulakow in Verbindung, wobei sich zwischen beiden auch gute persönliche Beziehungen entwickelten.

Zwei Jahre später, am 14. Oktober 1964, wurde Nikita Chruschtschow gestürzt. Die Troika Breschnew, Kossygin, Podgorny übernahm die Führung des Landes. Nach der Entmachtung Chruschtschows übernahm Kulakow die Landwirtschaftsabteilung im Zentralkomitee und wurde im September 1965 zum Sekretär des ZK für Landwirtschaft berufen. Michail Gorbatschow hatte damit einen politischen Fürsprecher in der Spitze der KPdSU-Führung. Er wurde 1966 Erster Parteisekretär der Stadt Stawropol.

Als im selben Jahr ein neuer Erster Sekretär des Kommunistischen Jugendverbandes für die gesamte UdSSR gesucht wurde, stand auch der Name Gorbatschow auf der Vorschlagsliste. Breschnew ließ sich dessen Unterlagen kommen, befand aber, daß Gorbatschow für einen Jungkommunistenführer zuwenig Haare habe. Seine Kandidatur war damit erledigt, doch Gorbatschow wurde als hoffnungsvoller Nachwuchsfunktionär in Moskau weiterhin aufmerksam beobachtet.

Parallel zu seiner politischen Arbeit absolvierte Gorbatschow ein Fernstudium der Wirtschaftswissenschaften an der Moskauer Hochschule für Landwirtschaft. Erneut gelang ihm mit großem Arbeitseifer ein ausgezeichneter Studienabschluß. Die Staatliche Prüfungskommission war von seiner Diplomarbeit und deren Verteidigung sehr beeindruckt.

Im Juni 1966 unternahm Michail Gorbatschow seine erste Auslandsreise: nach Cottbus in die damalige DDR. Im Rahmen einer zehnköpfigen Delegation besuchte Gorbatschow, von der *Lausitzer Rundschau* als »Abteilungsleiter im Regionskomitee Stawropol« bezeichnet, das Kombinat »Schwarze Pumpe«, die Wohnstadt Hoyerswerda, das Chemiefaserkombinat und die LPG »Florian Geyer« in Golßen, wo die sowjetischen Gäste von einer Kaltbelüftungsanlage für Heu beeindruckt waren. Vor ihrer Rückreise wurden sie im SED-Zentralkomitee in Ost-Berlin von Erich Honecker empfangen. Honecker hat später, nach der Ernennung Gorbatschows zum Generalsekretär im März 1985, wiederholt an diese erste Begegnung erinnert.

1967 kam Zdenek Mlynar, Gorbatschows tschechoslowakischer Freund aus Studientagen, nach Stawropol. Es war die Zeit der beginnenden politischen Reformen in der ČSSR. Alexander Dubček und die anderen jüngeren Führer der tschechoslowakischen KP bemühten sich darum, bei Reisen in die Sowjetunion Verständnis für ihr Reformprogramm zu wecken. Gorbatschow und Mlynar führten lange Gespräche. Der gemeinsame Freund Wladimir Liberman, den Mlynar direkt anschließend in Moskau besuchte, erinnerte sich, daß dieser ihm nach ihrem Gespräch über die Entwicklung in Prag vorgeworfen hatte, daß ihn Michail Gorbatschow trotz seiner Verankerung in der KPdSU besser verstanden habe als er, Liberman.

Nach dem Einmarsch der Truppen des Warschauer Paktes in die ČSSR in der Nacht zum 21. August 1968 und der gewaltsamen Niederschlagung des Prager Frühlings begann das KGB die Beziehung zwischen Mlynar und Gorbatschow intensiv zu untersuchen. Mitstudenten aus Moskau wurden in langen Verhören über die beiden ausgefragt. Dennoch zog das KGB keine Konsequenzen gegen Gorbatschow. Offenbar hatte es Gorbatschow dem KGB-Chef Jurij Andropow und dem Stellvertretenden Generalstaatsanwalt Naidjonov zu verdanken, daß seine Kontakte zu Mlynar nicht das Ende seiner politischen Laufbahn bedeuteten. Mit Andropow trat damit erstmals ein Spitzenfunktionär auf, der in den kommenden Jahren zum Förderer Michail Gorbatschows werden sollte.

Jelzins Tätigkeit im Industriebau

Während Gorbatschows Laufbahn seit Beendigung seines Studiums im Jahre 1955 durch einen schnellen politischen Aufstieg gekennzeichnet war, begann Jelzins berufliche Tätigkeit unmittelbar nach Beendigung seines Studiums als Bauingenieur im September 1955 bei der Arbeitsstelle im Kombinat »Uraltjaschtrubstroj« im Bezirk Swerdlowsk. Wie jedem Hochschulabsolventen wurde auch ihm die Stelle eines Meisters im Industriebau angeboten. Jelzin wollte jedoch erst einmal als normaler Arbeiter auf dem Bau die handwerklichen Fähigkeiten erlernen. Für jeweils einen Monat arbeitete er in zwölf Bereichen auf dem Bau, zog mit der Maurerbrigade Ziegelmauern hoch, half Zimmerleuten, Schreinern, Glasern und Malern. Wurde der eifrige junge Bauingenieur, der sich da unter die einfachen Arbeiter mischte, zunächst belächelt, so fand er bald die Anerkennung der Kollegen.

Nach einem Jahr erklärte er schließlich seinem Abschnittsleiter, er sei jetzt bereit, als Meister zu arbeiten. Die ersten Projekte, die er verantwortlich baute, waren die Industrieanlagen von »Uralchimmasch«, ein Werk für chemischen Maschinenbau, sowie einige Kindergärten und Schulen. Schnell machte er sich als erfolgreicher Meister einen guten Namen. Schon bald stieg er zum Abschnittsleiter und zum Chefingenieur auf.

Gleich nach Abschluß seines »Lernjahres« auf dem Bau reiste Jelzin zu regionalen Volleyball-Wettkämpfen nach Kujbyschew. Kurz vor Turnierbeginn telefonierte er mit Naja Girina und vereinbarte mit ihr, sich auf dem Hauptplatz von Kujbischew zu treffen. Das Wiedersehen beschreibt Jelzin so: »Als ich aus dem Hotel trat, sah ich sie, und mein Herz hätte zerspringen mögen. Ich blickte sie an, und mir war klar: Jetzt werden wir unser Leben lang zusammenbleiben.« Diese Entscheidung sei die richtige Wahl für sein ganzes Leben gewesen: »Naja nahm mich und liebte mich so, wie ich war, nämlich eigensinnig und stachelig. Ganz leicht hatte sie es mit mir nicht.«

Noch während der Rückfahrt nach Swerdlowsk heirateten sie auf dem Standesamt des Bezirks Werch-Isetsk. Naja zog nach Swerdlowsk und trat eine Stelle als technische Projektleiterin im Institut »Wodokanalprojekt« an. Dort blieb sie dreißig Jahre. Ein Jahr nach der Hochzeit – Boris Jelzin wünschte sich einen Sohn – kam die erste Tochter, Lena, zur Welt, zwei Jahre später folgte die zweite Tochter, die den Namen Tatjana erhielt.

Im September 1960 stieg Jelzin zum Leiter der Baudirektion in Swerdlowsk auf. Seinen Vorgänger bezeichnete er als »Faulpelz und Trunkenbold«. Unter anderem hatte dieser den Bau einer Internatsschule verschleppt. Statt, wie im Plan vorgesehen, bereits den dritten Stock hochzuziehen, wurde gerade erst das Parterre aufgemauert. Selbst unter größten Anstrengungen konnte Jelzin die zum Jahresende geplante Fertigstellung nicht mehr schaffen. Hierfür sollte ihm ein Verweis mit Eintrag in den Personalbogen erteilt werden. Obwohl er sich vehement dagegen wehrte, bestand das Stadtkomitee der Partei auf der Maßnahme. Jelzin bezeichnete dies als einen »harten Schlag gegen mich, denn ich glaubte aufrichtig an das Ideal der Gerechtigkeit, das die Partei verwirklicht, und war ebenso aufrichtig überzeugt in die Partei eingetreten, hatte Satzung, Programm und die Klassiker gründlich studiert und Lenins, Marx' und Engels' Schriften noch einmal gelesen«. Ein Jahr danach wurde der Eintrag gelöscht, der Personalbogen aber erst wesentlich später geändert.

Jelzins beruflichen Aufstieg beeinträchtigte dieser Vorfall nicht: 1963, mit nur 32 Jahren, wurde er zum Chef des Swerdlowsker Hausbaukombinats berufen, eines Riesenkombinats in der Millionenstadt. Nach seinen eigenen Worten war es ein »schwieriger Lebensabschnitt«. Es mußten die Produktionsvorgaben erreicht und zugleich neue Technologien und Arbeitsmethoden eingeführt werden. Rückblickend beschreibt Jelzin diese Zeit: »Am Jahres- oder Quartalsende, wenn praktisch rund um die Uhr gearbeitet werden mußte, um den Plan zu erfüllen, kam ich kaum nach Hause. Meinen Arbeitsstil bezeichnete man im allgemeinen als hart. Das stimmte auch. Ich verlangte von den Leuten strikte Disziplin und Einhaltung von Zusagen. Meine Hauptargumente im Kampf um die Disziplin waren mein eigener vollständiger Arbeitseinsatz, ständige Leistungsanforderung und -kontrolle sowie der Glaube der Arbeiter an die Gerechtigkeit meiner Handlungen: Wer besser arbeitet, lebt besser und wird besser bewertet. Eine gute, professionelle Arbeit bleibt nicht unbemerkt, Murks und Schlamperei auch nicht«.

1960 war Jelzin als Neunundzwanzigjähriger – acht Jahre später als Gorbatschow – in die Partei eingetreten. 1968, nach vierzehnjähriger Tätigkeit in der Produktion, wurde er zum Leiter der Abteilung Bauwesen im Gebietsparteikomitee von Swerdlowsk ernannt. »Ich verstehe das Volk und den einfachen Mann«, sagte er im März 1990 in einem Interview mit der *Süddeutschen Zeitung*. »Ich weiß, wie man mit ihnen zusammenarbeitet. Diese Fähigkeit habe ich mir damals angeeignet – nicht während der Zeit, in der ich für die Partei arbeitete.«

Gebietsparteisekretäre

So unterschiedlich der Lebensweg Gorbatschows und Jelzins seit Beendigung ihres Studiums 1955 verlaufen war – in den siebziger Jahren übten beide eine Zeitlang die gleiche Funktion aus: Beide waren Erste Parteisekretäre ihres jeweiligen Gebiets – und nahmen erstmals Kontakt miteinander auf.

Gorbatschow in Stawropol

Die Position eines Gebietsparteisekretärs (offizieller Titel: Erster Sekretär des Gebietskomitees der KPdSU) läßt sich, zumindest formell betrachtet, mit der Position eines Ministerpräsidenten eines größeren deutschen Landes vergleichen. Allerdings nur auf den ersten Blick, denn im Unterschied zu einem Ministerpräsidenten hatte ein Gebietsparteisekretär zur Zeit Breschnews (also vor der Perestroika) fast unumschränkte Macht in seinem »Herrschaftsgebiet«. Er wurde nicht gewählt, sondern von der Zentrale in Moskau ernannt – die anschließende Gebietsparteikonferenz bestätigte den jeweiligen Ersten Gebietsparteisekretär in der Regel einstimmig. Seine Anordnungen wurden ohne Bedenken oder lästige Zwischenfragen befolgt. So stark die Macht des Ersten Parteisekretärs in seinem eigenen Gebiet auch war, so genau mußte er die Anweisungen der Moskauer Parteiführung befolgen. Es galt, jede Nuance in den offiziellen Parteiverlautbarungen zu erkennen, jede Wendung in der politischen Linie zu befolgen. Zu den Zeiten Breschnews gab es allerdings – verglichen mit der Stalin-Ära – gewisse, wenn auch begrenzte Möglichkeiten, die eigenen Angelegenheiten wenigstens etwas moderner und vernünftiger zu gestalten, als es von der Führungsriege in Moskau zu erwarten war.

Im April 1970 wurde Michail Gorbatschow zum Ersten Parteisekretär des Gebietes Stawropol ernannt. Mit 39 Jahren stieg er damit zum Verantwortlichen für ein riesiges Gebiet auf, dessen Bedeutung für die Versorgung der Sowjetunion mit Nahrungsmitteln sehr groß war. Gorbatschow war sich bewußt, daß der Bereich Landwirtschaft angesichts der eklatanten Probleme ein politischer Schleudersitz war. Er kannte aber auch einen entscheidenden Vorteil der Region Stawropol: Im Süden, an den Ausläufern des Kaukasus, lagen Kurorte und Sanatorien, in denen hohe Parteifunktionäre regelmäßig ihren Erholungsurlaub verbrachten.

Zu den obersten Führern, die Michail Gorbatschow stets persönlich am Flughafen in Empfang nahm und um die er sich während ihres Aufenthaltes besonders intensiv kümmerte, zählten Jurij Andropow und Michail Suslow, die stets das Politbüro-Sanatorium »Rote Steine« aufsuchten. Beide gehörten nicht dem engeren »Breschnew-Clan« an.

Suslow, damals bereits in den Siebzigern, hatte sich schon 1929 bis 1931 als Parteipropagandist im Kampfe gegen die »Trotzki-Sinowjew-Opposition« eingesetzt. Er war während der großen Säuberung von 1936 bis 1938 Erster Sekretär der Region Rostow, wo er als einer der ganz wenigen Gebietsparteisekretäre die Säuberung überstand. Von 1939 bis 1944 war Suslow einer der Vorgänger Gorbatschows in Stawropol. Anschließend leitete er die Säuberungen in Litauen. Seit 1952 Politbüromitglied, war er neben Ideologie und Propaganda auch für außenpolitische Fragen zuständig. Er war bekannt als harter, disziplinierter, ideologischer Parteifunktionär.

Jurij Andropow hatte im Komsomol eine ähnliche Laufbahn wie Gorbatschow absolviert – allerdings ein Vierteljahrhundert früher – und war 1944 in den Parteiapparat des Karelo-Finnischen Gebiets gewechselt. Seit 1951 im außenpolitischen Bereich tätig (1954–1957 Sowjetbotschafter in Ungarn), war er 1957 bis 1967 im Zentralkomitee für die Beziehung zu den Kommunistischen Parteien der Ostblockländer zuständig, dann 15 Jahre lang (1967–1982) Chef des sowjetischen Staatssicherheitsdienstes (KGB).

Beide, Suslow und Andropow, suchten nach neuen, vertrauenswürdigen, fleißigen und aktiven jüngeren Funktionären – und wurden dabei auf Gorbatschow aufmerksam und förderten ihn. Beide galten bei den Breschnew-Leuten als Asketen, da sie deren oftmals feucht-fröhlichen Lebensstil nicht mitmachten. Sie fühlten sich ihnen gegenüber als Intellektuelle. Andropow schrieb Gedichte im klassischen Stil, und Suslow war (ebenso wie Gorbatschow) ein Liebhaber von Puschkins Werken. Schon nach einer der ersten Begegnungen mit Gorbatschow hat Suslow ihn als »wirklich intelligenten jungen Mann« bezeichnet, womit in Rußland die Zugehörigkeit zur »Intelligenzija«, der gebildeten Schicht, gemeint war. In Gorbatschow fanden die beiden jemanden, der wie sie die Vetternwirtschaft und Kumpanei des Breschnew-Clans verachtete.

Im Sommer 1972 wurde Gorbatschow kurzfristig aus seiner Tätigkeit in Stawropol herausgerissen: Er wurde beauftragt, eine Parteidelegation zu einem Besuch bei der KP Belgiens zu leiten. Zu seiner Delegation gehörte auch der zehn Jahre ältere Anatoli Tschernajew, ein an der Moskauer Universität ausgebildeter Historiker, der mehrere Jahre als Redakteur für internationale Fragen für Parteizeitschriften gearbeitet hatte und seit 1970 Stellvertretender Leiter der Internationalen Abteilung des Zentralkomitees der KPdSU war.

»Im Sommer 1972 hatte ich Michail Gorbatschow persön-

lich kennengelernt«, erinnert sich Anatoli Tschernajew in seinem 1993 in der Bundesrepublik erschienenen Buch »Die letzten Jahre einer Weltmacht«. »Gegenüber anderen lokalen Par-
teiführern zeichnete Gorbatschow sich durch sein Engagement
aus. Wie kein anderer konnte er die Menschen aufrütteln. Mich
hat damals vor allem beeindruckt, wie er belgische Kommunisten über unsere Lage aufklärte, wie lebhaft und anschaulich er
unseren täglichen Kampf schilderte.«

Gorbatschow und Tschernajew fuhren im Auto nach Belgien
und unternahmen sogar noch einen kurzen Abstecher nach
Holland. Während der ganzen Fahrt, so Tschernajew, sprach
Gorbatschow, immer aufgeregter werdend, nur über ein
Thema: was in Stawropol unbedingt geändert werden müsse.
Nach der Heimkehr äußerte Tschernajew zu seinem Vorgesetz-
ten, dem damaligen Leiter der Internationalen Abteilung des
Zentralkomitees, Boris Ponomarjow, Gorbatschow gehöre zu
jenen wenigen Funktionären, die fähig seien, das Ansehen der
KPdSU bei den Bruderparteien zu wahren. Die Sympathie
beruhte offensichtlich auf Gegenseitigkeit. Nachdem Gorbatschow 13 Jahre später zum Generalsekretär aufgestiegen war,
ernannte er bereits Anfang 1986 Tschernajew zu seinem Ersten
außerpolitischen Berater.

Michail Gorbatschow initiierte während seiner Amtszeit als
Bezirkssekretär in Stawropol eine Reihe von Neuerungen: In
der Wirtschaftspolitik förderte er marktorientierte Strukturen,
die Schaffung eines Systems von materiellen Anreizen und eine
größere finanzielle Selbständigkeit der Betriebe, verbunden mit
einer größeren Ausrichtung auf Rentabilität. Innerhalb eines
Fünf-Jahres-Plans bemühte er sich um Krankenhäuser, Schulen
und Kindergärten.

Sein Hauptaugenmerk galt jedoch der Landwirtschaft. Er
ließ ein Programm zur Mechanisierung und Elektrifizierung der
Landwirtschaft entwickeln. Durch die Einführung eines

Systems leistungsbezogener Prämien bei gleichzeitiger Lockerung bzw. teilweiser Abschaffung der detaillierten Kontrollen
und Normen gelang es ihm, die Leistungsfähigkeit der Agrarbe-
triebe zu steigern. Regelmäßig traf er mit den Landwirtschafts-
experten des Gebiets Stawropol zusammen und diskutierte mit
ihnen aktuelle Probleme und neue Methoden.

Mitte der siebziger Jahre kam es als Folge einiger Dürrejahre
zu katastrophal schlechten Ernten. Zusammen mit seinen landwirtschaftlichen Beratern stieß er im Archiv der Landwirt-
schaftshochschule auf die jährlichen Berichte, die die Gouver-
neure des Zaren vor der Revolution von 1917 erstellt hatten.
Die Analyse dieser Berichte ergab, daß damals trotz vergleich-
barer Dürrephasen gute Ernteerträge erzielt wurden. Offenbar
lag dies daran, daß damals das Land nicht jedes Jahr vollständig bewirtschaftet wurde, sondern Teile ein bis zwei Jahre
brachlagen.

Die Brachlandtheorie galt aber zu dieser Zeit in Moskau als
ideologisch-politische Abweichung. Um sich die Genehmigung
für ein Brachlandprojekt geben zu lassen, berief Gorbatschow
eine Parteikonferenz nach Stawropol und reiste sogar nach
Moskau. In zähen Debatten im Zentralkomitee und in Gesprächen mit Breschnew gelang es ihm schließlich, die Zustimmung
für das Projekt zu erwirken, das der Region Stawropol in den
folgenden Jahren trotz Dürre und Sandstürmen anständige
Ernten einbrachte.

Für die erfolgreiche Einführung eines von Fjodor Kulakow
propagierten Systems, der sogenannten »Ipatowo-Methode«,
bei der mit Hilfe des massierten Einsatzes von Landmaschinen-
kolonnen die Ernteerträge gesteigert wurden, erhielt Gorbatschow eine Auszeichnung: Im Mai 1978 verlieh ihm der Partei-
ideologe Michail Suslow den »Orden der Oktoberrevolution«.

Generell führte die Politik der Parteispitze um Breschnew in
den siebziger Jahren indes immer mehr in eine allgemeine Sta-

gnation. Der Apparat erwies sich als völlig untauglich, zur
Lösung gesellschaftlicher, politischer oder ökonomischer Probleme beizutragen. Verhaftung, Zwangsarbeit, Verbannung
und die Einlieferung in sogenannte psychiatrische Kliniken sollten die Opposition ausschalten. Aufsteigen konnte in diesem
System, in dem neues Denken und die Bereitschaft zu Innova-
tionen als suspekt galt, nur jemand, der von Mächtigen prote-
giert wurde.

Jelzin in Swerdlowsk

Die Ernennung Jelzins zum Ersten Parteisekretär von Swerdlowsk im Jahre 1975 wirft ein deutliches Licht darauf, wie
während der Breschnew-Periode die Besetzung so wichtiger
Positionen vor sich ging. Boris Jelzin war 1975 zu einem ein-
monatigen Lehrgang an die Akademie für Gesellschaftswissen-
schaften beim Zentralkomitee der KPdSU in Moskau gerufen
worden. Während dieser Zeit wurde er ohne nähere Erklärung
ins Zentralkomitee der KPdSU bestellt.

Am nächsten Tag erschien er pünktlich im ZK und wurde zu
Gesprächen mit Iwan Kapitonow, dem ZK-Sekretär für Orga-
nisationsfragen, und Politbüromitglied Andrej Kirilenko
geführt. Andrej Kirilenko, damals 69, kannte die Situation in
Swerdlowsk, war er doch von 1955 bis 1962 selbst Erster
Sekretär des Swerdlowsker Gebietskomitees. 1962 avancierte
er zum Vollmitglied des Politbüros und 1966 zum Sekretär des
Zentralkomitees für Parteiangelegenheiten.

Kirilenko und Kapitonow gingen anschließend mit Jelzin zu
Michail Suslow. Dieser fragte Boris Jelzin nur, ob er sich stark
genug fühle und ob er die Parteiorganisation des Gebietes gut
kenne.

Ohne ein weiteres Wort brachten die ZK-Sekretäre Kapitonow und Jakow Rjabow Jelzin dann zu Leonid Breschnew.

»Breschnew saß an der Stirnseite des Konferenztisches. Als ich auf ihn zuging, stand er auf und begrüßte mich. Dann fragte er meine Begleiter: ›Hat er also beschlossen, im Gebiet Swerdlowsk die Macht zu übernehmen?‹ Kapitonow erklärte ihm, ich sei noch nicht informiert. ›Wieso weiß er nichts, wenn er doch beschlossen hat, die Macht zu übernehmen?‹ So begann dieses Gespräch.«

Breschnew erläuterte Jelzin dann, daß das Politbüro ihn für das Amt des Ersten Sekretärs des Swerdlowsker Gebietskomitees empfohlen habe. »Na, wie sieht es aus?« fragte der Generalsekretär den etwas überraschten Jelzin, der das Angebot natürlich annahm. »Sie können nur noch nicht ZK-Mitglied werden, da der Parteitag gerade vorbei ist und die Wahlen abgeschlossen sind«, fügte Breschnew fast entschuldigend hinzu.

»Damals war der Erste Sekretär des Gebietskomitees der Partei natürlich ein Gott, ein Zar«, schrieb Jelzin in seinen Erinnerungen. »Ich bin in diesem System groß geworden, es hat mich geprägt, alles war von autoritär-bürokratischen Führungsmethoden durchdrungen, und auch ich verhielt mich entsprechend. Ob ich nun Konferenzen durchführte, Sitzungen des Komitee-Büros leitete, meine Berichte auf dem Plenum verlas – alles mündete in harten Druck«, bekannte er freimütig. Allmählich sei es jedoch zu einer gewissen Desillusionierung gekommen: »Das System begann sichtlich zu stottern.«

Unmittelbar nach seiner Amtseinführung als Erster Gebietsparteisekretär von Swerdlowsk begann Boris Jelzin, alte, in seinen Augen ungeeignete Funktionäre in seiner Umgebung durch eine neue, jüngere Mannschaft zu ersetzen. So holte er den Generaldirektor der Moskauer SIL-Werke, Anatolij Alexandrowitsch Mechrenzew, und ernannte ihn zum Vorsitzenden des Swerdlowsker Gebietsvollzugsausschusses, etwa vergleichbar einem Regierungspräsidenten. Mechrenzew wurde einer von

Jelzins wichtigsten Mitarbeitern. Für alle Bereiche ließ Jelzin detaillierte Programme erstellen, die in den Sitzungen des Gebietskomitees vorgestellt und diskutiert wurden. Das Gebietskomitee hielt von nun an offene und geschlossene Sitzungen ab. Bei den geschlossenen Sitzungen wurde Kritik offen ausgesprochen – auch an der Amtsführung Jelzins. Jelzin wünschte, ja förderte diese Kritikbereitschaft seiner Mitarbeiter.

Das Gebiet Swerdlowsk umfaßt 45 Städte, insgesamt gab es 63 Kreis-, Stadt- und Stadtbezirksorganisationen der Partei. Jelzin hatte sich vorgenommen, jede dieser Organisationen mindestens einmal im Jahr aufzusuchen. Damit gelang es ihm, die Bindung innerhalb der Partei zu verbessern. Außerdem organisierte er eine Vielzahl von Versammlungen, Veranstaltungen und Festen in den Städten des Gebietes, um das Interesse der Bevölkerung für die Region zu stärken.

Jelzin verstand es geschickt, sich die Schwächen des Breschnewschen Systems zunutze zu machen. Bezeichnend hierfür war die Art und Weise, wie er bei Breschnew die Zustimmung für den Bau einer Untergrundbahn (Metro) in Swerdlowsk erwirkte. Jelzin rief Breschnew an und vereinbarte mit dem Generalsekretär einen Besuchstermin. Er wählte einen Donnerstag, da Breschnew gewöhnlich schon am Freitag in seine Ferienvilla nach Sawidowo fuhr und deshalb donnerstags alle Aufgaben möglichst rasch erledigte.

»Da ich seinen Arbeitsstil in jener Periode kannte«, so Jelzin, »bereitete ich in seinem Namen ein Schreiben vor, unter das er nur noch seinen Entscheidungsvermerk setzen mußte. Ich kam zu ihm, und wir sprachen rund fünf Minuten miteinander. Den Vermerk konnte er nicht selbst diktieren. ›Na, diktier schon, was ich schreiben soll.‹ Ich diktierte ihm: ›Dem Politbüro zur Kenntnisnahme vorlegen, Resolution des Politbüros über den Bau der Metro in Swerdlowsk vorbereiten.‹ Er schrieb, was ich ihm sagte, unterzeichnete und gab mir das Papier.

Da ich wußte, daß sogar hier Dokumente gelegentlich irgendwo verlorengingen, bat ich ihn, einen Assistenten zu rufen. Er rief ihn, und ich sagte, er solle ihm die Anweisung geben, das Dokument eintragen zu lassen, und den Auftrag, es im Politbüro zirkulieren zu lassen. Schweigend tat er alles, was ich verlangt hatte, der Assistent nahm die Papiere, wir verabschiedeten uns, und bald darauf erhielt Swerdlowsk die Entscheidung des Politbüros über den Bau der Metro.«

In dieser Zeit lernte Jelzin den ersten Gebietssekretär von Stawropol, Michail Gorbatschow, kennen. Zunächst blieb es bei einem telefonischen Kontakt, erst später begegneten sie sich persönlich. Stets ging es um gegenseitige Unterstützung; so lieferte Jelzin Metall und Holz nach Stawropol und erhielt hierfür im Gegenzug Lebensmittel.

Gorbatschow wird nach Moskau berufen

ZK-Sekretär für Landwirtschaft

Das Jahr 1978 brachte den entscheidenden Durchbruch in der politischen Karriere Gorbatschows. Fjodor Kulakow, ZK-Sekretär für Landwirtschaft, der als möglicher Nachfolger Breschnews angesehen wurde und Gorbatschow seit den gemeinsamen Zeiten in Stawropol verbunden war, vertraute ihm die Hauptrede über die Landwirtschaftspolitik auf dem Plenum des Zentralkomitees am 4. Juli 1978 an. Mehr als zwei Monate bereitete sich Gorbatschow mit Hilfe seiner landwirtschaftlichen Berater aus Stawropol vor. Seine Rede war kenntnisreich und sachlich, die Mißstände und Probleme beim Namen nennend; aber er verzichtete darauf, Vorschläge einzubringen, die einen radikalen Kurswechsel in der Landwirtschaftspolitik erfordert hätten. Es war ein Kompromiß zwischen dem, was ihm notwendig erschien, und dem, was möglich war. Die ZK-Mitglieder waren beeindruckt. Eine solch informative Rede von einem Mann, der die Probleme offensichtlich aus der Praxis kannte, zugleich eloquent und mit Begeisterung vorgetragen – so etwas kam im Zentralkomitee nicht gerade häufig vor. Am nächsten Tag war auf der Titelseite der *Prawda* in riesigen Buchstaben, wie sie eigentlich nur für Überschriften verwendet werden, folgendes zu lesen:

Informatorische Mitteilung über ein Plenum des Zentralkomitees der Kommunistischen Partei der Sowjetunion.

Danach folgte – ebenfalls in ganz großen Lettern – die Mitteilung, der Generalsekretär des Zentralkomitees der KPdSU, Leonid Breschnew, habe auf dem ZK-Plenum am 4. Juli 1978 ein Referat »Über die weitere Entwicklung der Landwirtschaft der UdSSR« gehalten. Im Anschluß an das Referat habe eine Aussprache stattgefunden, an der sich auch namentlich genannte Funktionäre beteiligt hätten – darunter an vierter Stelle »Gorbatschow, M. S., Erster Parteisekretär des Gebiets von Stawropol«.

Zum ersten Mal war damit Gorbatschow durch den großen Hinweis auf der Titelseite der *Prawda* der breiten sowjetischen Öffentlichkeit bekannt geworden.

Die Landwirtschaft in der Sowjetunion stand Ende der siebziger Jahre am Rande der Katastrophe. Nur durch umfangreiche Getreideimporte aus den USA, Kanada und Argentinien ließ sich die wahre Dimension der Misere noch kaschieren. Nach seinem erfolgreichen Auftritt vor dem ZK hatte sich Gorbatschow in Moskau den Ruf erworben, er sei jemand, der diese Probleme anpacken könnte.

Nur zwei Wochen später, am 17. Juli 1978, wurde Fjodor Kulakow, mit 60 Jahren eigentlich noch ein junger Mann in der Führungsriege der Sowjetunion, tot aufgefunden. Die Hintergründe seines Todes sind bis heute noch nicht geklärt. In Parteikreisen kursierten Gerüchte, Kulakow habe sich das Leben genommen. In dieser Situation wurde – was beim Tode von Politbüromitgliedern selten geschah – ein medizinisches Gutachten veröffentlicht. Darin hieß es, Kulakow habe sich bereits 1968 einer Magenresektion unterziehen müssen und an einer Sklerose und einer chronischen Pneumonie gelitten. In der Nacht vom 16. zum 17. Juli sei eine Herzinsuffizienz mit einem plötzlichen Herzstillstand eingetreten.

Auffällig und völlig ungewöhnlich war, daß die drei entscheidenden Führungspersönlichkeiten – Breschnew, Kossygin und

Suslow – weder der Beisetzungskommission angehörten noch an der Beisetzung Kulakows teilnahmen. eine der Trauerreden hielt Michail Gorbatschow. Mit Kulakow verlor Gorbatschow einen seiner Fürsprecher in der obersten politischen Führung – zugleich aber war nun der Posten vakant.

Im September 1978 hielt der Sonderzug Leonid Breschnews auf dem Rückweg vom Schwarzen Meer nach Moskau auf dem Bahnhof des am Fuße des Kaukasus gelegenen Kurortes Mineralnyje Wody in der Region Stawropol. Mit Breschnew reiste dessen engster Mitarbeiter, der 67jährige ZK-Sekretär Konstantin Tschernenko. Auf dem Bahnsteig erwarteten sie Jurij Andropow und der gerade 47jährige Michail Gorbatschow. Bei diesem Zusammentreffen fiel die Entscheidung über den Aufstieg von Gorbatschow in die zentrale Führungsspitze.

Am 27. November fand im ZK der KPdSU die Wahl des ZK-Sekretärs für Landwirtschaft statt. Am 28. November 1978 – das Ritual war festgeschrieben – erschien die *Prawda* mit der riesigen Ankündigung:

»Das Plenum des Zentralkomitees wählte den Genossen Gorbatschow, M. S., zum Sekretär des Zentralkomitees.«

Von dieser Wahl erhoffte sich auch Jelzin viel. Er besuchte Gorbatschow einige Male in Moskau, um mit ihm über die Probleme der Landwirtschaft im Gebiet Swerdlowsk zu sprechen. Sie hatten offenbar, glaubt man Jelzin, zu Beginn ein gutes Verhältnis.

Allerdings berichtet er auch von einem Vorfall, der schon bald zu einer gewissen Abkühlung führte. Bei einer der üblichen Besuchsreisen von ZK-Kommissionen nach Swerdlowsk wurde eine Reihe von Mängeln im Bereich Landwirtschaft gerügt. Im Bericht der Kommission waren diese Mängel stark überzeichnet dargestellt worden. Ohne Jelzin zu konsultieren, verabschiedete das ZK-Sekretariat in Moskau auf der

Basis dieses Berichtes eine knappe Resolution, in der die Behebung der Mängel gefordert wurde.

Jelzin gab einige Mängel zu, sprach sich aber entschieden gegen die Resolution aus. Bald darauf wurde er nach Moskau zitiert. Dort traf Jelzin mit Gorbatschow zusammen. Jelzin rückblickend: »Er begrüßte mich, als sei nichts geschehen. Wir unterhielten uns eine Weile, und erst als ich ging, fragte er mich: ›Hast du das Schreiben gelesen?‹ Aus seinem Ton hörte ich die Mißbilligung meiner Handlungsweise heraus. Ich bejahte, und Gorbatschow sagte trocken und hart: ›Man muß die Konsequenzen ziehen!‹ Ich erwiderte: ›Aus der Resolution müssen Konsequenzen gezogen werden, und man wird sie ziehen. Aber aus den in dem Schreiben nicht objektiv dargestellten Tatsachen habe ich keine Konsequenzen zu ziehen.‹ – ›Nein? Na, dann wart' mal ab!‹«

Konkrete Folgen für Jelzin hatte die Angelegenheit nicht, zumindest nicht gleich. Aber sicherlich hat Jelzin diese unerfreuliche Episode nicht vergessen. Damals – und noch für viele weitere Jahre – war Jelzin de facto ein Untergebener Gorbatschows, und dies dürfte bei den späteren Differenzen zwischen beiden eine Rolle gespielt haben.

Aufnahme ins Politbüro

Genau ein Jahr nach seiner Ernennung zum ZK-Sekretär für Landwirtschaft wurde Gorbatschow zum Kandidaten, elf Monate später, im Oktober 1980, zum Vollmitglied des Politbüros gewählt. Mit 49 Jahren zählte er nun zu den wichtigsten Führern der Sowjetunion.

Michail Gorbatschows Arbeit wurde im Zentralkomitee allgemein anerkannt. Sein Arbeitstag umfaßte gewöhnlich zehn bis zwölf Stunden, und im Gegensatz zu den meisten anderen

Mitgliedern des Politbüros, die sich prinzipiell überlastet fühlten, scheute er sich nicht, zusätzliche Aufträge und Arbeiten zu übernehmen.

Nach dem Tode von Michail Suslow im Januar 1982 übernahm Gorbatschow zeitweilig den Amtsbereich des ZK-Sekretärs für Ideologie. Nun war er auch vorübergehend für die Formulierung der ideologischen Grundlinie der Partei und für den Propaganda-Apparat zuständig.

Am 10. November 1982 starb Leonid Breschnew. Erst 26 Stunden nach seinem Tode unterbrach das sowjetische Fernsehen das Programm und brachte die Nachricht vom Ableben des Generalsekretärs. Zuvor war im Politbüro die Entscheidung über die Nachfolge gefallen: Jurij Andropow wurde neuer Generalsekretär der KPdSU. Der von Breschnew zum Nachfolger aufgebaute Konstantin Tschernenko mußte sich mit der Position des »zweiten Mannes« zufrieden geben. Die öffentliche Diskussion um das ausschweifende Privatleben des Breschnew-Clans hatte Tschernenkos Position geschwächt. Ausschlaggebend für die Wahl Andropows waren die Voten von Verteidigungsminister Dmitrij Ustinow und Außenminister Andrej Gromyko. Tschernenko übernahm nun als ZK-Sekretär die Verantwortung über den Bereich Ideologie.

Mit der Wahl Andropows gab es anfangs gewisse Hoffnungen auf zumindest begrenzte Reformen. Aber Andropow war, als er das Amt des Generalsekretärs antrat, schon von seiner schweren Krankheit gezeichnet.

Im Mai 1983 reiste Michail Gorbatschow als ZK-Sekretär für Landwirtschaft nach Kanada. In Ottawa führte er intensive Gespräche mit dem damaligen sowjetischen Botschafter, Alexander Jakowlew, den Gorbatschow bereits 1971 kennengelernt hatte. Aber erst jetzt, nach der bedeutsamen Begegnung mit Jakowlew, stellten beide die weitgehende Übereinstimmung ihrer Auffassungen fest.

Jakowlew war von 1969 bis 1973 Leiter der Abteilung Agitation und Propaganda des Zentralkomitees gewesen. Hier, der Spitzenführung nahe, lernte er Breschnews Führungsgruppe und das Leben der Nomenklatura-Elite aus der Nähe kennen. Alles erschien ihm fragwürdig, krankhaft. Besonders befremdet war er über Dekadenz und Korruption, Antisemitismus und russischen Chauvinismus. In einem viel beachteten Artikel »wider den Antihistorismus« übte er im November 1972 in der *Literaturnaja Gaseta* vorsichtige Kritik an den russischen Nationalisten. Sein Artikel wurde im Sekretariat des Zentralkomitees unter Leitung Suslows scharf kritisiert, Jakowlew erhielt eine Rüge und wurde im Juli 1973 als Botschafter nach Kanada abgeschoben.

Um so erfreuter war Jakowlew im Mai 1983, in Michail Gorbatschow einen befreundeten Gesprächspartner zu finden: »Im Mai 1971 habe ich Michail Sergejewitsch zum ersten Mal getroffen«, schreibt Jakowlew in dem 1992 erschienen Band »Offener Schluß«. »Im Mai 1983 haben wir uns dann in Kanada wiedergesehen . . . Damals haben wir begonnen, über die Notwendigkeit tiefgreifender Veränderungen zu sprechen.«

Gorbatschow setzte sich von Moskau aus für Alexander Jakowlew ein. Bereits Ende Juli 1983 kehrte dieser nach Moskau zurück und wurde im Oktober 1983 zum Direktor des Instituts für Weltwirtschaft und Internationale Beziehungen (IMEMO) ernannt. Dieses Institut sollte zu einem der theoretischen Wegbereiter der zukünftigen Perestroika werden.

All dies vollzog sich während der 15monatigen Amtszeit von Jurij Andropow – vom November 1982 bis Februar 1984. Manche sahen in Andropow eine Art Wegbereiter für die spätere Perestroika Gorbatschows, andere bewerteten sein Wirken sehr kritisch. Jakowlew meinte gar, unter Andropow hätte man nie die Grundlage für die Perestroika legen können.

Andropows technokratisch-disziplinierte Modernisierung

blieb in den Ansätzen stecken, denn schon im Herbst 1983 erkrankte er. Am 9. Februar 1984 erlag er seiner schweren Nierenkrankheit und seiner langjährigen Diabetes. Nicht wenige Breschnewisten im Parteiapparat hatten sein Ende herbeigesehnt. Raissa Gorbatschowa, die sich ebenso wie ihr Mann dem kranken Generalsekretär besonders verbunden fühlte, fand es nach Jahren noch schrecklich, daß bei seinem Begräbnis zahlreiche Gesichter unverhohlen Freude über den Tod Andropows ausdrückten.

Nach der kurzen Andropow-Periode galt es nun, einen neuen Generalsekretär zu bestimmen. Das Politbüro tagte am 13. Februar 1984 und faßte einen Beschluß über den Nachfolger.

Am 14. Februar 1984 fand das Plenum des Zentralkomitees statt. Tschernajew erlebte dies als Augenzeuge: »Punkt 14 Uhr tauchte im Türrahmen Tschernenko auf, gefolgt von dem damals 79jährigen Ministerpräsidenten Tichonow, dem 75jährigen Stellvertretenden Ministerpräsidenten und Außenminister Gromyko, Verteidigungsminister Dmitrij Ustinow und Gorbatschow. Im Saal trat Totenstille ein. Tschernenko erhob sich, beugte sich tief über das Konzept auf dem Tisch und murmelte mit asthmatischer Stimme einige Worte über den Verstorbenen.

Die Spannung wuchs. Schließlich begab sich Ministerpräsident Tichonow zum Rednerpult, sprach über den Verstorbenen und die Aufgabe der Partei, sein Werk fortzuführen, und erklärte: »Das Politbüro hat beraten und mich beauftragt, dem Plenum die Kandidatur des Genossen Tschernenko zur Prüfung vorzuschlagen.« Danach folgte ein matter, rasch verebbender Applaus, weit geringer als bei Andropow. »Die Enttäuschung der Anwesenden war augenblicklich spürbar.« Schon damals, so Tschernajew, sei der Name Gorbatschows in aller Munde gewesen.

Weder in der Partei noch in der Bevölkerung genoß Tschernenko das geringste Ansehen. Jeder verstand, daß es sich bei diesem 74jährigen altersschwachen Greis um eine Übergangsfigur handelte. Während seiner kurzen Amtszeit erfolgte indes eine wichtige und gefährliche Weichenstellung: Entweder er selbst oder aktive Funktionäre aus seiner engsten Umgebung betrieben eine Wiederaufwertung Stalins, eine Wiederbelebung des Stalin-Kults. Der engste Kampfgefährte Stalins, Molotow, während der Chruschtschow-Ära in Ungnade gefallen, wurde feierlich wieder in die Partei aufgenommen.

Anläßlich des Tages der Roten Armee am 23. Februar 1984 veröffentlichte die Zeitschrift *Kommunist* einen »richtungweisenden« Artikel, in dem Marschall Achromejew die persönlichen Verdienste Stalins am glorreichen Sieg herausstrich. In der obersten Führung wurde eine Kommission zur Vorbereitung des 40. Jahrestages am 8. Mai 1945 gebildet – mit dem Ziel, Stalin wieder völlig zu rehabilitieren und die Stadt Wolgograd wieder in Stalingrad umzubenennen.

Es war offensichtlich das Ziel der Tschernenko-Führung, durch den Rückgriff auf Stalin sich Autorität zu verschaffen und durch die Stalin-Verherrlichung eventuelle zukünftige Reformen zu verhindern, zumindest zu erschweren. Aber diese Versuche bleiben bereits in den Anfängen stecken. Während seiner kurzen Amtszeit standen bereits die jüngeren Führer im Vordergrund: Der 53jährige Michail Gorbatschow, auf den schon damals die aufgeschlosseneren, moderneren Gruppierungen ihre Hoffnungen setzten, während der 60jährige Leningrader Parteisekretär Grigorij Romanow und der 70jährige Moskauer Parteichef Viktor Grischin als Fortsetzer des Breschnew-Kurses galten.

Michail Gorbatschow trat zunehmend ins Rampenlicht. Wenn Tschernenko sich aus Gesundheitsgründen aus der Tagespolitik zurückziehen mußte, dann war es Gorbatschow, der die Sitzungen des Politbüros leitete. Im Juni 1984 fuhr Gorbatschow zum Begräbnis des italienischen KP-Führers Enrico Berlinguer, und im Dezember 1984 reiste er auf Einladung des britischen Parlaments nach Großbritannien und traf mit der damaligen Premierministerin Margaret Thatcher zusammen.

Das Auftreten Gorbatschows, vor allem im Unterschied zu den im Greisenalter stehenden bürokratischen Sowjetführern, wurde im Westen aufmerksam registriert. Bereits während seines Kanada-Besuchs im Mai 1983 hatte sich Gorbatschow »als höflicher Gast, intelligenter Beobachter und schlagfertiger Debattierer« (*Neue Zürcher Zeitung*) gezeigt. In Großbritannien habe er sich als »gewandter, energischer und überlegener Staatsmann präsentiert« (dpa). Vor allem der Erfolg seiner England-Reise wies Gorbatschow als einen Sowjetführer aus, der die Sowjetunion auch nach außen vertreten konnte.

Ernennung zum Generalsekretär

Noch sind nicht alle Einzelheiten darüber bekannt, wie sich das Politbüro und das Zentralkomitee nach dem Tod Tschernenkos zum Entschluß durchrangen, Gorbatschow zum Generalsekretär zu ernennen. Aus einer Vielzahl von Berichten, darunter auch von Teilnehmern, ist jedoch zu schließen, daß diese Ernennung nicht ohne harte Auseinandersetzungen erfolgte.

Heftige Auseinandersetzungen

Am 10. März 1985, nach nur 13 Monaten Amtszeit, verstarb der 78jährige Konstantin Tschernenko. Am nächsten Tag wurde die Ernennung Michail Gorbatschows zum Generalsekretär bekanntgegeben. Aber es war eigentümlich: Während alle westlichen Zeitungen das Bild Gorbatschows auf der Titelseite veröffentlichten, zeigte die *Prawda* ihn in einer Gruppe: Man sah den 54jährigen neuen Generalsekretär Gorbatschow umgeben vom 79jährigen Ministerpräsidenten Tichonow, dem 76jährigen Stellvertretenden Ministerpräsidenten und Außenminister Gromyko, dem 71jährigen Viktor Grischin und weiteren fünf Politbüromitgliedern. Die Botschaft war klar: Wir haben diesen neuen Generalsekretär, aber keine Angst – er ist eingebettet in die alten Führer, die für Kontinuität sorgen.

Noch größer war die zweite Überraschung. Bei der Ernennung Gorbatschows fehlte das sonst übliche Wort »jedinoglasno« (»einstimmig«) – bis zur Ernennung Gorbatschows waren in der Sowjetunion alle Entscheidungen »einstimmig« erfolgt. Bei der Ernennung Gorbatschows aber hieß es, er sei »jedinoduschno« ernannt worden, auf deutsch etwa »vom gleichen Geist beseelt«, »einmütig«. Schon bald sickerte durch, daß es – erstmals in der sowjetischen Geschichte – zwei Kandidaten für den Posten des Generalsekretärs gegeben hatte: den 71jährigen Viktor Grischin und den 54jährigen Gorbatschow.

Dabei handelte es sich nicht nur um zwei Personen, sondern um die Vertreter zweier Richtungen. Viktor Grischin, der Prototyp eines bürokratischen Funktionärs breschnewistischer Prägung, stand für Beharrung: Machtinteressen und Privilegien der Funktionäre seien unter allen Umständen zu erhalten – was immer sonst auch mit der Sowjetunion geschehe. Michail Gorbatschow stand für Reformen – gewiß war damals noch nicht klar, welche Reformen, aber die Notwendigkeit wichtiger Veränderungen stand für ihn und seine Anhänger außer Zweifel.

Offensichtlich gab es zwischen Grischin und Gorbatschow eine Kampfabstimmung. Vieles spricht dafür, daß der damals 62jährige Leningrader Parteisekretär Grigorij Romanow (in der Parteiführung für Schwerindustrie und Militärangelegenheiten zuständig) und der 79jährige Ministerpräsident Nikolaj Tichonow auf der Seite Grischins standen, während die Kandidatur Gorbatschows von dem damals 62jährigen, aus Aserbaidschan stammenden Stellvertretenden Ministerpräsidenten Gaidar Alijew (der seit Dezember 1992 eine wichtige Rolle im inzwischen unabhängigen Aserbaidschan spielt), und vor allem dem 74jährigen Außenminister und Stellvertretenden Ministerpräsidenten Andrej Gromyko unterstützt wurde. Gromyko setzte sich emphatisch für Gorbatschow ein und gab durch seine gewaltige Autorität den Ausschlag. Die Entscheidung des 72jährigen damaligen Vorsitzenden der Parteikontrollkommission Michail Solomenzew bleibt unklar.

Zwei damalige Politbüromitglieder nahmen nicht teil, weil sie sich im Ausland befanden – der 67jährige Erste Parteisekretär der Ukraine, Wladimir Schtscherbitzkij (der für Grischin gestimmt hätte) war in den USA, und der 59jährige Stellvertretende Ministerpräsident der Russischen Föderation (RSFSR), Witalij Worotnikow, war in Jugoslawien (er hätte vielleicht für Gorbatschow gestimmt). Schließlich hätte sich der damalige kasachische Parteisekretär Dinmuchamed Kunajew, der offensichtlich zu spät kam oder nicht rechtzeitig benachrichtigt wurde, sicher emphatisch für Grischin entschieden.

Es handelte sich also keineswegs, wie damals angenommen, um einen leichten, unproblematischen Übergang, sondern vielmehr um heftigste und bedeutsamste Auseinandersetzungen, bei denen Gromyko – mit dem Hinweis, er sei für die Person Gorbatschow, nicht aber unbedingt für sein Programm – den Ausschlag gab und damit die Ernennung Gorbatschows ermöglichte.

Anschließend folgte die Sitzung des Zentralkomitees, das damals aus 319 Vollmitgliedern und 151 nicht-stimmberechtigten Kandidaten bestand. Unter den Vollmitgliedern waren 84 Gebietsparteisekretäre – einer davon war Boris Jelzin.

Boris Jelzin bestätigt in seinen Memoiren die Situation. »Natürlich hat es einen Kampf gegeben. Insbesondere hatte man die Liste der von Grischin geplanten Politbüromannschaft gefunden; Grischin wollte bekanntlich Parteiführer werden. Weder Gorbatschow noch viele andere waren in dieser Liste aufgeführt.«

Das Plenum des Zentralkomitees, so Jelzin, habe »das Schicksal des Generalsekretärs« entschieden. »Praktisch alle Teilnehmer an diesem Plenum, darunter auch sehr erfahrene Erste Sekretäre, hielten Grischin für völlig ungeeignet. Seine Wahl wäre verheerend für die Partei und das ganze Land gewesen.« Nicht nur seine politische Linie, sondern auch sein persönlicher Charakter – Jelzin nennt Selbstzufriedenheit, Arroganz, Bewußtsein der eigenen Unfehlbarkeit und Machtgier – sprachen gegen ihn. »Viele Erste Sekretäre waren der Meinung, man müsse im Politbüro unbedingt Gorbatschow als Kandidaten für das Amt des Generalsekretärs aufstellen. Er besaß die meiste Energie, war gebildet und hatte das richtige Alter. Wir beschlossen, auf ihn zu setzen.«

Nach Jelzins Darstellung hätten damals die meisten ZK-Mitglieder beschlossen, »einmütig gegen einen anderen Kandidaten – ob nun Grischin, Romanow oder irgendein anderer – zu stimmen und ihn durchfallen zu lassen.« Gromyko habe diesen Standpunkt unterstützt und Gorbatschow auf dem ZK-Plenum als Kandidaten vorgeschlagen. Grischin und seine Umgebung hätten erkannt, daß ihre Chancen klein oder gleich null gewesen seien. Aber offensichtlich war auch im Plenum des Zentralkomitees die Entscheidung für Gorbatschow nicht »einstimmig«, sondern vielmehr »vom gleichen Wunsch beseelt« erfolgt.

Anläßlich der Trauerfeierlichkeiten zum Tode von Tschernenko fanden die ersten Treffen Gorbatschows mit ausländischen Gästen statt, darunter mit US-Vizepräsident George Bush, der britischen Premierministerin Margaret Thatcher, Bundeskanzler Kohl und dem französischen Staatspräsidenten Mitterrand. Von ausländischen KP-Führern traf er sich nur mit dem italienischen KP-Chef Natta, dem Vertreter jener Partei, die seit Mitte der siebziger Jahre völlig neue Wege beschritt.

Die Ernennung Gorbatschows zum Generalsekretär am 11. März 1985 wurde außerhalb der Sowjetunion mit vorsichtigem Optimismus aufgenommen. Bundeskanzler Helmut Kohl bezeichnete ihn – nach einem Gespräch am Tage der Ernennung – als einen Mann »mit beträchtlicher Souveränität und Beherrschung der Materie«. Er könne argumentieren und zuhören, habe breite Kenntnisse, könne rasch aufnehmen und differenzieren.

Einige Beobachter unterstrichen den Generationswechsel in der Kreml-Führung, schränkten jedoch ein, daß Gorbatschow in die kollektive Führung eingebunden bleibe und auf vorhandene Widerstände im Politbüro Rücksicht nehmen müsse. Andere unterstrichen, Gorbatschow gehöre zu jener Generation gut ausgebildeter Technokraten der UdSSR, die zwar fest im System verankert sei, von der man aber, vor allem im wirtschaftlichen Bereich, neue Akzente erwarten könne. Auffällig sei der neue Führungsstil, der von einer »neuen Sachlichkeit« und mehr »Offenheit« gekennzeichnet sei. Zdenek Mlynar, ein Studienfreund Gorbatschows in Moskau, sah nun »die Zukunft doch wieder etwas optimistischer«. Allerdings dürfe man »nicht ungeduldig werden«, denn es komme zunächst darauf an, ideologisch-politische Konzepte zu erneuern und die Funktionäre von unten bis zur Spitze der Machthierarchie auszutauschen. Am ehesten würden sich reformerische Maßnahmen im Wirtschaftsbereich entfalten, die sich jedoch ohne gleichzeitige Veränderungen in den sozialen und politischen Beziehungen nicht durchführen ließen.

Die Periode der Perestroika
1985–1990

Gorbatschows erstes Jahr

Neue Akzente

Schon kurz nach seiner Ernennung zum Generalsekretär des ZK der KPdSU verkündete Gorbatschow eine neue, für sowjetische Verhältnisse ungewöhnliche Losung: *Uskorenije* (»Beschleunigung«). Gorbatschow wollte die Sowjetbevölkerung aus der Apathie und Stagnation der Breschnew-Periode herauslösen, sie zur Aktivität ermuntern. *Uskorenije* wurde zum Schlüsselbegriff der ersten Monate seiner Amtszeit.

Michail Gorbatschow genoß, wie Julij A. Kwizinskij, damals zuständig für Abrüstungsfragen im sowjetischen Außenministerium und seit April 1986 Sowjetbotschafter in Bonn, einen enormen politischen Vertrauenskredit: »Die Menschen hatten die Herrschaft der ›alten Männer im Kreml‹ gründlich satt«. Die Sowjetunion, so Kwizinskij in seinen Erinnerungen (»Vor dem Sturm«), sah sich unabläßlich neuen Problemen gegenüber, »deren Lösung nur ein energischer und entschlossener Mann in Angriff nehmen konnte, der in der Lage war, die Trägheit des Apparats zu brechen und Reformen einzuleiten.« Alle hätten ihre Hoffnung auf Gorbatschow gesetzt.

Die veränderte Atmosphäre nach der Ernennung Gorbatschows beschrieb auch Friedrich Wilhelm Christians, damals Vorstandsvorsitzender der Deutschen Bank. Der neue Generalsekretär habe ihn, so Christians in seinem Band »Wege nach Rußland«, in der Mitte des Raumes erwartet. »Völlig gelöst trat er auf mich zu und begrüßte mich mit offener, freundlich gewinnender Miene.« Das Gespräch habe er mit der Bemerkung eröffnet, die Ära ideologischer Ressentiments sei nun vorbei. »Wir leben doch nicht mehr im Zeitalter mittelalterlicher Kreuzritter!«

Die Unterredung mit Gorbatschow am 18. April 1985 unterschied sich von allen, die Christians mit früheren Kreml-Herren geführt hatte: »Was dieser Mann sagte, verriet hohe Intelligenz, gepaart mit einer bestechenden Analyse-Fähigkeit. Seine Fragen kamen ohne Umschweife und Floskeln sofort zum Punkt, seine Repliken waren engagiert und präzise.«

Bei der Erörterung der Wirtschaftsprobleme kamen beide zur gemeinsamen Auffassung, daß die UdSSR mit ihren enormen Rohstoffvorkommen und die Bundesrepublik Deutschland als ein Hochtechnologie-Land geradezu ideale Komplementärpartner im wirtschaftlichen Austausch seien. Christians erwähnte kritisch, daß nach seinen Beobachtungen in der Sowjetunion eine ziemliche Verschwendung an Energie und Rohstoffen herrsche. Dies gelte auch für manche mit teuren Westdevisen gekauften Ausrüstungen und Maschinen. Unerwarteterweise stimmte ihm Gorbatschow lebhaft zu.

Der neue Mann an der Spitze war sich offensichtlich der Schwäche des Fünf-Jahres-Plan-Denkens und der Planungstäbe bewußt und aufgrund tiefgreifender, jahrelanger Beobachtungen des Systems seines Landes zu umfassenden Änderungen entschlossen. Christians war tief beeindruckt. Als er von Journalisten bei der Rückkehr über sein Treffen befragt wurde, gab er zur Antwort: »Wenn jemand dieses Land ändern kann, dann ist er es.«

Auf dem Plenum des Zentralkomitees vom 23. April 1985 forderte Gorbatschow eine »beschleunigte sozialökonomische Entwicklung«. Er wollte zwar an der zentralen Planung festhalten, aber den gesamten schwerfälligen bürokratischen Mittelbau drastisch reduzieren, »die Rechte der Betriebe erweitern, ihre Selbständigkeit erhöhen und sie stärker am Endergebnis der Arbeit interessieren«.

Auf dem gleichen April-Plenum rückten drei neue Führer in das Politbüro auf, die schon von Andropow gefördert worden waren: Der 55jährige Nikolaj Ryschkow hatte wie Jelzin ein Ingenieursstudium in Swerdlowsk absolviert und war mehr als ein Jahrzehnt als Direktor großer Unternehmungen für Schwermaschinenbau tätig gewesen. Anschließend übernahm Ryschkow die Leitung der Wirtschaftsabteilung des Zentralkomitees und wurde Erster Stellvertretender Vorsitzender des staatlichen Plankomitees.

Das zweite neue Politbüromitglied, Jegor Ligatschow, ebenfalls Ingenieur, war in den sechziger Jahren in der Abteilung Agitation und Propaganda der Russischen Föderation tätig gewesen und in den letzten Jahren Erster Gebietsparteisekretär im westsibirischen Tomsk. Ligatschow wollte Partei und Staat aktivieren, disziplinieren und mobilisieren, wandte sich jedoch mit Schärfe gegen alle Reformen, die, nach seiner Meinung, eine Abschwächung oder Lockerung des Systems zur Folge haben konnten. »Der Neunundsechzigjährige ist der älteste im Politbüro, ein untersetzter Mann mit randloser Brille und grauen Haaren«, schilderte ihn Gerd Ruge in seiner Gorbatschow-Biographie. »Im täglichen Umgang gewöhnlich freundlich, wird er am Rednerpult zum machtbewußten Funktionär, der seine ideologischen Leitsätze den Zuhörern einhämmert.« Ligatschow war davon überzeugt, daß das sozialistische System nach einer Reihe von Verbesserungsmaßnahmen dem Kapitalismus überlegen sei.

Der dritte im Bunde war der damals 62jährige Viktor Tschebrikow, ebenfalls Absolvent einer metallurgischen Hochschule. Anfang der sechziger Jahre war Tschebrikow Gebietsparteisekretär von Dnjepropetrowsk und seit 1968 im sowjetischen

Staatssicherheitsdienst tätig – zunächst als Leiter der I. Hauptverwaltung (Auslandsspionage), bis er schließlich zum Vorsitzenden des Geheimdienstes KGB avancierte. Nun, im April
1985, wurde er sofort Vollmitglied des Politbüros (ohne die
Stufe des Kandidaten durchzumachen). Überall witterte Tschebrikow Abweichungen, Opposition und westliche Einflüsse,
vor denen er warnte und die er rücksichtslos bekämpfte.

Gorbatschow dagegen war inzwischen klargeworden, daß
etwas mit dem Staat nicht stimmte: »Die Gesellschaft erstickte
im Würgegriff des administrativen Kommandosystems.« Er
nannte die Mißstände offen beim Namen und drängte auf ihre
Beseitigung. Mitte Mai 1985 reiste Gorbatschow nach Leningrad, erste Station einer Reihe von Besuchsterminen, die ihn
durch viele Regionen des Landes führen sollten. Seit Jahren war
hier kein Parteichef mehr gewesen. Wo er konnte, mischte er
sich unter die Bevölkerung und suchte das Gespräch mit den
Menschen. Wo immer er eine Frage hörte, ließ er sich auf ein
Gespräch ein. Offen diskutierte er mit ihnen, animierte sie zu
Fragen und versuchte sie von seinen Vorstellungen zu überzeu-
gen. »Halten Sie sich nur immer nah beim Volk«, rief ihm eine
Frau zu, und Gorbatschow, der sich zwischen den Menschen
kaum rühren konnte, antwortete schlagfertig: »Also, näher
geht es nicht.«

Während einer Versammlung der Partei- und Wirtschaftsfunktionäre im Smolny-Institut in Leningrad forderte Gorbatschow entschlossene Schritte zur Umgestaltung und Öffnung
der sowjetischen Gesellschaft. Neben dem Inhalt seiner Rede
beeindruckte die Menschen, daß er sein ausgearbeitetes Redemanuskript immer wieder beiseite legte und auf Zwischenfragen einging.

»Anscheinend hat unser Land Glück gehabt. Ein kluger
Generalsekretär ist aufgetaucht.« Mit diesen Worten wandte
sich der Physiker und Dissident Andrej Sacharow an seinen

Zimmernachbarn, als er im Semaschko-Krankenhaus aufmerksam eine Rede des neuen Generalsekretärs verfolgt hatte. Auch wenn Sacharow später die Politik Gorbatschows kritisch beurteilte, so blieb er bei seiner Überzeugung, daß Gorbatschow ein »wirklich überdurchschnittlicher Mensch ist, weil er die unsichtbare ›Verbotsgrenze‹ in dem Bereich, in dem ein großer Teil seiner Karriere verlief, zu überschreiten imstande war.«

Jelzin wird nach Moskau gerufen

Am 3. April 1985 erhielt Boris Jelzin in Swerdlowsk einen Anruf aus Moskau. Der ZK-Sekretär Wladimir Dolgich war am Apparat und bot Jelzin den Posten des Leiters der Abteilung Bauwesen im ZK der KPdSU an. Jelzin war gar nicht erfreut: Er wollte in seiner Heimat Swerdlowsk bleiben und nicht seinen Posten als Erster Sekretär des Gebietskomitees gegen den eines Abteilungsleiters im ZK eintauschen.

Am nächsten Tag meldete sich das Politbüromitglied Jegor Ligatschow. Ligatschow wiederholte das Angebot, und als Jelzin erneut ablehnte, verwies er mahnend auf die Parteidisziplin. Das Politbüro habe entschieden, und ein Kommunist habe dieser Entscheidung zu folgen. »Na, dann komme ich eben«, meinte Boris Jelzin und fügte sich widerwillig.

Am 12. April 1985 nahm Boris Jelzin seine Arbeit in Moskau auf. Der Abschied von Swerdlowsk war ihm nicht leicht gefallen; sein ganzes Leben hatte er hier verbracht – mit vielen Freunden und einer Arbeit, die ihn ausgefüllt hatte. In Moskau bezog er eine Wohnung in der Twerskaja-Jamskaja-Straße Nr. 2, in einem lauten, schmutzigen Viertel am Weißrussischen Bahnhof. Das war ungewöhnlich für einen Funktionär, zählte er jetzt doch zur Parteielite, die gewöhnlich in dem feinen Viertel Kunzewo wohnte.

Jelzins Hauptaufgabe war die Wiederbelebung der Baubranche. Sein Vorgesetzter, der damals 61jährige Wladimir Dolgich, gehörte zu den wenigen Spitzenfunktionären mit einer hervorragenden technologischen Ausbildung und praktischer Industrieerfahrung. Nach der Absolvierung der Hochschule für Metallurgie und Bergbau im sibirischen Irkutsk war er elf Jahre als Chefingenieur und Direktor in wichtigen sibirischen metallurgischen Großunternehmen tätig und seit 1972 als ZK-Sekretär für den Industriebereich und das Bauwesen verantwortlich.

Boris Jelzin war es bis dahin nicht gewohnt, in einer strengen Hierarchie zu arbeiten. Im ZK gab es aber nicht nur eine klare Hierarchie, hier wurde der Mechanismus der Unterordnung seiner Auffassung nach »ad absurdum« getrieben. Trotzdem entwickelte sich ihr Verhältnis nach anfänglichen Schwierigkeiten unproblematisch. Dolgich kritisierte Jelzin manchmal wegen seiner zu emotionalen Art, akzeptierte aber seine Arbeit und Fachkompetenz. So kam es zwischen beiden zu einer guten Zusammenarbeit und später sogar zu einem vertrauensvollen Kontakt – was im ZK der KPdSU ausgesprochen selten war.

Schon drei Monate später, im Juli 1985, wurde Jelzin zum ZK-Sekretär für den Bausektor ernannt und war damit in die Spitzenführung aufgestiegen. Er bekam ein neues Arbeitszimmer und zog in die Datscha ein, in der zuvor die Gorbatschows gewohnt hatten.

Die Datscha lag hinter einem graugrünen Zaun an der Moskwa inmitten eines riesigen Grundstücks voller Alarmanlagen und Wachposten. Der Luxus war überwältigend: Eine Vielzahl von riesigen Räumen, überall Kristall, antike und moderne Lüster, Teppiche und Eichenparkett, mehrere Farbfernseher, ein Filmvorführraum mit Billardtisch, ein Solarium und Badezimmer, in denen man sich verlaufen konnte. Drei Köche, drei Serviererinnen, ein Zimmermädchen, ein Gärtner sowie der SIL-Dienstwagen samt Fahrer standen den Jelzins von nun an zur

Verfügung.«Meine Frau und ich, unsere ganze Familie, die gewohnt war, alles mit eigenen Händen zu tun – wir wußten nicht mehr, wohin mit uns«, kommentierte Jelzin diese ungewohnte Lebensweise.

Die Funktionärselite erhielt einen Sonderservice für alle Lebensbereiche. Dies fing beim Essen an, wo Jelzin als ZK-Sekretär die »Kremlration« erhielt, bestehend aus den erlesensten Delikatessen. Es gab Sonderkrankenhäuser, Sonderwerkstätten, Sonderdatschen, in denen der Urlaub verbracht werden konnte – vom sowjetischen Alltag sorgsam abgeschirmt.

Jelzin war über diese realitätsferne »Sonderwelt«, in der die Spitzenfunktionäre lebten, schockiert. Er hielt es für einen Kardinalfehler Gorbatschows, an solchen Privilegien festzuhalten, ja selber diesem Luxus zu verfallen. Wenn Gorbatschow mit diesen Privilegien aufgeräumt hätte, dann wäre nach Jelzins Überzeugung alles anders verlaufen, dann hätte man den Glauben der Menschen an die neue Politik nicht verspielt. Ohne diesen Glauben seien aber Veränderungen unmöglich.

Im Sommer und Herbst 1985 erfolgten weitere wichtige Veränderungen in der Führungsspitze. Auf dem Plenum des Zentralkomitees am 1. Juli 1985 wurde der Leningrader Parteisekretär Nikolaj Romanow, einer der schärfsten Gegner Gorbatschows und jeglicher Reformen, aus dem Politbüro entfernt. An seine Stelle rückte der mit Gorbatschow seit langem befreundete 54jährige Reformer Eduard Schewardnadse zum Vollmitglied auf.

Danach folgte die erstaunlichste Umbesetzung: Gorbatschow schlug Gromyko, seit 27 Jahren Außenminister, zum Vorsitzenden des Präsidiums des Obersten Sowjet vor. Damit war dessen Position freigeworden. Unerwartet schlug der Generalsekretär Eduard Schewardnadse zum neuen Außenminister vor. Für alle, so Anatoli Tschernajew, der an der Sitzung teilnahm, kam das »wie ein Blitz aus heiterem Himmel«.

Im Herbst 1985 wurde der 79jährige Ministerpräsident
Nikolaj Tichonow, ein typischer Breschnewist, abgelöst. Sein
Nachfolger wurde der 55jährige Nikolaj Ryschkow, der nun
neben Generalsekretär Gorbatschow und dem damaligen
Zweiten Parteisekretär Ligatschow zu den drei entscheidenden
Führern gehörte.

Am 22. Dezember 1985 wurde Boris Jelzin ins Politbüro
gerufen. Michail Gorbatschow erklärte dem überraschten Jelzin, das Politbüro habe entschieden, ihn zum Ersten Parteisekretär des Moskauer Stadtkomitees zu ernennen. Die Mitglieder des Politbüros begründeten die Entscheidung mit der
dringenden Notwendigkeit, den amtierenden Ersten Sekretär
von Moskau, den 71jährigen Viktor Grischin, noch im März
Gegenkandidat Gorbatschows, von seinem Amt zu entbinden,
da die Moskauer Parteiorganisation in einem desolaten
Zustand sei.

Aber Jelzin äußerte Bedenken – vor allem weil er die Moskauer Funktionäre nicht ausreichend kenne, was seine Arbeit
sehr erschweren würde. Wieder wurde er zur Parteidisziplin
ermahnt. Schließlich nahm Jelzin den »Posten schweren Herzens an, nicht weil ich die Schwierigkeiten fürchtete, sondern
weil ich sehr wohl begriff, daß man mich benutzte, um Grischin
aus dem Sattel zu heben.« Am 24. Dezember 1985 tagte das
Moskauer Stadtparteiplenum, auf dem auch Michail Gorbatschow sprach. Grischin wurde von seinem Amt entbunden,
Jelzin zu seinem Nachfolger vorgeschlagen.

Mit dem Ausscheiden der alten Breschnewisten Romanow,
Tichonow und Grischin folgte eine Welle personeller Veränderungen auf allen Ebenen; vor allem Minister der Unionsregie-
rungen und Gebietsparteisekretäre wurden abgelöst. Erstmals
wurde dies nicht mit ideologischen Abweichungen begründet,
sondern berechtigte Vorwürfe erhoben: wegen Korruption,
Inkompetenz, Ineffizienz, Trunksucht und Amtsmißbrauch.

Immer häufiger berichteten sowjetische Zeitungen über Amtsmißbrauch, Verfehlungen, luxuriöse Datschen, Jagden, Trinkgelage.

Boris Jelzin erwartete eine Auseinandersetzung mit den alten Grischin-Leuten für die Moskauer Parteikonferenz am 24. Januar 1986, denn auf deren Tagesordnung stand der Rechenschaftsbericht und die Neuwahl des Ersten Stadtparteisekretärs. Jelzin bereitete sich auf die Konferenz akribisch vor. Seine zweistündige Rede, wie immer kämpferisch, stieß auf großen Widerhall. Manche meinten sogar, daß mit diesem Augenblick der Ruhm Jelzins begann. »Seine Rede erreichte den Kern der Probleme und kündigte Veränderungen an«, berichtet Tschernajew in seinen Erinnerungen. »Es war wie ein richtiger Wendepunkt, wie Chruschtschows Rede auf dem XX. Parteitag im Februar 1956. Jedermann versuchte, die *Moskowskaja Prawda*, in der die Rede Jelzins abgedruckt wurde, zu bekommen.« Zu der befürchteten Auseinandersetzung mit den Grischin-Leuten kam es damals noch nicht.

Nun konnte Boris Jelzin mit der eigentlichen Arbeit beginnen. Es galt, nahezu bei Null anzufangen. Als erstes mußten die Mitarbeiter des Stadtparteikomitees ausgewechselt werden. Die alte Grischin-Garde war für die bevorstehende Arbeit ungeeignet.

Bei der Besetzung des wichtigen Postens des Vorsitzenden des Moskauer Stadtsowjet (etwa einem Oberbürgermeister entsprechend) entschloß Jelzin sich zu einer ungewöhnlichen Methode. Er fuhr morgens in die SIL-Werke, ging den ganzen Tag durch die Werkshallen und sprach mit den Mitarbeitern. Dabei lernte er den SIL-Generaldirektor Valerij Saikin kennen. Nach ein paar Tagen entschloß er sich, Valerij Saikin zum Vorsitzenden des Moskauer Stadtsowjet zu machen. Dies erwies sich als personelle Fehlentscheidung, denn Saikin gehörte bald zu den härtesten Gegnern Jelzins und seiner Reformpolitik.

Nach und nach wechselte Jelzin alle Sekretäre des Stadtparteikomitees aus, außerdem die Führungskräfte der Moskauer Medien. Michail Nikiforowitsch Poltoranin etwa wurde neuer Chefredakteur der *Moskowskaja Prawda*. Des öfteren wurde Poltoranin wegen kritischer Artikel in das ZK bestellt. Jelzin verteidigte Poltoranin jedesmal energisch – und sollte damit Recht behalten. Poltoranin erwies sich als Freund Jelzins und energischer Verfechter der von Jelzin angestrebten Reformen.

Beginn der Reformen

»Perestroika« und »Glasnost«

Im Oktober 1985 wurde in der Sowjetpresse der Entwurf eines neu gefaßten Parteiprogramms veröffentlicht. Das bisher gültige war unter Chruschtschow im Oktober 1961 verabschiedet worden und enthielt beispielsweise noch das Versprechen, die USA bis 1970 in der Pro-Kopf-Produktion zu überholen und 1980 einen »Überfluß an materiellen Gütern« zu schaffen. Aber auch die Neufassung hielt noch am »Aufbau des Kommunismus« fest.

Nach der Veröffentlichung erfolgte die »öffentliche Diskussion«. Obwohl wie stets von der Spitze dirigiert, kam es diesmal zu einer etwas offeneren Kritik, vor allem über die Tätigkeit des Staatsapparates, der Wirtschaft, ja sogar des Parteiapparates.

Der Höhepunkt dieser Diskussion war eine Seite mit Leserbriefen in der *Prawda* vom 13. Februar 1986, damals eine Sensation. In Zuschriften wurden Privilegien und Sonderrechte der Funktionäre scharf kritisiert und eine periodische Auswechslung der Funktionäre verlangt. Ein Leser wies darauf hin, daß zwischen dem Zentralkomitee und den Werktätigen eine »fast unbewegliche, träge und zähflüssige parteiadministrative Schicht« bestehe, »die radikale Änderungen nicht wünscht«.

Vom 25. Februar bis 6. März 1986 fand dann in Moskau der XXVII. Parteitag der KPdSU statt – der erste seit der Ernennung

Gorbatschows. Am Kongreß nahmen fast fünftausend Delegierte teil, die 18,4 Millionen Parteimitglieder vertraten. Die von Jelzin angeführte Moskauer Parteidelegation umfaßte 321 Delegierte, die 1,1 Millionen Parteimitglieder der sowjetischen Hauptstadt vertraten.

Auf dem Kongreß überwogen noch die alten Traditionen, Symbole, Gewohnheiten: die propagandistischen Sprechblasen, die langweiligen, beschönigenden Berichte, die Erfolgsmeldungen aus den einzelnen Gebieten, stets mit dem Hinweis auf bestimmte örtliche Mängel, die man verspreche, bald zu beheben. Das galt auch für den Rechenschaftsbericht Gorbatschows, dessen Vortrag fast neun Stunden in Anspruch nahm.

Doch es gab auch einige neue Akzente. Erstmals seit dem berühmten XX. Parteitag Chruschtschows vor dreißig Jahren rügte ein Parteichef »negative Prozesse« in der sowjetischen Geschichte; er kritisierte Trägheit, verknöcherte Leitungs- und Planungsmethoden, sprach von »Stagnationserscheinungen« in der Gesellschaft. Die Partei sei jahrelang »hinter den Erfordernissen der Zeit« zurückgeblieben. Eine »eigenartige Mentalität« habe darin bestanden zu glauben, ein Problem lösen zu können, ohne etwas zu verändern. Nun, so Gorbatschow, komme es darauf an, diesen »negativen Tendenzen ein Ende zu bereiten«. In seiner Rede gebrauchte Gorbatschow erstmalig den Begriff *Perestroika* (»Umgestaltung«) und setzte sich für eine »radikale Reform« ein, ließ jedoch keinen Zweifel daran, daß die Grundzüge des Systems, darunter Planwirtschaft, Staatseigentum und führende Rolle der Partei, nicht verändert werden sollten.

Immerhin forderte Gorbatschow eine »Vertiefung der sozialistischen Demokratie« und »eine entschlossene Überwindung von Trägheit, Stagnation und Konservativismus«. Die Demokratie biete »jene gesunde und reine Atmosphäre, in der der sozialistische Körper voll gedeihen« könne. Dazu sei öffentliche Transparenz – *Glasnost* – nötig. Nur so könne die Bevölkerung politisch aktiviert werden. Glasnost sei auch wichtig für die psychologische Umstellung »unserer Kader«, der Funktionäre.

.Gorbatschow verlangte auch eine »Stärkung der sozialistischen Gesetzlichkeit«. Der erste Jurist in der Sowjetführung seit Mitte der zwanziger Jahre (!) betonte die Notwendigkeit strikter Einhaltung der Gesetze mehr als alle seine Vorgänger. Als sensationell empfunden wurde, daß er sich vom Unfehlbarkeitsanspruch der KPdSU distanzierte. Die Partei, so Gorbatschow, könne ihre neuen Aufgaben nur lösen, »wenn sie selbst in kontinuierlicher Entwicklung begriffen und vom Unfehlbarkeitskomplex« frei sei. Die führende Rolle der Partei müsse sich in praktischen Taten manifestieren. Keiner kommunistischen Partei komme ein »Wahrheitsmonopol« zu.

Die für damalige Verhältnisse weitgehenden Änderungen wurden prompt von einigen Politbüromitgliedern gerügt. So kritisierte Jegor Ligatschow eine seiner Meinung nach zu intensive Kritik und eine Ausweitung von Glasnost. Er warf der *Prawda*-Redaktion wegen der Veröffentlichung kritischer Leserbriefe »Versagen« vor. KGB-Chef Tschebrikow forderte, wie immer, eine verstärkte Bekämpfung der »ideologischen Subversion« und warnte vor feindlichen Agenten des Auslands. Er ließ keinen Zweifel daran, daß der harte Kurs gegen Dissidenten und Bürgerrechtler fortgesetzt werden sollte. Aber auch Gromyko hielt das Ausmaß von offener Kritik und Glasnost für »wenig nützlich«. Dies könne ein möglicher Anlaß für das Ausland sein, auf einen Schwächezustand der Sowjetunion zu schließen.

Überrascht zeigten sich die Parteitagsdelegierten von der Rede Jelzins, vor allem über den Freimut und die Offenheit, mit der dieser Kritik an der Partei übte und auf Fehler hinwies. Jelzin bemängelte das Ausbleiben jeglicher Kritik, die opportuni-

stische Einstellung einer privilegierten Funktionärsschicht und
das Fehlen einer alle Bereiche umfassenden wirksamen Kontrolle. Er machte die Parteiführung dafür verantwortlich, daß
sie »außerhalb der Kritik stehende Zonen« zugelassen hätte.
Einzelne Parteifunktionäre seien »als Wundertäter hingestellt«
und »Chefallüren« geduldet worden. Er befürwortete periodische Rechenschaftsberichte der Funktionäre auf allen Ebenen,
einschließlich von Mitgliedern der Parteiführung. Er griff die
»Trägheit der Konjunkturritter mit dem Parteidokument in der
Tasche« an; die Wurzeln des Bürokratismus, der sozialen Ungerechtigkeit und des Mißbrauchs seien »auszurotten«.

Gegen Ende des Parteitags wurde das neue Zentralkomitee
bestimmt; die meisten führenden Funktionäre der Breschnew-
Ära verblieben im Amt, lediglich einige direkte Gegner Gorbatschows wie Grischin und Romanow schieden aus. Im zwölf-
köpfigen Politbüro spielten neben Gorbatschow nun Ligatschow, Ryschkow und KGB-Chef Tschebrikow die entscheidende Rolle; allein der neu hinzugekommene Schewardnadse
war in diesem Gremium ein entscheidender Reformer. Zu den
sieben Kandidaten des Politbüros zählte nun auch Boris Jelzin.
Von den elf Mitgliedern des ZK-Sekretariats sollte vor allem
Alexander Jakowlew, der zunächst die Abteilung Agitation und
Propaganda leitete, in der weiteren Entwicklung als wichtiger
Reformer hervortreten.

Die Katastrophe von Tschernobyl

Sechs Wochen nach Beendigung des Parteitages, am 26. April
1986, kam es im Atomkraftwerk Tschernobyl, 130 Kilometer
nördlich von Kiew, zu einem schweren Unglücksfall. Durch ein
Versagen des Kühlsystems war ein Reaktorbrand entstanden,
der in der Folge nicht unter Kontrolle gebracht werden konnte

und zum Austritt einer großen Menge Radioaktivität in die Atmosphäre führte. Zwei Tage später, am 28. und 29. April, rang man sich im sowjetischen Fernsehen und Rundfunk zu einer dürftigen Mitteilung durch. Am 1. Mai fanden die üblichen Kundgebungen statt – ohne jegliche Erwähnung der Katastrophe in der Ukraine. Erst am 2. Mai gab die *Prawda* in einer beschwichtigenden Mitteilung zu, im Reaktor sei es zu einem »ernsten Zwischenfall« gekommen – und erst vier Tage später wurden in der Sowjetunion Details bekanntgegeben.

Die von Gorbatschow gerühmte Glasnost hatte sich in der Realität nicht bewährt. Verantwortlich dafür dürfte die Mehrheit im Politbüro gewesen sein, die eine Panik in der sowjetischen Bevölkerung befürchtete und deshalb Informationen verzögerte und abschwächte.

Die Menschen in der Sowjetunion waren auf dieses entsetzliche Unglück überhaupt nicht vorbereitet. Es traf sie wie ein Blitz aus heiterem Himmel. Jahrelang war in der Sowjetunion verkündet worden, man könne der Atomenergie völlig vertrauen, ja stolz auf sie sein. Die Sowjetunion habe damit eine unversiegbare und, wie man behauptete, ökologisch saubere Energiequelle. Julij Kwizinskij, wenige Tage zuvor zum Botschafter Moskaus in Bonn ernannt, schreibt in seinen Erinnerungen: »Jeder Russe kannte den bekannten Film über das Atomkraftwerk von Woronesh, das in blühende grüne Wiesen eingebettet unter einem azurblauen Himmel lag, wo weißgekleidete Magier der Wissenschaft in gewaltigen Hallen wirkten, die mit modernster Technik vollgestopft waren und den Eindruck einer mustergültigen Ordnung ausstrahlten.«

Überall wurde darüber in der Sowjetunion diskutiert – auch in führenden Kreisen. Dabei zeigte sich, daß nicht einmal hier eine Vorstellung von den vielschichtigen Gefahren bestand, die von Atomanlagen ausgehen. Die Atomkraftwerke waren ein Teil des militärisch-industriellen Komplexes und unterlagen der

Geheimhaltung. Deshalb wagten auch höchste Parteifunktionäre nicht, sich einzumischen. Nicht einmal die Standorte der
Atomkraftwerke waren von der Regierung festgelegt worden.

Allmählich wurden immer neue schreckliche Auswirkungen
des Unglücks von Tschernobyl bekannt. Man erkannte die
Gefährlichkeit der Atomkraftwerke; die Dringlichkeit des
Umweltschutzes wurde nun – spät, aber sehr eindringlich – vor
Augen geführt. Überall im Lande bildeten sich Bürgerinitiati-
ven, um ähnliche Katastrophen in der Zukunft zu verhindern.
Die Unfähigkeit des überzentralistischen Systems, die mangel-
haften Vorsorgemaßnahmen in Atomkraftwerken, die unzurei-
chende, beschönigende Informationspolitik führten zu einer
zunehmenden Kritik am System, zur Forderung nach öffentlicher Transparenz und Demokratisierung.

Jelzin und Hermann Axen

Ende April 1986 – wenige Tage nach der Atomkatastrophe in
Tschernobyl – reiste Boris Jelzin in die Bundesrepublik
Deutschland. Jelzin war von der DKP eingeladen, und zwar
zum Besuch des Ernst-Thälmann-Hauses in Hamburg. Er traf
dort auf den 70jährigen Hermann Axen, seit 1970 Mitglied des
SED-Politbüros. Zu dessen Aufgaben gehörte auch die Betreuung der kleinen DKP in der Bundesrepublik.

Peter Schütt, der von 1971 bis 1988 dem Vorstand der DKP
angehörte, bis er wegen seines Eintretens für Glasnost und
Perestroika innerhalb der DKP aus der Partei ausgeschlossen
wurde, schildert das Zusammentreffen in seinem Buch »Mein
letztes Gefecht«:

»Ich werde diese groteske Szene sicher für immer in Erinnerung halten. Vor der bronzenen Büste Thälmanns stehen sich
der Koloß Jelzin und der Zwerg Axen wie zwei unversöhnliche

Prinzipien oder wie Hund und Katze gegenüber . . . Der tumbe
Axen versucht Jelzin weiszumachen, bei der Atomkatastrophe
von Tschernobyl handle es sich im Kern um ein ›Störmanöver
des imperialistischen Klassenfeindes‹. Es sei ein schlimmer Fehler, sich vom Westen eine Atomdiskussion aufzwingen zu lassen. Das klügste sei ›Schwamm drüber‹, die Diskussion beenden und ›zur revolutionären Tagesordnung überzugehen‹. Axen
steht da wie eine zusammengeschrumpfte Lenin-Statue, starr
vor Empörung und mit reglos erhobenem Zeigefinger. Jelzin . . . setzt sich über alle Regeln der Höflichkeit hinweg. Mit
einer spontanen Geste der Wut, die mich an Chruschtschows
Schuhplattler-Auftritt vor der UNO erinnert, nimmt er das
dicke Gästebuch in die Hand und schlägt damit mehrfach auf
die Glasvitrinen. Statt sich in das rot-goldene Buch einzutragen,
ruft er nur ›Dawei, Dawei‹ und läuft ohne Abschied auf das
Kamerateam der ›Tagesschau‹ zu, das draußen auf ihn wartet.
Ohne ein Blatt vor den Mund zu nehmen, erzählt Jelzin den
deutschen Fernsehzuschauern, was er zum damaligen Zeitpunkt über das wahre Ausmaß der Katastrophe weiß.«

Jelzin gab ausländischen Zeitungen Interviews (was ihm später wiederholt, vor allem öffentlich von Ligatschow, zum Vorwurf gemacht wurde). Er unterstützte eindeutig die Perestroika
Gorbatschows, noch mehr Gorbatschows neue Außenpolitik.
Gleichzeitig aber machte er deutlich, daß ihm die Perestroika
zu langsam vorankomme. »Die Umgestaltung läuft, die Gesellschaft ist nach dem Parteitag in Bewegung gekommen. Aber
diese Umgestaltung läuft nicht glatt ab«, erklärte er in einem
Interview mit der *Zeit* vom 16. Mai 1986. »Ein Teil macht die
Wende mit, ein anderer Teil wartet ab. Und man kann nicht
ausschließen, daß ein bestimmter Teil innerlich Widerstand lei-
stet. Wir werden die Lage noch eine Zeitlang beobachten – wer
sich der Umgestaltung dann weiter verschließt, wird ausgewechselt.«

»Perestroika« – eine »wahre Revolution«

Auf dem ZK-Plenum vom 16. Juni 1986 klagte auch Gorbatschow über »hemmende Faktoren«, die »aus veralteten Gewohnheiten und starren Denkweisen« resultieren. Er wetterte gegen die »Schwerfälligkeit und ineffektive Arbeit des Verwaltungsapparates«. Im Juli begann er eine Inspektionsreise – mit dem Ziel, sich gegen die Widerstände in der Bürokratie einen stärkeren Rückhalt in der Bevölkerung zu verschaffen. Ähnlich wie bereits in Leningrad im Mai 1985, diskutierte Gorbatschow auf den Straßen, hielt aufrüttelnde und zornige Reden auf Parteiversammlungen, hörte zu, geriet in Empörung und versuchte, den Menschen aufzuzeigen, wie sie unter den freieren Bedingungen leben sollten. Er spürte immer deutlicher, daß die Bevölkerung große und schnelle Veränderungen erwartete – vielleicht sogar zuviel und zu schnell – und erkannte gleichzeitig mit Bitternis, daß die Funktionäre auf der mittleren Ebene weder fähig noch willens waren, die notwendigen Reformen zu unterstützen, geschweige denn, von sich aus im Reformprozeß aktiv zu werden.

Bei seinem Besuch der fernöstlichen Stadt Chabarowsk Ende Juli 1986 erklärte Gorbatschow, die Perestroika erfasse nicht nur die Wirtschaft, »sondern auch alle anderen Seiten des gesellschaftlichen Lebens«. Die Perestroika sei ein Wendepunkt der sowjetischen Geschichte, eine »wahre Revolution«, die sich »im ganzen System der gesellschaftlichen Beziehung, in den Hirnen und Herzen der Menschen, in der Psychologie und im

Verständnis der heutigen Zeit« entwickeln sollte. Die Umgestaltung, so Gorbatschow, müsse »gleichzeitig von oben und unten vor sich gehen« – allerdings »nicht außerhalb des Sozialismus, sondern innerhalb unseres Systems«.

Trotz zunehmender Widerstände, die bis in die Parteiführung reichten (besonders von Ligatschow und Tschebrikow), gelang es Gorbatschow, die Perestroika fortzusetzen. Im Dezember 1986 wurde der selbstherrliche und schwerer Amtsvergehen beschuldigte kasachische Parteichef Dinmuchamed Kunajew, ein Reformgegner, abgelöst. In diesem Zusammenhang kam es zu schweren Unruhen in Kasachstan mit nationalen Forderungen.

Sacharows Rückkehr aus dem Exil

Zur gleichen Zeit, Mitte Dezember 1986, kehrte Andrej Sacharow aus dem Exil in Gorki, wo er seit sieben Jahren, von der Außenwelt abgeschnitten, gelebt hatte, nach Moskau zurück. Der 1921 geborene Physiker, der 1948 bis 1968 an der Entwicklung von Thermonuklearwaffen gearbeitet hatte und dreimal als »Held der sozialistischen Arbeit« ausgezeichnet wurde, war in den frühen sechziger Jahren zu der Überzeugung gekommen, daß Kernversuche in der Atmosphäre ein Verbrechen an der Menschheit seien. Schließlich brach er mit der offiziellen Linie, nicht nur auf seinem Fachgebiet. Als Breschnew nach dem Sturz Chruschtschows die Rehabilitierung Stalins plante, unterzeichnete Sacharow ein Protestschreiben von 22 bekannten sowjetischen Intellektuellen mit Warnungen vor einer Wiederaufwertung Stalins. Im Dezember 1966 nahm er an einer (natürlich verbotenen) Demonstration teil, protestierte gegen die damaligen Dissidenten-Prozesse, erhielt Warnungen von hohen KGB-Offizieren und verfaßte im Frühjahr 1968 seine berühmte Schrift »Gedanken über Fortschritt, friedliche Koexistenz und geistige Freiheit«, das erste entscheidende Dokument für die sich nun ausbreitende oppositionelle Bürgerbewegung.

Gemeinsam mit dem Historiker Roy Medwedjew und dem Physiker Turtschin verfaßte er 1971 einen offenen Brief an die sowjetischen Führer mit praktischen Vorschlägen für eine Demokratisierung der UdSSR. In Pressekonferenzen informierte er die Weltöffentlichkeit über die Verfolgung der Dissidenten und wurde nun zunehmend von der sowjetischen Presse gebrandmarkt. Den ihm verliehenen Friedensnobelpreis konnte er nicht selbst entgegennehmen.

Nach der sowjetischen Besetzung Afghanistans Ende Dezember 1979 und seinem öffentlichen Protest wurde der Physiker nach Gorki ausgewiesen – eine damals für ausländische Besucher gesperrte Stadt. Er durfte die Stadtgrenzen nicht verlassen und sich nicht mit ausländischen Bürgern treffen. Tag und Nacht wurde er durch einen im Hauseingang wachenden Milizionär und durch KGB-Leute in Zivil überwacht. Selbst von sowjetischen Bürgern war er nun abgeschottet. Auch seine jüdische Frau Jelena Bonner geriet ins Kreuzfeuer der Sowjetpresse.

Neben wissenschaftlichen Arbeiten und politischen Analysen lag Sacharow in der Verbannung vor allem daran, seine Erinnerungen zu Papier zu bringen. Im März 1981 stahlen ihm jedoch KGB-Leute seine Tasche mit Notizblöcken, Dokumenten und Tagebüchern und einem Teil des Manuskripts. Im Oktober 1982 wurden Sacharow 900 Seiten des fertigen Manuskripts entwendet.

Ausländische Wissenschaftler, die sich in Moskau für Sacharows Schicksal interessierten, wurden bewußt getäuscht. Alexandrow, der Präsident der Akademie, sein Stellvertreter und sein wissenschaftlicher Sekretär berichteten, Sacharow habe eine herrliche Wohnung, sein Gehalt entspreche dem eines Ministers, er verfüge über eine Sekretärin und eine Hausangestellte, er genieße medizinische Privilegien und erhalte Sonderrationen.

Kurz vor Jahresende 1986 kam die überraschende Wendung. Eines Abends klingelte es an Sacharows Tür. Zwei Elektriker, begleitet von einem KGB-Mann, installierten bei ihm ein Telefon, der KGB-Mann erklärte: »Morgen wird man Sie gegen 10 Uhr anrufen.«

Am nächsten Tag, dem 16. Dezember 1986, kam der Anruf, allerdings erst um 15 Uhr. Am Apparat war Gorbatschow, der ihm mitteilte, der Erlaß des Präsidiums des Obersten Sowjets werde aufgehoben. Er könne gemeinsam mit seiner Frau nach Moskau zurückkehren.

Eine Woche später trafen die Sacharows auf dem Jaroslawer Bahnhof in Moskau ein. Ihre Rückkehr wurde vom staatlichen Fernsehen übertragen. Über eine halbe Stunde brauchten sie, um durch die Menge von Freunden und Journalisten zu ihrem Wagen zu gelangen. Die Menschen verfolgten die Szene gebannt am Fernsehschirm. Sacharow forderte vor den Mikrophonen die Freilassung aller gefangenen Bürgerrechtler und den Rückzug der sowjetischen Truppen aus Afghanistan. Tatsächlich wurden bis April 1987 160 Bürgerrechtler freigelassen.

Praktische Reformen und »Demokratisierung«

Die Probleme, mit denen sich Boris Jelzin in Moskau auseinandersetzen mußte, waren enorm. 1986 lebten 1,1 Millionen Menschen mehr in Moskau als geplant. Dies führte zu einer katastrophalen Lage in zentralen Bereichen der Stadt: Wohnungen waren Mangelware, die medizinische Versorgung ebensowenig gewährleistet wie die Versorgung mit Nahrungsmitteln, der öffentliche Verkehr brach beinahe zusammen.

Jelzin scheute sich nicht, die Probleme selbst in Augenschein zu nehmen. So stellte er sich in einem Laden, von dem er wußte, daß dieser mit Kalbfleisch beliefert worden war, in die Schlange der Wartenden und verlangte Kalbfleisch. Als man ihm nur Rindfleisch anbot, verlangte Jelzin den Direktor und bestand darauf, die Nebenräume zu kontrollieren. In einem der Räume entdeckte er das Kalbfleisch, das gerade in einen Wagen – für die Belieferung hoher Funktionäre – verladen wurde.

Um die verheerende Situation im Verkehrsbereich beurteilen zu können, wählte Jelzin eine Reihe stark belasteter Strecken aus und befuhr sie im Berufsverkehr. Aufgrund der so erkannten Schwachstellen entwickelte Jelzin einen Zeitplan für flexibleren Arbeitsbeginn bei den Moskauer Unternehmen. Zusätzlich wurden neue Buslinien eingeführt. Auf diese Weise verschaffte sich Jelzin schnell einen Überblick über die Art der Probleme, mit denen er in Moskau zu kämpfen hatte, und gelangte so in den Ruf, nicht nur am Schreibtisch zu residieren, sondern die Probleme wirklich anzupacken.

Für Frühjahr und Sommer 1987 entwickelte Gorbatschow aus den Reformansätzen von 1986 ein umfassendes Programm der Umgestaltung. Die Perestroika sollte eine weitreichende Demokratisierung umfassen, eine Abkehr von den Einheitslisten bei den Wahlen, eine kritische Neubetrachtung der Sowjetgeschichte und vor allem die Veränderung der inneren Struktur der Kommunistischen Partei.

Auf dem »Januar-Plenum« des Zentralkomitees 1987 prägte Gorbatschow den häufig zitierten Satz: »Wir brauchen die Demokratie wie die Luft zum Atmen.« Ohne Demokratie müsse die Umgestaltung ersticken. In einer »gewissen Etappe«, so Gorbatschow, seien das Politbüro und andere Führungsorgane nicht »voll handlungsfähig gewesen«. In dieser Etappe – gemeint war die Breschnew-Zeit von 1964 bis 1982 – seien Teile der Funktionäre »degeneriert«. Um für die Zukunft derartigen Fehlentwicklungen vorzubeugen, regte Gorbatschow an, von den bisherigen, von oben bestimmten Einheitslisten abzugehen und für alle Organe von Partei und Staat in Zukunft Mehrkandidatenwahlen einzuführen. Gleichzeitig forderte er die Einberufung einer All-Unions-Konferenz – die letzte hatte im Frühjahr 1941 stattgefunden –, um eine neue politische Gesamtkonzeption zu verkünden.

Diese neuen Vorschläge wurden allerdings in der abschließenden Erklärung des Januar-Plenums nicht erwähnt. Die Mehrheit des Zentralkomitees stellte sich gegen die beiden Vorhaben Gorbatschows – ein Zeichen dafür, wie stark die Gegenkräfte in der Parteiführung waren. Das »Januar-Plenum« vollzog auch wichtige personelle Veränderungen in der Führung, darunter die Entfernung des alten Breschnewisten Dinmuchamed Kunajew aus dem Politbüro und die Ernennung des konsequenten Reformers Alexander Jakowlew zum Kandidaten des Politbüros (schon im Juni wurde er Vollmitglied).

Im Februar 1987 wandte sich Gorbatschow an die Vertreter der Intelligenz, wo er Unterstützung erhoffen konnte. Beim Treffen mit führenden Medienvertretern forderte Gorbatschow die Redakteure auf, in der Kritik »nicht nachzulassen«, sondern diese noch wirksamer zu machen. Erstmals ging er auf die Vergangenheitsbewältigung ein. Es dürfe »vergessene Namen, weiße Flecken weder in der Geschichte noch in der Literatur geben«.

Die wachsenden Gegensätze zwischen den Reformern (in der Führung repräsentiert durch Gorbatschow, Jakowlew und Jelzin) und den Reformgegnern (vor allem Ligatschow und Tschebrikow) traten im Frühjahr 1987 erneut zutage. Ligatschow erklärte Anfang März in der *Prawda*, Glasnost sei im wissenschaftlichen und kulturellen Bereich bereits zu weit gegangen, und verlangte eine Begrenzung der Kritik. Alexander Jakowlew wies dagegen diesen Angriff Ligatschows vor der Akademie der

Wissenschaften am 17. April zurück und forderte, unverändert an Perestroika und Glasnost festzuhalten. Noch weiter ging Jelzin, der am 26. April erklärte, er betrachte das Tempo der Umgestaltung »als nicht ausreichend«. Er fügte warnend hinzu, »daß der Widerstand gegen die Reformbemühungen immer noch nicht gebrochen« sei.

Auf dem ZK-Plenum im Juni 1987 erhielt Gorbatschow endlich die Zustimmung zur 19. All-Unions-Parteikonferenz. Die Konferenz solle, so Gorbatschow, die »Aufgaben der Parteiorganisationen bei der Vertiefung des Umgestaltungsprozesses« beraten, »Maßnahmen zur weiteren Demokratisierung« erarbeiten sowie Änderungen im Parteistatut und in der Zusammensetzung der zentralen Führungsorgane vornehmen.

Der Sommer 1987 war durch weitere Auseinandersetzungen über die Perestroika gekennzeichnet. Bei seiner Suche nach Unterstützung kam es am 15. Juli 1987 zu einem neuen Treffen Gorbatschows mit den Leitern der Massenmedien und kulturellen Fachverbände. Angesichts des bevorstehenden 70. Jahrestages der Oktoberrevolution ging Gorbatschow auf die sowjetische Vergangenheit ein – kritischer als zuvor. Stalins Zwangskollektivierung habe Millionen Menschen das Leben gekostet. Die Grauen der großen Säuberung von 1936 bis 1938 könne man »weder verzeihen noch rechtfertigen«. Er erinnerte an die vielen Opfer auch unter den Funktionären der Partei, der Intelligenz und beim Militär. Trotzdem mahnte er zur Einsicht, »welch große Kraft im Sozialismus« liege, »in unserer Ordnung, die selbst dies ausgehalten hat«.

Vom 8. August bis 23. September 1987 wurde Gorbatschow nicht mehr in der Öffentlichkeit gesehen, was zu einer Vielzahl von Spekulationen Anlaß gab. Es kursierten Gerüchte über eine geschwächte Machtstellung. In Wirklichkeit befand sich Gorbatschow im Urlaub, den er zur Fertigstellung seines Buches »Perestroika« nutzte.

Gorbatschows Abwesenheit nutzten einige Reformgegner im Politbüro aus. Jegor Ligatschow warnte in zwei Reden (am 26. August und 16. September) vor einer zu kritischen Betrachtung der Stalin-Ära; der Vergangenheitsbewältigung sollten deutlich Grenzen gesetzt werden. KGB-Chef Tschebrikow wies in einer Rede am 10. September 1987 darauf hin, ein zu großes Maß an Glasnost sei der inneren Sicherheit abträglich. Diese Vorstöße parierte Alexander Jakowlew am 29. September 1987 und forderte eine weitere Ausweitung von Glasnost. Auch Jelzin verteidigte am 6. Oktober 1987 in einem Gespräch mit ausländischen Diplomaten den Reformkurs und drückte seine Unzufriedenheit über den schleppenden Verlauf der Perestroika aus.

Der Konflikt zwischen Gorbatschow und Jelzin beginnt

Gorbatschows Wandlung zum »Zentristen«

In diesen Wochen vollzog sich eine wichtige Wende, die für die weitere Entwicklung in der Sowjetunion von größter Bedeutung sein sollte. War Gorbatschow bis dahin als Sprecher der gesamten Reformrichtung in Erscheinung getreten, wandelte er sich nun zum »Zentristen«, der bestrebt war, sowohl gegen die konservativen Reformgegner als auch gegen die »Übereifrigen« zu polemisieren, darunter den immer populärer werdenden Reformer Jelzin. Damit verlor er aber schrittweise, doch unübersehbar die Unterstützung der Reformer. Es war der Anfang jenes Weges, der schließlich zu Gorbatschows Abstieg führen sollte.

Die neue »zentristische« Position machte Gorbatschow bereits unmittelbar nach seiner Rückkehr aus dem Urlaub am 29. September 1987 deutlich. In einem Gespräch mit französischen Besuchern warnte er – es klang ähnlich wie aus dem Munde Ligatschows und Tschebrikows –, bestimmte Kreise im In- und Ausland nützten Glasnost aus, »um extremistische und antisozialistische Elemente aufzuwiegeln«. Niemand, so Gorbatschow, dürfe sich »gegen den Sozialismus« stellen; die Demokratisierung werde sich nur innerhalb des Sozialismus vollziehen. Damit steckte er die Grenzen der Perestroika ab und jene, die sich für – in seinen Augen – zu weitreichende Reformen einsetzten.

Dieser Linie folgte dann auch Anfang November Gorbatschows Festrede zum 70. Jahrestag der Oktoberrevolution unter dem Titel »Der Oktober und die Perestroika. Die Revolution wird fortgesetzt«. Er erwähnte erstmals wieder das Testament Lenins, darunter Lenins positive Beurteilung Bucharins. Doch er bezeichnete Stalins Zwangskollektivierung als notwendig und im Grunde positiv, räumte lediglich ein, daß es beim Kampf gegen die Kulaken zu »Übertreibungen« gekommen sei. Gorbatschow kritisierte Personenkult, Gesetzesverletzungen, Willkür und Repressionen der dreißiger Jahre, bezeichnete die Massensäuberungen Stalins als »Verbrechen«, denen »viele Tausende von Parteimitgliedern und Parteilosen« zum Opfer gefallen seien (in Wirklichkeit handelte es sich jedoch um Millionen). Stalins Rolle – so Gorbatschow – sei »widersprüchlich«; einerseits habe er einen Beitrag »zum Kampf für den Sozialismus« geleistet, andererseits habe die sowjetische Bevölkerung für seine groben politischen Fehler und seine Willkür einen hohen Preis zahlen müssen. Die »Schuld Stalins und seiner nächsten Umgebung« für die »Massenrepressalien und die Gesetzlosigkeiten« sei »gewaltig und unverzeihlich«.

Gorbatschow vermied es, auf den (bereits heftig diskutierten) Hitler-Stalin-Pakt vom August 1939 einzugehen – offensichtlich weil er fürchtete, daß eine solche Diskussion den nationalen Selbständigkeitsbestrebungen in Estland, Lettland und Litauen neuen Auftrieb geben würde. Er verwies jedoch auf die terroristische Periode im Spätstalinismus von 1945 bis 1953. Bei der Darstellung der Chruschtschow-Ära würdigte Gorbatschow dessen Verdienste für die Entstalinisierung, kritisierte jedoch die mangelnde Demokratisierung. Die Breschnew-Periode sei durch fehlende grundlegende »Veränderungen in der Gesellschaft« und die wachsende »Kluft zwischen Wort und Tat« gekennzeichnet.

Aufgabe der Perestroika, so Gorbatschow, sei eine »moralische Reinigung und Erneuerung des Sozialismus« mit dem Ziel, die »Leninsche Konzeption vom Sozialismus vollständig wiederherzustellen«. Jetzt, so Gorbatschow, vollziehe sich ein »Prozeß der Wiederherstellung der Gerechtigkeit«. Dazu diene auch eine objektive Untersuchung der sowjetischen Geschichte.

Gorbatschows historischer Abriß war sicher kritischer als alles, was man während der Breschnew-Ära zu hören bekam, blieb jedoch hinter den Erwartungen der reformfreudigen Intellektuellen zurück. So beklagte Andrej Sacharow zu Recht, daß Gorbatschow nicht »die ganze schreckliche Wahrheit« der Stalin-Ära dargestellt habe. Durch »Halbwahrheiten und Weglassungen« in der sowjetischen Geschichtsschreibung werde das wirkliche Ausmaß der Stalin-Verbrechen, die Millionen von Menschen das Leben gekostet hätten, nicht korrekt dargestellt.

Auch in dieser – von den Medien übertragenen – Rede hob Gorbatschow seine mittlere, »zentristische« Position hervor. Man müsse, so Gorbatschow, gleichzeitig jene Gegner der Perestroika bekämpfen, die die Sache hemmten und »versuchen, uns in die Vergangenheit zurückzuziehen« – aber »auch dem Druck der Übereifrigen und Ungeduldigen widerstehen«, die »ihre Unzufriedenheit über das ihrer Meinung nach zu langsame Tempo der Veränderung äußern«.

Doppelte Enttäuschung

Die Beziehung zwischen Jelzin und Gorbatschow hatte sich bereits seit dem Frühjahr 1986 zusehends abgekühlt. Hatte Gorbatschow Jelzins ersten kämpferischen Auftritt im Moskauer Stadtparteiplenum gegen die Grischin-Leute noch gelobt, so änderte sich seine Einstellung nach der äußerst kritischen Rede Jelzins auf dem XXVII. Parteitag der KPdSU Ende Februar/Anfang März 1986. Für Gorbatschow dürfte die Jelzin-

Rede ein »zu weitgehendes Vorpreschen« gewesen sein. Nach Ende des Parteitages fiel jedenfalls auf: Boris Jelzin rückte nicht – wie meist bis dahin die Ersten Sekretäre der Moskauer Parteiorganisation – zum Vollmitglied, sondern lediglich zum Kandidaten des Politbüros auf.

In der Folge stießen Jelzins bereitwillig gewährte Interviews mit ausländischen Zeitungen und seine Kritik an der zu langsamen Verwirklichung der Perestroika in Moskauer Führungskreisen auf Unwillen. Gorbatschow selbst hat darauf hingewiesen, daß der zentralen KP-Führung Jelzins Frontalattacken gegen den Funktionärsstab in den Moskauer Parteiorganisationen mißfielen. Jelzin wurde von der zentralen Führung – auch von Gorbatschow – als »Außenseiter« betrachtet, als tollkühner Draufgänger, der durch sein Vorpreschen eine geordnete Perestroika gefährden könnte. Umgekehrt wuchs dessen Enttäuschung über Gorbatschow. Er warf dem Generalsekretär vor, den schönen Worten über Umbau und Veränderung keine konkreten Taten folgen zu lassen.

Die Stimmung im Politbüro verschärfte sich. Unangenehme Zusammenstöße mit Jegor Ligatschow über die Frage der Vergünstigungen und Privilegien wurden immer häufiger. Ligatschow und Politbüromitglied Michail Solomenzew machten gemeinsam Front gegen Jelzin. Ein Gespräch mit Michail Gorbatschow unter vier Augen war dringend erforderlich. Obwohl die Aussprache knapp zweieinhalb Stunden dauerte, führte sie zu keiner erneuten Annäherung. Jelzin geriet immer mehr ins Abseits.

Bei den Differenzen zwischen Jelzin und Gorbatschow spielten gewiß auch die unterschiedlichen Temperamente eine Rolle: Gorbatschow war, von wenigen Ausnahmen abgesehen, immer beherrscht und strebte soweit wie irgend möglich einen Ausgleich an. Jelzin dagegen, impulsiv und oft unbeherrscht, war stets bereit, eine direkte Konfrontation in Kauf zu nehmen,

wenn er von der Richtigkeit seiner eigenen Auffassung überzeugt war.

Immer deutlicher, weit über die unterschiedlichen Charak-
tere hinaus, zeigte sich indes auch eine abweichende politische
Orientierung. Gorbatschow ließ nicht daran rütteln, daß die
Perestroika nur mit der Kommunistischen Partei, ihrem Apparat und ihrer Führung zu vollziehen sei – wobei er gleichzeitig
versuchte, durch geschicktes Taktieren die besonders hartnäk-
kigen Perestroika-Gegner aus der Führung zu entfernen. Jelzin
dagegen hatte dafür kein Verständnis. Er hielt den frontalen
Kampf gegen die Parteibürokratie für notwendig. Gorbatschow war bereit, den Reformprozeß abzubremsen, sobald
sich der Widerstand der höheren Funktionäre in den führenden
Partei- und Staatsgremien verhärtete. Bei Jelzin war es umgekehrt: Sobald sich die Widerstände der Reformgegner verstärkten, steigerten sich auch Jelzins Energien. Er war bereit zu
kämpfen, ja die Bevölkerung zum Kampf aufzurufen.

Die Tätigkeit im Politbüro war für Jelzin erschreckend. Die
Sitzungen des Politbüros begannen jeden Donnerstag um elf
Uhr und hörten zwischen vier Uhr nachmittags und acht Uhr
abends auf. Die Politbüromitglieder kamen gewöhnlich in
einem Vorzimmer zusammen. Im Sitzungssaal selbst stellten
sich unterdessen die Kandidaten des Politbüros und die ZK-
Sekretäre in einer Reihe auf. Dann betrat Gorbatschow den
Saal, gefolgt von Gromyko, Ligatschow und Ministerpräsident
Ryschkow und den übrigen Vollmitgliedern (dem Alphabet
nach). »Wie Hockeyspieler«, so Jelzin, »schritten sie unsere
Reihe ab, jeder begrüßte einen nach dem anderen mit Hand-
schlag. Das geschah meist schweigend, nur manchmal sagte
einer ein, zwei Sätze im Vorbeigehen.«

Danach setzten sich alle zu beiden Seiten des Tisches nach
einer festen Sitzordnung. Sogar während des Mittagessens hielt
man sich auf dem Parteiolymp penibel an die »Kasteneintei-

lung«. Nach den einführenden Worten des Generalsekretärs –
er las zuweilen Briefe vor, die man für ihn »getürkt« hatte –
folgte die Erörterung einer Resolution, die der Apparat ausgearbeitet hatte. Dazu äußerten sich die Sitzungsteilnehmer der
Reihe nach, manchmal inhaltlich, häufig aber nur pro forma,
mit immer wiederkehrenden Formulierungen. Nie wandte sich
jemand scharf gegen einen Resolutionsentwurf. Der Apparat
hatte also alles im Griff.

Jelzin hält dies nach eigenem Bekunden nicht lange aus:
»Zunächst hörte natürlich auch ich im wesentlichen zu; als ich
aber die Möglichkeit hatte, die Entwürfe, die dem Politbüro
vorgelegt werden sollten, zu studieren, begann ich meine
Stimme zuerst leise, dann lauter zu erheben . . . In der Hauptsache stritt ich mich mit Ligatschow und Solomenzew. Gorbatschow bezog eher einen neutralen Standpunkt. Berührte meine
Kritik allerdings die von ihm geleistete Vorarbeit, dann konnte
er sie natürlich nicht auf sich sitzen lassen und gab stets Kontra.«

Jelzins Rücktritt im Oktober 1987

Am 12. September 1987 schrieb Jelzin, von der Arbeit im Politbüro und im Zentralkomitee zutiefst enttäuscht, einen Brief an
Gorbatschow. »Die Parteiorganisationen hinken alle den gran-
diosen Ereignissen nach«, beschwerte sich Jelzin. In der Partei
gebe es »keine Perestroika«. An alle entscheidenden Probleme
gehe man in der Partei genau wie früher heran, »kleinkräme-
risch, engstirnig, bürokratisch und phrasendreschend«. Er, Jelzin, sei beunruhigt darüber, »daß man zwar kritisch denkt, sich
jedoch nichts zu sagen traut«. Innerhalb der Partei gebe es
einen »Bremsmechanismus«. Es fehlten die Bedingungen, unter
denen sich Kreativität, Zuversicht und Einsatzbereitschaft entfalten könnten.

Man müsse, so Jelzin, den Apparat erheblich verkleinern und seine Struktur drastisch verändern. Zudem habe sich herausgestellt, »daß ich mit meinem ganzen Stil, meiner Gradheit und meiner Biographie wohl nicht die richtigen Voraussetzungen habe, im Politbüro mitzuarbeiten«. Und dann kann die Schlußfolgerung: »Ich bitte Sie, mich von meinem Amt als Erster Sekretär des Moskauer Stadtkomitees der KPdSU und den Verpflichtungen eines Politbürokandidaten des ZK der KPdSU zu entbinden. Bitte verstehen Sie das als offizielles Ersuchen. Ich glaube, daß es für mich nicht notwendig sein wird, mich direkt an das Plenum des Zentralkomitees der KPdSU zu wenden.«

Gorbatschow rief Jelzin von seiner Datscha auf der Krim an und bat ihn eindringlich, doch wenigstens bis zu den Feierlichkeiten zum Revolutionsjubiläum stillzuhalten.

Wenige Wochen später, am 21. Oktober 1987, tagte das Plenum des Zentralkomitees. Anlaß der Sitzung war die inhaltliche Abstimmung der bereits erwähnten Festrede. Nachdem Gorbatschow deren Inhalt erläutert hatte, bat Jegor Ligatschow, der den Vorsitz führte, um Wortmeldungen. Niemand meldete sich. Ligatschow wollte bereits die Sitzung für beendet erklären, als plötzlich Jelzin ums Wort bat.

Entgegen seiner sonstigen Gewohnheit hatte er kein ausgefertigtes Redemanuskript dabei, sondern sich lediglich sieben Punkte notiert, die er ansprechen wollte. Er begann mit einem klaren Bekenntnis zu Gorbatschows Perestroika. Scharf kritisierte er aber dann die Arbeitsweise der Parteiführung und die Privilegien der Spitzenfunktionäre. Jelzin äußerte sogar starke Zweifel, ob mit der jetzigen Führung und dem Parteiapparat ein Erfolg der Perestroika zu erreichen sei. Seinen Gegenspieler Jegor Ligatschow griff er direkt an: Wütend warf er ihm vor, ihn zu schulmeistern und in seiner Arbeit zu behindern. Den übrigen Mitgliedern des Politbüros hielt er vor, »gegenüber

dem Generalsekretär in zunehmende Lobhudelei zu verfallen«.
Wenn dies nicht aufhöre, drohe ein neuer »Personenkult«.
Dann erklärte er seinen Rücktritt.

Gorbatschow eröffnete die Debatte, in deren Verlauf 24 Redner die Ausführungen Jelzins heftig kritisierten. Die meisten waren konservative Reformgegner. Aber auch Reformer nahmen – was sie wohl später bedauerten – an der Jelzin-Schelte teil: Eduard Schewardnadse warf Jelzin Verrat an der Partei, Verleumdung und Verantwortungslosigkeit vor. Alexander Jakowlew kritisierte, Jelzin habe seinen persönlichen Ehrgeiz über den der Partei gestellt und sich zum Sprachrohr »kleinbürgerlicher Launen« in der Hauptstadt aufgeschwungen. Der Moskauer Bürgermeister, der von Jelzin ins Amt geholte Valerij Saikin, erklärte scharf, die Moskauer Parteiorganisation werde sich nicht auf die Seite von Jelzin stellen.

Zum Ende der Debatte erhielt Jelzin erneut das Wort, nachdem Gorbatschow abschließend auch Erfolge Jelzins erwähnt hatte. Für die Führung der Parteiorganisation in Moskau fehle es ihm jedoch an Kraft und Einsicht. Sichtlich angeschlagen, bezeichnete Jelzin die Debatte als »harte Lehre« für sich. Es sei ein Fehler gewesen, das Zentralkomitee und die Moskauer Parteiorganisation so »herabzusetzen«. Gorbatschow lenkte nun seinerseits wieder ein: »Fühlst du dich kräftig genug weiterzumachen?« Aufgebrachte Rufe ertönten: »Er darf nicht! Sie können ihn nicht in einem solchen Amt belassen!« Erschöpft wiederholte Jelzin seine Rücktrittserklärung.

Auf keinen Fall wollte Gorbatschow die sorgfältig vorbereiteten Feierlichkeiten zum 70. Jahrestag der Oktoberrevolution von einer öffentlichen Diskussion um den Rücktritt Jelzins überschattet sehen. Es gelang ihm, eine ungewöhnliche Lösung durchzusetzen: Das ZK sollte die Rede Jelzins als Fehler bezeichnen, ihn aber nicht sofort, sondern erst nach den Jubiläumsfeierlichkeiten am 7. November aus dem Politbüro entlassen. Dem Moskauer Parteikomitee sollte ein ähnliches Verfahren empfohlen werden.

Die Verzögerungstaktik war erfolgreich. Erst nach zehn Tagen sickerten Informationen über Jelzins Rücktritt durch. Er hatte seine öffentlichen Termine wie gewohnt wahrgenommen. Wie sehr ihm die Angelegenheit aber zusetzte, zeigte sich zwei Wochen später. Am 9. November 1987 wurde er mit starken Kopf- und Brustschmerzen ins Krankenhaus eingeliefert.

Jelzin lag im Bett, die Ärzte erlaubten ihm nicht aufzustehen. In dieser Verfassung wurde er am 11. November morgens von Gorbatschow angerufen; Jelzin solle sofort zum Plenum des Moskauer Stadtparteikomitees kommen. Mit Beruhigungsmitteln vollgepumpt – ihm war schwindelig, er konnte kaum die Füße bewegen – fuhr er zum Plenum des Stadtkomitees, an dem, höchst ungewöhnlich, das gesamte Politbüro teilnahm.

»Die höchsten Parteiführer setzten sich einträchtig vorne hin, und das ganze Plenum blickte sie hilflos und folgsam an, wie das Kaninchen eine Riesenschlange«, erinnert sich Jelzin in seinen »Aufzeichnungen eines Unbequemen«. Gorbatschow wiederholte die auf dem ZK-Plenum Ende Oktober vorgebrachte Kritik – und zeigte damit die Marschrichtung an. Die Teilnehmer der »Absetzungskonferenz« warfen Jelzin »radikale Erklärungen« sowie »politisches Abenteurertum« vor und rechneten vier Stunden lang gnadenlos mit ihm ab – ein »Rudel Jagdhunde, die sich auf Geheiß des Oberjägers auf mich stürzten« (Jelzin). Direkt neben Jelzin saß sein entscheidender Gegner, Jegor Ligatschow. Er genoß seinen Triumph in vollen Zügen.

Als Jelzin schließlich das Wort erteilt wurde, taumelte er zum Rednerpult. Mit unsicherer Stimme sagte er: »Ich habe als politischer Führer mein Gesicht verloren. Ich trage persönlich eine große Schuld ... gegenüber Michail Sergejewitsch Gorbatschow, der in unserer Organisation, in unserem Land, ja, auf der ganzen Welt so hohes Ansehen genießt.«

Gorbatschow, der erst nach diesem Eingeständnis entspannter wirkte, vertrat nun eine Art »mittlerer Linie«. Er hob Jelzins Verdienste bei der Umgestaltung hervor, kritisierte jedoch, daß sich Jelzin »politisch unreif, äußerst verwirrend und widersprüchlich« verhalten habe. Gorbatschow schlug vor, Jelzin aus dem Politbüro zu entfernen – und deutete sogar eine Pensionierung Jelzins an.

Als Gorbatschow nach der Sitzung den Raum verließ, erblickte er Jelzin, den Kopf in den Händen, tief über den Tisch gebeugt. Besorgt trat Gorbatschow zu ihm hin. Gemeinsam gingen sie in Jelzins ehemaliges Büro und unterhielten sich noch eine Weile. Ein Krankenwagen brachte Jelzin dann zurück in die Klinik.

Wenige Tage danach bot Gorbatschow dem immer noch im Krankenhaus liegenden Jelzin telefonisch das Amt des Ersten Stellvertretenden Vorsitzenden des Staatlichen Baukomitees (Gosstroj) an. Jelzin nahm den Posten an. In seinen Erinnerungen berichtet er, daß Gorbatschow das Telefonat mit den Worten beendet habe: »Aber denk' dran, in die Politik laß' ich dich nicht rein.«

Die öffentliche Reaktion in der Sowjetunion auf den Rücktritt Jelzins war außergewöhnlich heftig. In Swerdlowsk kam es zu Protestkundgebungen. Flugblätter in Moskau sagten Jelzin Unterstützung zu. Pro-Jelzin-Plakate hingen in den Metro-Stationen. Obwohl die Rede Jelzins vor dem Oktober-Plenum von der Parteipresse nicht veröffentlicht wurde, kursierte in oppositionellen Kreisen schon bald eine Mitschrift. Sie trug erheblich zur wachsenden Popularität von Boris Jelzin in der Bevölkerung bei.

Obgleich Boris Jelzin seinen Sitz im Zentralkomitee behielt, war sein politischer Einfluß nun begrenzt. In westlichen Kommentaren konnte man lesen: »Wahrscheinlich wird Jelzin lediglich als eine Figur des Übergangs in Erinnerung bleiben«.

Auch Jelzin selbst zweifelte an seiner Zukunft. Während seines Krankenhausaufenthalts litt er nicht nur unter seiner Herzerkrankung, sondern kämpfte auch gegen tiefe Depressionen. Angeblich soll Jelzin sogar einen Selbstmordversuch begangen haben. Die ehemaligen Kollegen und Freunde aus Moskau mieden ihn. »Es war«, so erinnerte er sich später, »als wäre ein Kreis um mich gezogen, den aus Furcht vor Ansteckung niemand zu betreten wagte.« Nur seine Familie und Freunde aus Studententagen kümmerten sich um ihn. Ihnen verdankte es Boris Jelzin, daß er die Krise überstand.

Am 14. Januar 1988 gab der sowjetische Regierungssprecher Gerassimow bekannt, Jelzin sei aus dem Krankenhaus entlassen worden und habe seine neue Tätigkeit angetreten. Fünf Wochen später wurde er wie angekündigt aus dem Politbüro entfernt.

1988 – Das Jahr des Umbruchs

Der Brief der Nina Andrejewa

Nach der Absetzung Jelzins gingen, wie zu erwarten, die Reformbremser und Reformgegner erneut in die Offensive. Am 13. März 1988 veröffentlichte die Zeitung *Sowjetskaja Rossija* (bis heute das entscheidende Organ der Reformgegner) einen »Brief« der Leningrader Chemiedozentin Nina Andrejewa unter dem Titel »Ich kann meine Prinzipien nicht preisgeben«.

Der »Brief« Nina Andrejewas war im typischen parteibürokratischen Stil der Vergangenheit gehalten. Die Perestroika, so die Chemiedozentin, habe einen Nährboden für parteifeindliche Gruppierungen geschaffen. Durch westliche Rundfunksendungen werde eine Propaganda für »vorgegebene Probleme« betrieben, wie z. B. das Mehrparteiensystem, die Freiheit religiöser Propaganda, die Übersiedlung ins Ausland, Dezentralisierung und Vergangenheitsbewältigung.

Vor allem die kritische Aufarbeitung der Vergangenheit rief den Zorn der Autorin hervor. Sie protestierte dagegen, daß bei der »Geschichte der Übergangsperiode zum Sozialismus« solche Begriffe wie »Terrorismus« oder »politische Knechtschaft« benützt würden. Diese »einseitigen Darstellungen« hätten zu einer »Undifferenziertheit bei ideologischen Fragen« geführt. Für diese Entwicklung machte sie unter anderem den Dramatiker Michail Schatrow (der einige bedeutende Theaterstücke über die Geschichte der Sowjetunion verfaßt hatte) und Anato-

lij Rybakow (vor allem dessen Buch »Die Kinder des Arbat«)
verantwortlich.

Zwei politische Richtungen seien, laut Nina Andrejewa,
bestrebt, den »erbauten Sozialismus« zu überwinden. Die Strömung des »linksliberalen Sozialismus« setze sich für einen »von
der Klassenschichtung freien Humanismus« ein. Diese Neolibe-
ralen seien Klassenverräter, die aufgrund ihres kosmopoliti-
schen Internationalismus »Verrat« an der russischen Nation
übten. Den »traditionalistischen Neoslawophilen« dagegen
warf Nina Andrejewa vor, »zu den gesellschaftlichen Verhältnissen des vorsozialistischen Rußlands« zurückkehren zu wollen. Aufgrund der Konflikte zwischen beiden Strömungen würden staats- und parteigefährdende Forderungen nach Gewaltenteilung, einem parlamentarischen Regime und freien
Gewerkschaften erhoben.

Die Reformer waren bestürzt, teilweise entsetzt – um so
mehr, als sich bald herausstellte, daß dieser Artikel weit über
die Initiative der Chemiedozentin Nina Andrejewa hinausging.
Die Autorin hatte ihren »Brief«, der ursprünglich »Reflexionen
über die Zukunft« lauten sollte, an das Zentralkomitee
gesandt; von dort gelangte der Artikel an Ligatschow. Nach
redaktionellen Veränderungen übergab dieser ihn an die
Sowjetskaja Rossija zur Veröffentlichung. Es war deutlich, daß
die Reformgegner die Abwesenheit Gorbatschows – er weilte
gerade auf Staatsbesuch in Jugoslawien – benutzten, um diesen
»Brief«, de facto ein programmatisches Manifest der Reformgegner, vor der für Juni 1988 einberufenen All-Unions-Konferenz zu veröffentlichen und die Entwicklung zu bremsen.

Der veröffentlichte Brief Nina Andrejewas hatte eine verheerende Wirkung im ganzen Land. Die Reformgegner sahen dies
als überzeugenden Hinweis an, daß nun die Perestroika beendet sei. In vielen Armee-Einheiten und Parteiorganisationen
wurde der Brief als Schulungsmaterial benutzt. Ligatschow

stelle ihn als »Beispiel« hin, dem zu folgen sei. In der damaligen DDR wurde, auf Anweisung Honeckers, der Andrejewa-Artikel wörtlich veröffentlicht.

Drei Wochen vergingen. Erst am 5. April 1988 erfolgte in einem Leitartikel der *Prawda* die Antwort. Unter dem Titel »Die Prinzipien der Perestroika: Revolutionäres Denken und Handeln« stellte Alexander Jakowlew zunächst fest, der Prozeß der Lösung von alten Denkstrukturen sei schwieriger als angenommen. Die Auseinandersetzungen um Ziele und Inhalt der Perestroika seien »sehr hart«. Die Kritik von Nina Andrejewa an der Perestroika zeuge von dem Bestreben, den gesamten Reformprozeß zu bremsen. Bei den Versuchen, den Perestroika-Prozeß zu stören, handle es sich in erster Linie um die rigorose Verteidigung persönlicher Interessen im materiellen und sozialen Bereich. Der Andrejewa-Brief sei daher eine »ideologische Plattform« jener Kreise, die sich gegen die Perestroika wendeten und eine konservative und dogmatische Position einnähmen. Die in ihrem Artikel kritisierte Vergangenheitsbewältigung sei unbedingt notwendig, denn die Schuld Stalins an »Massenrepressalien und Gesetzlosigkeiten« sei »gewaltig und unverzeihlich«.

Nina Andrejewas Brief und die Antwort Jakowlews lösten eine wahre Flut von Leserbriefen aus – mit einer eindeutigen Mehrheit für die Perestroika.

Die XIX. Außerordentliche Parteikonferenz

Der Generalsekretär übernahm nun selbst die Initiative. Er setzte eine Außerordentliche Parteikonferenz durch. Im Vorfeld dieser XIX. All-Unions-Konferenz wurde eine Plattform aus zehn Thesen veröffentlicht, die deutlich machte, daß die Perestroika nun als allumfassender Prozeß verstanden werden sollte. Als Themen für die Konferenz wurden besonders die »radikale Wirtschaftsreform«, eine tiefgreifende und allseitige »Demokratisierung von Partei und Gesellschaft«, die Aufwertung der Befugnisse der Sowjets, eine verstärkte Rolle gesellschaftlicher Organisationen und Vereinigungen, die Entwicklung einer sowjetischen Föderation und die Schaffung eines sozialistischen Rechtsstaates herausgestellt – aber gleichzeitig in der These 5 betont, die Konferenz gehe »von der Leninschen Konzeption der Partei als der politischen Avantgarde der Arbeiterklasse und aller Werktätigen aus«.

Mit der Konferenz beschritt Gorbatschow einen ungewöhnlichen Weg. Allein die Tatsache, daß er auf diese fast vergessene Konferenzform – die letzte hatte im Frühjahr 1941 stattgefunden – zurückgriff, zeigte, wie wichtig es ihm war, noch vor einem ordentlichen Parteitag (der nach dem Statut erst im Frühjahr 1991 hätte stattfinden können) die gesamte Perestroika zu diskutieren und durch Beschlüsse zu verankern.

Doch auch die Reformgegner waren nicht untätig. Bei der Auswahl der Delegierten entschieden nämlich die Parteiapparate der Unionsrepubliken und Gebietskomitees. Im kleinen Kreise wurde dort vereinbart, wer letztlich zur Konferenz fuhr. Das waren natürlich diejenigen, auf die sich der Apparat verlassen konnte.

Boris Jelzin wurde mehrfach durch den Parteiapparat von den Delegierten-Listen gestrichen, zunächst in Moskau und dann auch vom Swerdlowsker Gebietsparteikomitee – obwohl inzwischen die Arbeiter in Swerdlowsk mit einem Streik drohten, falls Jelzin an der Teilnahme der Parteikonferenz gehindert werden sollte. Unter diesem Druck lenkte schließlich das Zentralkomitee ein, und Jelzin konnte auf dem letzten Regionalplenum in Karelien zum Delegierten nominiert werden. Andere bekannte Reformer fielen durch.

Vor den 4991 Delegierten der XIX. Parteikonferenz, die vom

28. Juni bis 1. Juli 1988 in Moskau stattfand, ging Gorbatschow weiter als je zuvor – sowohl in seiner Kritik am System
der Vergangenheit als auch am gegenwärtigen bürokratischen
Widerstand gegen die Perestroika. »Sämtliche Aspekte des
Lebens« seien durch eine detaillierte zentrale Planung und Kontrolle erfaßt und »die Gesellschaft förmlich geknebelt« worden.
Auch die Partei sei von Deformationen nicht verschont geblieben. Er kritisierte das »administrative Kommandosystem«, den
»bürokratischen Zentralismus« sowie »beschämende Fakten
von Amtsmißbrauch und moralischer Entartung«.

Gorbatschow trat für eine »richtige Verteilung der Machtbefugnisse zwischen den wichtigsten Elementen des politischen
Systems« ein. Das »Grundprinzip« sei die Aufwertung der
Sowjets; es komme darauf an, sowohl die »Legislative wie die
Verwaltungs- und Kontrollfunktionen der Sowjets« zu stärken,
was de facto eine Trennung zwischen Partei und Staat bein-
halte. Er bekannte sich nach wie vor zur »führenden Rolle der
KPdSU« als »Avantgarde der Gesellschaft«, verlangte jedoch
eine »Demokratisierung des innerparteilichen Lebens«. Auf
allen Ebenen des Parteiapparates müsse es Wahlen geben mit
mehreren Kandidaten, über die umfassend diskutiert und
geheim abgestimmt werden solle.

Im Widerspruch dazu stand allerdings der Vorschlag Gorbatschows, daß jeweils der örtliche Erste Parteisekretär zum Kandidaten für den Vorsitzenden des jeweiligen Sowjets nominiert
werden sollte, also de facto eine Personalunion zwischen dem
jeweiligen höchsten Partei- und Staatsfunktionär. Offensichtlich war dies die Folge starken Drucks der Parteifunktionäre,
wobei Gorbatschow wohl hoffte, durch die freien Wahlen mit
mehreren Kandidaten jeweils relativ aufgeschlossene Funktionäre in die Positionen bringen zu können.

Aber es ging dem Generalsekretär nicht nur um die örtliche
Ebene, sondern auch um die Spitze. So schlug Gorbatschow

überraschenderweise vor, einen »Kongreß der Volksdeputierten der UdSSR« zu schaffen als »höchstes Repräsentationsorgan der Staatsmacht«. Dieser Kongreß, nach Gorbatschows Vorschlag aus 2250 Abgeordneten bestehend, sollte einmal im Jahr zusammentreten, um über die wichtigsten verfassungsmäßigen, politischen, wirtschaftlichen und sozialen Fragen des Landes zu beraten. Aus den Reihen des Volksdeputiertenkongresses sollte dann ein Oberster Sowjet aus zwei Kammern von etwa 400 bis 450 Mitgliedern gewählt werden – als ständiges gesetzgebendes Verfügungs- und Kontrollorgan.

An die Stelle des bisherigen machtlosen »Vorsitzenden des Präsidiums des Obersten Sowjet« sollte nun ein Vorsitzender des Obersten Sowjet mit erweiterten Befugnissen treten – schon damals als Präsident bezeichnet. Der Präsident sollte die Gesamtleitung bei der Ausarbeitung von Gesetzen sowie wichtigen sozialen und wirtschaftlichen Programmen innehaben, Schlüsselfragen der Außenpolitik, Verteidigung und Sicherheit des Landes entscheiden, den Verteidigungsrat leiten und den Vorsitzenden des Ministerrats der UdSSR vorschlagen.

Nach dem Referat Gorbatschows kam es zu einer bis dahin in einem solchen Gremium noch nie gekannten lebhaften, ja stürmischen Diskussion. 261 Delegierte meldeten sich zu Wort, 70 nahmen an der Debatte teil, die kritisch und teilweise äußerst kontrovers geführt wurde. Besonders interessant war der Beitrag des Wirtschaftswissenschaftlers Leonid Abalkin, der die in Aussicht gestellte Personalunion zwischen Partei- und Staatsämtern kritisierte, weil dies der gewünschten Trennung von Staat und Partei widerspreche. Abalkin brachte die Diskussion auf den entscheidenden Punkt: »Sind wir in der Lage, unter Beibehaltung der sowjetischen Gesellschaftsorganisation und des Einparteiensystems, das gesellschaftliche Leben mit Sicherheit demokratisch zu gestalten? Ja oder nein? Und wenn ja, dann wie?«

Jelzins alternatives Reformprogramm

Jelzin saß während der Parteikonferenz ganz hinten rechts auf dem Balkon – ein Platz, der symbolisierte, wie weit der ehemalige Moskauer Parteichef von der politischen Führung der Partei entfernt war. Kaum einer hatte ihn bei seinem Eintreffen begrüßt. Aber er hatte sich in den sechs Monaten seit seiner Entlassung aus dem Krankenhaus wieder erholt. Er wollte seine Auffassungen öffentlich verkünden, bat um das Rederecht, wurde aber von der Konferenzleitung geflissentlich übersehen. Selbst als die Jelzin-Affäre des letzten Herbstes direkt angesprochen wurde, zeigte die Konferenzleitung keine Bereitschaft, ihm das Wort zu erteilen. Am letzten Tag der Konferenz erwachte der alte Kämpfer in Jelzin. Quer durch den Saal ging er nach vorne zu Gorbatschow und verlangte, an das Rednerpult gelassen zu werden. Bereits 57 Redner waren vorher zu Wort gekommen.

Anders als auf dem Oktober-Plenum 1987 hatte sich Jelzin diesmal gut vorbereitet. Er sprach so klar und präzise, wie man ihn selten gehört hatte: »Für das wichtigste halte ich, daß es in der Partei und im Staat einen Mechanismus gibt, der solche Fehler, die das Land um Jahrzehnte zurückgeworfen haben, völlig unmöglich macht. Dieses System soll die Herausbildung von ›Führern‹ und eines ›Führertums‹ ausschließen und eine echte Volksherrschaft herstellen sowie für diese feste Garantien schaffen.« Dazu seien auf allen Ebenen Wahlen notwendig, eine Beschränkung der Amtsdauer und eine klare Verantwortung der jeweiligen Führungen. Die von Jelzin geforderten allgemeinen, direkten und geheimen Wahlen sollten für die Wahl der Parteisekretäre auf allen Ebenen gelten, einschließlich des Generalsekretärs, ebenso bei den Wahlen in den Obersten Sowjet, in die Gewerkschaften und in den Kommunistischen Jugendverband. Ohne jegliche Ausnahmen sei die Amtsdauer auf zwei Wahlperioden zu beschränken.

Gemeinsam mit dem jeweiligen Generalsekretär solle jeweils die gesamte Führungsgarnitur zurücktreten. Man könne nicht immer nur Verstorbene für alles verantwortlich machen:»Jetzt ist es so, daß Breschnew allein die Schuld an der Stagnation trägt. Wo waren diejenigen, die seit 10, 15 und 20 Jahren noch immer im Politbüro sitzen? Jedesmal haben sie den divergierendsten Programmen zugestimmt. Warum haben sie geschwiegen, als ein einzelner nach Vorlagen des ZK-Apparats über das Schicksal der Partei, des Landes und des Sozialismus entschieden hat?«

Die Delegierten hörten Jelzin schweigend zu. Nur einmal erhielt er Applaus, als er erklärte: »Ich bin der Meinung, daß einige Mitglieder des Politbüros als Mitglieder eines Kollektivorgans, das vom ZK und der Partei mit Vertrauen ausgestattet wurde, Schuld tragen und die Frage beantworten müssen: Weshalb ist das Land und die Partei in einem derartigen Zustand? Nachher müssen Konsequenzen gezogen und diese Leute aus dem Politbüro entfernt werden.« Nach dem Beifall fuhr er fort: »Das ist eine humanere Vorgehensweise als posthume Kritik und Verfrachtung von einem Grab ins andere!«

Im letzten Teil seiner kurzen, aufrüttelnden Ansprache verlangte er, daß große Vorhaben von der gesamten Partei und der Bevölkerung des Landes zu diskutieren und darüber Volksabstimmungen abzuhalten seien. In der Kommunistischen Partei solle »die Vielfalt der Meinungen zu einem normalen Erscheinungsbild gehören«. Der Parteiapparat sei auf die Hälfte bis ein Drittel, der Apparat des Zentralkomitees auf ein Sechstel bis ein Zehntel zu reduzieren. Noch nie waren auf einer Konferenz der sowjetischen Kommunistischen Partei so weitgehende Forderungen erhoben worden.

Ganz zum Schluß – und sicher für alle Parteitagsdelegierten überraschend – fügte Jelzin noch zwei Sätze hinzu: »Genossen Delegierte! Ein heikles Problem. Ich möchte mich mit der Frage meiner politischen Rehabilitierung nach dem Oktober-Plenum des ZK an die Konferenz wenden (Lärm im Saal). Wenn Ihr glaubt, daß die Redezeitbeschränkung es nicht mehr zuläßt, dann mache ich Schluß.«

Am Vorstandstisch meldete sich Michail Gorbatschow: »Boris Nikolajewitsch, sprich, die Leute möchten es (Applaus). Ich glaube, daß wir den Schleier des Geheimnisses um den Fall Jelzin lüften sollten. Alles, was Boris Nikolajewitsch für notwendig hält, sollte er sagen. Falls es sich herausstellt, daß wir dazu auch etwas sagen möchten, dann können wir es tun. Bitte, Boris Nikolajewitsch.«

Daraufhin erklärte Jelzin: »Rehabilitierungen nach fünfzig Jahren sind nun zur Gewohnheit geworden. Das tut der Gesundung der Gesellschaft gut. Dennoch bitte ich persönlich um politische Rehabilitierung schon zu Lebzeiten.« Als Begründung führte er an, seine auf dem Oktober-Plenum 1987 vorgebrachten Auffassungen seien inzwischen auch von anderen, vor allem auch auf der Konferenz selbst, vorgetragen worden. Sein einziger Fehler habe vielleicht darin bestanden, daß er diese Thesen bereits im Oktober 1987 geäußert habe.

Nach der Mittagspause begann die Debatte über Jelzins Rede. Aufgebracht wies Jegor Ligatschow die Kritik Jelzins zurück. Er bezeichnete dessen bisherige Leistungen als Parteisekretär in Swerdlowsk und Moskau als unzulänglich. Darüber hinaus warf er ihm vor, mit seinen ständigen Interviews mit der »bürgerlichen Presse« des Westens grob gegen die Parteidisziplin verstoßen zu haben. Andere Redner, darunter der Chefredakteur der *Prawda*, Viktor Afanasjew, stimmten dagegen Jelzin in einigen Punkten zu. Sie lobten den sachlichen Charakter seiner Ausführungen. Dennoch scheuten sie sich, für eine förmliche Rehabilitierung Jelzins zu plädieren.

Als letzter Redner sprach der Generalsekretär. Gorbatschow bemühte sich, einen Mittelweg einzuschlagen. Ohne Jelzin ausdrücklich zuzustimmen, nahm er zu den Punkten Stellung, die Jelzin in seiner Rede angeschnitten hatte. Zugleich distanzierte er sich von Ligatschows Ausführungen. Dann verlas er die Erklärung, in der Jelzin im Oktober 1987 vor dem ZK seine Fehler eingestanden hatte, und fügte hinzu, es sei falsch gewesen, diese Erklärung nicht schon früher veröffentlicht zu haben. Eine Rehabilitierung Jelzins hielt er für unmöglich, aber es sei unbedingt notwendig, die Schuld an den damaligen Ereignissen gerechter zu verteilen: »Dies ist nicht nur für den Genossen Jelzin eine Lektion, sondern auch eine für das Politbüro, den Generalsekretär, das Zentralkomitee der Partei, ja, für jeden von uns.«

Trotz mancher Konzessionen und Widersprüchlichkeiten war die XIX. All-Unions-Parteikonferenz eine Zäsur in der 70jährigen sowjetischen Geschichte. Das Schwergewicht begann sich auf parlamentarische Körperschaften zu verlagern. Zweifellos hoffte Gorbatschow, durch die Stärkung des Sowjets, der örtlichen und regionalen Verwaltungen ein Gegengewicht zum bürokratischen Parteiapparat zu schaffen. Es blieb allerdings die Frage, ob eine so weitgehende Reformierung des Systems mit der nach wie vor proklamierten »führenden Rolle der Partei« zu vereinbaren war.

Nach der All-Unions-Konferenz wuchs das Selbstbewußtsein der Sowjetbürger. Auf einer Informationsreise nach Sibirien stellten empörte Bürger Gorbatschow angesichts der immer schlechter werdenden Ernährungslage zur Rede. Die Bürger hatten ihre Angst verloren. Sie klatschten nicht mehr devot, sondern stellten unbequeme Fragen. Gewiß waren sie für die Perestroika, aber enttäuscht, ja empört darüber, daß sich im wirtschaftlichen-sozialen Bereich die Lebensverhältnisse verschlechterten.

In ersten Interviews nach der Parteikonferenz äußerte sich Jelzin ausgesprochen positiv über deren Verlauf. Sie hatte die

Perestroika beflügelt und das Image Jelzins nachhaltig gestärkt. Er war zum Hoffnungsträger der Menschen geworden, denen Gorbatschows Reformen nicht weit genug gingen. Überall entstanden politische Basisgruppen, Diskussionsrunden und Klubs. Der Mann, der sich erfolgreich gegen das politische Establishment gestellt hatte, wurde zur Symbolfigur dieser Bewegung.

Im September 1988 führte Michail Gorbatschow auf einer kurzfristig einberufenen Tagung des ZK einen entscheidenden Schlag gegen seine konservativen Gegner in der Führungsspitze: Andrej Gromyko mußte das Amt des Vorsitzenden des Präsidiums des Obersten Sowjet räumen. Gorbatschow wurde sein Nachfolger. Jegor Ligatschow verlor seine Position als Chefideologe, blieb aber Politbüromitglied. Und für den 26. März 1989 wurde die Wahl des neuen Kongresses der Volksdeputierten angesetzt, die ersten Mehrkandidatenwahlen in der Geschichte der Sowjetunion.

Was wird aus der neuen sozialistischen Gesellschaft?

Die vielen weitreichenden Reformbeschlüsse der Außerordentlichen Parteikonferenz mobilisierten aber auch die Gegenkräfte im Partei- und Staatsapparat. Die Nomenklatura-Funktionäre hatten die Reformen bis zum Sommer 1988 nicht wirklich ernst genommen. Erst jetzt, so Alexander Jakowlew, »begriff der Apparat wirklich, daß für ihn von der Politik der Perestroika eine direkte Gefahr ausging, von da ab begann der Widerstand, von da ab konstituierte sich eine aktive Opposition«.

Aber es wäre ein vereinfachtes, ja unrichtiges Bild, nur die Anhänger Jelzins und der Demokraten auf der einen und die Gegner der Perestroika unter den Nomenklatura-Funktionären auf der anderen Seite zu sehen. Immer mehr Menschen, die bereits während der Ära Breschnew größte Bedenken gehabt hatten und die nun die Perestroika-Reformen Gorbatschows begrüßten und aktiv unterstützten, waren über die weitere Entwicklung besorgt.

Zu ihnen zählte Julij Kwizinskij, seit April 1986 sowjetischer Botschafter in Bonn und Kandidat des Zentralkomitees. Anfangs, erinnert sich Kwizinskij, hätten seine Mitarbeiter die Perestroika mit großer Entschlossenheit unterstützt. »Überall waren viele Menschen in begeisterter Aufbruchsstimmung und hatten den Wunsch, in Staat und Gesellschaft der Sowjetunion endlich Veränderungen herbeizuführen und das Land in eine bessere Zukunft zu führen.« Aber seit 1988 sei die Sorge gewachsen, wohin das Experiment am Ende führen werde. Auch seine deutschen Gesprächspartner hätten auf das unsystematische Vorgehen Moskaus hingewiesen. Man befürchtete, daß die schlechte Wirtschaftslage, die offensichtliche Lähmung der staatlichen Organe und die nationalen Konflikte die Reformen zum Stillstand bringen könnten. Bei einem Sturz Gorbatschows wäre sogar ein Bürgerkrieg nicht auszuschließen.

Die Mitarbeiter der Sowjetbotschaft kehrten immer verwirrter und deprimierter von ihren Besuchen in der Sowjetunion zurück. Kwizinskij, der zu den Tagungen des Zentralkomitees nach Moskau fuhr und dann den Botschaftsangehörigen berichtete, spürte immer deutlicher die Skepsis seiner Zuhörer. Sie wußten, daß die Lage immer schlechter wurde. »Aus der neuen ›dynamischen‹ sozialistischen Gesellschaft wurde nichts, und die alte fiel rasch auseinander.«

Ähnlich besorgt über die Situation nach der XIX. Parteikonferenz zeigte sich Valentin Falin, 1988–1991 Leiter der Internationalen Abteilung des Zentralkomitees. In seinen »Politischen Erinnerungen« schrieb er: »Der Verzicht der Partei auf Macht ohne handlungsfähige Nachfolge bedeutete im Endeffekt Demontage jeglicher Macht, besonders auf mittlerer und unterer Ebene. Ein Vakuum dehnte sich aus: Es füllte sich mit Anarchie, Lokalpatriotismus, Separatismus jeglicher Färbung.« Manches spricht dafür, daß auch Gorbatschow, trotz seines Erfolges auf der XIX. Außerordentlichen Parteikonferenz, zunehmend unsicher wurde und an dem von ihm selbst initiierten Kurs zu zweifeln begann. So versuchte er – was erst fünf Jahre später bekannt wurde – im Herbst 1988, seine eigene Politik mit den Grundsätzen und Zielen des Sozialismus in Einklang zu bringen und wandte sich ideologischen Problemen zu.

Während seines Urlaubs vom 1. August bis 4. September 1988 in der Villa »Sarja« bei Foros auf der Krim (die beim Putsch drei Jahre später berühmt werden sollte) informierte Gorbatschow seinen Berater Anatoli Tschernajew über das neue Vorhaben. Er plane eine Broschüre »Über den Sozialismus«. Tschernajew sammelte daraufhin alles, was in der Presse zum sowjetischen Gesellschaftssystem *vor* der Perestroika erschienen war, sowie auf vierzig Seiten, was Gorbatschow zu diesem Thema gesagt und geschrieben hatte. Der Politologe Ambarzumow arbeitete in Moskau Lenins Ansichten zum Sozialismus aus und schickte diese Analyse auf die Krim zu Gorbatschow. Nach der Rückkehr aus dem Urlaub wurde das gesamte Material Ivan Frolow übergeben, dem für Umweltschutz, Atomenergie und ideologische Fragen zuständigen Mitarbeiter des Generalsekretärs. Gorbatschow erklärte, sie brauchten »eine neue Theorie des Sozialismus«.

Leider wurde die Arbeit nicht fertiggestellt. Sie hätte wichtige Rückschlüsse über das Denken Gorbatschows in dieser entscheidenden Reformperiode vermitteln können. War Gorbatschow durch die stürmische politische Entwicklung angesichts der bevorstehenden Mehrkandidatenwahlen zu sehr in Anspruch genommen? Oder erkannten er und seine Mitarbeiter die außerordentliche Schwierigkeit, eine neue »Theorie des Sozialismus« zu entwickeln, die tatsächliche Entwicklung in der Sowjetunion mit einer sozialistischen Theorie in Einklang zu bringen?

Im Januar 1989 beschäftigte Gorbatschow Solschenizyns Buch »Lenin in Zürich«: »Ein sehr beeindruckendes Buch. Es ist boshaft, aber talentiert.« Solschenizyns Darstellung, so Gorbatschow zu Tschernajew, gerate nicht zur Karikatur, man erkenne Lenin wieder: »Was uns klar schien, kann man auch von der anderen Seite beschreiben, und man wird dabei nicht lügen. Sehr interessant!«

Aber auch in der Folgezeit berief sich Gorbatschow immer wieder auf Lenin, wollte sich in ihn hineindenken, nahm sein Verhalten zum Vorbild. Gorbatschow schätzte an Lenin, daß dieser bereit war, Dogmen preiszugeben, wenn eine konkrete Situation dies erforderte. Gorbatschow wollte nun das alte Einparteiensystem aufgeben, er strebte eine Demokratie unter der Führung einer – natürlich erneuerten und veränderten – Partei an. Aber gleichzeitig klagte er, daß es keine Funktionäre gebe, die zu wirklich weitreichenden Reformen imstande seien. Im Scherz fragte Gorbatschow einmal, ob man sich solche Leute nicht bei den italienischen Kommunisten ausleihen könne.

Nur drei Wochen später, am 2. Februar 1989, machte sich Gorbatschow ausführliche Notizen über Stalin. Sie waren nicht zur Veröffentlichung bestimmt, und erst 1993 gab er die »Geheimen Protokolle aus meiner Amtszeit« preis. In diesen Notizen stellte Gorbatschow die ursprünglichen Gedanken und Ziele Lenins der späteren Entwicklung unter Stalin gegenüber. Stalin sei »weder theoretisch noch politisch oder intellektuell fähig« gewesen, Lenins Kurs fortzusetzen. Stalin habe dies begriffen und – »zutiefst gekränkt durch diesen Minderwertigkeitskomplex« – sein »überdurchschnittliches Talent zur Intrige« dazu benutzt, die führenden Revolutionäre der Lenin-Zeit aus der Politik zu verdrängen, zu vernichten und seine Alleinherrschaft zu festigen. Um seine Macht zu erhalten, habe

Stalin nach dem XVII. Parteikongreß 1934 auch einen Großteil des Zentralkomitees liquidiert.

Ausgehend von diesen nur ganz verkürzt wiedergegebenen Gedanken, zog Gorbatschow die Schlußfolgerungen für die Gegenwart. In Zeiten fundamentaler Veränderungen liefen im gesellschaftlichen Bewußtsein Prozesse ab, die mit dem Zerbrechen alter Vorstellungen zusammenhingen: »Alles, was früher so klar und einfach schien, scheint jetzt kompliziert. Doch das führt oft zu Verwirrungen und geistigen Krisen. Dogmen werden zerstört, Autoritäten gestürzt, gewohnte Kategorien gelten nicht mehr, einst als unerschütterlich geltende Orientierungen lösen sich auf.«

Nur durch sorgfältige Analyse von Vergangenheit und Gegenwart könne man zeitgemäße politische Konzeptionen entwerfen und in Politik umsetzen. Das sei keine »geistige Spielerei«; es offenbare das Streben nach Gerechtigkeit und Humanität: »Unsere heutige Suche ist darauf gerichtet, den schmerzlosesten, vielleicht sogar optimalen Weg zu finden, dem Sozialismus ein menschliches Antlitz zu verleihen.«

Gorbatschows Rücktrittsgedanken

Zur gleichen Zeit, als Gorbatschow sich mit ideologischen Fragen beschäftigte, dachte er offensichtlich auch an einen vorzeitigen Rücktritt. Ein Widerspruch?

Manches scheint dafür zu sprechen, daß beides der zunehmenden Unsicherheit Gorbatschows entsprang, seiner Enttäuschung darüber, daß die wirkliche Entwicklung ganz anders verlief, als er sie mit seiner Perestroika anstrebte.

Das erste Rücktrittsangebot Gorbatschows stammt vom November 1988. Drei Politbüromitglieder, darunter KGB-Chef Tschebrikow, waren gerade – völlig schockiert – aus Estland,

Lettland und Litauen zurückgekehrt. Baltische Demonstranten hatten vor dem Haus, in dem die sowjetischen Politbüromitglieder untergebracht waren, Plakate entrollt: »Geht heim, Russen!«, »KGB, MWD, Sowjetische Armee – zurück nach Moskau!«, »Nieder mit der Moskauer Diktatur!«, »Sofortiger Austritt aus der UdSSR!« und »Volle Souveränität!«.

Kurz zuvor waren in Baku, der Hauptstadt Aserbaidschans, Schützenpanzerwagen und Panzer in Brand gesteckt und zwei russische Soldaten erschlagen worden. Auf den Straßen war es zu Demonstrationen mit grünen islamischen Fahnen und den Porträts von Khomeini gekommen.

Tschebrikow, unterstützt von anderen Politbüromitgliedern, forderte ein »hartes Durchgreifen«. Anatoli Tschernajew schildert in seinem Buch über »Die letzten Jahre einer Weltmacht« den Vorfall: »Einige Tage später kam es im Nußbaumzimmer im Kreml vor einer Sitzung des Politbüros zu einer stürmischen Auseinandersetzung ... Worotnikow warf die Frage auf: ›Wohin treiben wir?‹ Ligatschow hakte sofort nach: ›Ich habe schon im Februar gesagt, daß es an der Zeit ist, unsere Macht zu demonstrieren, die Ordnung wiederherzustellen und denen eine Lektion zu verpassen – was wollen wir noch alles dulden?! Die Menschen sind außer Rand und Band geraten und reden daher, wie es ihnen paßt. Der Zerfall unseres Staates beginnt ...«

Gorbatschow, so Tschernajew, habe anfangs nur ironisch lächelnd zugehört. Schließlich aber sei er explodiert: »Warum willst Du mich ständig einschüchtern, Jegor (Ligatschow)? Warum reibst Du mir immer unter die Nase: Schau, wohin uns deine Perestroika geführt hat! Wohin treiben wir? Was geht in diesem Land vor?! Aber ich war und bleibe für die Perestroika. Ich fürchte nicht, was bei uns vor sich geht. Wenn ihr (er wandte sich an alle am runden Tisch Sitzenden) meint, daß wir nicht so weitermachen dürfen, daß ich etwas falsch mache, dann gehen wir ins Nachbarzimmer (Tagungsraum des Politbüros), und ich erkläre meinen Rücktritt. Sofort! Keine weiteren Worte werde ich verlieren, keine Beleidigungen. Entscheidet euch, wen ihr an meiner Stelle wollt – soll der dann nach seinem Gutdünken regieren. Aber solange ich auf diesem Stuhl sitze, werde ich meinen Kurs fortsetzen und um keinen Preis von ihm abweichen!« Eine Antwort der Politbüromitglieder auf Gorbatschows Angebot blieb indes aus.

Man mag die Rücktrittsdrohung als ein taktisches Mittel Gorbatschows interpretieren, seine Gegner im Politbüro einzuschüchtern, um den Kurs der Perestroika fortzusetzen. Aber mir scheint, daß Gorbatschow zu dieser Zeit durchaus einen Rücktritt in Erwägung gezogen hat. Auch Valentin Falin berichtet nämlich – allerdings ohne ein genaues Datum zu nennen – von einem Rücktrittsangebot Gorbatschows im Zentralkomitee: »Im Plenum kam es zu einem Zusammenstoß. Gorbatschow erklärte seine Bereitschaft, vom Amt des Generalsekretärs zurückzutreten.« Und Julij Kwizinskij schildert einen ähnlichen Vorfall Ende 1988. Gorbatschow habe »zunehmend erschöpfter und blasser gewirkt.« In kritischen Augenblicken sei er auch nicht vor der Drohung zurückgeschreckt, er sei »bereit zurückzutreten, wenn man ihm nicht vertraue«. Sobald aber abgestimmt wurde, habe Gorbatschow stets die absolute Mehrheit der Stimmen erhalten.

Im Januar 1989, während eines kurzen Urlaubsaufenthaltes in Pizunda, sprach Gorbatschow beim Abendessen – »im Spaß«, so Tschernajew – erneut von einem Rücktritt: »Soll ich nicht alles hinwerfen?« Im Sommer 1989 im Urlaubsort Foros wurde der Rücktritt dann bereits ernster erwogen. Raissa Gorbatschowa habe sich vermutlich auf ein Gespräch mit ihrem Mann bezogen, als sie sagte: »Michail Sergejewitsch, es ist Zeit abzutreten. Du solltest dich ins Privatleben zurückziehen und deine Memoiren schreiben. Du hast deine Aufgabe erledigt.«

Die Macht verschiebt sich
auf die Parlamente

Die für den 26. März 1989 anberaumten Mehrkandidatenwahlen für den Volksdeputiertenkongreß waren noch keine echten freien Wahlen. Ein Drittel der Kandidaten gehörte den sogenannten »gesellschaftlichen Organisationen« (allen voran natürlich der KPdSU) an, die von oben festgelegt waren. Zweitens verstand es der immer noch gut funktionierende Parteiapparat durch die jeweiligen Parteivertreter in den Unternehmungen, Behörden und Institutionen, unliebsame Kandidaten schon auf der unteren oder spätestens mittleren Ebene auszuschließen. Drittens gab es in einem Viertel der Wahlkreise überhaupt nur einen Kandidaten.

Der Parteiapparat war noch viel zu stark, die Mehrheit der Menschen, vor allem in den ländlichen Gegenden, noch viel zu sehr auf die Obrigkeit fixiert, als daß man einen Durchbruch der konsequenten Reformer hätte erwarten können. Um so wichtiger sind die beiden entscheidenden Ausnahmen: Boris Jelzin in Moskau und Anatolij Sobtschak in Leningrad. Die – im einzelnen sehr unterschiedlichen – Schwierigkeiten, die Jelzin in Moskau und Sobtschak in Leningrad zu überwinden hatten (und überwanden), geben ein deutliches Bild der wirklichen Situation bei den Mehrkandidatenwahlen vom März 1989, an denen sich 89,8 Prozent der sowjetischen Bevölkerung beteiligten.

Jelzins Triumph in Moskau

Um die Jahreswende 1988/89 wurde Jelzin von zahlreichen Bezirks- und Arbeiterkollektiven aufgefordert, sich als Kandidat für die Wahlen am 26. März 1989 aufstellen zu lassen. Das Wahlsystem für den Volksdeputiertenkongreß barg eine Reihe von Hürden. Zunächst mußte man in einer öffentlichen Versammlung nominiert werden und danach bei einer zweiten Zusammenkunft unter der Leitung örtlicher Funktionäre auf die Wahlliste gesetzt werden – für oppositionelle Kandidaten wie Jelzin ein schwieriger Weg.

Jelzin ließ sich zuerst in Beresniki, der Stadt, in der er aufgewachsen war, als Kandidat aufstellen. Sein eigentliches Ziel war es aber, in Moskau nominiert zu werden. (Man konnte bei verschiedenen Bezirksversammlungen kandidieren.) Hier spielte sich das politische Leben ab, und hier wollte er politisch wirken.

Die Nominierungsversammlung fand am 22. Februar 1989 in der Säulenhalle im Stadtzentrum Moskaus statt. Zehn Kandidaten standen zur Wahl, zwei davon – Jurij Brakow, Generaldirektor der Lastwagenfabrik SIL, und der populäre Kosmonaut Georgij Gretschko – waren die Favoriten der Partei. Die Kandidaten stellten sich und ihr Programm vor. Danach begann die öffentliche Diskussion. Wie üblich wurden schriftliche Fragen auf das Podium gereicht. Die Kandidaten erhielten dann Gelegenheit, die Fragen zu beantworten. Anschließend konnten noch einmal mündliche Fragen an die Kandidaten gestellt werden.

Jelzin erhielt über hundert schriftliche Fragen. Anders als die übrigen Kandidaten entschloß er sich, mit den unangenehmen Fragen zu beginnen – ein ungewöhnlicher Schachzug, der Eindruck auf die Versammlung machte. Unmittelbar vor der Abstimmung zog Gretschko, der Jelzin den Weg nicht verbauen

wollte, absprachegemäß seine Kandidatur zurück. Der Partei-
kandidat Brakow erhielt 577 Stimmen, Jelzin lag mit 532 Stimmen knapp dahinter. Damit war Jelzin offiziell Kandidat für die
Wahlen zum Volksdeputiertenkongreß in Moskau am
26. März 1989.

Nun begann der Wahlkampf. Der Parteiapparat bekämpfte
Jelzin mit allen Mitteln: Ein anonymes Pamphlet wurde in den
Bezirksparteikomitees in Umlauf gebracht, in dem er der Prin-
zipienlosigkeit und des gekränkten Ehrgeizes geziehen wurde.
Die Sekretäre der Bezirksparteikomitees beriefen die Parteiakti-
visten der Unternehmen und Organisationen zu Konferenzen
ein und lasen ihnen die Schrift vor. Die Funktionäre nahmen
das Pamphlet dann zu ihren öffentlichen Versammlungen mit
und trugen es vor. Das Resultat war aber keineswegs im Sinne
des Parteiapparats. Im Gegenteil, die Schmutzkampagne
bewirkte eine Solidarisierung der Menschen mit Jelzin, die
vehementen Attacken des Parteiapparates erwiesen sich für seinen Wahlkampf als eher förderlich.

Am 12. März 1989, zwei Wochen vor der Wahl, fand eine
Fernsehdebatte zwischen Jelzin und Brakow statt. Die
Zuschauer konnten bei dem Fernsehsender anrufen und den
Kandidaten Fragen stellen. Hierbei wurde kräftig manipuliert.
So ermittelte Jelzins Wahlkampfberater Michail Polotranin,
daß viele der Fragesteller, die besonders feindselige Fragen an
Jelzin gerichtet hatten, gar nicht existierten. Zehn Tage vor der
Wahl versuchten die Jelzin-Gegner dann, ihn durch ein partei-
internes Disziplinarverfahren auszuschalten. Er sollte für seine
»Abweichung« von der Parteilinie zur Rechenschaft gezogen
werden. Beim ZK-Plenum am 16. März schließlich wurde die
Einberufung einer Kommission erwirkt, die die Äußerungen
Jelzins untersuchen sollte. Auch diese Maßnahme führte nicht
zum Erfolg, sondern verstärkte erneut die Zahl der Anhänger
Jelzins.

Die Wahl am 26. März 1989 wurde für Boris Jelzin zum
außerordentlichen Triumph. 89,6 Prozent der Wähler, also 5,1
der 6,8 Millionen wahlberechtigten Moskauer Bürger, stimmten für ihn, lediglich 400 000 für Brakow. Damit hatte nicht
nur Jelzin einen deutlichen politischen Sieg errungen; zugleich
hatten die alten politischen Kräfte der sowjetischen Hauptstadt
eine dramatische Niederlage erlitten.

Sobtschaks Wahlsieg in Leningrad

Ähnliche Schwierigkeiten wie Jelzin in Moskau – allerdings mit
einer Fülle anderer Akzente – hatte auch der 52jährige Juraprofessor Anatolij Sobtschak in Leningrad zu bewältigen.

Sobtschak wurde 1937 in Tschita geboren, östlich vom Bai-
kal-See, einem früheren Ort der Zwangsarbeit. Sein Großvater
war Lokführer, sein Vater hatte die Hochschule für Eisenbahn-
verkehr absolviert, seine Mutter, die Stütze der ganzen Familie,
war Buchhalterin. 1939 wurde sein Großvater, ein langjähriges
Parteimitglied und aktiver Funktionär, verhaftet.

Es gelang dem jungen Sobtschak, Student an der Leningrader
Universität zu werden. Er bestand alle Fächer mit »ausgezeichnet«. 1959 wurde er Anwalt in Stawropol, absolvierte dann ein
Fernstudium an der Leningrader Universität, wurde 1982 promoviert und lehrte seitdem dort Wirtschaftsrecht.

Anatolij Sobtschak erinnert sich in dem Band »Für ein neues
Rußland« an die Nominierung und Befragung der Kandidaten
zum Volksdeputiertenkongreß im Januar 1989. Er habe alles
als Außenstehender betrachtet: »Gorbatschows kompliziertes
und nicht sonderlich demokratisches Wahlsystem beurteilte ich
sehr skeptisch. Um so weniger konnte ich ahnen, daß der Wahl-
strudel bald auch mich erfassen würde.«

In der zweiten Januarhälfte hörte Sobtschak plötzlich auf

einer Versammlung der juristischen Fakultät der Leningrader Universität seinen Namen. Sogleich wurde er vom Vorsitzenden des Gewerkschaftsbüros der Universität gewarnt: Der Wahlbezirk werde, so der Gewerkschaftsfunktionär, seit fünfzig Jahren im Obersten Sowjet stets durch einen Arbeiter aus dem baltischen Werk repräsentiert. Anschließend trafen sich auf der Konferenz der Arbeitskollektive der Universität die elf in Frage kommenden Kandidaten auf der Bühne. Obwohl Sobtschak fast Dreiviertel der Stimmen erhalten hatte und als einziger den Aufstieg in die Wahlkreisversammlung schaffte, glaubte er nicht daran, zum Volksdeputierten gewählt zu werden.

Zur Wahlkreisversammlung (dazu gehörten die Wassilijewski-Insel, Sestrorezk, Selenogorsk und Kronstadt) wurden von jeder Organisation, die einen Kandidaten vorgeschlagen hatte, jeweils drei Vertreter zugelassen. Sobtschak wußte, daß hinter seinen Hauptkonkurrenten über sechzig Organisationen standen. Der »verdiente Arbeiter aus dem baltischen Werk« hatte 207 Anhänger im Saal, Sobtschak nur drei. Allerdings: Die Hälfte der Teilnehmer bestand aus Vertretern der Öffentlichkeit, also aus Menschen, die ihre Entscheidung allein dem eigenen Gewissen gegenüber zu verantworten hatten. An sie wollte sich Sobtschak wenden.

Die Wahlkreisversammlung fand ausgerechnet im »Kulturhaus des baltischen Werkes« statt. Auf Plakaten sah man überall den »verdienten Arbeiter«; ihm waren Sonderausgaben von Zeitungen und Spruchbänder gewidmet. Alle anderen Kandidaten – auch Sobtschak – mußten sich mit einer einzigen bescheidenen Werbetafel begnügen.

Die Rede von Sobtschaks Hauptkonkurrent war kurz und klar: Er sei für die Arbeiter, er werde ihre Interessen verteidigen. Die Interessen von Arbeitern müßten von Arbeitern verteidigt werden, Professoren hätten vom Leben der Arbeiter keine Ahnung.

Ein angesehener Dreher aus der Leningrader Produktionsver-
einigung »Michail Kalinin« wurde gefragt, wie er die Breschnew-Zeit beurteile. Seine Antwort kostete ihn die Kandidatur:
»Das waren die schönsten Jahre meines Lebens. Ich arbeitete
mit vollem Einsatz, mein Leben war ausgefüllt.«

Sobtschak kam erst eine halbe Stunde vor Mitternacht dran.
Ursprünglich wollte er seine Konzeption des Rechtsstaates und
der Marktwirtschaft darlegen. Er blickte die Menschen an, die
schon mehr als sechs Stunden im Saal verbracht hatten, und
beschloß, die bereits vorbereitete Rede nicht zu halten.

Im Saal herrschte nur gedämpftes Interesse: »Na los, Professor, nun mach schon!« Sobtschak erinnerte an die berühmte
Rede von Martin Luther King, in der jeder Absatz mit den Worten begann: »Ich habe einen Traum«. Auch er, Sobtschak, habe
einen Traum: von einer Zeit, da es keine Wahlkreisversamm-
lungen, keine vorherige Selektion der Kandidaten gebe; von
einer Zeit, da die Wähler sich selbst für den ihnen genehmen
Kandidaten entscheiden könnten; von einer Zeit, da korrupte
und inkompetente Minister aufhörten, unser Leben bis zur
Absurdität zu verunstalten; von einer Zeit, da die Minister über
ihr Fachgebiet Bescheid wüßten und diejenigen, die ihren Aufstieg durch Denunziationen geschafft hätten, ihre Posten verlören; von einer Zeit, da sich der Staat in einen Rechtsstaat ver-
wandle. Im Saal herrschte absolute Stille – die Mehrheit der
Zuhörer war auf seiner Seite. Sobtschak rückte auf Platz 2 der
Liste der Wahlkreisversammlung auf.

Innerhalb kurzer Zeit sprach Sobtschak auf mehr als hundert
Versammlungen und Kundgebungen. Dann führte er eine überraschende Neuerung ein: Er erschien mit einem Megaphon vor
den U-Bahn-Stationen Wassilije-Ostrowskaja und Primorskaja.
Morgens und abends kamen dort Tausende von Menschen
durch, die auf die überfüllten Straßenbahnen und Busse warteten. Einige lasen Zeitung, andere rauchten, wieder andere

schauten einfach in den nördlichen Himmel. Es gelang Sobtschak schon bald, die beiden U-Bahn-Stationen zu einer Art
Leningrader Hyde-Park zu machen.

Der Parteiapparat blieb indes nicht untätig. Sobtschak erinnerte sich an die finster dreinblickenden Funktionäre aus der
Bezirksleitung der Partei, die entweder selbst zu seinen Veranstaltungen erschienen oder aber sogenannte »einfache Menschen aus dem Volk« schickten, um den beim Parteiapparat
unbeliebten Sobtschak zu diskreditieren. Mit unglaublichen
Methoden: So rief in ihrem Auftrag eine Frau in einer Versammlung, man dürfe unter keinen Umständen für »diesen
Professor« stimmen; Sobtschak treibe Unzucht und gebe Studentinnen nur dann eine Zensur, wenn sie mit ihm geschlafen
hätten. Ihre Nichte, so berichtete die Frau, habe sich in der juristischen Fakultät beworben, aber Sobtschak habe zu ihr gesagt:
»Gib Dich mir hin, dann wirst Du aufgenommen.« Da mischte
sich ein recht bescheiden gekleideter Mensch ein: »Idioten!
Was hört ihr auf diese dumme Gans! Wenn er auch nur halb so
fit ist, wie sie erzählt, wenn seine Kraft tatsächlich für jede Stu-
dentin ausreicht, ist er doch gerade der Richtige. Ihn muß man
wählen. Er wird all unsere Probleme lösen, wenn er soviel Energie hat!«

Auf einer anderen Veranstaltung meldete sich wieder eine
Frau: »Wieso glaubt Ihr diesem Sobtschak? Der ist ja so herz-
los! Seine Frau liegt im Sterben, und er bringt ihr nicht mal
einen Apfel ins Krankenhaus. Ich weiß das von meiner Tochter,
sie ist mit ihr auf derselben Station – die arme Frau.« An der
Veranstaltung nahm jedoch Ludmilla, die Frau Sobtschaks, teil.
Sie sprang auf und holte empört ihren Personalausweis hervor.
»Hier, schauen Sie, ich bin Sobtschaks Frau. Weshalb erzählen
Sie solchen Unsinn?« Die Frau verschwand unter allgemeinem
Gelächter.

Während der Parteiapparat gegen Sobtschak arbeitete,

gewann er bei der Bevölkerung überall Unterstützung. Menschen, die er gar nicht kannte, meldeten sich und boten ihm ihre Hilfe an. Nicht nur Ingenieure, Studenten, Geisteswissenschaftler, sondern auch Arbeiter – auch solche aus dem »baltischen Werk«. Es war eine anstrengende Arbeit, die seine Helfer ohne jede Bezahlung, allein der Idee zuliebe, verrichteten.

Dann kam der Wahltag. Um zwei Uhr am nächsten Morgen wurde Sobtschak durch einen Telefonanruf geweckt. Er habe 76 Prozent der Stimmen erhalten – drei von vier Wählern, die in die Wahllokale gekommen waren, hatten für ihn gestimmt.

Der erste Volksdeputiertenkongreß

Die erwähnten Beschränkungen der Wahlen vom 26. März 1989 führten dazu, daß sich nur etwa 300 konsequente Reformer unter den 2250 Abgeordneten befanden. Dennoch hatten die Wahlen eine verheerende Wirkung auf den Parteiapparat. Auf dem Plenum des Zentralkomitees am 25. April geschah etwas Ungewöhnliches: 74 ZK-Mitglieder sowie 24 ZK-Kandidaten baten um die Versetzung in den Ruhestand: Sie fühlten sich den Anforderungen der Perestroika nicht länger gewachsen.

An ihre Stelle traten einige »Neue«, darunter Julij Kwizinskij, der damalige Sowjetbotschafter in Bonn, der auf diesem Plenum vom Kandidaten zum Vollmitglied des Zentralkomitees aufrückte. Andere führten einen fast verzweifelten Abwehrkampf. R. S. Bobowikow, der Gebietsparteisekretär von Wladimir, rügte die mangelnde Auseinandersetzung der Partei mit dem politischen Gegner. Der konservative Schriftsteller Fedossejew forderte, man sollte die kommunistische Einheit hüten. Die Leningrader Zeitschrift *Newa*, rügte Fedossejew, spreche bereits von einer Bauernpartei, einer Partei der Intelligenz und einer Partei der Arbeiterklasse, während die KPdSU als »Partei des administrativen Verwaltungsapparats« charakterisiert worden sei. Der Parteichef von Leningrad, Solowjow, der bei den Wahlen (noch dazu ohne Gegenkandidat!) durchgefallen war, beschwerte sich darüber, daß viele Parteimitglieder die KPdSU bereits als »Diskussionsclub« bezeichneten; manche Jugendlichen sähen sie sogar als Partei der »Fehler und Verbrechen am Volk« an.

Vor Beginn des Volksdeputiertenkongresses, der vom 25. Mai bis 9. Juni tagte, fanden Vorbereitungstreffen der Kandidaten aus den einzelnen Republiken statt. Am Treffen der russischen Abgeordneten mit der Parteiführung – im Gebäude des Ministerrates der Russischen Föderation – nahm Anatolij Sobtschak teil. Gorbatschow leitete das Treffen, äußerte sich zur Bedeutung des Kongresses und beantwortete dann Fragen der Abgeordneten. Sobtschak nutzte die Möglichkeit: Kürzlich habe der Leiter des Leningrader Gebietskomitees der Partei versucht, den Volksdeputierten Anweisungen zu erteilen. Ob er, Gorbatschow, dies für richtig halte?

Gorbatschow antwortete korrekt, ohne Feindseligkeit oder Gereiztheit: »Alles wird der Kongreß entscheiden. Wir sollen es keineswegs für sie tun, Genossen, und schon gar nicht Druck auf sie ausüben.« Sobtschak war, wie viele Deputierte, beeindruckt, wie aufgeschlossen und vor allem konstruktiv Gorbatschow diese Treffen leitete. »Im Gegensatz dazu standen die Verschlossenheit, das mürrische und von Entfremdung geprägte Verhalten nahezu aller übrigen Politbüromitglieder.«

Obwohl die Reformer auf dem Volksdeputiertenkongreß zahlenmäßig klar unterlegen waren, bestimmten sie weitgehend die Szenerie. Es war ein völlig ungewohntes Bild, das sich dem Betrachter bot: kontroverse Diskussionen und Redeschlachten statt der bislang üblichen Kongreß-Monotonie. Anatolij Sobtschak meinte zuversichtlich: »Der Stahlbeton der Macht erwies sich als keineswegs undurchdringlich.« Der Kongreß eröffne fruchtbringende Perspektiven »zur Veränderung des politischen Systems und des politischen Klimas im Lande.«

Am 25. Mai 1989 um 10 Uhr morgens begann das erste durch Mehrkandidatenwahlen gewählte Parlament zu tagen. Gleich am Eröffnungstag stand die Wahl des Präsidenten auf der Tagesordnung. Der Schriftsteller Tschingis Aitmatow schlug Gorbatschow zur Wahl vor. Sogleich folgte eine Überraschung: Ein Abgeordneter aus Swerdlowsk sprach sich für Boris Jelzin als Kandidaten aus. Der lehnte jedoch ab; Gorbatschow blieb ohne Konkurrenten.

Die entschiedenen Reformer waren gegen diese Prozedur. Am Anfang, so Sacharow, der eine »bedingte Unterstützung« Gorbatschows ankündigte, sollten Diskussionen stehen. Die jeweiligen Kandidaten müßten sich anschließend mit ihrem politischen Programm vorstellen. Das gelte auch für Gorbatschow: »Michail Sergejewitsch Gorbatschow, der Begründer der Perestroika, mit dessen Name der Beginn des Prozesses der Perestroika und die Führung des Landes seit vier Jahren verbunden sind, muß erklären, was während dieser vier Jahre in unserem Land geschehen ist.« Unter zunehmenden Protesten und Lärm im Saal fuhr Sacharow dann fort: »Er muß die Leistungen und die Fehler selbstkritisch erläutern. Und auch davon wird unsere Position abhängen.« Es sei, so Sacharow, notwendig zu erklären, was er in nächster Zukunft zu unternehmen gedenke, um die überaus schwierige Lage des Landes zu überwinden.

Gorbatschow ging relativ freimütig auf kritische Äußerungen in der Debatte ein, darunter auch auf jene, die sich gegen die Machtfülle des Präsidentenamtes ausgesprochen hatten. Er betonte, er sei »offen für Kritik«.

2123 Abgeordnete (95,6%) votierten dann in geheimer Abstimmung für Gorbatschow, 87 dagegen, 11 enthielten sich der Stimme. Gorbatschow war damit für fünf Jahre zum Präsidenten des Obersten Sowjet gewählt.

Anschließend mußten 542 Abgeordnete des Obersten Sowjet gewählt werden. Nach Bekanntgabe der Ergebnisse kam es zu tumultartigen Szenen. Die Reformgegner hatten offensichtlich gemäß geheimen Fraktionsabsprachen keine Reformer gewählt. Fast alle ihre bekannten Vertreter, darunter Boris Jelzin, Tatjana Saslawskaja, der Wirtschaftswissenschaftler (und spätere Moskauer Oberbürgermeister) Gawriil Popow, die Historiker Stankewitsch und Afanassjew und der Journalist Poltoranin (später Informationsminister), waren durchgefallen. Aus Protest kam es an den nächsten beiden Tagen, am 27. und 28. Mai 1989, zu zwei großen Demonstrationen in Lushniki. Vor etwa 100 000 Menschen erklärte Sacharow, unter den neuen Sowjetabgeordneten seien nur wenige »fähig, unsere derzeitigen Probleme zu lösen«. Auch Gorbatschow wurde kritisiert.

Am 29. Mai 1989, dem vierten Sitzungstag, wurde auf Vorschlag Gorbatschows Anatolij Lukjanow zum Stellvertretenden Vorsitzenden des Obersten Sowjets gewählt. Er war damit nach Gorbatschow wichtigster Mann der Führung.

Lukjanow, 1930 in Smolensk geboren, war zunächst als Arbeiter in der Moskauer Fabrik Arsenal tätig, absolvierte anschließend die juristische Fakultät der Moskauer Staatsuniversität (genau wie Gorbatschow, dessen Studienkamerad er war), promovierte 1956 und war von 1956 bis 1969 leitender Berater der juristischen Kommission beim Präsidium des Ministerrates und anschließend bis 1977 an führender Position im juristischen Bereich des Präsidiums des Obersten Sowjet tätig. Seit 1979 Professor, wurde er bereits unter Gorbatschow zum Leiter der wichtigen »allgemeinen Abteilung« des Zentralkomitees ernannt. Er galt damals als treuer und zuverlässiger Mitarbeiter Gorbatschows. Allerdings sollte er sich später von seinem Mentor entfernen, ja den Putsch im August 1991 unterstützen.

In der Nachmittagssitzung des 29. Mai 1989 kam es zu einem bemerkenswerten Ereignis: Der Abgeordnete Alexej Kasanik, ein bärtiger Jura-Professor aus Omsk in Sibirien, der in den Obersten Sowjet gewählt worden war, verzichtete auf seinen Abgeordnetensitz und übertrug diesen an Boris Jelzin. (Vier Jahre später, im Oktober 1993, wurde Professor Kasanik zum Generalstaatsanwalt Rußlands ernannt.) Der Volkskongreß stimmte mit großer Mehrheit dieser Lösung zu. Jelzin interpretierte seine Wahl als Unterstützung für Gorbatschows Reformkurs im Kampf mit dem konservativen Parteiflügel. Trotz »einer schwierigen Periode« zwischen ihm, Jelzin, und Gorbatschow unterstütze er dessen Reformkurs.

Am 30. Mai 1989 hielt Gorbatschow sein Referat »Über die Grundrichtungen der Innen- und Außenpolitik der UdSSR«. Im innenpolitischen Bereich setzte er sich für die Fortsetzung der »radikalen Wirtschaftsreform« ein und nannte als Ziel eine Synthese aus Plan- und Marktwirtschaft auf rechtlicher Grundlage im Sinne einer »rechtlichen Wirtschaft«. Bei den Nationalitätenproblemen räumte er selbstkritisch ein, er habe zu Beginn »die Notwendigkeit einer Erneuerung der Nationalitätenproblematik bei weitem nicht in vollem Maße« erkannt (die nationalen Demonstrationen in Georgien waren am 9. April blutig niedergeschlagen worden). Der föderative Aufbau, so versprach Gorbatschow, solle mit realen politischen und wirtschaftlichen Inhalten versehen werden, so daß eine »freie allseitige Entwicklung eines jeden Volkes« ermöglicht werde.

Am 31. Mai 1989, dem sechsten Sitzungstag, sprach Boris Jelzin, der sich immer deutlicher als Sprecher der Opposition profilierte. Die Situation der Perestroika sei »außerordentlich alarmierend«, da die gegnerischen Kräfte gestärkt seien, Korruption und Verbrechen anstiegen, der moralische Halt der

Gesellschaft ausgehöhlt werde. Die Niederschlagung der Demonstration in Tiflis am 9. April 1980 bezeichnete Jelzin als »Verbrechen gegen das eigene Volk«.

Große Beachtung fand auch die Rede von Tschingis Aitmatow. Die Schlüsselfrage des Kongresses sei, ob sich dieser Kongreß »als höchstes Organ der unabhängigen Volksmacht« etabliere oder wieder ein willfähriges Instrument der herrschenden Bürokratie sei. Nach einer Zeit der »schweren geistigen Unterjochung und Lüge«, des »ideologischen und wirtschaftlichen Totalitarismus« hätten nun die »demokratischen Hoffnungen endlich eine zivilisierte Verwirklichung« gefunden. Harte Kritik übte Aitmatow an der kommunistischen Ideologie; er forderte, auf die Weltrevolution zu verzichten. Eine wirkliche sozialistische Entwicklung habe sich in den blühenden Rechtsstaaten wie Schweden, den Niederlanden und Finnland vollzogen; die Sowjetunion dagegen sei ein Beispiel dafür, »wie man den Sozialismus nicht aufbauen soll«.

»Das Volk ist aus seinem Schlaf erwacht«

Jelzins Warnung fand schon wenige Tage später ihre Bestätigung durch die von den Reformgegnern inszenierte Kampagne gegen Andrej Sacharow. Am frühen Morgen des 2. Juni 1989 tauchten plötzlich im Foyer des Kongreß-Saals Flugblätter auf. Sacharow habe, so wurde dort behauptet, in einem Interview mit der kanadischen Zeitung *Ottawa Citizen* erklärt, während des Krieges in Afghanistan seien eingekesselte sowjetische Soldaten von eigenen Hubschraubern aus erschossen worden, damit sie nicht in Gefangenschaft gerieten.

Danach hielt Sergej Tscherwonopiski, der Sekretär des Kommunistischen Jugendverbandes der Stadt Tscherkassy in der Ukraine, eine emotionale Rede. Er, Tscherwonopiski, habe am

Krieg in Afghanistan teilgenommen und sei Invalide. Er unterstütze die militärpatriotischen Klubs der Jugendlichen in ihrer »Erziehung physisch starker und psychisch gestählter, auf jegliche Schwierigkeiten vorbereiteter Staatsbürger unseres sozialistischen Vaterlandes«. Beifall brauste auf. »Uns beunruhigt ernsthaft die beispiellose Hetze gegen die Sowjetarmee, die in den Massenmedien betrieben wird.«

Dann verlas er eine Erklärung von Offizieren der Luftlandetruppen gegen Sacharow: »Wir sind zutiefst empört über diesen verantwortungslosen, provokatorischen Angriff des bekannten Wissenschaftlers und halten seine pauschale Anschuldigung für einen böswilligen Ausfall gegen die sowjetischen Streitkräfte. Wir betrachten deren Diskreditierung als einen weiteren Versuch, die heilige Einheit von Armee, Volk und Partei zu zerstören.« Stürmischer Beifall brauste auf.

Nun sollte Sacharow sprechen. Er hob an: »Ich wollte keineswegs . . .« Da setzte Lärm im Saal ein, den Sacharow zu übertönen suchte: ». . . . die Sowjetarmee beleidigen.« Sacharow redete mit großer Anstrengung. Man hatte den Eindruck, jedes Wort koste ihn große Mühe: »Wenn es um den Krieg in Afghanistan geht, will ich keineswegs jenen Soldaten beleidigen, der dort sein Blut vergoß und den Befehl heldenhaft ausführte.«

Trotz der feindseligen Stimmung im Saal sprach Sacharow weiter: »Es geht darum, daß der Krieg in Afghanistan als solcher ein verbrecherisches Abenteuer war.« Bis heute sei nicht bekannt, wer die Verantwortung für dieses ungeheure Verbrechen trage. »Wir müssen uns von dieser Schande reinwaschen, die auf unserer Führung lastet, die gegen den Willen des Volkes, gegen den Willen der Armee einen solchen Aggressionsakt verübte.«

In dem nun entstehenden tumultartigen Lärm konnte sich Sacharow kaum mehr verständlich machen: »Ich wandte mich gegen die Entsendung sowjetischer Truppen nach Afghanistan und wurde deswegen nach Gorki verbannt . . . Ich bin stolz auf diese Verbannung nach Gorki wie auf eine Auszeichnung.« Die Deputierten hörten ihm nicht mehr zu. Sacharow wurde fast von der Tribüne gejagt; er schritt niedergeschlagen, fast gebrochen seinem Platz entgegen.

Doch die Lynchjustiz hatte erst begonnen. Immer neue Redner traten ans Pult. Alle, darunter auch Achromejew, Generalstabschef zur Zeit des Afghanistan-Krieges, verurteilten, immer schärfer werdend, Andrej Sacharow. Es handelte sich offenbar um eine geplante Kampagne. Eine Mittelschullehrerin aus Gasalkent in Usbekistan rief: »Genosse Akademiemitglied, Sie haben durch einen einzigen Akt ihre gesamte Tätigkeit zunichte gemacht. Sie haben die ganze Armee, das ganze Volk, sämtliche Gefallenen beleidigt, und ich übermittle Ihnen unsere allgemeine Verachtung.«

Gorbatschow, so erinnert sich Sobtschak, saß da und vergrub das Gesicht in den Händen. Erstmals war er nicht imstande, der Kettenreaktion tosenden Hasses Einhalt zu gebieten. »Alle im Saal atmeten die Luft des Jahres 1937. Im Saal gab es keine Deputierten mehr, es war eine dem Instinkt des Stalinismus gehorchende Menge.« Aber das war eine Ausnahme. Im Mittelpunkt standen die offenen, freien, kritischen Debatten.

Gorbatschow hatte am 3. Mai 1989, während seines Treffens mit den Moskauer Abgeordneten, versprochen, die gesamte Tagung würde vom Fernsehen übertragen, aber dann stellte sich heraus, daß dies von einigen anderen Führern verhindert werden sollte. Auf einer der letzten Besprechungen vor Beginn des Kongresses protestierte Jelzin: »Vor mir liegt eine Zeitung mit dem Fernseh- und Rundfunkprogramm für die nächste Woche. In ihr ist keine Direktübertragung aus dem Kongreß-Saal vorgesehen, sondern es heißt nur, daß man Informationen

über die Arbeit des Kongresses und Interviews mit den Deputierten senden wird. Dies ist ein Versuch, uns alle – das ganze
Land – zu betrügen.«

Jelzins Intervention hatte Erfolg. Die Führung erklärte sich
nun zu einer Direktübertragung im Fernsehen bereit. Große
Teile der Bevölkerung, erinnerte sich Sacharow, verfolgten das
Geschehen gebannt am Fernsehgerät: »Die Menschen sahen
sich die Übertragung zu Hause und am Arbeitsplatz an; manche nahmen sich sogar zu diesem Zweck Urlaub. Überall diskutierte man über die Ereignisse auf dem Kongreß.«

Nach Ansicht Sacharows hatte der Kongreß zwar weder die
Machtverteilung gelöst noch durchgreifende Beschlüsse wirt-
schaftspolitischer, sozialer und ökologischer Fragen gefaßt,
aber er war von ausschlaggebender psychologischer und politischer Bedeutung gewesen: »Der Kongreß zerstörte bei allen in
unserem Lande sämtliche Illusionen, mit denen man uns und
die ganze Welt eingelullt hatte. Innerhalb von nur zwölf Tagen
erhielten Millionen Menschen ein klares und unbarmherziges
Bild des realen Lebens in unserer Gesellschaft.«

Boris Jelzin unterstrich dies: »Diese zehn Tage, an denen fast
das ganze Land die heftigen Diskussionen vor dem Fernseher
verfolgte, waren für die Sowjetbürger in politischer Hinsicht
wichtiger als 70 Jahre politischer Schulung im Marxismus-
Leninismus ... Das Volk ist aus seinem langen Schlaf
erwacht.«

Die Reformkräfte formieren sich

Die »Interregionale Abgeordnetengruppe«

Während des Kongresses der Volksdeputierten hatten sich die konsequenten Reformer, die über Gorbatschows Programmatik und Politik hinausgehen wollten, jeweils abends in einem Konferenzsaal des Hotels »Moskwa« getroffen, wo die meisten zugereisten Deputierten wohnten. Hier entstand der Plan, sich in einer »Interregionalen Gruppe« zu vereinigen.

An der Gründungsversammlung am 29. und 30. Juli 1989 im Moskauer »Haus des Films« nahmen 360 Abgeordnete teil, 290 Abgeordnete (darunter auch 90 vom Obersten Sowjet) beantragten ihre sofortige Mitgliedschaft. Mit diesem Zusammenschluß des entschlossenen Reformflügels begann sich erstmals in der sowjetischen Geschichte eine legale politische Opposition zu etablieren – mit dem gemeinsamen Ziel, den Reformkurs entschiedener als Gorbatschow durchzusetzen. Man beschloß die Herausgabe einer Zeitung unter dem Namen *Der Volksdeputierte*, die schon bald darauf in einer Auflage von 300 000 Exemplaren erschien und sofort vergriffen war.

Die »Interregionale Gruppe« (manchmal auch »Interregionale Reformgruppe der Abgeordneten« genannt) forderte die Abschaffung des Artikels 6 der Unionsverfassung über die »führende Rolle der KPdSU« und die unmittelbare Wahl des Staatspräsidenten durch die Bevölkerung. Die Kommunistische Partei dürfe nicht länger einen »Staat im Staate« bilden, sondern müsse gegenüber dem Kongreß der Volksdeputierten rechenschaftspflichtig sein, ihr Apparat müsse der Kontrolle des Parlaments unterliegen. Die Abgeordneten wählten ein Koordinationskomitee aus 25 Mitgliedern und ein fünfköpfiges Präsidium mit Boris Jelzin, Andrej Sacharow, Jurij Afanassjew, Gawriil Popow und dem estnischen Universitätsprofessor Viktor Palm, der nur vorübergehend eine Rolle spielte.

Gawriil Popow, damals 53, hatte Wirtschaftswissenschaften studiert. Er war 1959 mit 23 Jahren der KPdSU beigetreten und Komsomolsekretär an der Moskauer Staatlichen Lomonossow-Universität geworden, hatte promoviert und war seit 1971 Professor für Unternehmensführung, seit 1977 Dekan der Wirtschaftswissenschaftlichen Fakultät. Schon zur Breschnew-Zeit als Kritiker der Bürokratie bekannt, trat er seit 1985 als entschlossener Reformer hervor. Im März 1990 wurde Popow, einer der Führer der Bewegung »Demokratisches Rußland«, zum Oberbürgermeister Moskaus gewählt.

Jurij Afanassjew hatte sich während seines Studiums an der Moskauer Universität auf die Geschichte der Sowjetunion und der Kommunistischen Partei in den zwanziger Jahren konzentriert. An Quellen standen ihm allerdings nur solche zur Verfügung, die aus sowjetischer Sicht »auf der richtigen Linie« lagen. »Unser Denken war absolut stalinistisch. Wie viele andere war ich voll von Dogmen und Zitaten des ›Meisters‹«, erinnert er sich in dem Band »Rußland – Despotie oder Demokratie?«. »Wir ahnten nicht einmal etwas von der Existenz der wichtigsten Gedankenströmungen des westlich-humanistischen Denkens. Unsere eigene nationale Kultur kannten wir ebenso schlecht.« Die kommunistische Erziehung prägte ihr Weltbild: »Wir glaubten, von Feinden umzingelt zu sein, die bereit waren, sich auf uns zu stürzen, um uns zu zerstören. Wir dachten, daß die Arbeiter im Westen wirklich in tiefstem Elend lebten. Wir sahen uns auf dem höchsten Gipfel der Erde.« Wäh-

rend des »Tauwetters« unter Chruschtschow las er dann
Bücher, von denen er früher nie zu träumen gewagt hatte.
Schrittweise, so Afanassjew, hätten er und seine Freunde
begonnen, »normale Menschen zu werden«.

In Sacharow, mit dem er nach dessen Haftentlassung im
Dezember 1986 häufig zusammen war, sah er seinen Mentor:
»Gewöhnlich unterhielten wir uns in der berühmten Küche der
Sacharows, in der Tschkalowastraße 48«, erinnert er sich.
»Diese Küche hatte Berühmtheit erlangt, weil dort ständig Tref-
fen stattfanden. Es war ein ständiges Kommen und Gehen, und
mit den Menschen wechselten die Gesprächsthemen«.

Die Begründer und aktiven Teilnehmer der »Interregionalen
Gruppe« waren als engste politische Gefährten Boris Jelzins
fast ständig mit ihm zusammen. Ihre Charakterisierung Jelzins
ist dabei durchaus nicht unkritisch. So berichtet Anatolij Sobtschak: »Das Verhältnis zu Jelzin gestaltete sich von der ersten
Minute an keineswegs problemlos: Ich spürte sein Mißtrauen
und reagierte darauf in der gleichen Weise. Jelzins Auftreten
vor dem Kongreß und auf den Kundgebungen in Moskau gefiel
mir nicht. Populistische Euphorie verdrängte da häufig den
gesunden Menschenverstand, was einen Politiker nicht ziert.«

Während der Reise einer Parlamentsdelegation nach Grie-
chenland lernten sie sich dann näher kennen, das anfängliche
gegenseitige Mißtrauen schwand. Zwar fehlte es nicht an kritischen Bemerkungen, »doch unsere Positionen näherten sich
einander immer mehr an«.

Ähnlich wie Sobtschak äußerte sich auch Sacharow: »Ich
habe Respekt vor ihm, aber er ist meiner Ansicht nach keine
Persönlichkeit von Gorbatschows Kaliber. Jelzins Popularität
ist in gewissem Maße die ›Antipopularität Gorbatschows‹ – das
Ergebnis dessen, daß man ihn für die Verkörperung der Opposition und für das ›Opfer des bestehenden Regimes‹ hält.«

Gleichwohl unterstrich Afanassjew seine politische Bedeutung: »Jelzin eröffnete eine neue Epoche unseres politischen Lebens. Wir hatten immer nur einen Führer gehabt, der gleichzeitig Staatschef, Chef der Einheitspartei und Sprachrohr der Nation war. Zum ersten Mal gab es nun eine ›Nummer 2‹, die in Opposition zur offiziellen Linie stand. Dieser neue Führer drängte der Bevölkerung seine Meinung nicht auf, sondern richtete sich im Gegenteil nach ihren Wünschen. Sein politisches Programm war das Ergebnis langer Konsultationen mit den Mitgliedern der interregionalen Gruppe und allen Führern der demokratischen Bewegung.«

Der Oberste Sowjet und die »Konferenz demokratischer Bewegungen«

Am 3. Juni 1989 nahm der Oberste Sowjet seine Arbeit auf. Je 271 Mitglieder gehörten der Unionskammer und der Nationalitätenkammer an. Beide Kammern bildeten je vier »ständige Kommissionen«: im Unionsrat für Haushalt und Finanzen, für Industrie, Energie und Technologie, für Verkehr und Informatik sowie für Arbeits- und Sozialpolitik. Der Nationalitätenrat bildete Kommissionen für zwischennationale Beziehungen, wirtschaftliche und soziale Entwicklung der Unionsrepubliken und autonomen Republiken, für Massenbedarfsgüter sowie für die Entwicklung der Kultur, Sprache und historischen Traditionen der einzelnen Völker.

Daneben wurde die Einrichtung 14 sogenannter »ständiger Komitees« beschlossen – darunter, damals als Sensation gewertet, ein Komitee für Verteidigung und Staatssicherheit. Ein besonders wichtiges Ereignis war die Annahme eines Dekretes über die Rehabilitierung früherer Opfer der Repressionen. Bis zum 1. Juli 1989, so wurde auf dem Obersten Sowjet mitgeteilt, seien 260 000 unschuldig Verhaftete rehabilitiert worden.

Seit dem 10. Juli 1989 stand die Tagung des Obersten Sowjet im Zeichen des großen Bergarbeiterstreiks, der im sibirischen Kusbass-Kohlerevier begonnen hatte. Schon nach wenigen Tagen griff der Streik auf andere Bergbaugebiete über, zunächst auf Workuta, später auf das Donez-Becken, das größte Kohlerevier der Sowjetunion. Überall bildeten sich spontane Streikkomitees.

Anfangs standen die katastrophalen sozialen Zustände im Mittelpunkt. Ein Kumpel in Kusbass verfügte im Durchschnitt nur über sechs Quadratmeter Wohnfläche pro Person, die Wohnsiedlungen unterschieden sich nur wenig von den Zwangsarbeitslagern der Stalin-Zeit, die Arbeitsbedingungen waren gefahrvoll, europäische Sicherheitsstandards unbekannt, die medizinische Betreuung unter aller Kritik. Die Kumpel protestierten auch gegen das autoritäre Management und die unwirtschaftliche Betriebsführung. Sie forderten die Erhöhung der Bezahlung für Nachtschichten um 40 Prozent, eine Verbesserung in der Versorgung mit Lebensmitteln, der Wohnungssituation, der medizinischen Betreuung sowie die Erhöhung der Pensionen, vor allem bei Invalidität.

Die Streikkomitees entwickelten sich bald zur treibenden Kraft und verdrängten sowohl die wirkungslosen »Räte der Arbeiterkollektive« als auch die offiziellen Gewerkschaften. Seit Mitte Juli 1989 wurden zunehmend auch politische Forderungen erhoben: die Auflösung der Fachministerien, die Verringerung des Verwaltungsapparates, die Verselbständigung der Zechen, die Zulassung freier Gewerkschaften und die Ausarbeitung einer neuen Verfassung. Am 21. Juli 1989 streikten bereits 150 000 Arbeiter im Kusbass-Revier, über 300 000 im Donbass in der Ukraine, wo die Kumpel zusätzlich die Entlassung kompromittierter Parteifunktionäre verlangten.

Nach Konzessionen Gorbatschows hinsichtlich der Verbesserung der Lebens- und Arbeitsbedingungen, darunter Lohnzuschläge für die Nachtschichten und die Gewährung betrieblicher Autonomie, wurde der Streik abgebrochen. Vor dem Obersten Sowjet bezeichnete Gorbatschow den Streik als »die größte Prüfung in den vier Jahren der Perestroika«. Der Streik habe »Ausmaß und Form einer politischen Krise« angenommen, die Parteiorganisationen vor allem in der Ukraine hätten durch »bürokratische Hemmnisse« den Ernst der Lage nicht erkannt. Gorbatschow lobte die Kumpel, die in einer schroffen, »aber zugleich konstruktiven Weise« viele dringende gesellschaftliche Probleme verdeutlicht hätten.

In der anschließenden vierstündigen heftigen Debatte (die *live* im Fernsehen übertragen wurde), bekundete eine große Zahl der Abgeordneten ihre Sympathie für die Streikenden. Manche sahen in den Streiks einen Ausdruck für die Krise des administrativen Kommandosystems und das mangelnde Vertrauen in die offiziellen Gewerkschaften, die durch wirklich unabhängige Gewerkschaften ersetzt wurden.

Der Oberste Sowjet versprach, bis zum Herbst 1989 mehrere Gesetze zu verabschieden: Über die freie Verfügbarkeit selbsterzeugter Produkte, die Übergabe des Bodens an die Bauern, die Festlegung demokratischer Wahlen für die Volksvertreter auf regionaler und örtlicher Ebene, die Entfernung unqualifizierter Funktionäre aus dem Parteiapparat, die Reduzierung des Staatsapparates und die Beseitigung unverdienter Privilegien.

In seiner Schlußansprache am 4. August erklärte Gorbatschow, diese erste Sitzung des Obersten Sowjet sei ein »Wendepunkt« im Leben der Sowjetunion. Die Reorganisation der höchsten Staatsorgane hätte ein »zuverlässiges Fundament für einen sozialistischen Rechtsstaat« geschaffen. Obwohl die Sitzungsperiode in eine sehr schwierige Zeit gefallen sei, habe das Parlament »positive Impulse in vielen Richtungen« geben können.

Nur sechs Wochen später fand auf Initiative der damaligen Leningrader »Volksfront« die erste »Konferenz der demokratischen Bewegungen und Organisationen« (16.–18. September 1989) statt. 162 Delegierte vertraten 82 Organisationen aus dem Gebiet der UdSSR. Delegierte aus 20 russischen Städten waren vertreten.

Die Konferenz beschloß die Gründung einer »Interregionalen Vereinigung der demokratischen Organisationen«, um die Aktivitäten der demokratischen Kräfte im ganzen Lande zu organisieren und zu koordinieren. Die armenische Nationalbewegung, die georgische Volksfront, die demokratische Bewegung Usbekistans und einige andere entschlossen sich, dieser Vereinigung beizutreten.

In der Schlußresolution wurde erklärt, die KPdSU trage die volle Verantwortung »für die totale politische, wirtschaftliche und moralische Krise in unserer Gesellschaft und für den dramatischen Anstieg der Konflikte zwischen den Nationen«. Die begangenen Fehler und Verbrechen der KPdSU müßten juristisch und politisch verantwortet werden. Die Konferenz sprach sich für die »Trennung von KPdSU und Staat aus, für die Anerkennung gleicher Rechte für alle politischen Organisationen und Parteien. Die Verfassung der UdSSR muß sich auf die Verfassungen aller Republiken stützen, der republikanischen Rechtssprechung muß Vorrang vor der Rechtssprechung der Union gegeben werden.« Die Delegierten plädierten für die Umwandlung der Sowjetunion in eine »freie Konföderation unabhängiger Staaten«.

Sacharows Tod

Die beginnende demokratische Bewegung in der Sowjetunion erlitt jedoch schon bald einen schweren Verlust. Am 14. Dezember 1989 starb Andrej Sacharow 68jährig in seiner Moskauer Wohnung an Herzversagen.

Noch wenige Stunden vor seinem Tod hatte er auf einer Versammlung der »interregionalen Gruppe« gesprochen. In seiner letzten Rede distanzierte sich Sacharow deutlich von Gorbatschow: »Wir können die Verantwortung für die Handlung unserer gegenwärtigen Führer nicht mehr mittragen.« Indem sich die Perestroika über Jahre hinziehe, führe sie das Land in den Abgrund. Sacharow forderte eine Beschleunigung der Perestroika: »Die Pläne für einen Übergang zur Marktwirtschaft werden sich als unrealisierbar erweisen, während die Frustration überall im Lande zunimmt. Diese Frustration wird eine evolutionäre Entwicklung unmöglich machen. Der einzige Weg, die einzige Möglichkeit zur Evolution ist die Radikalisierung der Perestroika.«

Am 17. Dezember 1989 nahmen 150 000 Menschen in Moskau an der Trauerkundgebung für Sacharow teil.

Auf dem Weg zu
einer pluralistischen Gesellschaft

Die Vereinigung »Demokratisches Rußland«

Am 20. und 21. Januar 1990 kamen Vertreter demokratischer Vereinigungen aus über hundert Städten in Moskau zusammen und verabschiedeten eine »Demokratische Plattform«, in der die kommunistische Parteidiktatur abgelehnt und eine demokratisch-parlamentarische Entwicklung befürwortet wurde. Der daraus entstehende Wahlblock »Demokratisches Rußland« (in Rußland allgemein als »Demrossija« bekannt) setzte sich das Ziel, ein breites Bündnis unterschiedlicher demokratischer Kräfte gegen die KP-Bürokratie zu schaffen. Ähnliche Zusammenschlüsse bildeten sich in der Ukraine und in Belorußland unter dem Namen »Demokratischer Block«. Das Wahlbündnis »Demokratisches Rußland« führte am 4. und 25. Februar 1990 die bis dahin größten Kundgebungen durch, an denen mehr als zweihunderttausend Menschen teilnahmen.

Auch bei den Wahlen für den Volksdeputiertenkongreß der Russischen Föderation am 4. März 1990 spielte »Demokratisches Rußland« eine wichtige Rolle. In der Bevölkerung sprach man damals von »Demokraten« auf der einen und »Kommunisten« auf der anderen Seite.

Während des Wahlkampfes traten in der Nationalitätenfrage zunehmend Meinungsverschiedenheiten zwischen Gorbatschow und Jelzin auf. Gorbatschow versuchte mit allen Mitteln, an der Einheit der Union festzuhalten, und machte den

nicht-russischen Unionsrepubliken höchstens kleinere Zuge-
ständnisse. Jelzin hingegen sah bereits damals den Untergang
der Sowjetunion als wahrscheinlich an, hielt diese Entwicklung
indes keineswegs für eine Katastrophe, sondern für notwendig,
ja wünschenswert: »Natürlich muß Rußland eine unabhängige
Republik werden, damit es nicht länger automatisch mit der
Zentralmacht gleichgesetzt wird. Wir müssen unsere geistigen
und kulturellen Traditionen wiederbeleben. Wir müssen das
Territorium in Wirtschaftszonen einteilen und dort ein Regime
ökonomischer Unabhängigkeit und Eigenständigkeit einfüh-
ren. Dasselbe betrifft auch unsere autonomen Regionen.«

Bei den Wahlen am 4. März hatten es die Kandidaten leichter
als ein Jahr zuvor. Das Verfahren der Kandidatenaufstellung
war – nach landesweiten Protesten – vereinfacht und erleichtert
worden. Nun gab es für Jelzin und die Demokraten keine
Schwierigkeiten, nominiert zu werden. Im Unterschied zu den
Wahlen vom 26. März 1989 hatten die Kommunistische Partei
und andere »gesellschaftliche Organisationen« auch keine vorher festgelegte Anzahl von Mandaten für sich reservieren können.

Jelzin hatte 1989 den Bürgern seiner Heimatstadt Swerdlowsk versprochen, daß er das nächste Mal dort kandidieren
werde. So wurde er einer von zwölf Kandidaten im Wahlbezirk 74, zu dem die Stadt Swerdlowsk und die Umgebung gehören. Bereits im ersten Wahlgang erzielte er 84,2 Prozent der
Stimmen. Damit hatte er – nach seinem Wahlsieg in Moskau im
März 1989 – zum zweiten Mal eine demokratische Legitimation erhalten.

Aber auch diesmal war Jelzins Sieg mehr die Ausnahme als
die Regel. Die Kommunistische Partei und ihr Apparat waren
nach wie vor, vor allem in Kleinstädten und in ländlichen
Gebieten, mächtig und einflußreich. Es gab weite Bereiche in
der Sowjetunion, in denen die Bevölkerung noch eingeschüch-

tert war und für die von oben bestimmten Kandidaten stimmte.
Daher bestand auch der russische Volksdeputiertenkongreß
überwiegend aus Abgeordneten, die dem Parteiapparat
»genehm« waren. Der Wahlblock »Demokratisches Rußland«
stellte nur etwa dreißig Prozent der Sitze.

Die Entmachtung der KPdSU und
die Wahl des Präsidenten

Bei den erwähnten Kundgebungen am 4. und 25. Februar 1990
traten die Demonstranten vor allem gegen das Machtmonopol
der KPdSU auf und für die Beschleunigung der Reformen. Auf
Spruchbändern war die vorwurfs- und zugleich erwartungs-
volle Frage zu lesen: »Mit wem sind Sie, Michail Sergejewitsch?«

Die eindrucksvollen Demonstrationen, der gewachsene Einfluß der Demokraten bei den Wahlen am 4. März 1990 und der
grandiose Wahlsieg von Jelzin in Swerdlowsk übten eine starke
Wirkung auf die Abgeordneten des Kongresses der Volksdeputierten der UdSSR aus. Unter diesem Druck wurde nach langen
Auseinandersetzungen die Monopolstellung der Kommunistischen Partei der Sowjetunion am 14. März 1990 durch ein Ver-
fassungsänderungsgesetz beseitigt. Nach der Breschnew-Ver-
fassung vom Oktober 1977 war in Artikel 6 die KPdSU definiert worden als »die führende und lenkende Kraft der sowjetischen Gesellschaft, der Kern ihres politischen Systems, der
staatlichen und gesellschaftlichen Organisationen«. Sie
bestimmte die »allgemeine Perspektive der gesellschaftlichen
Entwicklung« sowie »die Linie der Innen- und Außenpolitik
der UdSSR«.

Der neu gefaßte Artikel 6 der Verfassung legte fest, gesellschaftliche Organisationen, Massenbewegungen und Parteien

(im Plural) seien berechtigt, »an der Ausarbeitung der Politik des Sowjetstaates und an der Ausarbeitung von staatlichen und gesellschaftlichen Angelegenheiten teilzunehmen«. Im veränderten Artikel 7 wurde zusätzlich festgelegt, die Tätigkeit der KPdSU (und anderer Organisationen) müsse im Rahmen der Verfassung und der sowjetischen Gesetze erfolgen.

Gorbatschow hat sich bei den Diskussionen über diesen Beschluß zurückgehalten. Ihm mußte daran liegen, Konflikte zu vermeiden und integrierend zu wirken, um durch seine Wahl zum Staatspräsidenten die Entwicklung der Sowjetunion steuern, zumindest entscheidend beeinflussen zu können.

Für das Präsidentenamt hatten sich drei Persönlichkeiten beworben: Gorbatschow, Ministerpräsident Ryschkow und Innenminister Vadim Bakatin. Nikolaj Ryschkow, seit Herbst 1985 Ministerpräsident, hatte inzwischen beträchtlich an Autorität und Ansehen eingebüßt. Vadim Bakatin, im Industriegebiet von Kemerowo geboren, seit Frühjahr 1985 Gebietsparteisekretär des Kirow-Gebiets, war auf dem XXVII. Parteitag 1986 zum Mitglied des Zentralkomitees aufgerückt und seit Mai 1987 Erster Gebietsparteisekretär von Kemerowo. Von Gorbatschow 1988 zum Innenminister ernannt, wurde er als liberal und reformfreudig eingeschätzt.

Ryschkow und Bakatin zogen jedoch schon bald ihre Kandidatur zurück, so daß Gorbatschow als einziger Kandidat blieb. Aber Gorbatschows Situation im Kongreß der Volksdeputierten war dennoch nicht einfach. Die Reformgegner unter den Funktionären – in der Sowjetunion damals meist als »Konservative« bezeichnet – waren gegen Gorbatschow, wenn auch mit Unterschieden.

Doch auch auf die Stimmen der konsequenten Reformer konnte er nicht zählen. Im Namen der »interregionalen Gruppe« erklärte Jurij Afanassjew vor der Wahl am 12. März 1990: »Wir meinen, daß das Gesetz zur Schaffung der Funktion eines Präsidenten der Sowjetunion erst dann in Kraft treten kann, wenn es sich auf eine neue demokratische Verfassung des Landes gründet.« Ohne diese Voraussetzung sei die Macht des Präsidenten eine gefährliche Unbekannte, die »unsere Probleme und Sorgen nur noch vermehrt«. Afanassjew forderte die Unterzeichnung eines neuen Unionsvertrages zwischen souveränen Staaten, die Wahl eines neuen Obersten Sowjet, die Wahl eines Präsidenten durch offenen Wettstreit zwischen verschiedenen politischen Parteien und die Einschränkung der Macht des Präsidenten durch eine legale Opposition. Schließlich sei es »in unserem Lande besonders unerläßlich, daß der Präsident nicht gleichzeitig die höchste Staatsmacht und die Macht der Nomenklatura der Partei vertritt«.

Am 13. März 1990 wählte der Kongreß der Volksdeputierten der UdSSR Michail Gorbatschow mit 1392 Stimmen (59,2 %) zum sowjetischen Präsidenten. Gegen ihn stimmten 495 Abgeordnete. Gorbatschow verfügte nun über weitreichende Vollmachten. Er war offiziell Staatsoberhaupt und »Hüter der Verfassung«. Er traf »notwendige Maßnahmen zum Schutz der Souveränität der UdSSR und der Unionsrepubliken, der Sicherheit und territorialen Integrität des Landes und zur Verwirklichung der Prinzipien des nationalen Staatsaufbaus der UdSSR«. Der Präsident vertrat die UdSSR nach innen und außen, koordinierte die Staatsorgane zur Gewährleistung der Verteidigung des Landes. Er war der oberste Befehlshaber der Streitkräfte und befugt, die Mitglieder des militärischen Oberkommandos zu benennen oder auszuwechseln.

Allerdings wurde eine Begrenzung seiner Amtsdauer festgelegt – für nur zwei Wahlperioden, insgesamt zehn Jahre. Bei einer Mehrheit von zwei Dritteln der Abgeordneten des Volkskongresses konnte der Präsident vorzeitig abgesetzt werden.

Dem Präsidenten zur Seite stand nun ein »Föderationsrat«, der die Tätigkeit der damals 15 Unionsrepubliken koordinieren sollte und für die Behandlung von Nationalitätenproblemen zuständig war. Der ebenfalls neu geschaffene »Präsidentenrat« (deren Mitglieder vom Präsidenten ernannt wurden) sollte Maßnahmen für die Grundrichtung der Innen- und Außenpolitik und die Gewährleistung der Sicherheit der Sowjetunion ausarbeiten.

Dem Präsidentenrat, der am 27. März 1990 zu seiner konstituierenden Sitzung zusammentrat, gehörten außer Gorbatschow 16 Mitglieder an – darunter Innenminister Bakatin, Stanislaw Schatalin, Leiter der Wirtschaftsabteilung der Akademie und als Wirtschaftsreformer bekannt, Außenminister Schewardnadse und Professor Alexander Jakowlew, der Vordenker des Reformprozesses. Der anderen Seite des Spektrums zuzurechnen waren Walerij Boldin, Leiter der »allgemeinen Abteilung« des ZK der KPdSU und enger Mitarbeiter des Generalsekretärs, KGB-Chef Krjutschkow und Verteidigungsminister Jasow. Auch zwei Schriftsteller gehörten diesem Gremium an: Der Kirgise Tschingis Aitmatow, der eine liberale Reformrichtung vertrat, und Walentin Rasputin als Exponent einer national-konservativen Richtung.

Die Herausbildung demokratischer Parteien

Im Frühjahr 1990 waren auf der politischen Bühne der Sowjetunion zwei Lager deutlich zu unterscheiden: die Kommunisten auf der einen und die Demokraten auf der anderen Seite, natürlich mit gewissen Differenzierungen. Diese Zweiteilung änderte sich zusehends. In rascher Folge entstanden – auf der Basis der Bewegung »Demokratisches Rußland« – unterschiedliche politische Parteien. Einige Neugründungen seien hier erwähnt. Die »Sozialdemokratische Partei der Russischen Föderation« (Gründungskongreß 4.–6. Mai 1990) verzichtete auf den

Begriff »demokratischer Sozialismus« (weil der Begriff »Sozialismus« unter sowjetischen Bedingungen total diskreditiert war), trat offen für Marktwirtschaft und Privateigentum ein, unterstrich dabei jedoch die ökologische Komponente, den Schutz der sozialen Rechte der Arbeitnehmer, die soziale Verpflichtung des Eigentums und die Mitbestimmung.

Die sich später als wichtig erweisende »Demokratische Partei Rußlands« unter Leitung von Nikolaj Trawkin (Gründungskongreß Ende Mai 1990) setzte sich für die »Ablösung des Parteiapparates der KPdSU von der Macht« und für eine »demokratische Erneuerung Rußlands« ein. Die Entmachtung der Partei-Nomenklatura, die Herausbildung einer demokratischen Bürgergesellschaft und die Einführung der Marktwirtschaft waren ihre wesentlichen Ziele.

Im Rahmen des christlich-demokratischen Spektrums entstanden drei Parteien. Die Anfang 1990 gegründete »Russische Christlich-Demokratische Bewegung« setzte sich das Ziel, das neue Rußland auf christlichen Fundamenten aufzubauen. Die von ihr erstrebte soziale Marktwirtschaft sollte sich sowohl auf privates Eigentum als auch auf christliche Gerechtigkeit gründen, auf Konkurrenz wie auf Solidarität, auf Privatinitiative wie auf das Verantwortungsgefühl gegenüber dem Nächsten. Im Zentrum stand der in der gesamten Sowjetunion bekannte christliche Dissident Gleb Jakunin, der während der Ära Breschnew viele Jahre im Lager verbracht hatte, und Viktor Aksjutschis, der von der Moskauer Universität relegiert worden und fast zehn Jahre lang als Bauarbeiter tätig gewesen war.

Die »Russische Christlich-Demokratische Partei« (gegründet im Mai 1990) forderte die Einberufung einer verfassunggebenden Versammlung für ganz Rußland, um durch die Ausarbeitung einer neuen Verfassung den Grundstein für eine friedliche Veränderung des gesellschaftlich-politischen Systems zu legen.

Die bereits im August 1989 gegründete »Christlich-Demokratische Union Rußlands« setzte sich für eine »geistige Wiederbelebung Rußlands« ein – für eine Vereinigung der christlichen Kultur und Sittlichkeit mit den demokratischen Werten des Parlamentarismus und der Marktwirtschaft. Ihr Vorsitzender war Alexander Ogorodnikow, unter Breschnew aus politischen Gründen zunächst von der philosophischen Fakultät der Uraler Hochschule (1971) und anschließend von der staatlichen Film-Hochschule (1973) relegiert. Er schlug sich als Arbeiter in einer Uhrenfabrik durch und gab die – natürlich illegale – Zeitung *Obschtschina* (»Gemeinde«) heraus.

Diese Parteien (und eine Vielzahl anderer) wirkten zunächst alle im Rahmen der Bewegung »Demokratisches Rußland«. Trotz Unterschieden in Einzelfragen unterstützten sie die gemeinsamen demokratischen Kandidaten.

Auf der anderen Seite wirkten prosowjetische und rechtsnationalistische Vereinigungen und Parteien – anfangs vor allem die bereits im Mai 1989 entstandene Vereinigung »Jedinstwo« (»Einheit«) und die im September 1989 gegründete »Vereinigte Front der Werktätigen«. Dabei handelte es sich um offensichtlich vom KPdSU-Apparat inspirierte Gruppierungen, die für die Erhaltung der Union und der Grundlagen des Sowjetsystems eintraten und gegen die Fortsetzung der Reformen im Sinne einer Demokratisierung und Entwicklung zur Marktwirtschaft kämpften.

Zum rechtsnationalistischen Lager gehörte die bereits seit langem aktiv tätige Gesellschaft »Pamjat« (»Erinnerung« im Sinne von Tradition) – eine rechts-chauvinistische Vereinigung unter Leitung von Dmitrij Wassiljew mit offen antisemitischen Tendenzen.

Machtpolitisch bedeutsam und sowohl im Kongreß der Volksdeputierten als auch im Obersten Sowjet stark vertreten war die im Februar 1990 von Abgeordneten gegründete Vereinigung »Sojus« (»Union«). Sie stand unter Leitung von Jurij

Blochin und den beiden »schwarzen Obristen« Viktor Alksnis und Nikolaj Petruschenko. Die Vereinigung »Sojus« – die sich bald auf mehr als ein Drittel der Abgeordneten des Volkskongresses stützen konnte – trat vehement für die Erhaltung der Sowjetunion (selbst unter Einsatz von Gewalt!) ein, für die Ausrufung eines Ausnahmezustandes, das Verbot aller politischen Parteien (einschließlich der KPdSU), die Kontrolle über die Massenmedien und die Übergabe der Macht an »nationale Rettungskomitees«.

Kaum beachtet dagegen wurde die damals von Wladimir Shirinowski gegründete »Liberal-demokratische Partei«, die dreieinhalb Jahre später aus den Parlamentswahlen am 12. Dezember 1993 als stärkste Partei hervorgehen sollte. Auf ihrem Gründungskongreß am 31. März 1990 in Moskau gab sie sich zunächst den Anschein, eine liberale Partei zu sein.

Das »Programm der Liberal-demokratischen Partei der Sowjetunion« vom 31. März 1990 umfaßte zwei Schreibmaschinenseiten und begann mit der Erklärung: »Das Ziel der Partei ist die Schaffung eines Rechtsstaates.« Die Liberaldemokraten setzten sich für »Freiheit der Marktbeziehungen« ein und verlangten, daß Ministerien und Verwaltungen lediglich für Gesundheit und Sicherheit der Bevölkerung zuständig sein sollten, in allen anderen Bereichen aber lediglich eine koordinierend-informierende Rolle wahrzunehmen hätten. Armee, Miliz (d. h. Polizei) und Sicherheitsorgane (d. h. Staatssicherheitsdienst) müßten aus Parteilosen bestehen.

Außenpolitisch verlangten die russischen Liberaldemokraten wirtschaftliche und kulturelle Beziehungen mit allen Ländern unabhängig von deren politischem System sowie Verzicht auf Einmischung in die Angelegenheiten anderer Staaten.

Der ideologisch-politische Kernsatz des Gründungsprogramms lautete: »Die LDP kämpft für Entideologisierung und Entstalinisierung des öffentlichen Lebens und gegen jegliche

Diktatur, Herrschaft einer Ideologie und des Monopols einer Partei. Sie schließt Begriffe wie Klassenkampf, Klassendiktatur, Herrschaft einer Eigentumsform, Parteilichkeit der Kunst, revolutionäre Kriege aus. Die Partei tritt gegen jeglichen Krieg und gegen die gewaltsame Beseitigung verfassungsmäßiger Regierungen in Rechtsstaaten ein.«

Anfangs versuchte die Partei Shirinowskis, Kontakte mit liberalen Parteien des Auslands zu knüpfen. Shirinowski kam im Rahmen einer Delegation auch zum FDP-Parteitag im August 1990 in Hannover. Schon wenige Monate später wurde er durch seine demagogischen rechtsradikalen Forderungen in der ganzen Sowjetunion bekannt.

Die im Frühjahr 1990 entstandenen Parteien verfügten allerdings nur in geringem Maß über organisatorische Strukturen, etwa Orts- und Kreisverbände. Die Mitgliederzahlen waren begrenzt, weil selbst die meisten Anhänger des demokratischen Spektrums die Mitgliedschaft in einer »Partei« scheuten – angesichts der jahrzehntelangen Erfahrungen mit der bolschewistischen Partei. Bei den neu gegründeten »Parteien« handelte es sich zumeist um kleinere lockere Vereinigungen, oft Freundeskreise bestimmter führender Persönlichkeiten. Fest umrissene Fraktionen in den parlamentarischen Vertretungskörperschaften der Kreise, Städte, Gebiete und Republiken gab es nur selten – und auch im Kongreß der Volksdeputierten und im Obersten Sowjet nur in begrenztem Maße.

Gorbatschows Demütigung und Jelzins Sieg

Auf jeden Fall zeugte die Gründung dieser Parteien von der schwindenden Autorität der Kommunistischen Partei. Dies wurde bei der Mai-Feier 1990 auf dem Roten Platz deutlich bemerkbar. Anstelle des üblichen Aufmarsches am 1. Mai gab es diesmal zwei Demonstrationen: zunächst eine offizielle und anschließend einen Zug der »Moskauer Wählervereinigungen«.

Anfangs verlief alles wie üblich, wenn auch etwas bescheidener. Um 10 Uhr ertönten die Glockenschläge vom Spasski-Turm des Kreml. Die Führer der Sowjetunion, an ihrer Spitze Gorbatschow, erschienen auf der Tribüne des Lenin-Mausoleums und winkten den Marschkolonnen der Demonstranten zu, die rote Fahnen schwenkten, bunte Luftballons und offizielle Transparente mit sich führten. Kurz vor 11 Uhr verließen sie den Roten Platz.

Nun folgte der zweite Zug – mit einigen hunderttausend Menschen. Unter den Demonstranten sah man Transparente der verschiedensten Richtungen: Liberal-Demokraten, Anarchosyndikalisten, Christliche Demokraten – einige mit Kruzifixen, andere mit Stalin-Portraits. Einige bekundeten mit gelb-grün-roten Fahnen Sympathie für Litauen. Anstelle der früheren roten Fahnen mit Hammer und Sichel schwenkten viele Demonstranten die weiß-blau-rote Trikolore, die Fahne Rußlands – allerdings ohne den doppelköpfigen Adler, das Symbol der zaristischen Monarchie. Man konnte ungewöhnliche Parolen lesen: »Nieder mit Gorbatschow!«, »Nieder mit der KPdSU – Ausbeuterin und Plünderin des Volkes!«, »Aus dem Weg, Partei Lenins!«

Der auf der Tribüne stehende Gorbatschow lächelte anfangs, winkte den Demonstranten sogar zu. Allmählich verfinsterte sich jedoch seine Miene. Er flüsterte mit seinen Kollegen, darunter Ministerpräsident Nikolaj Ryschkow. Kurz darauf verließ die Kreml-Führung unter Pfiffen und Buh-Rufen die Tribüne des Lenin-Mausoleums. Die Menge brüllte: »Schande! Schande!«

Für Gorbatschow muß der 1. Mai 1990 eine bittere Enttäuschung gewesen sein. Nach fünf Jahren Perestroika war er auf dem Roten Platz von Hunderttausenden von Menschen, die ihm eigentlich für die großen Reformen hätten dankbar sein müssen, niedergeschrieen, ja zum Verlassen der Tribüne des Lenin-Mausoleums genötigt worden. Möglicherweise hat ihn dieses Erlebnis bewogen, die unkontrollierte Entwicklung abzustoppen, endlich wieder »Ordnung zu schaffen« und die Führung wieder fest in eigene Hände zu nehmen – genau das, womit er wenige Monate später, im Herbst 1990, beginnen sollte.

Man darf wohl annehmen, daß er nach diesem für ihn so beschämenden Zwischenfall noch einmal den Versuch unternehmen wollte, die zwar geschwächte, aber noch immer bedeutungsvolle Kommunistische Partei auf einen Reformkurs einzuschwören, um mit Hilfe einer reformorientierten Kommunistischen Partei den Perestroika-Prozeß in geordnete Bahnen zu lenken.

Dazu sollte sich schon kurz darauf Gelegenheit ergeben: Gorbatschow hatte den XXVIII. Parteitag auf Juli 1990 vorverlegt.

Zuvor fand jedoch vom 16. Mai bis 22. Juni 1990 der erste Kongreß der Volksdeputierten der Russischen Föderation (damals noch RSFSR) statt. Am 24. Mai stellte Boris Jelzin dort ein 13-Punkte-Programm auf. Danach sollte die russische Republik »ein souveräner, demokratischer Rechtsstaat« sein. Die Beziehung Rußlands zu anderen Unionsrepubliken sollte durch Verträge geregelt werden. Die Verfassung sollte »politischen Pluralismus und ein Mehrparteiensystem« garantieren, »das im Rahmen einer parlamentarischen Demokratie wirkt«. Die Symbole Rußlands seien zu überprüfen, eine Hymne der Republik zu schaffen.

In der letzten Mai-Woche 1990 kam es zu erregten Auseinandersetzungen über die Wahl des Vorsitzenden des Obersten Sowjet der Russischen Föderation. Die kommunistische Fraktion, die über die Mehrheit verfügte, hatte Ivan Poloskow für diesen Posten nominiert – einen »eisernen« Parteifunktionär, der auch später, nach der Niederschlagung des August-Putsches 1991, in der kommunistisch-nationalistischen Opposition eine führende Rolle spielen sollte. Damals, im Mai 1990, war er Erster Gebietsparteisekretär von Krasnodar und Mitglied des Zentralkomitees.

In der ersten Abstimmungsrunde spalteten sich die Abgeordneten etwa in zwei Hälften: 497 stimmten für Jelzin und 473 für Poloskow. Bei der zweiten Abstimmung erhielt Jelzin 503 Stimmen, aber dies reichte für seine Nominierung noch nicht aus – dafür waren mindestens 531 Stimmen notwendig.

Als die kommunistische Fraktion erkannte, daß sich Poloskow nicht durchsetzen würde, stellte sie den damals 58jährigen Alexander Wlassow auf, der als etwas gemäßigter galt. Wlassow, ein Bergbauingenieur, war vor Bakatin Innenminister gewesen.

Aber auch Wlassow brachte der KP-Fraktion kein Glück. Bei der entscheidenden Abstimmung am 29. Mai 1990 erhielt Jelzin 535 Stimmen, für Wlassow stimmten 502 Abgeordnete. Jelzin hatte einen zwar knappen, aber sehr wichtigen Sieg errungen. Nun war Boris Jelzin der Vorsitzende des Obersten Sowjet Rußlands.

Dies war nicht nur ein Sieg Jelzins, sondern vor allem eine Niederlage Gorbatschows, der sich auf höchst ungewöhnliche Weise in diesen Wahlvorgang eingemischt hatte. Während der Abstimmungen tauchte Gorbatschow im russischen Kongreß der Volksdeputierten auf, rief 250 kommunistische Abgeordnete zusammen und forderte von ihnen, sie sollten Parteidisziplin üben und gegen Jelzin stimmen. Seine Einmischung hatte jedoch offensichtlich das Gegenteil bewirkt.

Am 12. Juni 1990 verabschiedete der Volksdeputiertenkongreß unter dem Vorsitz von Boris Jelzin die Souveränitätserklärung Rußlands: Die Republik werde von nun an selbständig über ihre Bodenschätze verfügen, ihre Gesetze hätten Vorrang vor denen der Sowjetunion. Gleichzeitig wurde gesetzlich bestimmt: Die Teilung der gesetzgebenden, vollziehenden und gerichtlichen Gewalt ist das wichtigste Prinzip für das Funktionieren der RSFSR als Rechtsstaat. Dies war eine historische Weichenstellung – seit 1991 ist der 12. Juni der Staatsfeiertag Rußlands.

Mit der Wahl Jelzins hatten sich die Positionen Gorbatschows und Jelzins erneut verändert. Gorbatschow war zwar seit März 1990 der vom Volksdeputiertenkongreß der UdSSR gewählte sowjetische Präsident mit außerordentlich weitgehenden Vollmachten, aber er hatte sich noch nie einer Wahl durch die Bevölkerung gestellt und verfügte daher nur über eine begrenzte demokratische Legitimation. Jelzin dagegen hatte 1989 in Moskau und 1990 in Swerdlowsk gewaltige Wahlsiege errungen, seine demokratische Legitimation stand außer Zweifel. Und nun war er Parlamentsvorsitzender Rußlands.

Auch ein zweiter Aspekt wurde im Frühjahr 1990 deutlich: Gorbatschow war nun eindeutig mit den Institutionen der UdSSR verbunden, während Boris Jelzin die russische Föderation repräsentierte. Und schließlich: Gorbatschow war immer noch Generalsekretär der Partei, während Jelzin zwar formal noch Mitglied der KPdSU, in Wirklichkeit jedoch der führende Kopf der Bewegung »Demokratisches Rußland« war.

Mitte Juni 1990 wurde die von Gorbatschow geführte Kommunistische Partei der Sowjetunion durch die Bildung der Kommunistischen Partei Rußlands weiter geschwächt. Bisher hatte es keine eigene russische KP gegeben, obwohl die RSFSR 58% aller KPdSU-Mitglieder stellte. Der Gründungskongreß der KP Rußlands wählte Ivan Poloskow zum Ersten Sekretär und machte damit die neue Partei zur Bastion der konservativen, reformfeindlichen Kommunisten.

Der letzte Parteitag der KPdSU

Vom 2. bis 14. Juli 1990 fand der XXVIII. Parteitag der KPdSU
statt. Bis dahin hatten Parteitage stets im Zentrum der Auf-
merksamkeit gestanden, sie setzten die Linie für alle Bereiche
des gesellschaftlichen Lebens fest. Diesmal nahm die Öffentlichkeit kaum Notiz davon. Das Schwergewicht hatte sich
längst auf den Kongreß der Volksdeputierten und den Obersten
Sowjet, auf Demonstrationen und Kundgebungen verlagert.

In seinem Hauptreferat versuchte Generalsekretär Gorbatschow, die 4683 Delegierten im Kongreß-Palast des Kreml auf
den Reformprozeß einzustimmen. Er wollte sie davon überzeu-
gen, die KPdSU als aktive Kraft in den großen Reformprozeß
einzugliedern und, falls möglich, ihr darin eine führende Rolle
zu geben. Es war der verzweifelte Versuch, den skeptischen, ja
oft gegnerischen Delegierten klarzumachen, was bisher erreicht
worden war und welche Aufgaben in der Zukunft bestünden.

In seinem eindrucksvollen Referat – es war eine der besten
Reden, die Gorbatschow je hielt – erklärte er zunächst, in den
vergangen fünf Jahren sei das Stalinsche Modell des Sozialismus durch eine »zivile Gesellschaft freier Menschen« abgelöst
worden. Die radikale Umgestaltung des Systems habe zu einer
»wirklichen Demokratie mit freien Wahlen, Mehrparteiensystem und Menschenrechten« geführt. Die Atmosphäre des
»ideologischen Diktats« sei durch Glasnost, Meinungs- und
Informationsfreiheit ersetzt, die Opfer des früheren »autoritär-
bürokratischen Systems« rehabilitiert worden.

Das »schwere Erbe der Vergangenheit« sei jedoch noch nicht
überwunden. Gorbatschow warnte vor dem »Widerstand der
bürokratischen Schicht in den Verwaltungsstrukturen« und der
hinter ihnen stehenden sozialen Kräfte. Es gelte, alles zu tun,
»damit sich die Perestroika als eine friedliche Revolution entwickelt«. Dazu solle die KPdSU als »konsolidierende Kraft der

Gesellschaft« beitragen. Es komme nun darauf an, die neu geschaffenen Organe der Volksherrschaft zu stärken, sowie »die Gesetzlichkeit und Rechtsordnung zu festigen.« Die politischen, sozialen und ökonomischen Wandlungen seien ohne eine »Revolution in den Köpfen der Menschheit« nicht möglich. Der Grundgedanke müsse die Verwirklichung eines humanen und demokratischen Sozialismus sein.

Gorbatschow setzte sich für eine »erneuerte KPdSU« ein. Ihre Politik sollte sie im Rahmen eines demokratischen Prozesses verfolgen, und als eine parlamentarische Partei wirken. Die Partei solle auf das Recht verzichten, die Betriebsleitungen sowie die Staats- und Wirtschaftsorgane zu kontrollieren.

Diese Erklärungen Gorbatschows gingen weit über alles hinaus, was je zuvor ein Generalsekretär auf einem KPdSU-Kongreß verkündet hatte – und auch beträchtlich weiter als das, was Gorbatschow bisher vertreten hatte. Aber es geschah zu spät – und vor dem falschen Gremium. Die überwiegende Mehrheit der Parteitagsdelegierten hörte sich Gorbatschows Rede schweigend und mit offensichtlicher Mißbilligung an. Beifall erhielt er nur selten.

Gorbatschows Berater Tschernajew schildert in seinem Buch »Die letzten Jahre einer Weltmacht« die Lage: »Gorbatschow war isoliert. Die Zeiten waren vorbei, als in den Pausen Dutzende, ja Hunderte von Delegierten ihn umringten und ihn nach seiner Meinung fragten ... Es ist schrecklich, wenn ein Staatsoberhaupt und großer Politiker nur noch Mitleid erregt.«

In der anschließenden, teilweise stürmischen Diskussion meldeten sich überwiegend konservative Reformgegner zu Wort. Jegor Ligatschow befürwortete eine »unnachgiebige Position« sowohl in Bezug auf den Sozialismus als auch auf »die Rolle der Partei«. KGB-Chef Wladimir Krjutschkow erklärte, bei der Zunahme der Spannungen könnte das Land »in den Strudel einer neuen Variante der Oktoberrevolution« geraten. Die

Tätigkeit des KGB sei für die Gewährleistung der inneren Sicherheit entscheidend. Verteidigungsminister Dmitrij Jasow verurteilte die Autonomiebestrebungen sowie »verfassungsfeindliche Akte« in den baltischen Ländern, in Armenien und Aserbaidschan und sprach sich nachdrücklich gegen eine »Entpolitisierung« der Armee aus.

Es gab allerdings eine entscheidende Ausnahme: Boris Jelzin nahm kein Blatt vor den Mund und übte, härter als zuvor, schärfste Kritik an der Partei: »Es hat sich als unmöglich erwiesen, die Aktivitäten der konservativen Kräfte innerhalb der Partei zu neutralisieren. Ganz im Gegenteil. Es ist viel zuviel die Rede davon gewesen, daß wir alle in einem Boot sitzen, uns auf derselben Seite der Barrikade befinden ... Diese Position hat den konservativen Kräften innerhalb der KPdSU einen Sicherheitskordon verschafft und sie in ihrer Überzeugung bestärkt, daß sie eines Tages Rache nehmen können.« Diese Gefahr könne nur durch eine völlige Veränderung der KPdSU gebannt werden. Daher forderte Jelzin die Partei zu einem Bündnis mit den außerhalb operierenden Reformkräften auf.

Die Partei müsse sich von allen Staatsfunktionen befreien, und die Parteiorganisationen in Armee, Staatssicherheit und staatlichen Institutionen sollten aufgelöst werden. Nur als eine »Partei parlamentarischen Typs« könne die KPdSU an einer »machtvollen Erneuerung der Gesellschaft« mitwirken. Jelzin befürwortete einen Zusammenschluß der Reformströmungen zu einer »Union der demokratischen Kräfte«. Nur im Bündnis mit den vorwärts strebenden Kräften habe die KPdSU eine Chance zu überleben. Jeder andere Weg werde in eine »historische Niederlage« führen. Der ausbleibende Beifall zeigte, wie weit die Mehrheit der Parteitagsdelegierten von Jelzins Auffassungen entfernt war.

Trotz mancher Abschwächungen enthielt die Programmerklärung vom 11. Juli 1990 unter dem Titel »Zu einem huma-

nen demokratischen Sozialismus« aber dann doch viel Neues.
Das Bekenntnis der KPdSU zum Marxismus-Leninismus wurde
gestrichen und durch den Hinweis auf eine »Partei der sozialistischen Wahl« und der »kommunistischen Perspektive«
ersetzt. Die Erklärung erwähnte positiv das Mehrparteiensystem, den Rechtsstaat, die parlamentarische Demokratie und
das Prinzip der Gewaltenteilung.

Im neuen Parteistatut wurde als Ziel die Schaffung eines
humanen demokratischen Sozialismus und die Gewährleistung
einer freien allseitigen Entwicklung des Menschen postuliert.
Völlig neu war der Hinweis: »In der Partei werden die Freiheit
der Meinungsäußerung, die Gegenüberstellung verschiedener
Ansichten und Plattformen gewährleistet.«

Die zentrale Partei-Kontrollkommission, das früher gefürch-
tetste Unterordnungsinstrument der Parteiführung, erhielt nach
dem neuen Statut folgende Aufgaben: »Die Kontrolle über die
Verwirklichung von Humanität, Kollegialität, Glasnost und
anderen demokratischen Prinzipien zu gewährleisten, Maßnahmen gegenüber Bürokratismus, Willkür, Unterdrückung von
Kritik zu ergreifen, die Rechte der kommunistischen Parteimitglieder zu schützen und dafür zu sorgen, daß von den in den
Parteiorganisationen gewählten Parteiorganen die Rechte der
Minderheiten nicht geschmälert werden.«

All dies brachte Gorbatschow durch – zumindest auf dem
Papier, in den offiziellen Erklärungen. Aber die Stimmung auf
diesem letzten Parteikongreß machte eines deutlich: Die Mehrheit der Delegierten, Funktionäre der KPdSU, würden keineswegs bereit sein, all dies in der Praxis zu verwirklichen. Es ging
ihnen nur darum, ihre eigenen Positionen und Funktionen zu
erhalten, um dann selbst zu bestimmen, ob und in welchen
Grenzen die auf dem Papier stehende weitgehende Neurorien-
tierung der KPdSU zu vollziehen sei.

Dies wurde Boris Jelzin und den anderen Reformern auf dem

Kongreß klar. Am 12. Juli 1990, kurz vor Abschluß des Parteitages, zog er deshalb die Konsequenz. Entschlossen ging er ans
Rednerpult und erklärte seinen Austritt aus der Kommunistischen Partei der Sowjetunion.

Vier Monate später berichtete Jelzin über seinen Parteiaus-
tritt: »Die Atmosphäre war ungeheuer gespannt. Zwei Drittel
der 5000 Menschen, die in der Halle versammelt waren, miß-
billigten meine Entscheidung. Aber ich kümmerte mich nicht
um die Buh-Rufe . . . Doch als ich das Podium verließ, spürte
ich, wie mich die Augen der Anwesenden verfolgten: Würde ich
mich wieder auf meinen Platz begeben oder den Saal verlassen?
Ich ging, und damit war die Sache, glaube ich, erledigt.«

Gorbatschow, nach außen unberührt, forderte den Parteitag
auf, Jelzin das Delegiertenmandat zu entziehen.

Am Ende des Parteitages wurde Michail Gorbatschow mit
3401 gegen 1116 Stimmen zum Generalsekretär der KPdSU
wiedergewählt. Am 13. und 14. Juli 1990 wurde aus dem
neuen Zentralkomitee ein Politbüro mit 24 Mitgliedern
gewählt – darunter auch Gennadij Janajew, der nur 13 Monate
später zu den Führern des August-Putsches gehören sollte.
Andere wurden nach dem Zusammenbruch der UdSSR im
Dezember 1991 Präsidenten unabhängiger Staaten: Nursultan
Nasarbajew (Kasachstan), Sappar Nijasow (Turkmenistan)
und Islam Karimow (Aserbaidschan). Von den elf ZK-Sekretä-
ren zählten später zwei (Janajew und Oleg Baklanow) zu den
Führern des Putsches. Zum Vorsitzenden der Zentralen Kon-
troll-Kommission der KPdSU wurde Boris Pugo ernannt – auch
er gehörte später zu den Führern des Putsches vom August
1991.

Seit dem Sommer 1990 sank die Autorität und Mitglieder-
stärke der KPdSU. Allein von Juli bis September 1990 traten
530 000 Mitglieder aus der Kommunistischen Partei aus. Am

1. Oktober 1990 zählte die KPdSU noch 17,7 Millionen Mitglieder, bis zum März 1991 war die Zahl auf 16 Millionen gesunken, wobei zusätzlich noch 1,3 Millionen Parteimitglieder (auch dies unter sowjetischen Bedingungen früher kaum vorstellbar) einfach ihre Mitgliedsbeiträge nicht mehr entrichten.

Bei den Ausgetretenen handelte es sich in der Regel nicht um passive oder gleichgültige Parteimitglieder, im Gegenteil: Es waren gerade die aktiven Mitglieder und Funktionäre, die den Entschluß faßten, aus der KPdSU auszutreten und sich aktiv in den neuen demokratischen Organisationen zu betätigen.

Der Übergang zum Mehrparteiensystem wurde durch die Annahme des Gesetzes »Über die gesellschaftlichen Vereinigungen« vom 9. Oktober 1990 offiziell sanktioniert. Nach dem neuen Parteiengesetz waren gesellschaftliche Organisationen aller Richtungen zugelassen – mit Ausnahme jener, die eine gewaltsame Änderung der Verfassung anstrebten. Die Armee- und Sicherheitsorgane waren nicht mehr an die Beschlüsse politischer Parteien (gemeint war natürlich die KPdSU) gebunden, sondern sollten sich »von den gesetzlichen Anforderungen leiten lassen«.

Die Perestroika – Erfolg oder Fehlschlag?

Der politische Reformprozeß

Die fünf Jahre der Perestroika haben die Sowjetunion grundlegend verändert: Aus einer Parteidiktatur entwickelten sich pluralistische politische Verhältnisse. Die von oben festgelegten Einheitslisten für die Wahlen wurden durch ein Mehrkandidatensystem ersetzt. Die Bevölkerung konnte sich durch frei gewählte Vertreter an allen Entscheidungen beteiligen. Der ohnmächtige, zum Ja-Sagen verpflichtete Oberste Sowjet hatte sich in ein lebendiges Parlament verwandelt.

Die früher allmächtige kommunistische Partei der Sowjetunion mußte ihren monolithischen Charakter aufgeben; sie wurde in der Öffentlichkeit ungehindert kritisiert und gezwungen, ihre Tätigkeit als eine Partei unter anderen Parteien und Vereinigungen auszuüben.

Die frühere unkritische Glorifizierung der Armee war vorüber. Mißstände in den Streitkräften wurden nun öffentlich angeprangert. Der Staatssicherheitsdienst (KGB), das furchteinflößende Unterdrückungssystem des früheren Regimes, war zwar nicht völlig ausgeschaltet, aber doch weitgehend geschwächt.

Die verbannten Bürgerrechtler, darunter die besten Köpfe des Landes, kehrten zurück und waren aktiv im Reformprozeß tätig. Schriftsteller und Künstler standen nicht mehr unter Parteikontrolle und konnten ohne »sozialistischen Realismus«

ungehindert schöpferisch tätig sein. Der staatlich verordnete Atheismus, die Reglementierung der zugelassenen Kirchen und das Verbot vieler Glaubensgemeinschaften gehörten der Vergangenheit an, Kirchen und Religionsgemeinschaften konnten ungehindert tätig sein. Die ersten Schritte von der totalen Willkürherrschaft zur Gesetzlichkeit wurden vollzogen, parlamentarische Ausschüsse zur Kontrolle des Sicherheitsdienstes und der Armee eingeführt.

Freie historische Forschungen ermöglichten kritische Geschichtsdarstellungen, die die frühere verlogene, schönfärberische Geschichtsbetrachtung ablösten. Ohne die Fesseln des »Marxismus-Leninismus« waren nun Veröffentlichungen unterschiedlicher philosophischer oder ökonomischer Theorien und Konzepte möglich. Ein breites Spektrum unterschiedlichster informativer und oft kritischer Zeitungen entstand.

Die Geheimhaltung über Atomkraftwerke wurde durchbrochen, die Glorifizierung der Atomenergie überwunden. Offene Diskussionen über die Gefahren veränderten die Auffassungen der Öffentlichkeit über diese wichtige Problematik. Auch die rücksichtslose Industrialisierung und die Geheimhaltung der dadurch verursachten Umweltschäden gehörten der Vergangenheit an; eine machtvolle Umweltschutzbewegung entstand.

Das wichtigste war: Die Sowjetbürger verloren ihre Angst vor der allmächtigen Bespitzelung und Unterdrückung, sie konnten ihre Meinung auf Veranstaltungen, Konferenzen und Demonstrationen frei und ungehindert zum Ausdruck bringen.

All dies hatte die Perestroika in nur fünf Jahren erreicht – in einem ständigen Kampf gegen die Reformgegner in den bürokratischen Machtapparaten von Staat, Wirtschaft, Partei, Armee und Staatssicherheitsdienst, einschließlich der Reformgegner im Zentralkomitee und im Politbüro.

Gewiß waren die Bedingungen und Notwendigkeiten für einen solchen Reformprozeß bereits seit langem herangereift, spielte der Druck von unten eine immer bedeutendere Rolle. Aber all dies kann die Bedeutung Michail Gorbatschows und seiner engsten Mitstreiter Alexander Jakowlew, Eduard Schewardnadse und Vadim Bakatin (um nur einige von vielen zu nennen) nicht schmälern. Sie haben die Notwendigkeiten erkannt und – wenn auch manchmal fehlerhaft – den gewaltigen Reformprozeß eingeleitet. Dabei spielte auch die – von Gorbatschow bekämpfte – Reformopposition unter Führung von Sacharow, Jelzin, Sobtschak, Popow und Afanassjew (um auch hier nur einige zu nennen) eine sehr wichtige Rolle. Ohne ihr ständiges Drängen, ihre Mobilisierung der Bevölkerung hätte die Perestroika ihre großen Erfolge nicht erringen können.

Die Wirtschaftsreform

Im Unterschied dazu verlief die Wirtschaftsreform halbherzig und schleppend. Gorbatschow wollte anfangs die Planwirtschaft offensichtlich nicht überwinden, sondern lediglich verbessern, geschmeidiger und elastischer gestalten. Im Juni 1985 kündigte er in Dnjepropetrowsk an, die Wirtschaftsministerien der UdSSR sollten zukünftig »Stäbe des wissenschaftlich-technischen Fortschritts« sein, statt die ihnen unterstellten Bereiche bis ins Detail zu bevormunden. Das Staatliche Plankomitee *Gosplan* sollte, von den laufenden Wirtschaftsangelegenheiten des Landes entlastet, sich mit »Perspektivfragen der Planung« beschäftigen.

Bereits im Oktober 1986 kritisierte Jelzin in einem Interview mit der jugoslawischen Zeitschrift *NIN*, daß »eine Wirtschaftsreform nichts bringt, wenn sie auf halbem Wege stehen bleibt, wenn sie sich auf einen Kompromiß einläßt, auf den Versuch, dem Wagen einen neuen Anstrich zu verpassen, anstatt den verbrauchten Motor auszutauschen«.

Tatsächlich strebte Gorbatschow nach einer Synthese von Elementen der Plan- und Marktwirtschaft: Die staatliche Planung sollte durch begrenzte Einführung marktwirtschaftlicher Methoden gelockert und effektiver gestaltet werden; außerhalb der Staatswirtschaft sollten Genossenschaften und, wenn auch nur äußerst begrenzt, Privatinitiative zugelassen sein.

Das »Gesetz über die Staatsunternehmen« vom Juni 1987 räumte den staatlichen Unternehmen erstmals eine gewisse Selbständigkeit ein. Die Betriebe erhielten die Möglichkeit, in begrenztem Umfang eigene Pläne zu erstellen, blieben jedoch weiterhin an Staatsaufträge und staatliche Vorgabe für Preise, Gewinnverwendung und Ressourcen-Verbrauch gebunden.

Seit Juni 1988 konnten Privatpersonen Genossenschaften gründen oder sich einer Genossenschaft anschließen. Die Mitglieder dieser in der Sowjetunion »Kooperative« genannten Unternehmen sollten, nach Steuerabzug, über den Gewinn verfügen, sowie über Produktion und Preise entscheiden können, waren jedoch in das weiter bestehende gesamte Planungssystem eingebunden, so daß ihre Wirkungsmöglichkeiten begrenzt blieben.

Mit dem »Pachtgesetz« vom November 1989 konnten Grund und Boden, Maschinen und Anlagen, Betriebsanteile und sogar ganze Betriebe durch Pächter (Einzelpersonen, Genossenschaften, Belegschaftsgruppen oder Pächterorganisationen) bewirtschaftet werden, allerdings unter der weiterhin bestehenden Oberaufsicht der Wirtschaftsbehörden über die verpachteten Staatsbetriebe. Kollektivwirtschaften (Kolchosen) und sowjetische Staatsgüter (Sowchosen), Betriebe der Rohstoff- und Energiewirtschaft, des Transportwesens und der Rüstungsindustrie blieben jedoch von dieser Regelung ausgeschlossen.

Einen Schritt weiter gingen die »Richtlinien über die Aktiengesellschaften und Gesellschaften mit beschränkter Haftung«

vom Juni 1990. Für die Bildung von Aktiengesellschaften war ein gemeinsamer Beschluß der Belegschaft des Staatsunternehmens und der zuständigen Behörden notwendig. Aktien konnten sowohl von Betriebsangehörigen als auch von Dritten erworben werden, der Erlös von Aktienverkäufen sollte in das Budget der Behörde fließen. Für Kleinbetriebe (Unternehmen mit weniger als 200 Beschäftigten in Industrie- und Bauwirtschaft, höchstens 50 Mitarbeitern im produzierenden Bereich, bis zu 25 Arbeitnehmern im Dienstleistungssektor und 15 Beschäftigten im Handel) wurden durch Verordnung des Ministerrats vom August 1990 Steuererleichterungen bis hin zur Steuerfreiheit gewährt. Für kleine Unternehmen sollten Unterstützungsfonds geschaffen werden.

Nach dem im Februar 1990 erlassenen Bodengesetz wurden zwar Besitz und Vererbung von Grundstücken erlaubt – allerdings nur, sofern sie für landwirtschaftliche Zwecke oder als Wohnungsbaugrundstücke verwendet wurden. Ausländer waren von dem Erwerb ausgeschlossen. Zur Verhinderung von Bodenspekulation wurde verboten, Grundstücke innerhalb von zehn Jahren an andere zu verkaufen.

Zur Stärkung des Außenhandels beschloß das Politbüro im August 1986, direkte Verbindungen zwischen sowjetischen Staatsunternehmen und Unternehmen der Mitgliedsstaaten des »Rates für gegenseitige Wirtschaftshilfe« (RGW) zu fördern. Ab 1987 erhielten 21 Ministerien und Behörden sowie 86 sowjetische Großunternehmen das Recht, auch außerhalb des RGW selbständig Importe und Exporte durchzuführen – was sich jedoch in der Praxis nur schwer bewerkstelligen ließ.

Ein Dekret des Präsidiums des Obersten Sowjet vom Januar 1987 erlaubte Gemeinschaftsunternehmen (»joint ventures«) mit Partnern aus westlichen Ländern – allerdings waren die Bestimmungen derart unklar, daß sich zunächst nur wenige westliche Unternehmungen bereit fanden, das Wagnis einzugehen. Um mehr Sicherheit für ausländische Investoren zu gewährleisten, bestimmte der Ministerrat später, daß »joint ventures« von den Verwaltungsbehörden der Sowjetunion nicht konfisziert werden dürften, das Eigentum der Gemeinschaftsunternehmungen unterlag zudem einer Pflichtversicherung. Aber es gab weiterhin eine Vielzahl ungelöster Probleme.

Seit 1988 wurde in der Sowjetunion zunehmend das Konzept »freier Wirtschaftszonen« diskutiert und versuchsweise – regional begrenzt – verwirklicht. Allerdings ergab sich sofort das Problem, wie sie in das zentralistische Planungssystem einzupassen wären und wie das Problem des Zahlungsverkehrs im internationalen Maßstab zu lösen sei.

Im Dezember 1988 wurde die Schaffung unabhängiger Außenhandelsfirmen erlaubt, die eigenverantwortlich tätig sein konnten. Die »freien Wirtschaftszonen« konnten nun den Handel in Küsten- und Grenzregionen mit Ressourcen der entsprechenden Territorien betreiben. Neben den »freien Wirtschaftszonen« in Nachodka und Wladiwostok wurden im Juli 1990 zusätzlich freie Wirtschaftszonen in den Regionen Leningrad (St. Petersburg), Wyborg, Kaliningrad (Königsberg) und Tschita gebilligt. Im September 1990 entstanden »Zonen des freien Unternehmertums« im Gebiet Kemerewo, in Nowgorod, dem jüdischen autonomen Gebiet Birobidishan sowie in der Altai-Region.

Alle diese Maßnahmen erwiesen sich jedoch als widerspruchsvoll und unzureichend. Das frühere zentralistische Planungssystem wurde zwar geschwächt, der Aufbau einer marktwirtschaftlichen Ordnung jedoch nicht ernsthaft betrieben, ja nicht einmal angestrebt. So schwand die frühere Disziplin der Planerfüllung, die Produktion ging zurück, das staatliche Verteilungssystem funktionierte immer schlechter, die Lebenshaltungskosten stiegen, der Lebensstandard der Bevölkerung sank, die soziale Unzufriedenheit wuchs.

Das Nationalitätenproblem

Später und halbherziger noch als in der Wirtschaft vollzog Gorbatschow die dringend notwendigen Reformen im Bereich der Nationalitätenstruktur der Sowjetunion. Gorbatschow und seine Mitarbeiter in der Führung waren sich der Bedeutung dieses gravierenden Problems offensichtlich nicht bewußt und glaubten zunächst daran, die sich bereits abzeichnenden Konflikte durch kleinere Detail-Korrekturen lösen zu können.

Gorbatschow hielt im ersten Jahr, auf dem XXVII. Parteitag im Februar/März 1986, an der alten Sprachregelung fest: »Die nationale Frage, wie sie uns die Vergangenheit hinterlassen hat, wurde in der Sowjetunion erfolgreich gelöst.« In der Sowjetunion herrsche eine »unverbrüchliche Völkerfreundschaft«, »die Achtung der nationalen Kultur und der nationalen Würde aller Völker hat sich durchgesetzt«.

Allerdings sollten die Errungenschaften »nicht die Vorstellung von einer Problemlosigkeit der nationalen Prozesse erwecken«. Es gebe noch »Streben nach nationaler Abkapselung« und »Lokalpatriotismus«. Man müsse daher einen »Kampf gegen die Erscheinungen der nationalen Borniertheit und des Dünkels, des Nationalismus und des Chauvinismus führen«.

Wenige Monate später, am 16. und 17. Dezember 1986, brachen in Alma Ata, der Hauptstadt Kasachstans, Unruhen aus. Unmittelbarer Anlaß war die Absetzung des langjährigen Ersten Parteisekretärs der KP Kasachstans, Dinmuchamed Kunajew, und seine Ersetzung durch einen neuen Parteisekretär, den Russen Gennadij Kolbin. Es kam zu Demonstrationen mit Parolen wie »Es lebe Kasachstan«, »Kasachstan den Kasachen« und »Jeder Republik ihre eigenen Führer«. Unter erheblichem Einsatz von Sicherheitskräften wurde die Demonstration aufgelöst, eine Welle von Verhaftungen und Prozessen folgte. Man erkannte nicht, daß es sich hierbei um den Beginn einer nationalen Bewegung handelte.

Erst zwei Jahre nach seiner Ernennung begann Gorbatschow die nationale Problematik etwas ernster und kritischer zu betrachten. Er forderte ein »realistisches Bild« über die nationalen Beziehungen und erkannte »das schnelle Wachstum des nationalen Selbstbewußtseins«. Daher sei ein »besonderes Einfühlungsvermögen« gegenüber den einzelnen Nationen nötig, um eine »rechtzeitige und gerechte Lösung strittiger Fragen« zu ermöglichen.

Aber noch in seinem im Sommer 1987 verfaßten Buch »Perestroika« nahm die Nationalitätenpolitik lediglich knapp sechs Seiten ein – weniger als zwei Prozent des Gesamtumfangs. Auch hier überwog eine optimistische Sicht: »Die Revolution und der Sozialismus haben Schluß gemacht mit nationaler Unterdrückung und Ungleichheit, und sie haben den wirtschaftlichen, geistigen und kulturellen Fortschritt aller Nationen und Völkerschaften garantiert.« Allerdings bedeute dies »noch lange nicht, daß nationale Prozesse problemlos verlaufen«. Die Herausbildung einer eigenen Intelligenz in den Unionsrepubliken habe »zur Steigerung des nationalen Selbstbewußtseins« und zu einem zunehmenden Interesse der unterschiedlichen Völker an ihren »historischen Wurzeln« geführt.

Zur selben Zeit demonstrierten in Moskau einige hundert Krimtataren gegen ihre Zwangsdeportation im Frühjahr 1944 und für das Recht auf Rückkehr in ihre angestammten Gebiete auf der Krim. Die unangemeldete Demonstration wurde von der Polizei brutal auseinandergetrieben. Drei Wochen später, am 24. Juli 1987, bei einer zweiten Demonstration von fünfhundert Krimtataren auf dem Roten Platz vor dem Gebäude des sowjetischen Zentralkomitees, schritt die Polizei bereits nicht mehr ein – den Krimtataren wurde eine Kommission in Aussicht gestellt, die sich mit ihrem Unrecht befassen sollte.

Die Bewegung in den baltischen Ländern hatte am 14. Juli 1987 mit einer spontanen (nicht genehmigten) Demonstration in der lettischen Hauptstadt Riga begonnen, zur Erinnerung an die Massendeportationen vom 14. Juni 1941 – kurz vor Hitlers Angriff auf die Sowjetunion –, als 46 000 Esten, 38 000 Litauer und 34 000 Letten meist nach Sibirien gebracht worden waren. Am 23. August 1987, zum 48. Jahrestag des Hitler-Stalin-Paktes, folgten Massendemonstrationen in allen drei baltischen Staaten. Die Demonstranten forderten Freiheit und Unabhängigkeit. Erstmals griffen Polizei und KGB nicht ein. Aber die Propagandamaschine rollte noch nach alter sowjetischer Manier. Die sowjetische Nachrichtenagentur *Tass* bezichtigte die baltischen Demonstranten, »Schande über die sowjetische Gemeinschaft« zu bringen. Die *Prawda* behauptete, die Demonstrationen seien von »ideologischen Feinden aus Übersee« inszeniert.

Am 8. November 1987 demonstrierten in Riga, der Hauptstadt Lettlands, über achttausend Demonstranten zum Jahrestag der nationalen Unabhängigkeit von 1918. Es kam zu Straßenschlachten zwischen Demonstranten und der sowjetischen Miliz, wobei es, nach sowjetischen Berichten, »viele Verhaftete und Verletzte« gegeben habe. Auch in der Hafenstadt Lipaja (Libau), einem sowjetischen Marinestützpunkt, kam es zu Zusammenstößen zwischen Tausenden von Demonstranten und der Polizei, 200 Demonstranten wurden festgenommen.

Ähnliche Bestrebungen, wenn auch weniger offen und dramatisch, entwickelten sich 1987 auch in anderen Unionsrepubliken. In Belorußland (heute Belarus) führte die Entdeckung von Massengräbern in Kuropaty bei Minsk – hier waren 1937 bis 1941 hunderttausend Sowjetbürger liquidiert worden – zu Forderungen nach Untersuchungen der Stalinschen Vergangenheit und des Terrors in Belorußland. In der Ukraine verlangten die Mitglieder eines informellen »Ukrainischen Kulturklubs«, die von Stalin inszenierte Hungerkatastrophe von 1932/33 aufzuklären. In Moldawien forderten informelle Vereinigungen seit Herbst 1987, die 1940 zwangsweise eingeführte kyrillische Schrift durch die ursprüngliche lateinische Schrift zu ersetzen.

In Georgien wurde eine wahrheitsgetreue Darstellung der Geschichte des Landes verlangt. In den Unionsrepubliken Mittelasiens, vor allem in Usbekistan, erhoben sich Forderungen nach einer Wiederbelebung der arabischen Schrift und der eigenen kulturellen Tradition.

Schließlich begann im August 1987 der größte und tragischste Nationalitätenkonflikt: die Auseinandersetzung um Berg-Karabach, ein autonomes Gebiet, das zu fast achtzig Prozent von Armeniern bewohnt ist, aber 1923 von Stalin willkürlich Aserbaidschan zugeschlagen wurde. Im August 1987 unterzeichneten 75 000 Karabach-Armenier eine Petition an Gorbatschow, die den Anschluß Berg-Karabachs an Armenien verlangte. Die Petition blieb unbeantwortet, und so folgten sowohl in der armenischen Hauptstadt Jerewan als auch in Stepanakert, dem Zentrum Berg-Karabachs, Demonstrationen und Streiks. Am 20. Februar 1988 verabschiedete der Gebietssowjet von Berg-Karabach mit den Stimmen von 110 armenischen Abgeordneten (bei Abwesenheit der 30 aserbaidschanischen Deputierten) eine Petition an den Obersten Sowjet, in der er um den Anschluß des Gebiets an Armenien ersuchte. Am nächsten Tag verwarf jedoch das Politbüro in Moskau diesen Antrag mit der Behauptung, er sei »gegen die Interessen der Werktätigen« gerichtet. Das ZK der KPdSU entsandte hochrangige Emmissäre in die betroffene Unionsrepublik und nach Aserbaidschan, die erklärten, eine Änderung komme nicht in Frage.

Nun erst, auf dem Plenum des Zentralkomitees im Februar 1988, bezeichnete Gorbatschow die Nationalitätenpolitik als die »grundsätzlichste und vitalste Frage unserer Gesellschaft«

und kündigte ein Sonderplenum des Zentralkomitees über das Nationaltätenproblem für die nahe Zukunft an.

Der Konflikt um Berg-Karabach verschärfte sich. Am 26. Februar 1988 fand in der armenischen Hauptstadt Jerewan eine Demonstration mit einer Million Teilnehmern statt. Zwei bekannte armenische Schriftsteller trafen gleichzeitig in Moskau mit Gorbatschow und seinem engsten Berater, dem Reformer Alexander Jakowlew, zusammen. Gorbatschow verurteilte die Aktivitäten, stellte jedoch eine »gerechte Lösung« in Aussicht. Zwei Tage später erlebte die Industriestadt Sumgait (übrigens die Partnerstadt von Ludwigshafen) ein anti-armenisches Pogrom. 32 Menschen, darunter 26 Armenier, wurden getötet. Dies löste nicht nur in Berg-Karabach und in Armenien, sondern auch unter den etwa vierzigtausend in Moskau lebenden Armeniern eine Welle nationaler Erregung aus. Auf Trauerkundgebungen für die Opfer von Sumgait erinnerten Redner an das traditionelle Vertrauen der Armenier zum russischen Volk und warnten, daß es zu ernsten Konflikten führen werde, falls nicht bald eine Regelung zustande käme.

Die Führung in Moskau neigte jedoch der aserbaidschanischen Seite zu. Die *Prawda* bezichtigte die Armenier des »nationalen Egoismus« und eines »antisozialistischen Verhaltens«, ohne ähnliche Vorwürfe gegen die Aserbaidschaner zu erheben. Für die Konflikte um Berg-Karabach wurden Agenten und Verschwörer verantwortlich gemacht, darunter »westliche Radiosender«, »Dissidenten« und »Extremisten«. *Nowosti* allerdings erklärte, der Konflikt habe »tiefe historische Wurzeln« und erinnerte daran, daß bei Konflikten zwischen Armeniern und Aserbaidschanern in den Jahren 1918 bis 1920 etwa zwanzig Prozent der Bevölkerung Berg-Karabachs ums Leben gekommen seien. Schließlich räumte auch die *Prawda* ein, daß interethnische Probleme in der Vergangenheit »nicht ausreichend« berücksichtigt worden seien.

Trotz Bemühungen um einen Ausgleich war es nun zu spät – in Baku gab es große Demonstrationen unter der Losung »Aserbaidschan den Aserbaidschanern«, gefolgt von einem Generalstreik in Berg-Karabach, der das öffentliche Leben lahmlegte.

Gorbatschows Haltung war zwiespältig. Zwar kündigte er auf dem ZK-Plenum vom Juli 1988 die Ausarbeitung eines Gesetzes über die »freie Entwicklung und Gesetzesgleichheit beim Sprachengebrauch« und »Rechtsgarantien für die national-kulturellen Bedürfnisse« an, bezeichnete jedoch den Konflikt um Berg-Karabach als Produkt lokaler Mafia-Tätigkeit.

Selbst die außerordentliche XIX. Parteikonferenz im Sommer 1988, die für die politische Demokratisierung so wichtig war, unterschätzte immer noch die Bedeutung des Nationalitätenproblems. Gorbatschow beschränkte sich bei der Behandlung der »zwischennationalen Beziehungen« auf wenige Sätze, in denen er gewisse Fehler und Versäumnisse in der Vergangenheit einräumte, zusätzliche Kompetenzen der Unionsrepubliken im Bereich Wirtschaft, Kultur und Umweltschutz sowie eine spätere ausführliche Erörterung auf einem zukünftigen Plenum des Zentralkomitees über die Nationalitätenfrage ankündigte.

Gorbatschow hat die letzte Möglichkeit nicht genutzt, mutig und entschlossen den Übergang von der längst überlebten zentralistischen Union zu einer lockeren Föderation zu vollziehen oder zumindest einzuleiten. Im Sommer 1988 wäre ein relativ friedfertiger Übergang zu einem Bundesstaat noch möglich gewesen – mit weitgehenden Rechten der einzelnen Unionsrepubliken im Bereich der Kultur, der Sprache, der kommunalen Verwaltung, der Wirtschaft, der Verfügungsgewalt über die eigenen Bodenschätze bei Zuständigkeit der Zentrale der Föderation für Außenpolitik, Sicherheit, Militärfragen, Währung, Transport und Kommunikation. Aber von solchen Vorstellungen war Gorbatschow weit entfernt: In seiner Rede auf der Parteikonferenz vermied er sogar die Begriffe »Föderalismus« und »Selbstbestimmungsrecht der Völker«.

So wurde die letzte Chance vertan. Seit Sommer 1988 verstärkten sich die nationalen Bewegungen, von immer breiteren Bevölkerungsschichten unterstützt und mit immer weitergehenden Forderungen.

In den baltischen Ländern entwickelten sich die örtlichen informellen Gruppen im Sommer und Herbst 1988 zu machtvollen Bewegungen, damals als »Volksfronten« bekannt. Als Ziele verkündeten sie die Unterstützung der Perestroika, die Souveränität der baltischen Länder gegenüber der Moskauer Zentralgewalt und die Anerkennung der Nationalsprache als Staatssprache, die Legalisierung der nationalen Symbole sowie der nationalen Feiertage zum Gedenken an die staatliche Unabhängigkeit von 1918.

Der Konflikt zwischen Armenien und Aserbaidschan um Berg-Karabach eskalierte. Bis Ende 1988 kam es nach sowjetischen Berichten zu dreitausend pogromartigen Vorfällen in beiden Unionsrepubliken, fast dreihunderttausend Menschen befanden sich auf der Flucht vor der jeweils anderen Volksgruppe. Selbst das grauenvolle Erdbeben vom 7. Dezember 1988 in Armenien vermochte den Konflikt nicht zu unterbrechen – die Katastrophenhilfe für Armenien wurde von Aserbaidschan wiederholt behindert.

Am 12. Juni 1989 verfügte der Oberste Sowjet der UdSSR eine »Sonderverwaltung« für Berg-Karabach und unterstellte das Gebiet der unmittelbaren Regierungsgewalt der Union, beließ jedoch Berg-Karabach im Bereich Aserbaidschans. Die lokalen Sowjets wurden bis auf weiteres suspendiert, eine besondere Regierungskommission unter Arkadij Wolskij, der in der Entwicklung Rußlands nach dem niedergeschlagenen Putsch vom August 1991 eine wichtige Rolle spielen sollte, erhielt weitgehende Exekutivbefugnisse.

1989 verschwanden die kommunistischen Symbole – Rote
Fahne, Sowjetstern, Hammer und Sichel – allmählich aus dem
öffentlichen Leben mehrerer Unionsrepubliken. Die ursprünglichen nationalen Fahnen, Hymnen und Feiertage wurden
durch die Obersten Sowjets der jeweiligen Republiken wieder
eingeführt. Die Parlamente der baltischen Republiken sowie
Georgien und Armenien strichen die Adjektive »sowjetisch«
und »sozialistisch« aus der Bezeichnung ihres Landes – andere
Republiken folgten. Die jeweiligen Staatssprachen wurden in
den Verfassungen der jeweiligen Republiken verankert.

Als erste Unionsrepublik verabschiedete Estland im November 1988 eine Souveränitätserklärung, andere folgten. Sie wurden von den jeweiligen Obersten Sowjets zu einer Zeit verabschiedet, als die Kommunisten noch über eindeutige Mehrheiten verfügten – ein Zeichen dafür, wie weit sich eine nationale
Identität selbst innerhalb der KPdSU entwickelt hatte. Nach
den Wahlen im März 1990, als in einigen Parlamenten nicht-
kommunistische Gruppierungen über die Mehrheit verfügten,
begann eine Übergangsphase, die schließlich zur Unabhängigkeit führte.

Seit Frühjahr 1990 beherrschte die Auseinandersetzung zwischen dem Zentrum und den immer stärker werdenden Republiken zunehmend die Entwicklung in der Sowjetunion. Gorbatschow geriet in die Defensive und gab nun eine Position
nach der anderen auf.

Die Forderung nach einem neuen »Unionsvertrag« war erstmals 1988 in den baltischen Ländern sowie von der demokratischen Opposition in Rußland erhoben worden. Noch auf dem
ZK-Plenum im September 1989, das dem Nationalitätenproblem gewidmet war, hatte Gorbatschow diesen Vorschlag
zurückgewiesen. Seit Frühjahr 1990 sprach er jedoch wiederholt von einem neuen »Unionsvertrag« als der letzten Chance,
Bestand und Einheit der Sowjetunion zu erhalten. Allerdings

sollte, so Gorbatschow damals, keiner Republik der Austritt aus der Sowjetunion gestattet werden – höchstens nach dem neuen Gesetz vom 3. April 1990, das in Wirklichkeit ein Gesetz zur Verhinderung des Austritts war.

In vielen Bereichen der Sowjetunion wurde im Spätsommer 1990 deutlich, daß die reale politische Entwicklung über die Vorstellungen und Ziele der Perestroika Gorbatschows hinausgegangen war. Seine Reformen blieben nun hinter der veränderten Realität zurück.

Gorbatschows Hoffnung, eine reformorientierte und demokratisch strukturierte Kommunistische Partei werde in der Perestroika eine, wenn auch gelockerte, »führende Rolle« spielen, ließ sich nicht mehr verwirklichen. Die Mehrheit der Funktionäre war zu diesem Wandel nicht bereit, und die Bevölkerung nicht mehr gewillt, sich der Führung dieser Partei unterzuordnen. Die Entwicklung vollzog sich in Richtung eines demokratischen Mehrparteiensystems.

Halbherzige Reformen in den Jahren 1985 bis 1990 hatten die Wirtschaft geschwächt und zu Produktionsrückgang und Versorgungsmängeln geführt. Auch hier mußte eine Entscheidung getroffen werden: die Entscheidung für den entschlossenen Übergang zur Marktwirtschaft.

Im Nationalitätenbereich hatten das Festhalten an früheren illusorischen Vorstellungen, das verspätete Erkennen der nationalen Bewegungen in den nicht-russischen Unionsrepubliken, die Fehlentscheidungen Gorbatschows im Berg-Karabach-Konflikt zu immer mächtiger werdenden nationalen Selbständigkeitsbewegungen geführt. Der Übergang zu einer Föderation wurde verpaßt.

Seit Herbst 1990 zeigte es sich, daß die Umgestaltung des existierenden Systems nicht ausreichte. An ihrer Stelle galt es nun, einen Systemwandel zu vollziehen. Damit einher ging, schrittweise und in zunehmendem Maße, auch ein Wechsel der führenden Persönlichkeiten: Gorbatschow, der Vater der Perestroika, der Reformer des Systems, trat immer mehr zurück.

Boris Jelzin, der sich bereits früh für einen Systemwandel eingesetzt hatte, wurde nun zur entscheidenden Persönlichkeit der neuen Entwicklungsphase.

Systemwandel
1990–1994

Übergang zur Marktwirtschaft?

Ryschkows Regierungskonzept und Schatalins Reformprogramm

Am 24. Mai 1990 stellte Ministerpräsident Nikolaj Ryschkow seinen Entwurf für ein Wirtschaftsprogramm vor, das sich, zumindest teilweise, auf Vorarbeiten der von Professor Abalkin geleiteten Reformkommission stützte. In seinem Referat über die wirtschaftliche Lage des Landes bekannte sich Ryschkow vor dem Obersten Sowjet der UdSSR zur Einführung einer »regulierten Marktwirtschaft«.

Der erfolgreiche Übergang zur »regulierten Marktwirtschaft« erfordere, so Ryschkow, die Stärkung des Unternehmertums, eine Preisbildung, die »auf die Dynamik des Angebots und der Nachfrage sensibel reagiert«, einen freien Wettbewerb und die Veränderung der Produktionsstruktur zugunsten einer gesteigerten Konsumgüterproduktion. Dazu bedürfe es eines stabilen Geldsystems, des Abbaus des Haushaltsdefizites und einer »zuverlässigen Rechtsgarantie«. Schritt für Schritt sei das »Ausmaß der direkten, starken Einwirkung auf die Wirtschaft zu verringern und die Sphäre der Marktbeziehungen zu erweitern«.

Vier Tage später kündigte Ryschkow bereits für Sommer 1990 den Beginn der Preisreform an. Die Preise für Konsumgüter sollten erheblich gesteigert werden. Die sei, so Ryschkow, ein wichtiger Beitrag zur Herstellung von Marktgleichgewicht und zum Abbau der Staatssubventionen. Die Bevölkerung reagierte auf diese Pläne mit wilden Hamsterkäufen.

Ryschkows Wirtschaftsprogramm stieß auf entschiedene Kritik. In der Tat krankte das Programm daran, daß es den Übergang zur Marktwirtschaft mit zentralistischen Methoden anstrebte. Aussagen über die Privatisierung von Staatseigentum fehlten ebenso wie ein klares Bekenntnis zu freiem Unternehmertum und privatem Besitz an Grund und Boden. Wichtige Themen blieben unerörtert: die Schaffung eines freien Banksystems, der Strukturwandel in der Industrie und die Einführung eines Rentabilitätsprinzips in den Betrieben. Pawel Bunitsch, Stellvertretender Vorsitzender des Komitees für Fragen der Wirtschaftsreform des Obersten Sowjet der UdSSR, bezeichnete die geplanten Preiserhöhungen am 28. Mai 1990 gegenüber der *Iswestija* als »Schock ohne Therapie«. Die von der Regierung vorgelegte Wirtschaftsreform, so Bunitsch, »trägt einen marktfeindlichen Charakter und ist ein Geschenk für die Reformgegner«.

Der Oberste Sowjet der UdSSR lehnte das Wirtschaftsprogramm Ryschkows am 13. Juni 1990 in der vorliegenden Fassung ab und beauftragte die Regierung, das Programm bis zur nächsten Tagung des Obersten Sowjet im September zu überarbeiten. Gleichzeitig wurde sie angewiesen, von einer Erhöhung der Lebensmittelpreise im Jahre 1990 abzusehen. Der Oberste Sowjet setzte ferner eine Kommission zur Überprüfung alternativer Reformvorschläge ein.

Dem Regierungskonzept Ryschkows stellten die Reformer um Boris Jelzin im Sommer 1990 ein eigenes Wirtschaftsprogramm entgegen. Das Programm der »500 Tage des Vertrauens« sah wesentlich radikalere Reformmaßnahmen vor und sollte der Sowjetunion binnen 500 Tagen den Übergang zur Marktwirtschaft ermöglichen.

Gorbatschow und Jelzin einigten sich am 1. August darauf,

eine Arbeitsgruppe von Wirtschaftsexperten einzusetzen, die auf der Basis des Jelzin-Programms ein gemeinsames Wirtschaftskonzept entwickeln sollte. Zum Vorsitzenden dieser »Gruppe der 13«, der unter anderen Nikolaj Petrakow, der Ökonom Grigorij Jawlinskij und der russische Finanzminister Fjodorow angehörten, wurde Gorbatschows Berater Professor Stanislaw Schatalin ernannt.

Schatalin, 1934 in Puschkin geboren, hatte in Moskau Wirtschaftstheorie studiert und war Professor am Zentralen Mathematisch-Ökonomischen Institut. 1963 trat er in die KPdSU ein. 1989 wurde er Leitender Sekretär an der Akademie der Wissenschaften, 1990 Mitglied des Präsidialrats und des Zentralkomitees der KPdSU. Seit Beginn der Perestroika zählte Schatalin, der als der bedeutendste sowjetische Ökonom gilt und auch von westlichen Fachleuten hoch geschätzt wurde, zu den engsten wirtschaftspolitischen Beratern Gorbatschows.

Die Schatalin-Kommission legte am 1. September 1990 einen 600 Seiten starken Programmentwurf vor, der die Erlangung der »wirtschaftlichen Freiheit der Bürger« als Hauptziel nannte. Das Programm sah, beginnend am 1. Oktober 1990, vier Etappen vor, an deren Ende etwa 70 Prozent der Unternehmen des Baugewerbes und des Einzelhandels nicht mehr in staatlichem Besitz sein sollten.

In der Vorbereitungsphase von hundert Tagen war ein gemeinsames Wirtschaftskomitee der Unionsrepubliken zur Koordinierung der Reform geplant. Dieses sollte direkt mit der Einleitung der Rechtsreform für die Umwandlung zur Marktwirtschaft beginnen. Jeder Bürger sollte nun das verbriefte Recht auf Privateigentum und freie Unternehmertätigkeit erhalten. Staatsbetriebe und Kolchosen seien in großem Maßstab zu privatisieren.

Eine gleichzeitige Bodenreform sollte jedem Kolchosmitarbeiter den Austritt aus dem Kolchos und den Erwerb von Privatbesitz an Land ermöglichen. Das wachsende Haushaltsdefizit sei durch eine strikte Geldpolitik und eine deutliche Ausgabenbeschränkung der Union, vor allem durch Einsparungen um zwanzig Prozent im Verteidigungs- und KGB-Etat, zu stoppen. Mit der Einführung eines neuen Banksystems solle umgehend begonnen werden.

In der zweiten Phase bis zum 250. Tag, so das modifizierte »500-Tage-Programm«, hatte die schrittweise Freigabe der Einzelhandelspreise zu erfolgen. Aus den großen Staatsbetrieben würden Aktionärsgesellschaften gebildet. Durch ihren Verkauf sollte die Staatsverschuldung getilgt werden. Ausdrücklich wurden dabei ausländische Investoren gewünscht.

In der dritten Phase bis zum 400. Tag stand die Stabilisierung des Marktes auf dem Plan, die weitgehende Privatisierung der Einzelhandels- und Gastronomiebetriebe. Bis zum Ende dieser Etappe sollten bis zu vierzig Prozent des Grundfonds der Industrie, die Hälfte des Bau- und Autotransports und sechzig Prozent der Handels- und Dienstleistungsbetriebe in Aktiengesellschaften umgewandelt, verkauft oder verpachtet sein. Die Liberalisierung der Preise müßte abgeschlossen und die »innere Konvertierbarkeit« des Rubel eingeführt sein.

Für die abschließende vierte Phase erwarteten die Wirtschaftswissenschaftler um Schatalin schließlich den einsetzenden Aufschwung. Siebzig Prozent der Industriebetriebe und neunzig Prozent der Baubetriebe sollten in dieser Phase bereits nicht mehr dem Staat gehören.

Gorbatschow verwässert die Reform

Michail Gorbatschow verbrachte den Sommerurlaub auf seiner Datscha in Foros auf der Krim. Fast täglich ließ er sich von Schatalin und Petrakow über den Stand der Verhandlungen

informieren. Begeistert verfolgte er die vielversprechende
Arbeit der »Gruppe der 13«: »Wir nehmen jetzt die Hauptsa-
che in Angriff. Das ist der endgültige Durchbruch zu einer
neuen Etappe der Perestroika«, sagte Gorbatschow zu seinem
Berater Tschernajew. Häufig telefonierte er mit Jelzin über die
Arbeit der »Gruppe der 13«.

Am 4. September 1990 veröffentlichte die *Iswestija* die entscheidenden Grundzüge des »Programms der 500 Tage«.
Sofort entbrannte ein Kampf zwischen emphatischen Anhängern des Schatalin-Programms auf der einen und entschlossenen Gegnern auf der anderen Seite.

Zwar zeigte sich Gorbatschow noch am 9. September 1990
auf dem amerikanisch-sowjetischen Gipfel in Helsinki gegenüber dem amerikanischen Präsidenten George Bush entschlossen: »Wir haben vor, die Umsetzung der Programme am 1. Oktober zu beginnen . . . Für eine erste Stabilisierung der wirtschaftlichen Lage benötigen wir fünf Monate. Der Übergang
zur Marktwirtschaft wird ungefähr einenhalb Jahre dauern.
Schon jetzt fürchten einige Preissteigerungen und Arbeitslosigkeit . . . Wir dürfen die Annahme der Beschlüsse jedoch nicht
länger aufschieben. Wenn wir nicht sofort radikale Entscheidungen treffen, dann droht nicht nur der Zusammenbruch der
Wirtschaft, sondern des ganzen Staates. Wir würden ein regel-
rechtes Chaos in der Wirtschaft anrichten.«

Doch in der zweiten Septemberhälfte wurde Gorbatschow
zunehmend unsicher, offensichtlich unter dem Druck der
Reformgegner und aus Sorge vor Unruhen in der Bevölkerung.

Zu den entschiedensten Gegnern des Schatalin-Programms
gehörte, wie nicht anders zu erwarten, Ministerpräsident Nikolaj Ryschkow. Auf der Tagung des Obersten Sowjet der UdSSR
beschrieb Ryschkow die Krise, in die die sowjetische Wirtschaft
geraten war, in düstersten Farben. Für den Fall, daß der Oberste Sowjet sein Reformkonzept nicht unterstütze, kündigte

Ryschkow den Rücktritt der Regierung an. Und die reformgegnerische Kommunistische Partei Rußlands griff Schatalins
»Programm der 500 Tage« auf ihrem zweiten Parteitag als
»antisowjetisch« an, als »Verrat am Sozialismus« und »Kapitulation vor dem Kapitalismus«.

Gleichzeitig wurde Gorbatschow von Mitarbeitern seiner
eigenen Informationsabteilung mit Katastrophenmeldungen
über die Situation im Lande konfrontiert. Durch die bewußte
Auswahl der Meldungen erschienen die tatsächlich existierenden Schwierigkeiten noch größer. Berichte über Morde, Raub-
überfälle und Plünderungen wurden ihm vorgelegt. Das Volk
klage über die Hilflosigkeit der Behörden und verfluche den
Präsidenten, der unfähig sei, für Ordnung zu sorgen und das
Leben der Menschen zu schützen. In Moskau bildeten sich tau-
sendköpfige Warteschlangen für Brot. In den Schlangen sprachen die Menschen offen über die früheren »guten alten Zeiten« unter Stalin und Breschnew.

Doch auch die Reformer blieben nicht untätig. Am 1. Sep-
tember forderte Jelzin auf einer Pressekonferenz den Rücktritt
Ryschkows. Jelzin lobte das 500-Tage-Programm Schatalins
und forderte, es zur Grundlage für die Wirtschaftsreform in
Rußland zu machen. Bereits am 11. September nahm der Ober-
ste Sowjet der Russischen Föderation – mit nur einer Gegen-
stimme! – den Plan der Schatalin-Kommission an. Die russische
Regierung, so beschloß das Parlament, solle innerhalb eines
Monats praktische Maßnahmen zur Verwirklichung des 500-
Tage-Programms in der Russischen Föderation ausarbeiten.

Wenige Tage später, am 16. September 1990, demonstrierten
in Moskau trotz strömenden Regens hunderttausende Menschen gegen die Regierung Ryschkow. Die Demonstration forderten nicht nur den Rücktritt des Ministerpräsidenten, sondern wiederholt auch den Rücktritt Gorbatschows.

»Die äußerst gespannte Lage im Land blieb nicht ohne Wirkung auf Gorbatschow«, erinnerte sich Anatoli Tschernajew. »Er lehnte immer mehr ›die Wissenschaft‹ ab und hörte stärker auf ›die Stimme des Volkes‹.« Gorbatschow war verzweifelt: »Was soll ich denn tun? Woran soll ich mich festhalten?«

Nach einigem Zögern stellte sich Gorbatschow nun gegen den Schatalin-Plan: Er wollte offensichtlich den »Prozeß lenken« und schreckte vor der Durchführung des Schatalin-Programms zurück, weil dieses eine Änderung des Systems bewirkt hätte. So plädierte Gorbatschow am 17. September vor dem Obersten Sowjet dafür, den auf Bremsen angelegten Ryschkow-Plan mit dem entschlossenen Marktwirtschaftsplan von Schatalin zu einem einheitlichen Programm zu verschmelzen.

Die Zustimmung des Obersten Sowjet zu diesem Vorschlag war ein Erfolg für Ministerpräsident Ryschkow. Schatalin hatte in der Debatte betont, die beiden Programmentwürfe seien unvereinbar, und Jelzin meinte, der Versuch, beide Programme zu verbinden sei ebenso unmöglich wie »einen Igel mit einer Schlange zu paaren«.

Am 13. Oktober 1990 legte Gorbatschow das Kompromißprogramm bei einem Treffen mit führenden Funktionären aus den Republiken vor. Das 600 Seiten starke Schatalin-Programm hatte Michail Gorbatschow mit seinen Beratern auf 70 Seiten zusammengestrichen. Auf den ersten Blick enthielt der »Präsidentenplan« noch manche Aspekte des Schatalin-Programms: den Schutz des Privateigentums und die Gleichberechtigung aller Eigentumsformen in der Sowjetunion, den schrittweisen Übergang zu freien Preisen, freiem Wettbewerb und Marktbeziehungen, die Privatisierung von Staatsbetrieben und Wohnungen sowie mehr Autonomie für Betriebe und landwirtschaftliche Genossenschaften. Doch über konkrete Schritte zur Entmachtung der Planungsbürokratie und eine klare Perspektive für Privatunternehmer und ausländische Investoren stand in dem Entwurf kein Wort.

Ministerpräsident Ryschkow zeigte sich ausgesprochen zufrieden mit dem »Präsidentenplan«. Dieser fasse die »besten Ideen« aller bisher vorgelegten Reformentwürfe zusammen, sagte er und stimmte dem Programmentwurf zu. Beifall erhielt der Programmentwurf auch von dem inzwischen seiner Ämter enthobenen Jegor Ligatschow. Er könne sich mit dem »Präsidentenplan« eher anfreunden als mit allen bisherigen Entwürfen, betonte der Reformgegner. Am 19. Oktober 1990 wurde der Entwurf vom Obersten Sowjet der UdSSR als »Richtlinien zur Stabilisierung der Volkswirtschaft und des Übergangs zur Marktwirtschaft« mit 393 zu 12 Stimmen bei 34 Enthaltungen verabschiedet.

Schatalin und Petrakow kritisierten den »Präsidentenplan« gemeinsam mit elf weiteren Wirtschaftswissenschaftlern in einem gemeinsamen Brief an die *Komsomolskaja Prawda*. Eine Umsetzung des Plans werde zu einer Hyperinflation und zu einer dramatischen Verschlechterung der Lebensbedingungen für die Bevölkerung führen. In der Tat erwies sich der Versuch, zwei unvereinbare Konzepte zusammenzufassen, von denen das eine auf die Kommandowirtschaft nicht verzichten und das andere den konsequenten Einstieg in die Marktwirtschaft wollte, als nicht praktikabel. Die Beibehaltung der zentralen Planung von Produktion und Materialzuteilung, wie es im Ryschkow-Plan vorgesehen war, verringerte die Realisierungschancen für Reformschritte entscheidend. Ebenso fatal war das fehlende Bekenntnis zur Privatisierung. Statt diese möglichst rasch und umgehend anzugehen, sprach Gorbatschow lediglich halbherzig von einem »Recht auf Leben« des Privateigentums, zumindest dort, »wo es konkurrenzfähig und effektiv ist«. Auch die Freiheit der Republiken, ihr Eigentumsrecht individuell zu regeln, war für die Gewinnung ausländischer Investoren ausgesprochen ungeeignet. Schließlich fehlte in dem Programm jegliche zeitliche Festlegung.

Alexander Jakowlew sah in der Abwendung Gorbatschows vom Schatalin-Plan eine entscheidende Wende in der Reformpolitik. Der große Rückschlag der Perestroika habe, so Jakowlew, »bereits im September 1990 begonnen, als das von Schatalin und Jawlinski vorgestellte Wirtschaftsprogramm abgelehnt wurde. Ich glaube, daß sich bereits zu diesem Zeitpunkt der Einfluß des Militärs, des KGB, des Ministeriums des Innern und des Parteiapparates deutlich zeigte.«

Die Reformgegner wittern Morgenluft

Die Reformgegner im Parteiapparat wie im Offizierskorps, im Staatssicherheitsdienst und im militärisch-industriellen Komplex waren beunruhigt über die Schwächung der Kommunistischen Partei, die Herausbildung demokratischer Parteien, die Verselbständigungstendenzen in den Unionsrepubliken, den Zerfall des Warschauer Paktes und den Zusammenbruch der kommunistischen Systeme in den Ländern Mittel- und Osteuropas. Sie gingen nun in die Offensive.

Vadim Bakatin, der damalige reformerische Innenminister, berichtet in seinem Buch »Im Innern des KGB«, wie sehr Gorbatschow in diesen Monaten unter dem Einfluß des Geheimdienstchefs stand: »Der KGB-Vorsitzende Krjutschkow spielte, wie ich in zahlreichen Sitzungen beim Generalsekretär beobachten konnte, eine sehr aktive Rolle. Ständig warnte er vor den ›Ränken‹ der Demokraten und rief dazu auf, durch Notstandsmaßnahmen für Ordnung zu sorgen ... Gorbatschow vertraute Krjutschkow und dessen Informationen. Daraus resultierte u. a. die bekannte Korrektur des Perestroika-Kurses ab Herbst 1990. Der Präsident war in jenen Zeiten eindeutig ins Fahrwasser der konservativen Kräfte geraten«.

Zur gleichen Zeit verstärkten sich die Gerüchte über einen bevorstehenden Militärputsch – vor allem nach der Mitte September 1990 erfolgten Verlegung militärischer Einheiten in den Moskauer Raum. Verteidigungsminister Marschall Jasow beteuerte indes am 19. September 1990, die Truppenbewegun-

gen dienten lediglich der Unterstützung der Kartoffelernte. Dies
veranlaßte die reformerische *Komsomolskaja Prawda* zu der
ironischen Frage, ob jetzt Kartoffeln in kugelsicheren Westen
geerntet würden.

Die Anhänger Gorbatschows wiesen darauf hin, daß er diesem starken Druck nicht standhalten konnte. Andere meinen,
er habe alles tun müssen, um einen Konflikt zu vermeiden. Im
Interesse der Gesamtentwicklung habe er Konzessionen
machen müssen. Vieles spricht indessen dafür, daß Gorbatschow im Herbst 1990 selbst die Befürchtung hegte, die Entwicklung könne über den eigenen, von ihm gewünschten Rahmen der Perestroika hinausgehen. Er wollte wohl versuchen,
den Prozeß zu »lenken«, und die von seinem Standpunkt aus zu
weitgehende Demokratisierung wieder unter Kontrolle bringen.

Die Absetzung Bakatins
und der Rücktritt Schewardnadses

Der Positionswechsel Gorbatschows zugunsten der konservativen, reformgegnerischen Kräfte gab diesen neuen Auftrieb. Die
Reformgegner starteten nun eine Kampagne gegen die bisherigen engsten Gefährten Gorbatschows, vor allem gegen Innenminister Wadim Bakatin und Außenminister Eduard Schewardnadse.

Auf der Sitzung des Obersten Sowjet der UdSSR am 17. November 1990 stellte Oberst Viktor Alksnis dem Präsidenten ein
Ultimatum: Gorbatschow habe 30 Tage Frist, um entschieden-
ste Maßnahmen zu ergreifen, die für die Wiederherstellung der
Ordnung im Lande notwendig seien. Andernfalls würde die
»Sojus«-Gruppe einen Mißtrauensantrag gegen den Präsidenten einbringen. In diesem Ultimatum wurde auch die Absetzung Bakatins gefordert. Gorbatschow gab dem Druck nach

und enthob Bakatin Anfang Dezember seines Amtes. An seine Stelle setzte er den 53jährigen Boris Pugo, der nur acht Monate später, im August 1991, zur Führung der Putschisten gehörte. Pugo war seit 1976 im Staatssicherheitsdienst tätig, seit 1980 Vorsitzender des lettischen KGB. 1984 wurde er unter Tschernenko zum Ersten Sekretär der KP Lettlands ernannt. Als 1987/ 1988 die Reformkräfte die Oberhand gewannen, wurde er nach Moskau beordert und zum Vorsitzenden des »Komitees für Parteikontrolle« beim Zentralkomitee der KPdSU berufen.

Stellvertreter Pugos als Innenminister wurde General Boris Gromow, der frühere Oberbefehlshaber der sowjetischen Interventionstruppen in Afghanistan. Damit stand das Innenministerium nun unter direkter Kontrolle des KGB und der Armee. Die »Sojus«-Gruppe begrüßte die Umbesetzung als Beginn einer Politik der »starken Hand« und verlangte jetzt die Absetzung von Außenminister Eduard Schewardnadse.

Der verhärtete Kurs machte sich im November 1990 auch in den Medien bemerkbar. Präsident Gorbatschow ernannte den Reformgegner Leonid Krawtschenko zum neuen Vorsitzenden des »Staatlichen Komitees für Fernsehen und Rundfunk der UdSSR« (Gostelradio). Unmittelbar nach seiner Ernennung verwandelte Leonid Krawtschenko die Hauptnachrichtensendung »Wremja« (»Zeit«) von einer informativen Nachrichtensendung in eine propagandistische Tribüne.

Die Verstärkung diktatorischer Tendenzen, darunter der zunehmende Druck der reaktionären »Sojus«-Gruppe, löste eine scharfe und unerwartete Reaktion von Außenminister Schewardnadse aus. In seiner Rede vor dem Kongreß der Volksdeputierten, die er selbst als »die kürzeste und wohl bedrückendste Ansprache« seines Lebens bezeichnete, setzte sich Schewardnadse am 20. Dezember scharf mit den reaktionären Kräften auseinander. Zwei junge Burschen »mit Schulterstücken eines Obersten« – er meinte die Obersten Alksnis und

Petruschenko von der »Sojus«-Gruppe – hätten erklärt, daß es ihnen gelungen sei, Innenminister Bakatin zu entlassen, und daß nun die Zeit gekommen sei, mit dem Außenminister abzurechnen. Dies, so Schewardnadse, sei der Ausdruck »eines scharfen Kampfes« zwischen den demokratischen Kräften und den Reaktionären. »Die Diktatur greift an«, warnte er. »Niemand weiß, was für eine Diktatur das sein wird und wer kommen wird, was für eine Diktatur und was für eine Ordnung herrschen wird.« Unter diesen Bedingungen trete er vom Posten des Außenministers zurück, als »Protest gegen den Angriff der Diktatur«.

Die Rede Schewardnadses wirkte auf die Volksdeputierten wie ein Schock. Auch für Gorbatschow kam der Rücktritt Schewardnadses völlig überraschend. Es war bezeichnend, daß Gorbatschow für seinen Freund und langjährigen Kampfgefährten Eduard Schewardnadse kein Wort des Dankes fand. Er hatte den Außenminister nicht einmal verteidigt, als dieser von den Vertretern des militärisch-industriellen Komplexes angegriffen und verleumdet worden war.

Zwei Tage später hielt KGB-Chef Krjutschkow eine scharfe Rede, in der er westliche Geheimdienste und »destruktive Kräfte« im eigenen Land für die kritische Lage verantwortlich machte. Westliche Geheimdienste, vor allem die CIA, würden, so Krjutschkow, gemeinsam mit »antisowjetischen Zentren« Druck auf die Sowjetunion ausüben und versuchen, Einfluß auf die innere Entwicklung des Landes zu nehmen.

Bakatin berichtet, der KGB-Chef habe damals bereits Pläne für einen künftigen Ausnahmezustand ausgearbeitet: »Wie wir jetzt wissen, beauftragte Krjutschkow bereits im Dezember 1990 Vertraute von ihm – den Stellvertretenden Leiter der Hauptverwaltung II Schischin und Alexej Gorow, Mitarbeiter seines Ersten Stellvertreters Viktor Gruschkow –, vorrangige Maßnahmen zur ›Stabilisierung‹ der Lage im Lande für den Fall des Ausnahmezustandes zu erarbeiten. Der Plan wurde damals fertiggestellt, jedoch für ›bessere‹ Zeiten aufgehoben.« Dieser Plan sollte acht Monate später, im August 1991, eine wichtige Rolle beim Putsch spielen.

Um die Jahreswende 1990/91 folgten weitere verhängnisvolle Entscheidungen Gorbatschows. Am 26. Dezember 1990 schlug er Gennadij Janajew zum Vizepräsidenten der Sowjetunion vor. Gorbatschow erklärte, er wolle einen Stellvertreter haben, dem er »in dieser kritischen Zeit völlig vertrauen« könne. Die Volksdeputierten waren überrascht. Die Mehrheit zweifelte, daß Janajew der richtige Mann für das zweithöchste Staatsamt der Sowjetunion der UdSSR sei. Sie ließen ihn bei der Wahl zunächst einmal durchfallen. Erst als Gorbatschow verärgert eine zweite Abstimmung verlangte, wurde Janajew gewählt. Jegor Ligatschow, der härteste Reformgegner, war über die Ernennung Janajews erfreut: »Eine bessere Wahl hätten die Volksdeputierten nicht treffen können«.

Gennadij Janajew, in Perewos in Gorki geboren, hatte zunächst die landwirtschaftliche Hochschule besucht. Im Alter von 26 Jahren wurde er hauptamtlicher Funktionär des Komsomol. Nach sechs Jahren als Stellvertretender Vorsitzender des »Verbandes der sowjetischen Gesellschaften für Freundschaft und kulturelle Beziehungen mit dem Ausland« kam er in die Führung der sowjetischen Gewerkschaften, seit April 1990 war er deren Vorsitzender. Auf dem XXVIII. (und letzten) Parteitag der KPdSU war er zum Sekretär des Zentralkomitees und Mitglied des Politbüros aufgerückt.

Wenige Wochen nach der Ernennung Janajews, am 14. Januar 1991, setzte Gorbatschow Valentin Pawlow zum neuen sowjetischen Ministerpräsidenten ein, den er als »Finanzfachmann mit Charakter« pries. Pawlow, ein rundlicher Mann mit Bürstenhaarschnitt, hatte die Moskauer Hochschule für Finanzwirtschaft absolviert und gehörte seit 1966 dem Finanzministerium an, bevor er 1979 in die Staatliche Plankommission

(Gosplan) gewechselt war. Als farbloser Wirtschaftsbürokrat stand er den Reformen ablehnend gegenüber.

Nur zwei Tage nach der Ernennung Pawlows zum Ministerpräsidenten schlug Gorbatschow auf der Tagung des Obersten Sowjet vor, das liberale Pressegesetz, mit dem erstmals die Zensur aufgehoben wurde, auszusetzen und alle Massenmedien dem Obersten Sowjet der UdSSR zu unterstellen. Dieser wurde beauftragt, gemeinsam mit Gorbatschow Vorschläge auszuarbeiten, die »eine objektive Darstellung der Ereignisse im Lande gewährleisten« sollten.

Die Verhärtung im Herbst und Winter 1990 führte zu einer Veränderung der gesamten Atmosphäre in der damaligen Sowjetunion. »Ich glaube, etwas Ähnliches dürften die weitsichtigeren Deutschen im Herbst und Winter 1932/33 verspürt haben«, meinte Andrej Gurkow, Mitarbeiter der reformfreudigen *Moskowskije Nowosti (Moscow News)*, in dem Band »Rußland hat Zukunft«. »Noch kurz zuvor glaubten wir, unserer blutigen totalitären Vergangenheit entronnen zu sein, nun schien die repressive Allmacht der KPdSU, des KGB und der Armee uns wieder einzuholen. Man brauchte keinen sechsten Sinn zu haben, um zu spüren, wie die gesellschaftliche Atmosphäre immer stickiger, wie die Luft immer dicker wurde.« Mit Entsetzen registrierten die reformfreudigen Sowjetbürger »das rechthaberische Getue der Partei- und Militärbonzen, die wieder das Sagen hatten«, manche fürchteten sogar, dies seien »Vorboten einer neuen Eiszeit«.

Die Intervention im Baltikum

Der Konflikt zwischen der sowjetischen Führung und den baltischen Republiken hatte sich seit dem Sommer 1990 verschärft. Estland, Lettland und Litauen hatten eine »Übergangsperiode«

angekündigt, an deren Ende die Unabhängigkeit stehen sollte. Bereits im Sommer verhängte die damalige Moskauer Führung einen Wirtschaftsboykott gegen die baltischen Länder und stoppte die dringend notwendigen Erdöl- und Erdgaslieferungen. Die Moskauer Führung organisierte innerhalb der russischen Minderheit in den drei baltischen Staaten sogenannte »Interfronten« und später »Nationale Rettungsfronten«, um die Entwicklung zur Unabhängigkeit zu verhindern.

Am 29. August 1990 faßte das Zentralkomitee der KPdSU den Beschluß, das demokratisch gewählte litauische Parlament und die Regierung zu beseitigen und moskautreuen Kommunisten mit Waffengewalt wieder zur Macht zu verhelfen. Die sowjetischen Medien intensivierten ihre propagandistischen Kampagnen gegen die Unabhängigkeitsbestrebungen der baltischen Länder; gleichzeitig verstärkten die »Nationalen Rettungsfronten« vor Ort auf Geheiß Moskaus ihre Aktivität.

In einer öffentlichen Rede am 10. Januar 1991 warf Gorbatschow dem litauischen Parlament Verstöße »gegen die Verfassung der UdSSR« vor sowie das Bestreben, einen »bourgeoisen Staatsaufbau« zu errichten.

Am 11. und 12. Januar 1991 traten die »Nationalen Rettungsfronten« in Aktion. Gleichzeitig besetzten sowjetische Fallschirmjägereinheiten öffentliche Gebäude in der litauischen Hauptstadt Vilnius und in Kaunas. Am 13. Januar 1991 wurde unter Einsatz von Panzern das wichtige Rundfunk- und Fernsehgebäude in Vilnius eingenommen, am 20. Januar 1991 das Innenministerium in der baltischen Hauptstadt Riga. Insgesamt 20 Personen starben im Kugelhagel und unter Panzerketten, Hunderte wurden verletzt. In Vilnius versammelten sich Zehntausende von Litauern, um das Parlamentsgebäude zu schützen.

Diese militärische Aktion konnte kaum ohne Kenntnis und Billigung des Präsidenten durchgeführt werden. Keiner der

Befehlshaber und Führer dieser Intervention wurde dafür öffentlich kritisiert oder gar vor Gericht gestellt.

Die Intervention führte zu scharfen Protesten in der Sowjetunion. Jelzin bezeichnete die Einmischung der Militärs im Baltikum als »den Beginn eines gewaltigen Angriffs auf die Demokratie«. In einer gemeinsamen Erklärung mit den Parlamentspräsidenten der drei baltischen Republiken trat er am 13. Januar 1991 für die gegenseitige Anerkennung der staatlichen Souveränität ein.

Dreißig bekannte demokratische Reformer in Rußland – darunter Schatalin und Petrakow – verurteilten in einem Aufruf die militärische Intervention: »Das Selbstbestimmungsrecht der Nationen wird mit Füßen getreten. Das, was in Litauen geschehen ist, ist eindeutig als Verbrechen zu qualifizieren«, hieß es dort. »Um die Union zu erhalten, braucht man sie nicht in einen Friedhof zu verwandeln«. Und in einem Aufruf von 145 bekannten Repräsentanten der wissenschaftlichen und kulturellen Intelligenz, darunter der Historiker Jurij Afanassjew und der Schachweltmeister Gari Kasparow, erklärten die Unterzeichner, das »Verbrechen von Vilnius« sei von dem Präsidenten, den man bisher in seiner Reformpolitik unterstützt habe, nicht verurteilt worden. Wenn dieser Prozeß nicht sofort abgeblockt werde, »erwarten uns wieder Lager, Terror, Angst, Hunger und Ruin«.

Nach diesen Erklärungen kam es am 20. Januar 1991 zu Massendemonstrationen in Moskau, an denen vierhunderttausend Menschen teilnahmen. Die militärische Gewaltanwendung gegen Litauen wurde als Anschlag auf die Demokratie und die Selbständigkeitsbestrebungen scharf verurteilt. Erst jetzt bedauerte Gorbatschow in einer Fernsehrede die tragischen Ereignisse in Litauen und Lettland und versprach, die Umstände, die dazu geführt hätten, sorgfältig zu untersuchen.

In das politische Klima dieses Winters paßte es auch, daß am 7. Februar 1991 in zwei Räumen des russischen Präsidenten Boris Jelzin – unmittelbar über dem Parlamentsbüro – Abhörinstallationen des sowjetischen Geheimdienstes KGB entdeckt wurden. Jelzin verschärfte nun seinerseits die Gangart. Am 19. Februar wandte er sich in einer Fernsehansprache gegen Gorbatschows Politik und forderte dessen Rücktritt: »In den ersten zwei Jahren nach 1985 erweckte Gorbatschow in vielen von uns Hoffnungen ... Nun erleben wir ein Zurückdrehen der Perestroika: Wir sehen Versuche, durch die Stärkung des administrativen Kommandozentrums administrative Kommandomethoden wiederzubeleben.«

Alle Versuche der Zusammenarbeit seien mißlungen. »1987 habe ich davor gewarnt, daß es in Gorbatschows Natur liege, nach absoluter persönlicher Macht zu streben. Er ist in dieser Richtung so weit gegangen, eine Diktatur unter dem hübschen Namen Präsidialregime zu errichten. Ich distanziere mich von der Position und der Politik des Präsidenten; ich fordere, daß er sofort zurücktritt.«

Die Fernsehansprache Jelzins wurde im Obersten Sowjet von der Mehrheit abgelehnt und als Aufruf zum Sturz des gewählten Präsidenten und zum Bürgerkrieg bezeichnet. Die Moskauer Bevölkerung dachte jedoch anders: Am 24. Februar 1991 sprachen sich mehr als hunderttausend Menschen für Jelzin aus.

Gorbatschow ließ sich davon nicht beeindrucken, bekannte sich erneut zur »Position der Mitte«. Die KPdSU, so meinte Gorbatschow, müsse zum »integrierenden Faktor« aller zentristischen Kräfte werden. Aber dafür war es längst zu spät. Immer deutlicher wurde die Polarisierung der politischen Kräfte – der verstärkte Druck der Reformgegner in der Spitze auf der einen, die Mobilisierung der Demokraten auf der anderen Seite.

Am 7. März 1991 wurde auf Vorschlag Gorbatschows der neue »Sicherheitsrat der UdSSR« geschaffen. Diesem gehörten vorwiegend Reformgegner an, darunter Vizepräsident Janajew, Ministerpräsident Pawlow, Verteidigungsminister Jasow, KGB-Chef Krjutschkow, Innenminister Pugo und Walerij Boldin, Leiter der Informationsabteilung der Parteiführung – die späteren Drahtzieher des Putsches vom August 1991; außerdem der neue Außenminister Bessmertnych, der ehemalige Innenminister Bakatin und Jewgenij Primakow, zu der Zeit Vorsitzender des Unionssowjets.

Drei Tage später demonstrierten mehr als eine halbe Million Menschen in Moskau für Jelzin und die Reformer. Ähnliche Demonstrationen fanden auch in Leningrad (inzwischen St. Petersburg) und anderen sowjetischen Städten statt.

Daraufhin erklärte Jelzin am 11. März, es sei an der Zeit, auf der Basis der Bewegung »Demokratisches Rußland« eine »starke organisierte Partei zu gründen« – was leider nicht geschah. Jelzin forderte die direkte Wahl des Präsidenten durch die Bevölkerung und die schnelle Durchführung der Wirtschaftsreform nach dem 500-Tage-Programm von Schatalin und Jawlinskij. Mit fast prophetischem Weitblick warnte er wenig später: »Das System kämpft ums Überleben, läßt die Hebel der Macht, die es heute nutzt, nicht aus den Händen. Ich denke, daß es in diesem Jahr zu einer Wende kommen wird – entweder in die eine oder andere Richtung. Aber trotzdem glaube ich: die demokratischen Kräfte werden siegen.«

Das Referendum für die »erneuerte Sowjetunion«

Gorbatschow ging es seit September 1990 nicht nur darum, im Einvernehmen mit reformgegnerisch-bürokratischen Kräften wieder »Ordnung« zu schaffen, er suchte auch der zunehmen-

den Verselbständigung der einzelnen Unionsrepubliken Einhalt
zu gebieten. Nach langen Verhandlungen über einen »Unionsvertrag« und weitere Beratungen faßte der Oberste Sowjet der
UdSSR am 16. Januar 1991 den Beschluß, ein Referendum über
die Frage einer »erneuerten Föderation« abzuhalten.

Aber auch dieses auf den 17. März 1991 festgelegte Referendum kam viel zu spät. Unter dem Eindruck der militärischen
Intervention hatten in den baltischen Republiken bereits Refe-
renden über die staatliche Unabhängigkeit stattgefunden. Am
9. Februar stimmten 90,5 Prozent der Litauer für eine »unabhängige demokratische Republik«, am 3. März befürworteten
in Estland 77,8 Prozent und in Lettland 73,3 Prozent die staatliche Unabhängigkeit – obwohl in Lettland fast 40 Prozent der
Bevölkerung aus Russen und Ukrainern bestand.

Das Referendum enthielt folgende Frage: »Halten Sie es
für notwendig, die Union der Sozialistischen Sowjetrepubliken
als erneuerte Föderation von gleichberechtigten souveränen
Republiken, in der die Rechte und Freiheiten der Menschen
jeder Nationalität in vollem Maße garantiert werden, zu erhalten?«

Die in dieser Fragestellung enthaltenen Begriffe »Föderation« auf der einen und »souveräne Republiken« auf der anderen Seite wurden von unabhängigen Zeitungen sofort – zu
Recht – kritisiert. Auch die zusätzliche Einfügung über die
»Rechte und Freiheiten der Menschen« diente offensichtlich
dem Ziel, möglichst viele »Ja«-Stimmen zu erhalten, um die
von Gorbatschow gewünschte »erneuerte Union« durchsetzen
zu können.

Für Bürger der Russischen Föderation enthielt das Referendum die Zusatzfrage nach der Direktwahl ihres Präsidenten,
für die Bevölkerung Moskaus und Leningrads die zusätzliche
Frage nach einer Direktwahl des Oberbürgermeisters.

Als ich im März 1991 die Staatliche Pädagogische Hochschule für Fremdsprachen in Moskau besuchte (an der ich 1940/41 studiert hatte), zeigten mir Studenten Flugblätter zum Referendum für den 17. März. Interessant war, daß bei den Flugblättern, die für Zustimmung warben, kein Hinweis auf das Sowjetsystem oder auf die Kommunistische Partei enthalten war – offensichtlich hatten die Initiatoren erkannt, daß dies kontraproduktiv wirken würde. Eines von ihnen zeigte in einem Kreis einige blühende Blumen, umgeben von der Parole: »Frühling, Wiedergeburt, Union«. Der Text lautete: »Ich selbst kann nicht mein eigener Feind sein. Ich werde einen Zusammenbruch der Union nicht zulassen. Ich sage daher: Ja«.

Die Bewegung »Demokratisches Rußland« hatte folgendes hektographierte Flugblatt verbreitet:

Freunde!

Wenn Sie für Jelzin sind – stimmen Sie folgendermaßen ab:

Auf die Frage über die Erhaltung der Union nach Gorbatschow-Manier antworten Sie: NEIN.

Auf die Frage nach einer allgemeinen Volkswahl des Präsidenten Rußlands: JA.

Auf die Frage nach der Direktwahl des Bürgermeisters von Moskau: JA.

Wenn Sie für Gorbatschow sind – machen Sie alles umgekehrt.

Bewegung Demokratisches Rußland

Am Referendum beteiligten sich insgesamt 80 Prozent aller Wahlberechtigten. 76,4 Prozent stimmten mit »Ja«, 21,7 Prozent mit »Nein«, 1,9 Prozent der Stimmen waren ungültig.

Die zentralasiatischen Republiken, in denen noch weitgehend die alten Kräfte am Ruder waren, verzeichneten die meisten Ja-Stimmen: Turkmenistan 97,9 Prozent, Tadschikistan 96,2 Prozent, Kirgisien 94,6 Prozent, Kasachstan 94,1 Prozent und Usbekistan 93,7 Prozent. Etwas niedriger lagen die Ja-

Stimmen in Weißrußland mit 83,3 und in der Ukraine mit 83,5 Prozent. Die Russische Föderation verzeichnete 75,4 Prozent Ja-Stimmen. Die geringsten Ja-Stimmen gab es in den russischen Großstädten: in Moskau 50,0, in Leningrad 50,5 und in Swerdlowsk (inzwischen Jekaterinburg) 34,4 Prozent – ein Zeichen für die Popularität Jelzins und der Bewegung »Demokratisches Rußland«, die die Wähler aufgefordert hatte, mit »Nein« zu stimmen.

Der vermeintliche Abstimmungssieg Gorbatschows wurde dadurch geschmälert, daß die drei baltischen Republiken sowie Armenien, Georgien und die Moldauer Republik durch ihre Weigerung, sich an dem Referendum zu beteiligen, deutlich gemacht hatten, daß sie sich der »erneuerten Föderation« nicht anschließen wollten. Am 31. März 1991 fand ein Referendum in Georgien statt: 98,8 Prozent der Wähler befürworteten die Wiederherstellung der staatlichen Unabhängigkeit Georgiens.

Das einzig bleibende Resultat des Referendums war die Antwort auf die in Rußland eingefügte Zusatzfrage über die Volkswahl des Präsidenten. Bei einer Wahlbeteiligung von 75,4 Prozent stimmten 70 Prozent dafür – wobei die Abstimmenden wohl ahnten, daß der Kandidat Boris Jelzin heißen würde.

Die Bevölkerung Rußlands wählt
ihren Präsidenten

Ruzkojs »Kommunisten für die Demokratie«

Anfang März 1991 kam es zu Streiks von Bergarbeitern. Sie begannen zunächst im westsibirischen Kohlerevier Kusbass, griffen dann auf den ukrainischen Donbass, das arktische Kohlerevier Workuta und die Bergbaugebiete im südlichen Ural über – schließlich sogar auf Weißrußland (Belarus), das bisher als eine ruhige Unionsrepublik galt.

Die streikenden Bergleute verlangten nicht nur höhere Löhne und eine bessere Versorgung, sondern stellten auch politische Forderungen: den Rücktritt von Präsident Michail Gorbatschow und der Unionsregierung, die Bildung einer Koalitionsregierung unter Einschluß der Demokraten, vorgezogene Parlamentswahlen unter Beteiligung unterschiedlicher Parteien, die Trennung aller Staatseinrichtungen von der Kommunistischen Partei, die Einziehung und Verstaatlichung des Partei-Vermögens und die Aufhebung aller Privilegien der KPdSU-Funktionäre.

Verhandlungen der Streikkomitees mit Ministerpräsident Pawlow und Präsident Gorbatschow führten zu keiner Einigung. Auch nach einer Verdoppelung der Löhne waren die Bergleute nicht bereit, von ihren politischen Forderungen abzurücken. Es kam zu Arbeitsniederlegungen auch in anderen Industriezweigen, in der belorussischen Hauptstadt Minsk sogar zu einem Generalstreik.

In dieser Situation trat am 28. März 1991 der Kongreß der Volksdeputierten Rußlands zusammen, um über eine neue Verfassung und einen neuen Wahlmodus für die bevorstehende Wahl zum Präsidenten Rußlands zu beraten.

Auf Veranlassung Gorbatschows wurden alle Kundgebungen und Demonstrationen für die Dauer des Kongresses (26. März–15. April) verboten. Die Moskauer Polizei wurde dem sowjetischen Innenministerium unterstellt. Am 28. März 1991 wurden 50 000 Mann aus Armee und Miliz nach Moskau beordert, die den ganzen Bereich um den Kreml und die inneren Stadtbezirke abschirmten – mit dem klaren Ziel, alle Demonstrationen und Kundgebungen für die Demokraten zu unterbinden.

Diesen Tag habe ich in Moskau erlebt. 50 000 Uniformierte kontrollierten die Stadt. Ich suchte mir einen Weg zwischen gepanzerten Fahrzeugen, Lastwagen und Autobussen hindurch, vollgestopft mit Polizisten, Soldaten der Armee und Truppen des Innenministeriums. Mehrfach wurde ich an Sperren aufgehalten, jedoch mit außerordentlicher Höflichkeit durchgelassen, sobald ich meinen ausländischen Paß vorzeigte – ein Privileg, das, wie ich sehr bald feststellte, für die Moskauer Bürger nicht galt.

Die offizielle Begründung für die Truppenkonzentrationen war keineswegs überzeugend. Nach einer Version ging es darum, die Abgeordneten des Kongresses zu schützen, nach einer anderen handelte es sich um eine Übung, die den Soldaten in einer großen Stadt wie Moskau die nötige Fahrpraxis vermitteln sollte. Aber jeder in Moskau wußte, daß es sich um eine Machtdemonstration handelte mit dem Ziel, die Reformer um Jelzin einzuschüchtern.

Trotz des Demonstrationsverbotes fand am Puschkin-Plan eine Kundgebung der Reformer mit über hunderttausend Teilnehmern statt. Es kam zu keinen Zusammenstößen. Am nächsten Tag wurden die Truppen auf Geheiß Gorbatschows wieder abgezogen.

Das Interesse der Öffentlichkeit konzentrierte sich nun auf den russischen Volksdeputiertenkongreß. Als Kandidaten für das Amt des Vorsitzenden standen zwei Personen im Mittelpunkt: Der Reformgegner und Vorsitzende der KP Rußlands, Ivan Poloskow, auf der einen, Boris Jelzin auf der anderen Seite. Die KP-Fraktion hatte das Übergewicht. Poloskows Wahl schien gesichert, als sich plötzlich eine große Gruppe unter dem Namen »Kommunisten für die Demokratie« konstituierte, die aus dem Poloskow-Block ausscherte und sich für Jelzin entschied. Die Leitung dieser neuen Fraktion hatte der Luftwaffenoberst Ruzkoj, der in der weiteren Entwicklung eine entscheidende Rolle spielen sollte.

Alexander Ruzkoj wurde 1947 als Sohn eines Berufssoldaten in Kursk geboren, absolvierte die Fliegeroffiziersschule und später die Militärakademie der Luftstreitkräfte. Ruzkoj diente vorübergehend bei den sowjetischen Truppen in der DDR, wurde 1985 nach Afghanistan abkommandiert, als Flieger zweimal abgeschossen, schwer verwundet, war vorübergehend in Gefangenschaft, wobei ihm die Flucht gelang. 1988 wurde er im Range eines Obersten zum Befehlshaber der Luftstreitkräfte der 40. Armee ernannt und erhielt den Titel eines »Helden der Sowjetunion«. Im März 1989 wirkte Ruzkoj bei der Gründung der nationalrussischen Gesellschaft »Vaterland« mit, deren Stellvertretender Vorsitzender er wurde. Bei den Wahlen zum Volkskongreß der UdSSR am 26. März 1989 unterlag er, weil er damals als Rechts-Nationalist galt. Ein Jahr später wurde er in Kursk bei den Wahlen zum russischen Volkskongreß dank Unterstützung der KPdSU gewählt. Im russischen Volksdeputiertenkongreß trat er der Fraktion »Kommunisten Rußlands« bei. Erst am 28. März 1991 gründete er seine eigene Parlamentsgruppe und verhalf so Jelzin bei der Wahl zum Vorsitzen-

den zu der erforderlichen Mehrheit. Gleichzeitig sprach sich
der russische Volksdeputiertenkongreß für die Direktwahl des
künftigen Präsidenten Rußlands aus, der am 12. Juni 1991
gewählt werden sollte.

Unter dem Eindruck der Massendemonstrationen und
Streiks begann Gorbatschow sich wieder von den Reformgegnern zu lösen und Anschluß an die demokratischen Reformkräfte zu suchen. Dabei mag auch eine Rolle gespielt haben,
daß Viktor Alksnis von der reformgegnerischen »Sojus« am 19.
und 20. April nicht nur die sofortige Einführung eines Ausnahmezustandes verlangt hatte, sondern auch den Rücktritt Gorbatschows.

Ein erster Hinweis auf die neue Wendung Gorbatschows war
sein Treffen mit Jelzin am 23. April 1991 in Nowo Ogarjowo.
Obwohl auf dieser Tagung der Zusammenhalt der Unionsrepubliken im Vordergrund stand, waren die Gespräche zwischen
Gorbatschow und Jelzin über die weitere Entwicklung von entscheidender Bedeutung. Beide erklärten, ein Ausweg aus der
Krise sei nur durch eine Fortsetzung der demokratischen Umgestaltung und eine »radikale Reform der Wirtschaft« möglich.

Jelzins Wahlsieg

Seit Mitte April 1991 liefen die Vorbereitungen für die Wahl
des russischen Präsidenten. Der Volkskongreß hatte beschlossen, daß für das Amt nur Bürger kandidieren dürften, die mindestens 35, aber nicht älter als 65 Jahre alt waren. Die Amtsperiode betrug 5 Jahre mit der Möglichkeit einer einmaligen Wie-
derwahl. Gewählt war der Kandidat, der mehr als die Hälfte
der abgegebenen Stimmen erhielt.

Der zu wählende Präsident sei »Oberhaupt der Exekutive«
und »höchste Amtsperson«. Während seiner Amtszeit habe er

die Mitgliedschaft in einer politischen Partei ruhen zu lassen. Der Präsident verfüge über das Recht, Dekrete zu erlassen, sei aber nicht berechtigt, die parlamentarischen Gremien aufzulösen. Die Beschlüsse wurden mit 615 zu 235 Stimmen angenommen – Ivan Poloskow und fast die gesamte KP-Fraktion stimmten gegen die Einführung des Präsidentenamtes.

Jelzin schlug zum Kandidaten für das Amt des Vizepräsidenten Alexander Ruzkoj vor. Mit dieser Nominierung hoffte er Kräfte der Mitte, darunter auch Teile des Militärs und gemäßigte KP-Funktionäre, zu gewinnen.

Zum Abschluß des Volkskongresses wurden sechs Kandidaten aufgestellt, die ein breites politisches Spektrum abdeckten:

Boris Jelzin war als langjähriger »Oppositionsführer« in breiten Kreisen der Bevölkerung außerordentlich beliebt. Seine Wahlreise nach Murmansk und Petrosawodsk im Norden, Kaluga und Tula in Zentral-Rußland sowie nach Orenburg, Jekaterinburg (früher Swerdlowsk) und Samara (früher Kuybischew) im Wolga-Ural-Gebiet glichen Triumphzügen. Auf Spruchbändern war zu lesen: »Jelzin – wer sonst?« Auf einem Plakat sah man ein großes Bild von Peter dem Großen, der, über einem Meer von Schiffen stehend, das Fenster nach Europa öffnet, darunter die Worte: »Ich hätte Jelzin gewählt.«

Nikolaj Ryschkow, 62 Jahre alt, hatte gerade einen Herzinfarkt überstanden. Er trat als unabhängiger Kandidat auf, wurde jedoch politisch, organisatorisch und finanziell von der Kommunistischen Partei Rußlands sowie der reformgegnerischen »Sojus«-Fraktion unterstützt. Ryschkow distanzierte sich deutlich von Gorbatschow, dessen Ministerpräsident er von 1985 bis Januar 1991 gewesen war. Er wetterte gegen den »Ausverkauf an Millionäre und Ausländer« und gegen das Privatisierungsprogramm. Wiederholt wies Ryschkow darauf hin, er sei bereits 1983 unter Andropow als Sekretär des Zentralkomitees für die Wirtschaftspolitik verantwortlich gewesen, und unterstrich damit die Tradition zum früheren System. Er war der letzte große Hoffnungsträger des konservativen Establishments.

Der dritte Kandidat war der 45jährige, in Alma Ata geborene *Wladimir Shirinowski,* der Vorsitzende der »Liberaldemokratischen Partei«, in Wirklichkeit eine rechtsnationalistische Partei. Shirinowski hatte das Institut für Asien- und Afrikakunde absolviert, eine juristische Ausbildung erhalten, und prahlte mit seiner Kenntnis der Fremdsprachen. Im Wahlkampf behauptete er, mit Präsident Bush und Bundeskanzler Kohl »von Mann zu Mann« in deren Sprache sprechen zu können und von keiner Ideologie eingeengt zu sein.

Für seine Kandidatur hatte Shirinowski die erforderlichen hunderttausend Unterschriften nicht erreicht. Es gab aber noch eine zweite Möglichkeit, als Kandidat aufgestellt zu werden: durch Zustimmung eines Fünftels der Abgeordneten des russischen Volksdeputiertenkongresses. Shirinowski schlug sich auf dem Kongreß selbst vor und bekam – unter schallendem Gelächter über seine Selbstvorstellung – fast die Hälfte der Stimmen der Abgeordneten und war damit ebenfalls Präsidentenanwärter, doch wurde er mehr als Clown denn als seriöser Kandidat angesehen. Damals hörte man den Verdacht, Shirinowski solle im Auftrag des Geheimdienstes KGB den Parteienpluralismus durch unseriöses Auftreten diskreditieren.

Der vierte Kandidat, der 53jährige General *Albert Makaschow,* war Befehlshaber des wichtigen Militärbezirks Wolga-Ural. Er trat als »Patriot« auf und wetterte gegen die »Kosmopoliten«, ein Begriff, der während der Stalin-Zeit häufig mit antisemitischer Tendenz gebraucht wurde. Als einziger unter den Kandidaten trat er stets in Uniform auf – ein Mann von gestern mit dem Vokabular von gestern. Er griff Gorbatschows »kampflose Preisgabe Ost- und Mitteleuropas« an und galt als härtester Reformgegner unter allen Kandidaten.

Der ebenfalls 53jährige *Vadim Bakatin* war der gebildetste aller Kandidaten. Er wurde als liberaler Intellektueller angesehen, der eine Brücke zwischen Kommunisten und Nicht-Kommunisten schlug, sich als Politiker des »gesunden Menschenverstandes« und der Verständigung präsentierte, als Befürworter durchdachter, dosierter Wirtschaftsreformen.

Von Anfang an war klar, daß der 47jährige Kasache *Amangeldy Tulejew* nur geringe Chancen hatte, obwohl er sich beim Streik der Bergarbeiter 1989 profiliert hatte. Er trat als »einfacher Bürger« auf. Im Fernsehen erklärte Tulejew, er habe Angst um seine Kinder, wenn Jelzin siege, denn dieser strebe nach einer »Super-Diktatur«, und deutete geheimnisvoll an, er verfüge über Dokumente, wonach Jelzin angeblich Verbindungen zur italienischen Mafia pflege.

Der Wahlkampf verlief ohne Gewalttätigkeiten und im großen und ganzen fair. Lediglich die KP-Zeitung *Prawda* durchbrach den positiven Eindruck. Zwei Tage vor der Wahl veröffentlichte sie ein von zwei Professoren aus Moskau und Leningrad sowie dem Direktor des sowjetischen Instituts für soziale Kollektivforschung verfaßtes »Psychogramm Jelzins«, in dem dieser als seelisch labil und geistig beschränkt dargestellt wurde. Nach seiner Entlassung aus den Führungsgremien im November 1987, so das Psychogramm, habe Jelzin einen Selbstmordversuch unternommen. Dies zeige, daß er nicht belastbar sei. Jelzin gebe stets anderen Leuten die Schuld für eigene Fehler, mißtraue seiner Umgebung, sei machtbesessen. In seiner Autobiographie habe er 397mal das Wort »Macht« im positiven Sinne und mit seiner Person verbunden gebraucht. Dies spiegle das unbewußte Bemühen um einen Ausgleich für sein Unzulänglichkeitsgefühl wider.

Aber auch das *Prawda*-Psychogramm konnte das Wahlergebnis nicht beeinflussen. Nach der Auszählung der Stimmen wurde bekanntgegeben, daß die Wahlbeteiligung bei fast 75

Prozent lag. Jelzin erhielt 57,3 Prozent aller Stimmen; ihm folgten Ryschkow (16,85%), Shirinowski (7,8%), Tulejew (6,8%), Makaschow (3,7%) und Bakatin (3,42%). Shirinowskis dritten Platz nahm damals, so auffällig er auch war, kaum jemand ernst.

Bei den gleichzeitigen Wahlen der Vorsitzenden der Sowjets (Oberbürgermeister) wurde in Moskau der demokratische Reformkandidat Gawriil Popow mit 65,3 Prozent wiedergewählt, in Leningrad Anatolij Sobtschak mit über 65 Prozent bestätigt. Gleichzeitig fand in Leningrad ein Referendum statt: 55 Prozent der Abstimmenden befürworteten, der Stadt ihren früheren Namen St. Petersburg zurückzugeben.

Mit dem Erfolg Jelzins bei den russischen Präsidentenwahlen am 12. Juni veränderten sich die Beziehungen zwischen diesem und Gorbatschow erneut. Gorbatschow gratulierte Jelzin zu dessen überzeugendem Sieg und befürwortete ihre Zusammenarbeit zur Beschleunigung der Reformen. Beide Seiten vereinbarten, im Interesse der Eintracht und der Stabilität der politischen und wirtschaftlichen Verhältnisse die Zusammenarbeit der letzten Wochen fortzusetzen.

Jelzin, der wenige Tage nach den Wahlen zu einem Besuch in die USA aufbrach, erklärte beim Empfang in der sowjetischen Botschaft in Washington, die ersten freien Wahlen in der Geschichte Rußlands seien »in erster Linie durch die im Jahr 1985 von Präsident Gorbatschow eingeleitete demokratische Entwicklung« möglich geworden. Allerdings bemängelte er in einem anschließenden Fernsehinterview Gorbatschows reformerische »Inkonsequenz« und seine »halbherzigen Entscheidungen«. Seit sich Gorbatschow jedoch vor einigen Wochen wieder mit den Reform-Befürwortern verbündet habe, sei ihr Verhältnis, so Jelzin, »ausgewogen und pragmatisch«; zwischen ihnen gebe es auch »keine persönlichen Animositäten«.

Das Jahr 1991 war für Boris Jelzin der Höhepunkt seiner Laufbahn: Er war das erste vom Volk frei gewählte Staatsoberhaupt in der über tausendjährigen Geschichte Rußlands. Weder vorher noch nachher erreichte er einen so hohen Grad an Beliebtheit und Vertrauen.

Jelzins Vereidigung als Präsident Rußlands erfolgte in feierlicher Form am 19. Juli 1991. Der Patriarch der russisch-orthodoxen Kirche, Alexej II., wünschte Jelzin in einer bewegenden Rede eine segensreiche Tätigkeit. Jelzin erklärte in seiner Ansprache, die Bürger Rußlands hätten sich »für den Weg zur Demokratie, der Wiedergeburt, der Würde der Menschen entschieden«. Er bekannte sich zu einer Politik »radikaler Reformen«, man dürfe sich nicht auf »halbe Maßnahmen« beschränken. Er trat dafür ein, Rußland zu einem »demokratischen, friedliebenden, souveränen Rechtsstaat« zu entwickeln.

Auf dem gleichzeitig beginnenden 5. Volksdeputiertenkongreß Rußlands kam es zu harten Auseinandersetzungen über die Wahl des neuen Parlamentsvorsitzenden. Auf der einen Seite stand Ruslan Chasbulatow, damals ein Anhänger Jelzins und als Reformer angesehen, auf der anderen Seite Sergej Baburin als Reformgegner. Trotz mehrerer Wahlgänge konnte sich der Kongreß nicht mit der notwendigen Mehrheit auf einen der beiden Kandidaten einigen. Die Entscheidung fiel erst drei Monate später im Oktober 1991 – zugunsten von Chasbulatow.

Mit Stimmenmehrheit beschloß der russische Volksdeputiertenkongreß, die Kontrolle der KPdSU in der Armee zu beenden. An die Stelle der früheren »Militärabteilung des Zentralkomitees« und der »Politischen Hauptverwaltung der sowjetischen Streitkräfte« trat nun eine »Militärpolitische Hauptverwaltung«. Die Erziehung der Offiziere sollte nun nicht mehr auf die KPdSU konzentriert sein, sondern im Geiste der Ergebenheit gegenüber dem Präsidenten und dem Parlament erfolgen.

Während des Sommers 1991 setzte sich die Schwächung der KPdSU und die Differenzierung des politischen Spektrums fort. Aus der von Alexander Ruzkoj geschaffenen Fraktion »Kommunisten für die Demokratie« bildete sich die »Demokratische Partei russischer Kommunisten« – ebenfalls unter dem Vorsitz Ruzkojs. Am 6. August wurde Alexander Ruzkoj daraufhin aus dem Zentralkomitee der KP Rußlands ausgeschlossen.

Der Putsch vom August 1991

Seit dem Frühjahr 1991 war es den Reformgegnern klar, daß
die Entwicklung in eine für sie gefährliche Richtung verlief.

Bei den Verhandlungen im Frühjahr und Frühsommer in
Nowo-Ogarjowo wurde die (längst überlebte) Idee einer
»erneuerten Union« fallengelassen. An deren Stelle sollte eine
Konföderation treten. Die Hoffnung der Reformgegner, Gorbatschow »einzubinden«, seine Person und seinen Namen zu
benutzen, um den Reformprozeß abzustoppen, war fehlge-
schlagen. Seit April 1991 hatte sich Gorbatschow den Demokraten und Jelzin angenähert und sich eindeutig für einen
schnelleren Reformprozeß – auch in der Wirtschaft – ausgesprochen.

Die Kommunistische Partei war erheblich geschwächt. Der
Hauptfeind, Jelzin, war von der Bevölkerung gewählter Präsident Rußlands, und in den beiden wichtigsten Städten Moskau
und Leningrad/St. Petersburg amtierten die Reformer Sobtschak und Popow. Drei Wochen nach Jelzins Sieg hatte sich die
Dachorganisation »Bewegung für demokratische Reformen«
konstituiert. Zu den Gründern gehörten die bekannten Reformer Alexander Jakowlew, Eduard Schewardnadse und Nikolaj
Petrakow sowie der damals als Jelzin-Vertrauter angesehene
Alexander Ruzkoj und die Oberbürgermeister Moskaus und
Leningrads, Gawriil Popow und Anatolij Sobtschak. Damit
wurde versucht, die Arbeit aller demokratischen Gruppen zu
koordinieren.

In dieser Situation gab es für die Reformgegner nur noch eine letzte Möglichkeit: den Reformprozeß durch die Verhängung eines Ausnahmezustandes in letzter Minute abzustoppen.

Vorbereitungen für den Ausnahmezustand

Am 23. Juli 1991 erschien in der reformfeindlichen *Sowjetskaja Rossija* ein Aufruf, die »Rede an das Volk«: »Liebe Russen! Bürger der UdSSR! Landsleute! Es ist großes, nie dagewesenes Leid über uns gekommen. Die Heimat, unser Land, ein großer Staat, die uns von der Geschichte, der Natur, den ruhmreichen Vorfahren gegeben worden sind, gehen zugrunde, zerfallen in Stücke und versinken in der Finsternis und im Nichts ... Was hat man mit uns gemacht, Brüder? Warum haben hinterlistige und wortgewandte Herrscher, kluge und gerissene Abtrünnige, gierige und reiche Raffer ... die Macht an sich gerissen, die Reichtümer geplündert, dem Volk die Häuser, Fabriken und den Ackerboden weggenommen, das Land in Stücke zerrissen, uns entzweit und getäuscht?«

Es folgte ein pathetischer Appell: »Wir wenden uns an die Vertreter aller Berufe und Stände, aller Ideologien und Glaubensrichtungen, aller Parteien und Bewegungen ... Laßt uns zur Besinnung kommen und uns erinnern, alt und jung aufstehen für das Land. Rufen wir den Zerstörern und Eroberern ein ›Nein!‹ zu. Setzen wir unserem Verzicht auf Widerstand im letzten Moment eine Grenze. Gründen wir eine Volksbewegung.«

Dann wandten sich die Verfasser an die Armee: »Unsere ruhmreichen Verteidiger machen schwere Zeiten durch. Es ist nicht die Schuld der Armee, daß sie gezwungen ist, die ausländischen Garnisonen überstürzt zu verlassen, das Objekt gnadenloser politischer Spekulationen, den ständigen Attacken der Lügen und Verleumdungen von Seiten verantwortungsloser

Politiker ausgesetzt zu sein . . . Wir sind überzeugt, daß die Kämpfer von Armee und Flotte, getreu ihrer heiligen Pflicht, einen brudermordenden Krieg, die Zerstörung des Vaterlandes nicht zulassen werden, als zuverlässiger Sicherheitsgarant und Bollwerk aller gesunden Kräfte der Gesellschaft auftreten werden.« Die »Rede an das Volk« endete mit der Ankündigung: »Beginnen wir in diesem Augenblick den Weg zur Rettung des Staates. Laßt uns eine patriotische Volksbewegung gründen, in der sich alle, die über Willen und Einfluß verfügen, im Namen des höchsten Zieles – der Rettung des Vaterlandes – vereinen«.

Unterzeichner waren unter anderen der konservativ-nationale Schriftsteller Jurij Bondarew, General Boris Gromow, Alexander Prochanow, der Vorsitzende des »Sojus«, Jurij Blochin, der KP-Führer Gennadij Sjuganow, der stellvertretende Verteidigungsminister General Valentin Warennikow sowie die späteren Putschisten Wassilij Starodubzew und Alexander Tisjakow.

Wenige Tage später stellte Gorbatschow auf dem Plenum des Zentralkomitees der KPdSU ein neues Parteiprogramm vor, das die Umwandlung der KPdSU in eine »Partei des demokratischen und menschlichen Sozialismus« vorsah und eine Absage an die frühere Ideologie des Marxismus-Leninismus zum Inhalt hatte.

Alexander Jakowlew sah eine direkte Verbindung zwischen dem Juli-Plenum mit der dort eingeleiteten Abkehr von der kommunistischen Ideologie und den beginnenden Putsch-Vorbereitungen: »In diesem Geist fand das Juli-Plenum statt, auf dem ein sozialdemokratischer Gesellschaftsentwurf angenommen wurde. Obwohl auch die Konservativen dafür stimmten, begannen sie von da an mit der Vorbereitung des Putsches. Gemeinsam sollte eine Entwicklung beendet werden, die ihnen völlig aus den Händen geglitten war.«

Im neu erbauten Hotel ABC, Erholungsdomizil der Hauptverwaltung I des KGB (Auslandsaufklärung), fanden die Vorbereitungstreffen der Putschisten statt. »Man hat«, so Verteidigungsminister Jasow später, »über die Lage im Land gesprochen, darüber, daß die Partei nun zerfällt, die Wirtschaft zerfällt. Dann kam man unweigerlich dazu, daß die Schuld den Präsidenten treffen mußte, weil er zur Partei auf Distanz gegangen war . . . er hat die Armee im Stich gelassen.«

Die Zusammensetzung dieser Treffen wechselte. Am häufigsten dabei waren KGB-Chef Wladimir Krjutschkow, Oleg Baklanow (Stellvertretender Vorsitzender des Verteidigungsrates der UdSSR) und der Gorbatschow-Vertraute Walerij Boldin, Mitglied des Sicherheitsrates der UdSSR.

Die KGB-Pläne vom Dezember 1990 wurden den veränderten Gegebenheiten angepaßt. Es wurde ein sogenanntes »Notstandskomitee« geschaffen, offiziell unter Führung des Vizepräsidenten Gennadij Janajew, doch die treibende Kraft des Staatsstreiches war KGB-Chef Krjutschkow. Ferner gehörten dem »Notstandskomitee« an: Ministerpräsident Pawlow, Innenminister Pugo, Verteidigungsminister Jasow, der für die Rüstungsindustrie in der KP-Führung zuständige Oleg Baklanow, der Vorsitzende der Bauernunion (die die Interessen der Führungen der Staatsgüter und Kollektivwirtschaften vertrat), Wassilij Starodubzew, und der Vorsitzende des Verbandes staatlicher Unternehmen, Alexander Tisjakow.

Zu den Drahtziehern des Putsches gehörte auch (ohne dem Notstandskomitee offiziell anzugehören) Anatolij Lukjanow, ehemaliger Studienkollege und langjähriger engster Vertrauter Gorbatschows, der im Mai 1990 auf Vorschlag Gorbatschows zum Präsidenten des Obersten Sowjet der UdSSR ernannt worden war.

Das »Notstandskomitee« sollte folgende Aufgaben erfüllen:
Entmachtung des Präsidenten der UdSSR (Gorbatschow) und seine Isolierung;

Unterbindung aller Versuche des Präsidenten der Russischen Föderation (Jelzin), sich der Tätigkeit des Notstandskomitees zu widersetzen;

Kontrolle und eventuelle Festnahme der Leiter der höchsten russischen Staatsorgane, darunter der demokratischen Funktionäre und Abgeordneten der Parlamente der Union und Rußlands sowie des Moskauer Stadtsowjet;

die Besetzung des Gebäudes des Obersten Sowjet der Russischen Föderation (das »Weiße Haus«), »wenn nötig mit Truppenteilen der Sowjetarmee und des Ministeriums des Innern«, und »anschließend Internierung der nach der Erstürmung dort verbliebenen Personen, einschließlich der russischen Führung«.

Bezeichnend war, daß die KGB-Führung nicht einmal ihren potentiellen Bundesgenossen beim Staatsstreich vertraute. So wurden auch die Telefone des Vizepräsidenten Gennadij Janajew und des Vorsitzenden des Obersten Sowjet Anatolij Ljukanow überwacht. Die daraus gewonnenen Informationen erhielten Krjutschkow und sein Stellvertreter Agejew.

»Operation Morgenröte«

Michail Gorbatschow befand sich seit dem 4. August 1991 mit seiner Familie und seinen Mitarbeitern in seiner Urlaubsdatscha in Foros auf der Krim. Gorbatschow arbeitete dort an der Rede, die er am 20. August 1991 anläßlich der Unterzeichnung des Unionsvertrages, der eine freiwillige Föderation der sowjetischen souveränen Republiken vorsah, in Moskau halten wollte.

KGB-Chef Krjutschkow hatte inzwischen die Vorbereitungen zur Isolierung Gorbatschows auf der Datscha getroffen. Die Leitung der Maßnahmen zur Abriegelung des Objektes »Morgenröte« (kodierte Bezeichnung für die Datscha Gorba-

tschows) wurde Krjutschkows erstem Stellvertreter Geni Agejew übertragen. Die 79. Grenzabteilung und die 5. Wachschiff-
brigade, in Foros stationiert, wurden dem Leiter des Personen-
und Objektschutzes, Plechanow, und dessen Stellvertreter
unterstellt. Am 15. August kam noch eine Operativgruppe des
Personenschutzes nach Foros, um Gorbatschow auf der Datscha von der Außenwelt abzuschneiden.

Am Sonntag, dem 18. August 1991, kamen die Putschführer
auf Einladung Krjutschkows in Moskau zusammen, um das
weitere Vorgehen abzusprechen. Verteidigungsminister Jasow
erinnert sich: »Am 20. August hätte der Unionsvertrag unterzeichnet werden sollen ... Ich persönlich und auch viele andere
Genossen, mit denen ich gesprochen habe, waren uns plötzlich
dessen bewußt, daß damit auch ein Zerfall der Union unab-
wendbar war ... Unsere Überzeugung war: Hier liegt nicht
einfach ein Fehler vor, sondern es wird zielstrebig darauf hinge-
arbeitet, daß es keine Union mehr gibt, sondern eine Konföderation mit Republiken, mit eigenen Präsidenten.«

Uneinigkeit herrschte bei den Putschführern über das Verhalten gegenüber Michail Gorbatschow. Daher wurde vereinbart,
daß eine Delegation der Putschisten auf die Krim fliegen sollte,
um mit Gorbatschow über einen freiwilligen Rücktritt vom
Amt des Präsidenten und eine Übergabe der Amtsgeschäfte an
Vizepräsident Gennadij Janajew zu verhandeln. Falls Gorbatschow in diesen Plan nicht einwilligte, sollte er auf der Datscha
isoliert werden. Als Mitglieder der Delegation wurden der Stellvertreter Jasows, General Warennikow, sowie die KPdSU-Spit-
zenfunktionäre Walerij Boldin, Oleg Baklanow und Oleg Sche-
nin bestimmt.

Am Nachmittag des 18. August 1991 überarbeitete Michail
Gorbatschow in seinem Arbeitszimmer den Entwurf für seine
Rede zur Unterzeichnung des Unionsvertrages. Um 16.50 Uhr
unterbrach ihn der Chef des Personenschutzes, um ihm mitzu-

teilen, daß eine Gruppe von Personen ihn dringend zu sprechen wünschte. Da er niemanden erwartete, griff er zum Telefon, um sich nach den Besuchern zu erkundigen. Erschreckt stellte er fest, daß alle Telefonleitungen tot waren. Auch die Radio- und Fernsehgeräte funktionierten nicht mehr.

»Vor unserem Haus standen viele Autos, alle mit Antennen, einige mit Blaulicht«, beschrieb Gorbatschows Sicherheitsbeamter Tschernajew die Lage, »daneben eine Menge Fahrer und Wachen ... Bei allen waren die Telefonleitungen gekappt: bei der Wache, den Ärzten, den Köchen, den Chauffeuren und sogar bei den Offizieren, die, zehn Meter von meinem Zimmer entfernt, den ›Atomkoffer‹ bewachten, mit dem der Präsident einen Atomschlag veranlassen kann. Es zeigte sich, daß der Präsident auch vom Atomkoffer abgeschnitten war. Die Welt stand fast drei Tage lang unter dem Befehl Marschall Jasows.«

Die Delegation der Putschisten blieb ungefähr eine Stunde bei Gorbatschow. Gorbatschow berichtete, die Putschisten hätten ihm zwei Möglichkeiten vorgeschlagen: Entweder solle er Vizepräsident Janajew alle Vollmachten übertragen und die Ausrufung des Notstandes akzeptieren oder vom Amt des Präsidenten zurücktreten. Gorbatschow lehnte beides ab: »Ihr könnt euch doch denken, daß ich weder das eine noch das andere tun werde. Ihr habt ja einen Umsturz geplant. Das, was ihr vorhabt mit dem Komitee, ist gegen die Verfassung und die Gesetze. Das ist ein Abenteuer, das zu Blutvergießen und Bürgerkrieg führt ...«

Nach dem Rückflug der Putschführer blieben die Gorbatschows, von KGB-Soldaten bewacht, auf der Datscha zurück. Alle direkten Kontakte zur Außenwelt waren abgeschnitten. Um das Gelände herum waren bewaffnete Soldaten postiert. Ihre Uniformen ähnelten denen der gefürchteten Spezialeinheit OMON. Von der Datscha aus konnte Tschernajew beobachten, daß auf der Straße von Sewastopol nach Jalta alle fünfzig bis hundert Meter Soldaten vom Grenzschutz standen, teilweise mit Hunden – an Flucht war nicht zu denken.

In Moskau warteten derweil die Verschwörer im Büro von Ministerpräsident Pawlow im Kreml auf die Rückkehr der Delegation von der Krim. Gegen 21 Uhr trafen die Männer »mit ziemlich sauren Gesichtern« ein. Sie berichteten, daß Gorbatschow sie »praktisch weggejagt« habe.

Wenig später trafen auch Vizepräsident Janajew und Parlamentspräsident Lukjanow im Kreml ein. Janajew war, so Marschall Jasow, »schon ziemlich betrunken.« Die Verschwörer beschlossen, Janajew sollte ein Dokument unterzeichnen, in dem behauptet wurde, daß Gorbatschow krank sei und Vizepräsident Janajew vorerst die Amtsgeschäfte übernehmen müsse. Diese Erklärung sollte am nächsten Morgen bekanntgegeben werden.

Der Aufruf des Notstandskomitees

Am 19. August 1991 um sechs Uhr morgens verbreitete die Nachrichtenagentur »Tass« den Erlaß des Vizepräsidenten der UdSSR, Gennadij Janajew. Darin hieß es, Janajew habe gemäß Artikel 127.7 der Verfassung der UdSSR die Amtsgeschäfte des Präsidenten übernommen, da es Michail Gorbatschow aufgrund seines Gesundheitszustandes unmöglich sei, die Amtspflichten als Präsident der UdSSR zu erfüllen. Ein »Staatliches Komitee für den Ausnahmezustand in der UdSSR« sollte als Regierung fungieren. Neben Janajew gehörten diesem Innenminister Pugo, Ministerpräsident Pawlow, der Stellvertretende Vorsitzende des Verteidigungsrates, Oleg Baklanow, KGB-Chef Krjutschkow, Verteidigungsminister Jasow sowie die hohen Wirtschaftsfunktionäre Wassilij Starodubzew und Alexander Tisjakow an.

Eine Stunde später wandten sich die Putschisten in einem
Appell an die Bevölkerung der Sowjetunion. »In einer ernsten,
für das Schicksal unseres Vaterlandes und unserer Völker kritischen Stunde wenden wir uns an Sie! Über unserer großen Heimat schwebt eine große Gefahr.« Die von Gorbatschow initiierte Reformpolitik, so die Putschisten, sei in eine Sackgasse
geraten. Es herrsche tiefe Verzweiflung und Sorge um das
Schicksal des Vaterlandes. Der Übergang zur Marktwirtschaft
bedeute Hunger und Verelendung. Die Zahl der Verbrechen
nehme zu, das Land werde in einen Strudel von Gewalt und
Ungesetzlichkeit gezogen.

Das Notstandskomitee übernehme in dieser Situation »die
Verantwortung für das Schicksal der Heimat«, um die notwendigen Maßnahmen zu ergreifen. Es versprach, »Gesetzmäßig-
keit und Rechtsordnung wieder herzustellen, schonungslos
gegen die Verbrecherwelt vorzugehen, die Straßen der sowjetischen Städte von verbrecherischen Elementen zu säubern, den
Diebstahl am Volk zu beenden, sowie alle zur Verfügung stehenden Kräfte zu mobilisieren, um die dringendsten Bedürfnisse des Volkes, vor allem die Belieferung mit Nahrungsmitteln, zu befriedigen.« Für die Dauer von sechs Monaten ver-
hängten die Putschisten über weite Teile der Sowjetunion den
Ausnahmezustand – beginnend am 19. August 1991, 4 Uhr
Moskauer Zeit, um »ein Abgleiten der Gesellschaft in eine
gesamtnationale Katastrophe zu verhindern«. Die Anordnungen des Notstandskomitees seien für alle Verwaltungsorgane,
Amtspersonen und Bürger auf dem gesamten Territorium bin-
dend. Gleichzeitig wurde die Presse- und Medienfreiheit drastisch eingeschränkt: Alle reformfreudigen Zeitungen wurden
sofort verboten; nur neun Zeitungen der reformgegnerischen
Richtung durften weiter erscheinen.

Widerstand

Am Morgen des 19. August 1991 wurde auch Boris Jelzin durch einen Telefonanruf geweckt. Ein Mann aus seiner Leibwache informierte den russischen Präsidenten über den Staatsstreich. Jelzin befand sich in Archangelskoje, 30 Kilometer von Moskau entfernt, auf seiner Datscha.

Nach und nach trafen Jelzins engste Mitarbeiter ein: Vizepräsident Alexander Ruzkoj, Parlamentspräsident Ruslan Chasbulatow, Ministerpräsident Iwan Silajew, der Jelzin-Vertraute Gennadij Burbulis und Informationsminister Michail Poltoranin sowie Anatolij Sobtschak: In der Präsidentendatscha besprachen sie mit Jelzin das weitere Vorgehen. Jelzin reagierte auf die dramatische Entwicklung ruhig. Er beschloß, sofort einen Aufruf an das russische Volk zu verfassen und nach Moskau ins Weiße Haus zu fahren – auch auf die Gefahr hin, unterwegs verhaftet oder erschossen zu werden.

»Wir fahren im SIL, ganz offiziell mit Wimpel«, entschied Jelzin, »sollen sie doch versuchen, auf den rechtmäßig gewählten Präsidenten zu schießen!« Zum Schutz wurde Jelzin eine kugelsichere Weste angelegt. Anatolij Sobtschak bezeichnete die anschließende Fahrt ins Weiße Haus als die »riskanteste Operation der Regierung Rußlands.«

Zuerst verließ Ruslan Chasbulatow – damals noch auf der Seite Jelzins – die Datscha in einem Privatwagen, um unbemerkt die Erklärung ins »Weiße Haus« nach Moskau zu bringen. Kurz darauf folgten die übrigen: »Wir setzen uns ins Auto. Vorneweg fuhr der Präsidentenwagen, und dann folgten in einer Staatskarosse die Regierungsmitglieder.« Auf der Moskauer Ringautobahn und auf dem Kutusow-Prospekt befand sich der Regierungswagen Jelzins inmitten von Truppen sowie Panzern und gepanzerten Transportfahrzeugen. »Auf den Sirenenton des Milizwagens fuhren sie gehorsam an die Seite und machten der Präsidentenlimousine Platz. So gelangten Jelzin und alle Regierungsmitglieder ins Zentrum von Moskau.« Um 10 Uhr hatten sie das Weiße Haus erreicht.

Jelzin war der Verhaftung nur durch glückliche Umstände entgangen. Der Kommandeur der Gruppe Alpha, Generalmajor Viktor Karpuchin, bestätigte später, seine Einheiten hätten den Auftrag gehabt, Boris Jelzin in Archangelskoje zu verhaften.

Bereits seit vier Uhr früh hatten Alpha-Truppen in voller Gefechtsausrüstung die Präsidentendatscha umstellt, alle Zufahrtswege waren blockiert. Doch die Führung der Sonderabteilung konnte sich nicht auf die Durchführung des Befehls einigen. Während ein Stellvertreter des Alpha-Chefs auf die Durchführung der Verhaftung drängte, weigerte sich Karpuchin, dem Befehl zur Erstürmung der Datscha zu folgen. Als die Kolonne mit Jelzin und den russischen Regierungsmitgliedern das Gelände verlassen wollte, ließen die Alpha-Männer die Wagen passieren. Der Alpha-Kommandeur Karpuchin: »Von Anfang an war mir klar, daß diese Leute den Staat nicht regieren können. Deshalb habe ich alles drangesetzt, nichts zu tun.«

Um 11 Uhr an diesem 19. August gab Boris Jelzin eine Pressekonferenz für russische und ausländische Korrespondenten. Dort verlas er die Erklärung der russischen Regierung. Die Entmachtung des gesetzmäßig gewählten Präsidenten des Landes sei ein »reaktionärer und verfassungswidriger Umsturz«. Das an die Macht gelangte sogenannte Komitee sei illegal. Die Entschließungen und Anordnungen dieses Komitees seien nicht zu befolgen. »Wir rufen die Bürger von Rußland dazu auf, den Putschisten die gebührende Antwort zu erteilen und zu fordern, daß das Land wieder zur normalen verfassungsmäßigen Entwicklung kommt. Es ist unbedingt notwendig, daß der Präsident des Landes, Gorbatschow, die Möglichkeit bekommt, vor dem Volk aufzutreten. Wir fordern die unverzügliche Einberufung eines außerordentlichen Kongresses der Volksdeputierten der UdSSR . . . Bis zur Erfüllung dieser Forderungen rufen wir zum unbefristeten Generalstreik auf.«

Moskau glich einer belagerten Stadt. Aus allen Richtungen rollten Panzerkolonnen in die Hauptstadt. Armee-Einheiten kontrollierten alle strategischen Punkte der Stadt. Panzer fuhren vor dem Weißen Haus auf, blockierten alle Zufahrtsstraßen. Trotzdem gelang es einigen Tausend Menschen, zum Weißen Haus vorzudringen. Gegen 12 Uhr verließ Boris Jelzin, umgeben von mehreren Leibwächtern, den Schutz des Gebäudes, um zu den versammelten Menschen zu sprechen. Ungehindert gelang es ihm, auf einen der Panzer zu klettern. Jelzin verurteilte den Putsch, forderte die Bevölkerung auf, sich den Putschisten zu widersetzen und in einen unbefristeten Generalstreik zu treten.

Am Nachmittag des 19. August 1991 fand im Pressezentrum des Außenministeriums eine internationale Pressekonferenz des Notstandskomitees statt. Die beiden Militärs, Verteidigungsminister Jasow und KGB-Chef Krjutschkow, nahmen daran nicht teil – offensichtlich, um den »zivilen« Charakter des Putsches zu unterstreichen. Das Auftreten der Putschisten vor der internationalen Presse – vom Fernsehen übertragen – hatte für sie selbst eine vernichtende Wirkung. Sie wirkten wie Relikte aus einer längst vergangenen Zeit. Sie sprachen mit abgenutzten Worthülsen, die auf die inzwischen verwandelten sowjetischen Menschen keine Wirkung mehr ausübten, ja so abstoßend wirkten, daß mit dieser Pressekonferenz den Menschen die Gefahr eines erfolgreichen Putsches plastisch vor Augen geführt wurde.

Auch in Leningrad versammelten sich am Nachmittag des 19. August Zehntausende, um gegen das Notstandskomitee zu demonstrieren. Um 17.50 Uhr trat Anatolij Sobtschak vor die

Menschen und bestätigte, daß ein Staatsstreich stattgefunden habe und Michail Gorbatschow unter Hausarrest stehe. Der Aufenthaltsort des Präsidenten sei nicht bekannt. Sobtschak rief zum Widerstand auf. »Wir dürfen heute nicht abseits stehen, wir dürfen nicht schweigen. Wir riskieren unsere Zukunft, die Zukunft der uns nahestehenden Menschen, letztlich die Zukunft unseres Landes«, erklärte er.

»Ich habe mich gerade mit den Mitgliedern des Notstandskomitees in Leningrad getroffen«, fügte er hinzu, »und sie gewarnt, daß ihr Handeln als Staatsverbrechen und krimineller Akt betrachtet wird. Ich habe sie an die Entscheidung des Nürnberger Tribunals erinnert, das die faschistischen Verbrecher verurteilt hat. Und zwar nicht nur diejenigen, die die Befehle gaben, sondern auch diejenigen, die sie ausführten.«

Zurück nach Moskau: Im Laufe des Tages strömten immer mehr Menschen vor das Weiße Haus – Zehntausende waren dem Aufruf der russischen Regierung unter Jelzin gefolgt und versammelten sich, um Demokratie und Freiheit zu verteidigen. Sie errichteten Barrikaden zum Schutz des Parlamentsgebäudes. Viele Menschen faßten den Mut, auf die Panzer zuzugehen und auf die Soldaten einzureden. Allen wurde deutlich, daß die Putschisten den Widerstand der Bevölkerung unterschätzt hatten, ja selbst auf die eigenen Truppen nicht zählen konnten. Vor allem einige Eliteeinheiten und die Luftwaffe waren nicht zur Unterstützung des Putsches zu bewegen. Aber noch hatten die Putschisten die Übermacht – und deshalb unterschrieb Boris Jelzin einen Erlaß über die Bildung einer »Exilregierung« in Swerdlowsk, falls die Putschisten in Moskau die Oberhand gewinnen sollten.

Am Abend gegen 22 Uhr wechselten die ersten zehn Panzer auf die Seite Jelzins und bezogen am Regierungssitz zu dessen Verteidigung Stellung. An vielen Stellen wurde die weiß-blau-rote Fahne Rußlands gehißt. Zehntausend Menschen harrten in der Nacht vor dem Weißen Haus aus – bereit, Jelzin und den Fortbestand der Reformen unter Einsatz ihres Lebens zu verteidigen. Entgegen aller Befürchtungen blieb die Nacht zum 20. August jedoch ruhig. Die Erstürmung des Parlamentsgebäudes fand nicht statt, obwohl die Alpha-Gruppe des KGB in dieser Nacht dreimal den Auftrag erhielt, das Weiße Haus einzunehmen. Durch die Kanalisation sollten die Spezialeinheiten in das Gebäude eindringen und den Widerstand gewaltsam zerschlagen. Doch sechs Jahre Perestroika hatten auch hier Wirkung gezeigt. »Die Führer der Gruppe berieten und entschieden dann, den Befehl nicht auszuführen.«

Am späten Abend und in der Nacht trafen die ersten Meldungen über den zunehmenden Widerstand im ganzen Lande ein. Seit Mitternacht begannen die Bergarbeiter in der nordrussischen Stadt Workuta zu streiken. Estland erklärte seine Unabhängigkeit. Der zunächst abgesetzte Leningrader Bürgermeister Anatolij Sobtschak gewann im Laufe der Nacht mit Hilfe von städtischen Sondereinheiten die Kontrolle über wichtige Gebäude in der Stadt zurück – und schon am nächsten Tag über ganz Leningrad.

Entscheidend war auch das Verhalten der Journalisten. Trotz des Verbots der Zeitungen vereinigten die Journalisten der demokratischen Zeitungen ihre Kräfte und gaben illegal die *Gemeinsame Zeitung* heraus. Arbeiter der *Iswestija*-Druckerei vervielfältigten Dokumente der Regierung Rußlands, und schon wenige Stunden nach Verhängung des Ausnahmezustandes sendete »Echo Moskau« wahrheitsgetreue Informationen.

Angespannt hatte auch Vadim Bakatin, der Reformer im Sicherheitsrat Gorbatschows, die Ereignisse des 19. August verfolgt. In Moskau hatte sich der Widerstand verstärkt – aber das Schicksal Gorbatschows war nach wie vor ungeklärt. Abends rief Bakatin Krjutschkow an: »Wie erreiche ich den Präsidenten?«

Höflich antwortete der KGB-Chef: »Machen Sie sich keine Sorgen, jetzt geht es nicht. Michail Sergejewitsch ist krank, aber bald wird alles wieder in Ordnung kommen.«

Das Blatt wendet sich

Am Morgen des 20. August vergrößerte sich die Zahl der Menschen vor dem Weißen Haus in Moskau von Stunde zu Stunde. Immer mehr Soldaten folgten Jelzins Aufruf, sich den Befehlen der Putschisten zu widersetzen und sich dem Verteidigungskomitee der Russischen Föderation unter Generalleutnant Konstantin Kobez zu unterstellen. Selbst einige Sondertruppen des Innenministeriums wechselten auf die Seite Jelzins.

Auch vor dem Haus des Moskauer Stadtsowjets hatten sich Tausende Menschen zu einer Kundgebung versammelt. Nach Gawriil Popow und Alexander Jakowlew sprach Eduard Schewardnadse. »Wir haben es mit einem Vulkanausbruch zu tun, der schon seit geraumer Zeit rumort hat«, sagte der ehemalige Außenminister, der im Dezember 1990 mit der Warnung vor einem Putsch von diesem Amt zurückgetreten war. »Unsere Demokratie, unsere Freiheit drohen unter der Vulkanasche der Vergangenheit erstickt zu werden ... Die Diktatur will die Wiederaufnahme des Rüstungswettlaufs, die Neuauflage des Kalten Krieges. Wollen wir das? Die Antwort ist klar – nein, auf keinen Fall! Verstellen wir der Diktatur den Weg, schlagen wir ihr die kurzen Beine weg!«

Trotz des Ausnahmezustands und eines strikten Demonstrationsverbots versammelten sich gegen Mittag hunderttausend Menschen vor dem Sitz der russischen Regierung. »Jelzin, Jelzin« und »Rußland, Rußland« skandierten sie. Immer wieder mischten sich die Abgeordneten unter die Demonstranten und sprachen mit ihnen. Walerij Kutscher, Mitglied des Obersten

Sowjet und Chefredakteur der von den Putschisten verbotenen Zeitung *Rossiskije Westi*, betonte gegenüber westlichen Korrespondenten: »Es gab einen verfassungswidrigen Versuch des Staatsstreiches, des Umsturzes. Ich glaube, das hat nicht geklappt ... Das Volk ist die einzige politische Waffe, die die russische Regierung, den russischen Präsidenten, die Demokratie und unsere Reformen unterstützt. Den Panzern der Gewalt, den Generälen, die diesen verfassungswidrigen und reaktionären Putsch machen wollten, haben wir nur eins entgegenzustellen, nämlich das Vertrauen des Volkes.«

Von dem wachsenden Widerstand gegen die Putschisten erfuhr Michail Gorbatschow in seiner von der Außenwelt abgeschnittenen Datscha zunächst nichts. Durch Zufall hörte er Nachrichten der BBC über die Ereignisse in Moskau, Hoffnung keimte auf. Gorbatschow setzte auf den russischen Präsidenten: »Ich bin überzeugt, daß Jelzins wahrer Charakter sich zeigen wird.«

Gemeinsam mit Anatoli Tschernajew überlegten Michail und Raissa Gorbatschow, wie ein Videofilm aus der Datscha gebracht werden könnte, den sie in der Nacht heimlich aufgenommen hatten. Darin hatte sich Gorbatschow an das sowjetische Volk und die Weltöffentlichkeit gewandt. Die von Janajew während der Pressekonferenz über seinen Gesundheitszustand gemachten Äußerungen bezeichnete er als »eine grobe Fälschung, eine Lüge«. Er habe sich geweigert, einen Erlaß zu unterzeichnen, wonach Vizepräsident Janajew das Amt des Präsidenten übernehmen sollte. »Mehr noch. Ich habe betont, daß ich keinesfalls teilnehmen werde an diesem Abenteuer, und ich verwies auf die Illegalität dieser Handlungen.« Er schlug vor, den Volksdeputiertenkongreß oder den Obersten Sowjet einzuberufen.

Tschernajew war ein guter Schwimmer. Sie beratschlagten, ob er die fünf oder zehn Kilometer bis Tesseli schwimmen könnte, um den Film auf diesem Wege hinauszuschmuggeln. Als Gorbatschow und sein Berater jedoch auf einen Balkon gingen, erkannten sie zu ihrem Entsetzen, wie perfekt die Überwachung auf der Datscha war. »Das Objekt ist auf den Balkon gekommen, das zweite geht nach rechts«, hörten sie aus dem Wachhäuschen, das direkt unter dem Balkon stand.

Daraufhin diktierte Gorbatschow Tschernajew eine Erklärung, in der er sich an das sowjetische Volk und die internationale Staatengemeinschaft wandte. Zusammen mit dem Videoband wurde die Mitteilung in einem kleinen Päckchen verpackt. Olga Lanina, eine Referentin Gorbatschows, sollte das Päckchen nach Moskau schmuggeln. Aber der Versuch scheiterte.

Am Nachmittag und frühen Abend des 20. August 1991 trafen in Moskau weitere Nachrichten über die Situation in den unterschiedlichen Bezirken, Gebieten und Städten der Sowjetunion ein. Etwa 70 Prozent der regionalen KP-Führer solidarisierten sich – manche allerdings vorsichtig und in unklaren Formulierungen – mit dem Putsch. Dasselbe galt für die KP-Führung in den zentralasiatischen Republiken Turkmenistan, Usbekistan und Tadschikistan. Aus Kasachstan kam von Nasarbajew eine vorsichtig ausgewogene Erklärung – ohne den Putsch ausdrücklich gutzuheißen. Ähnlich äußerte sich Krawtschuk in der Ukraine, der in seiner Erklärung jedoch den von Jelzin propagierten Generalstreik für die Ukraine eindeutig ablehnte. Lediglich Akajew, der Parlamentsvorsitzende Kirgisiens – inzwischen Präsident von Kyrgystan – verurteilte den Putsch eindeutig und scharf.

In vielen Städten kam es zu Streiks und Protestdemonstrationen. Im »Uralmasch« in Swerdlowsk – mit 38 000 Beschäftigten eines der größten Unternehmen der Sowjetunion – fand eine Solidaritätskundgebung für Jelzin statt, wobei die Putschisten des Hochverrats bezichtigt wurden. Im sibirischen Kohlerevier

Kusbass beteiligten sich mehr als 25 Zechen am Streik. So wurde am Abend des zweiten Putschtages immer deutlicher, daß sich der Staatsstreich auf eine geringe Machtbasis stützte und die Putschisten keineswegs vorgeben konnten, im Namen der Bevölkerung zu sprechen.

Der Staatsstreich scheitert

Am Abend des 20. August hatte sich die Situation vor dem Weißen Haus in Moskau immer mehr zugespitzt. Gegen Mitternacht begannen starke Panzerverbände mit dem Vormarsch auf das Regierungsgebäude. Doch häufig wurden die Panzer von den Menschen aufgehalten. Den Demonstranten gelang es, den direkten Angriff der Truppen auf das Weiße Haus zu verhindern. Bei einem Versuch, die Panzer aufzuhalten, wurden allerdings drei Jugendliche – Dmitrij Komor, Wladimir Usow und Ilja Kritschewskij – getötet.

Um zwei Uhr morgens stieß Eduard Schewardnadse zu den fünfzigtausend Menschen, die vor dem Weißen Haus ausharrten. Die Soldaten ließen Schewardnadse anstandslos durch. In dem Buch »Revolution in Moskau« erinnerte er sich an die bewegenden Szenen: »Ein junger Bursche im Kampfanzug umarmte mich und flüsterte mit gepreßter Stimme: ›Wir werden Sie verteidigen!‹ Ein Oberst rief uns nach: ›Sagen Sie dem Jelzin, zur Erstürmung des Weißen Hauses werden wir es nicht kommen lassen!‹ Junge Männer, die sich untergehakt hatten, bahnten uns eine Gasse durch die Menschenmenge. Frauen wischten mir mit Kopftüchern den strömenden Regen von der Stirn. Ein Landsmann lief eine Zeitlang neben uns her und rief immer wieder: ›Eduard, wir, die Georgier, lieben Sie sehr!‹«

»Hier wird die Freiheit erhalten, die Demokratie«, rief Schewardnadse den Menschen zu. »Hier verteidigt ihr unser Volk und unsere Heimat. In den nächsten Tagen entscheidet sich das Schicksal unserer Heimat, unserer Nation, die Sache der Freiheit ... « Die Menschen jubelten dem ehemaligen Außenminister zu.

Gleichzeitig rückten unaufhörlich Truppen mit schwerem Gerät auf das Parlamentsgebäude vor. Gegen vier Uhr morgens belagerten rund 150 Einheiten der Armee und des Geheimdienstes das Parlamentsgebäude. Zum Sturm auf das Parlament kam es indes auch diesmal nicht. Die Meinungsunterschiede im KGB waren groß; die Gefahr eines Blutbads schreckte viele.

Seit dem frühen Morgen des 21. August kursierten Gerüchte über einen Rücktritt von Verteidigungsminister Jasow. Um fünf Uhr traf sich das Notstandskomitee der Putschisten im Hotel »Oktjabrskaja«. Die Belagerer begannen mit dem Rückzug vom Weißen Haus. Die Situation entspannte sich.

Um 11 Uhr gedachte das russische Parlament in einer außerordentlichen Sitzung mit einer Schweigeminute der Opfer der vergangenen Nacht. Das Notstandskomitee wurde sodann ultimativ aufgefordert, bis 22 Uhr aufzugeben. Um 11.40 Uhr bot KGB-Chef Krjutschkow Jelzin ein Gespräch mit Gorbatschow an. Das russische Parlament benannte eine Delegation, die auf die Krim fliegen sollte. Unter großem Jubel verkündete Jelzin um 13.53 Uhr, daß der Staatsstreich endgültig gescheitert sei. Um 16.20 Uhr folgte die Mitteilung, der Verteidigungsminister habe den Rückzug aller Truppen aus Moskau befohlen.

Ein Teil der Putschisten verließ Moskau. Auf dem Moskauer Regierungsflughafen entgingen sie nur knapp den Sicherheitskräften des russischen Innenministeriums. KGB-Chef Krjutschkow, Verteidigungsminister Jasow sowie – in einer weiteren Maschine – der Vorsitzende des Obersten Sowjet, Anatolij Lukjanow und Gorbatschows Stellvertreter als Generalsekretär, Wladimir Iwaschko, nahmen Kurs auf die Krim.

Wenig später, um 16.52 Uhr, startete ein weiteres Flugzeug

mit einer Delegation der russischen Regierung in Richtung Krim. An Bord befanden sich der russische Ministerpräsident Silajew, Vizepräsident Ruzkoj, Vadim Bakatin und Jewgenij Primakow. Während des Fluges erarbeiteten sie einen Befreiungsplan. »Wir wollten Gorbatschow um jeden Preis raushollen«, erinnerte sich Ruzkoj, »auch wenn wir das Gebäude hätten stürmen müssen.«

Um 17.30 Uhr erreichen die Putschisten die Datscha Gorbatschows. Tschernajew beschreibt die Szene: »Unten betraten sie einer nach dem anderen das Haus: Lukjanow, Iwaschko, Baklanow, Jasow, Krjutschkow. Sie waren niedergeschlagen und machten finstere Gesichter. Alle verbeugten sich vor mir! Mir war alles klar. Sie waren gekommen, um ihre Schuld einzugestehen.«

Kurz zuvor hatte Gorbatschow mit Boris Jelzin sowie den Parlamentspräsidenten Nasarbajew (Kasachstan) und Krawtschuk (Ukraine) gesprochen. Jelzin hatte ihm von den dramatischen Ereignissen in Moskau berichtet und ihm geraten, das Eintreffen Ruzkojs abzuwarten, bevor er mit den Putschisten spräche. Als Ruzkoj schließlich die Datscha erreichte, stand Krjutschkow verloren im Hof, drinnen warteten Jasow, Iwaschko und Lukjanow. Gorbatschow begrüßte seine Befreier. »Er war gesund und sehr emotional,« berichtete Ruzkoj später, er »schimpfte und meinte, hier sei ganz klar ein Militärputsch geschehen. Ich habe seine Emotionen verstanden . . . Es war zu sehen, was diese Leute durchgemacht hatten.«

»Wir fliegen in ein neues Land!«

Alexander Ruzkoj drängte auf einen baldigen Aufbruch, denn die Datscha war noch immer von Fallschirmjägern umstellt. Auf der Fahrt zum Flughafen wechselte man mehrmals die

Fahrzeuge. Die Putschisten Jasow, Iwaschko und Lukjanow flogen unter scharfer Bewachung in der Präsidentenmaschine. Die Gorbatschows stiegen in das Flugzeug Ruzkojs. Mit ihnen flog KGB-Chef Krjutschkow als Geisel. »Damit er keine Abschußbefehle für das Flugzeug geben konnte«, so Ruzkoj. Die Stimmung im Flugzeug war teils ausgelassen, teils nachdenklich. Gorbatschow war überzeugt: »Wir fliegen in ein neues Land!«

Angespannt verfolgten sie den Anflug auf den Moskauer Flughafen Wnukowo 2. Erst als sie auf der Landebahn das Begrüßungskomitee entdeckten, konnten sie beruhigt aufatmen. Jetzt wußten sie: Der Putsch war endgültig gescheitert.

Am 22. August 1991 um 2.55 Uhr betrat Michail Gorbatschow wieder Moskauer Boden. Er war sichtlich erschöpft und wirkte gealtert, als er sich mit aschfahlem Gesicht und tiefen Ringen um die Augen, im offenen Hemdkragen, in Strickpullover und Freizeitjacke die Gangway heruntertastete. Ihm folgte Raissa, die ihren Arm fürsorglich um Enkeltochter Roxana gelegt hatte. Leibwächter mit schußbereiten Kalaschnikows im Anschlag flankierten die Szenerie.

Noch auf dem Flughafen hielt Gorbatschow eine kurze Rede: »Alles, was nach 1985 getan wurde, hat bereits Früchte getragen. Die Gesellschaft, unsere Menschen, sind anders geworden, und das wurde zum größten Hindernis auf dem Wege dieses Abenteuers, den eine Gruppe (das Notstandskomitee) beschritten hatte . . . Sie sind damit nicht durchgekommen, und das ist der größte Sieg der Perestroika. Ich drücke meine Anerkennung den Sowjetmenschen, der grundsätzlichen Haltung der Russen und Präsident Jelzin aus . . . allen Deputierten, allen Arbeitskollektiven, die sich diesem Abenteuer entschlossen in den Weg stellten.«

Unmittelbar danach fuhren die Gorbatschows auf die Präsidentendatscha. Die Menschen vor dem Weißen Haus warteten vergebens auf Gorbatschow. Das wurde ihm später häufig vorgeworfen. Vizepräsident Ruzkoj und der russische Ministerpräsident Silajew hatten ihm jedoch nicht mitgeteilt, daß er bei der Kundgebung vor dem Weißen Haus erwartet wurde.

Dort versammelten sich hunderttausende Moskauer, um den Sieg über die Putschisten zu feiern. Unter dem tosenden Jubel der Menschen bedankte sich Jelzin bei den Moskowitern für ihre Unterstützung. »Jelzin, Jelzin«, feierten sie immer wieder den Helden des Widerstandes mit Ovationen. Von Michail Gorbatschow war bei dieser Veranstaltung kaum die Rede. Viele waren enttäuscht, daß Gorbatschow nicht gekommen war. Irgendwo hing ein Plakat:»Michail, vergiß nicht, daß wir dich rausgehauen haben.« Als Gawriil Popow, an die Adresse Gorbatschows gerichtet, erklärte:»Das Leben sollte ihn lehren, es ist an der Zeit, aus der KPdSU auszutreten«, skandierte die Menge: »Zurücktreten!«

Viele warfen Gorbatschow vor, daß die Putschisten Männer aus seiner engsten Umgebung gewesen waren. »Oh, Gorbatschow, welche Mannschaft hast du dir gesucht?« fragte der bekannte Politologe Alexej Kiwa in einem am Vormittag gesendeten Radiointerview. Sie alle – Pugo, Jasow, Krjutschkow, Pawlow und Janajew – waren während der Amtszeit Gorbatschows auf ihre Posten gekommen, die Mehrzahl erst in den letzten Monaten in den engsten Führungskreis aufgerückt. Oftmals ersetzten sie Reformer, die wie Alexander Jakowlew und Eduard Schewardnadse auf der Seite Jelzins standen.

Mit Spannung wurde die für den Abend geplante Pressekonferenz Gorbatschows erwartet. Er gestand ein, daß er sich mit den falschen Leuten umgeben, Männern wie Jasow und Krjutschkow vertraut habe. Doch dann bekannte er sich zur Bestürzung vieler Beobachter erneut zur KPdSU:»Ich sehe es als meine Pflicht an und werde alles tun, was in meinen Kräften steht, um die reaktionären Kräfte aus der KPdSU zu verjagen.«

Auf der Grundlage des neuen Parteiprogramms halte er es für möglich, alle progressiven Kräfte zu vereinigen. »Ich bin ein überzeugter Anhänger der sozialistischen Ideen. Ich werde bis zum Ende für die Erneuerung der Partei kämpfen.«

Viele Menschen riefen bei den russischen Rundfunksendern an – für sie war Gorbatschow jetzt endgültig politisch erledigt.

Dies sei Gorbatschows »folgenschwerster Fehler« gewesen, kommentierte auch Andrej Gurkow. Die »Aureole des Märtyrers« war erloschen. »Er war nicht mehr jene abstrakte Gestalt des Vaters der Perestroika, dem die Verschwörer die Freiheit genommen hatten – er war wieder der leibhaftige Generalsekretär jener Partei, die den soeben niedergeschlagenen Staatsstreich initiiert hatte . . . Er selbst hatte nichts verstanden und nichts dazugelernt.«

Am Abend forderten Demonstranten in der Moskauer Innenstadt das Verbot der KPdSU, dabei schwenkten sie jubelnd die Trikolore Rußlands. Vor der Ljubjanka, dem Hauptquartier des KGB im Zentrum Moskaus, wurde das Denkmal von Felix Dsershinski, des Gründers der Tscheka, der sowjetischen Geheimpolizei, unter dem Jubel von Tausenden vom Sockel gestürzt.

Jelzin demütigt Gorbatschow

Am nächsten Tag, dem 23. August 1991, begann um 15 Uhr eine Sitzung des russischen Parlaments, an der auch Michail Gorbatschow teilnahm. Gorbatschow, noch immer angeschlagen, bedankte sich bei Boris Jelzin für den Widerstand gegen die Putschisten. Dieser Widerstand habe ihn gerettet. Die Reaktion der Abgeordneten war sehr zurückhaltend. Nur spärlicher Beifall folgte seinen Worten. Nach einigen einleitenden Worten legte er seine politischen Vorstellungen über die Zukunft der

Union und der Partei dar. Nicht das gesamte Zentralkomitee,
so Gorbatschow, habe die Putschisten unterstützt. Vielmehr
hätten einige sich »gegen diese Linie« gestellt und »auf die eine
oder andere Weise Kritik« geübt. Aus dem Saal ertönten
Unmutsäußerungen. Gorbatschow wandte sich verunsichert an
Jelzin: »Sehen Sie, Boris Nikolajewitsch . . . « Die Unruhe
nahm weiter zu, während Boris Jelzin zum Rednerpult ging.
»Nein, nein, Moment, gleich . . . «, stammelte Gorbatschow.

Jelzin drückte dem sowjetischen Präsidenten einige Blätter in
die Hand: »Bitte, hier haben Sie das Dokument.« Gorbatschow
wandte sich wieder an das Plenum: »Boris Nikolajewitsch hat
mir, als wir uns vorhin trafen, eine kurze Darstellung der Sitzung des Kabinetts gegeben, aber ich habe sie noch nicht gelesen.« Ungeduldig hob Jelzin den Finger und befahl: »Sie lesen
das jetzt!«

Fast belustigt verfolgten die Abgeordneten die Szene. Verunsichert entgegnete Gorbatschow, im ZK sei Kritik an den Putschisten geäußert worden. Schroff unterbrach ihn Jelzin:
»Lesen Sie bitte das Dokument vor. Das ist eine kurze Mitschrift der Sitzung des Unionskabinetts, am 19. August um
18 Uhr, zu dem Zeitpunkt, als der Sturm gegen das Haus des
Sowjet beginnen sollte.«

»Ja, einen Augenblick, gleich tue ich das. Ich habe es selbst
noch nicht gelesen. Zuerst werde ich meine Gedanken zu Ende
bringen und dann vorlesen.«

Zwanzig Minuten lang legte Gorbatschow nun seine politischen Überlegungen dar. Mißmutig verfolgten die Abgeordneten seine Ausführungen. Immer wieder gab es Zwischenrufe:
»Vorlesen!« Schließlich begann er zögernd den Text vorzule-
sen. Aus der Mitschrift ging hervor, daß sich kein einziges ZK-
Mitglied gegen die Putschisten ausgesprochen hatte. Sie hatten
die Position des Putschkomitees eindeutig unterstützt. Gorbatschow war bestürzt. »Aber wissen Sie«, sagte er entschuldi-

gend, »ich muß jetzt erst noch vieles studieren, ich habe doch ganze vier Tage lang überhaupt nichts gewußt.«

Nach Gorbatschow ergriff Jelzin das Wort: »Genossen, gestatten Sie mir, zur Entspannung einen Erlaß über die Einstellung aller Aktivitäten der Russischen Kommunistischen Partei zu unterzeichnen.« Gorbatschow versuchte zu unterbrechen: »Boris Nikolajewitsch, Boris Nikolajewitsch, bitte . . . « Aber es gelang ihm nicht, sich gegen die minutenlang anhaltenden Ovationen durchzusetzen.

Versteinert verfolgte Gorbatschow, wie Jelzin den Erlaß unterzeichnete. Erst danach erhielt der sowjetische Präsident erneut das Wort: Er kenne den genauen Wortlaut des Erlasses nicht, aber »der Oberste Sowjet, der so viel geleistet hat und vor dem noch mehr Aufgaben liegen, (hätte) dem Präsidenten Boris Nikolajewitsch, den ich sehr schätze, in diesem Fall eher nicht folgen sollen. Nein, einen Augenblick bitte. Nicht die ganze Kommunistische Partei Rußlands hat an der Verschwörung teilgenommen. Nicht alle Kommunisten haben die Verschwörung unterstützt . . . die KP zu verbieten, das ist meiner Meinung nach ein glatter Fehler . . .«

Die dramatische Debatte am 23. August im russischen Parlament wurde vom Fernsehen übertragen. Es war ein eindeutiger Sieg des nunmehr selbstbewußten Jelzin über den unsicheren und zögernden Gorbatschow. Aber auf viele Menschen wirkte diese Szene peinlich. Gewiß war es verständlich, daß sich Jelzin für die vielen früheren Beleidigungen Gorbatschows rächen wollte, darunter auch für die erniedrigende Absetzung im November 1987 oder die Einmischung Gorbatschows auf der Tagung des russischen Obersten Sowjet, als er die Wahl Jelzins zum Parlamentsvorsitzenden zu verhindern suchte. So psychologisch verständlich sein Verhalten war, so bedauerlich war die Art, in der Jelzin nun seinen Sieg über Gorbatschow auskostete.

Die Sitzung hatte deutlich gemacht, wie grundlegend sich die

Situation in Moskau nach dem Putsch verändert hatte. Nun war Boris Jelzin zur entscheidenden politischen Persönlichkeit geworden. Er nutzte die Situation, um die KPdSU zu demontieren. Gorbatschow mußte sich fügen und den von Jelzin zuvor für Rußland angeordneten Rückzug der KPdSU aus Armee, KGB und Innenministerium für die Sowjetunion nachvollziehen.

Rückblickend charakterisierte Eduard Schewardnadse den Gorbatschow jener Tage: »Als sein ehemaliger Kampfgefährte habe ich den 72stündigen Alptraum seiner Haft im komfortablen Palastgefängnis in Foros nachvollziehen können. Er war Häftling der Junta. Als er aber zurückgekehrt war und auf der Pressekonferenz auftrat, sah ich, daß er nach wie vor ein Gefangener ist – ein Gefangener seines Charakters, seiner Vorstellungen und seiner Denk- und Handlungsweise. Jetzt kann ich mit aller Bestimmtheit behaupten: Kein anderer, sondern er selbst hat die Junta hochgepäppelt durch seine Fahrlässigkeit, seine Unentschlossenheit und seine Neigung zum Lavieren, durch seinen Mangel an Menschenkenntnis, durch seine Gleichgültigkeit gegenüber seinen wahren Kampfgefährten, durch sein Mißtrauen gegenüber den demokratischen Kräften, dadurch, daß er nicht an die Festung glaubte, deren Name Volk ist.«

Am 24. August 1991 trat Gorbatschow vom Amt des Generalsekretärs der KPdSU zurück. Er empfahl dem Zentralkomitee, sich aufzulösen, und ließ das KP-Eigentum einfrieren.

Die Demokraten versäumen ihre Chance

Nach der Niederschlagung des August-Putsches brachen die kommunistischen Machtstrukturen zusammen. Am 28. August 1991 entzog das sowjetische Parlament der Regierung Pawlow das Vertrauen, und der Oberste Sowjet der UdSSR suspendierte die Tätigkeit der KPdSU auf dem gesamten Territorium des Landes. Die *Prawda* und fünf weitere kommunistische Zeitungen wurden vorübergehend verboten. In den noch bestehenden Unionsrepubliken verlief die Entwicklung ähnlich: Wo die Kommunistische Partei nicht verboten wurde (wie in der Ukraine und Kirgisien), spaltete sie sich (in Armenien) oder löste sich auf (in Kasachstan und Aserbaidschan).

Der Begriff »kommunistisch« und alle Hinweise auf die vergangene Epoche verschwanden. Auch die von Vizepräsident Alexander Ruzkoj geleitete »Demokratische Partei Russischer Kommunisten« beschloß auf ihrem Kongreß in Moskau am 27. Oktober 1991, sich in »Volkspartei Freies Rußland« umzubenennen. Ruzkoj, der als Vorsitzender bestätigt wurde, erklärte, man sei keine Nachfolgeorganisation der KPdSU, sondern unterstütze die wirtschaftlichen und sozialen Reformen Präsident Jelzins.

Mit der Schwächung, teilweise sogar dem Zusammenbruch der früheren diktatorischen Machtstrukturen schien der Weg zu einem demokratischen Mehrparteiensystem offen zu sein. Aber weder die Demokraten noch Boris Jelzin nutzten ihre damaligen großen Chancen. Jedem war klar, daß im Kongreß der Volksdeputierten und im Obersten Sowjet Rußlands mehrheitlich noch immer Reformgegner saßen. Aber Jelzin hat damals versäumt, Neuwahlen zu verlangen – eine Unterlassung, für die er und die Demokraten später bitter büßen mußten. Im Herbst 1991 hätten Wahlen zu völlig anderen Resultaten geführt als im Dezember 1993.

In diesen für die Demokraten hoffnungsvollen Monaten gab es indes noch ein zweites Versäumnis. Die Bewegung »Demokratisches Rußland« und die am 2. Juli 1991 neu gebildete Dachorganisation »Bewegung für demokratische Reformen« unterließen es, obwohl ihnen außerordentliche Unterstützung

in breitesten Bevölkerungskreisen, vor allem in den großen
Städten, zuteil wurde, einen schnellen Aufbau demokratischer
Organisationen in Gemeinden, Städten und Kreisen sowie auf
Gebietsebene durchzuführen. Die im Juli 1991 mit großen
Hoffnungen gegründete »Bewegung für demokratische Refor-
men« unter Leitung von Eduard Schewardnadse, Alexander
Jakowlew, Gawriil Popow, Anatolij Sobtschak und (damals
noch) Vizepräsident Ruzkoj kündigte lediglich eine »konstruk-
tive Unterstützung« der Politik des Präsidenten Jelzin an; im
Falle von »inkonsequenten Schritten« werde sie zu einer kriti-
schen Betrachtung übergehen, im Falle eines wiedererstehenden
Totalitarismus sogar zur Opposition.

Es kam – im Gegenteil – sogar zur Spaltung der »Bewegung
für demokratische Reformen«. Bereits am 24. September 1991
war eine neue Partei unter dem Namen »Rußländische Partei
Demokratischer Umgestaltung« gebildet worden, und Mitte
Februar 1992 fand in Nishni-Nowgorod (dem früheren Gorki)
der Gründungskongreß der »Rußländischen Bewegung Demokratischer Reformer« statt. Von den Führern der »Bewegung
für demokratische Reformen« traten der damalige Moskauer
Oberbürgermeister Gawriil Popow und der Leningrader Oberbürgermeister Sobtschak der neuen Partei bei.

Innerhalb der Demokraten gab es Meinungsverschiedenheiten darüber, ob die Parlamente – der Kongreß der Volksdeputierten und der Oberste Sowjet – zu stärken oder Präsident Jelzin zu unterstützen sei. Die einen plädierten für einen schnellen
Übergang zur Marktwirtschaft, andere stellten die soziale Absicherung der Arbeitnehmer in den Vordergrund.

Von diesen Entwicklungen in der demokratischen Bewegung
nahm Präsident Jelzin kaum Notiz. Er konzentrierte sich völlig
auf die Tätigkeit der russischen Regierung.

Auf dem am 28. Oktober 1991 beginnenden Volksdeputiertenkongreß Rußlands wurde Ruslan Chasbulatow, damals als

engster Parteigänger Jelzins angesehen, nach längeren Auseinandersetzungen, zum Vorsitzenden des russischen Parlaments
gewählt. Boris Jelzin hatte sich immer wieder für ihn eingesetzt
– teilweise gegen Bedenken vieler Parlamentsmitglieder.

Jelzin selbst erhielt Sondervollmachten für den »Durchbruch
der Reformen«, darunter die Freigabe der meisten Preise, die
Privatisierung kleinerer und mittlerer Unternehmen, die Stabilisierung des Rubels sowie Maßnahmen für eine soziale Absicherung. Am 6. November ernannte er Jegor Gaidar zum Chef der
gesamten wirtschaftlichen Tätigkeit der Regierung. Gaidar
sollte die Arbeit von 13 Ministern koordinieren, die in der
einen oder anderen Form für die Wirtschaftsreformen zuständig waren.

Jegor Gaidar, 1956 in Moskau geboren, war der Enkel des
berühmten Kinderbuchautors Arkadij Gaidar. Er hatte die
Hochschule für Wirtschaftswissenschaften in Moskau absolviert, war 1987–1990 Redakteur der Zeitschrift *Kommunist*
und anschließend für kurze Zeit Wirtschaftsredakteur der
Prawda gewesen. An dem berühmten »500-Tage-Programm«
des Reformers Schatalin vom Sommer 1990 hatte er mitgear-
beitet. Er verfügt über einen glänzenden Intellekt, ist ein
Schnelldenker, arbeitet hart, genau und effektiv. Akademisch
und kühl, fällt es ihm offensichtlich schwer, die Brücke zu den
einfachen, sich in außerordentlich schweren Lebenslagen
befindlichen Menschen zu finden.

Neben Gaidar konnte sich Boris Jelzin vor allem auf Wirtschaftsminister Netschajew, Außenhandelsminister Awen, den
für Privatisierung zuständigen Stellvertretenden Ministerpräsidenten Anatolij Tschubais sowie, außenpolitisch, auf Außenminister Kosyrew verlassen.

Als schwieriger erwies sich die Zusammenarbeit mit dem
Vizepräsidenten Alexander Ruzkoj. Nach der am 19. November 1991 erlassenen Verfügung »Über die Pflichten des Vize-

präsidenten« wurde Ruzkoj die »unmittelbare Koordination und Organisation« der Arbeit einer Reihe von Komitees übertragen, darunter für nukleare Sicherheit, Zivilverteidigung, Arbeitssicherheit in der Industrie und Bergbauaufsicht.

Allerdings erhielt Ruzkoj nur ein Sekretariat aus sechs Mitarbeitern und durfte – was einer Beleidigung gleichkam – an den Sitzungen der Regierung nur mit beratender Stimme teilnehmen. Zudem wurden Ruzkojs Vorschläge meist nicht ernst genommen, ja mehrfach vom Präsidenten hintertrieben. Jelzin suchte den Vizepräsidenten vom innersten Machtzirkel fernzuhalten. Die Verstimmungen zwischen Jelzin und Vizepräsident Ruzkoj hatten hier ihren Ursprung. Offensichtlich unterschätzte Boris Jelzin im Herbst 1991 die Gefahren, die von Ruzkoj, Chasbulatow und den Reformgegnern im Kongreß der Volksdeputierten und im Obersten Sowjet ausgehen konnten.

Das Ende der Sowjetunion

Der Zusammenbruch des August-Putsches veränderte nicht nur die innenpolitische Situation Rußlands, sondern auch die Beziehungen zwischen den Unionsrepubliken der Sowjetunion. Im Spätsommer und Herbst 1991 erklärten immer mehr Unionsrepubliken ihre Unabhängigkeit. Den baltischen Staaten folgten die Ukraine und Weißrußland (jetzt »Belarus«), Moldawia und Aserbaidschan, Kyrgystan und Usbekistan, Tadschikistan und Armenien, schließlich Turkmenistan und Kasachstan.

Letzte Versuche, eine konföderative »Union Souveräner Staaten« zu bilden, scheiterten ebenso wie eine lockere Föderation. Entscheidend war, daß sich am 1. Dezember 1991 über 90 Prozent der ukrainischen Wähler für die Unabhängigkeit der Ukraine aussprachen und Leonid Krawtschuk mit 61,6 Prozent der abgegebenen Stimmen zum Präsidenten der Ukraine gewählt wurde, direkt darauf Nursultan Nasarbajew – sogar mit 98,8 Prozent – zum Präsidenten Kasachstans. Damit war auch die letzte Möglichkeit des Unionsvertrages zunichte gemacht. Nun galt es, völlig neue Wege zu beschreiten.

Die Bildung der GUS

Am 3. Dezember trafen sich der russische Staatspräsident Jelzin, der ukrainische Präsident Krawtschuk und der belorussische Parlamentspräsident Schuschkewitsch in der Regierungsdatscha »Wiskuli« in einem Waldgebiet bei Minsk. Dort wurde der Beschluß gefaßt, eine lockere »Gemeinschaft Unabhängiger Staaten« (GUS) zu bilden. Die Gründungsmitglieder umfaßten die drei wichtigsten slawischen Teilrepubliken der ehemaligen Sowjetunion. Mit 210 Millionen Einwohnern – das sind etwa 73 Prozent der früheren Gesamtbevölkerung – verfügten sie über 58 Prozent der Industrieproduktion sowie über fast den gesamten militärisch-industriellen Komplex der ehemaligen Sowjetunion.

Die UdSSR, so hieß es im Abkommen über die Gründung der GUS, habe »als Subjekt des Völkerrechts und geopolitische Realität zu existieren aufgehört«. Die Vertragspartner sicherten die Einhaltung der Verpflichtungen aus den Verträgen und Abkommen der früheren Sowjetunion sowie eine einheitliche Kontrolle über Atomwaffen und ihre Nicht-Weitergabe zu.

Das Abkommen verpflichtete die Teilnehmerstaaten zur Gewährleistung der Menschen- und Bürgerrechte, dem Schutz der nationalen Minderheiten, der Anerkennung und Achtung der territorialen Integrität, der Freizügigkeit der Bürger und der freien Verbreitung von Informationen. In wichtigen Lebensbereichen sollte eine Kooperation der drei Mitgliedsstaaten stattfinden – darunter in der Außenpolitik, der Entwicklung eines gemeinsamen Wirtschaftsraums, im Umweltschutz und im Kampf gegen das organisierte Verbrechen. Die drei Regierungen betonten ferner, die GUS sei für den Beitritt anderer Republiken offen.

Bereits am 10. Dezember wurde das Abkommen über die Gründung der Gemeinschaft Unabhängiger Staaten durch die Obersten Sowjets der Ukraine und Belorußlands ratifiziert, am 12. Dezember folgte das russische Parlament. Gorbatschow kritisierte das »Zerschneiden des Unionsstaates« und bezeichnete die Gründung der GUS als »größten Fehler« in der gesamten Entwicklung der Perestroika. »Das Werk meines

Lebens ist vollendet«, meinte er. »Vielleicht kommen andere und machen es besser.«

Am 21. Dezember 1991 trafen die Präsidenten aller früheren Unionsrepubliken mit Ausnahme Georgiens und der baltischen Staaten in Alma Ata zusammen, um eine erweiterte GUS zu gründen. In einer Deklaration wurden die Prinzipien und Ziele der »Gemeinschaft Unabhängiger Staaten« festgelegt und von den Staatsoberhäuptern der elf Mitgliedsstaaten unterzeichnet. Alle Regierungsorgane und Behörden der früheren Sowjetunion wurden aufgelöst, darunter auch das Ministerium für auswärtige Angelegenheiten und das Innenministerium. Mit der Gründung der »Gemeinschaft Unabhängiger Staaten« habe die frühere Sowjetunion aufgehört zu existieren.

Die GUS-Staaten garantierten die Erfüllung der internationalen Verpflichtungen, die sich aus Verträgen und Vereinbarungen der früheren UdSSR ergaben. Im Interesse der strategischen Stabilität und Sicherheit sollte das gemeinsame Kommando über die militärisch-strategischen Streitkräfte und über die Kontrolle der Atomwaffen erhalten bleiben. Für die zukünftige Koordinierung wurde ein »Rat der Staatsoberhäupter« als höchstes Organ der Gemeinschaft sowie ein »Rat der Regierungschefs« geschaffen. Der Rat der Staatsoberhäupter wurde ermächtigt, wesentliche Urkunden für die Gemeinschaft zu billigen, abzuändern sowie Ergänzungen zu machen und sollte zweimal im Jahr zusammentreffen. Der Rat der Regierungschefs sollte viermal jährlich tagen, um praktische Entscheidungen zu treffen.

Am Sonntag, dem 22. Dezember 1991, organisierten in Moskau mehrere nationalistische Gruppen und Splitterparteien, angeführt von Wladimir Shirinowski, eine Kundgebung. Shirinowski und seine rechtsnationalistischen Anhänger forderten die Freilassung der inhaftierten Putschisten und beschimpften den »Gipfel von Alma Ata« als »Verrat«.

Der Rücktritt Gorbatschows

Gorbatschow verbrachte die folgenden Tage zunächst im gewohnten Arbeitsrhythmus. Doch ihm war klar, daß nach dem Abkommen über die Gemeinschaft Unabhängiger Staaten die Zeit für seinen Rücktritt gekommen war. Zwischen dem 23. und 25. Dezember 1991 meldeten sich viele seiner ausländischen Kollegen und Partner telefonisch bei Gorbatschow, voller Verständnis, Sympathie und Mitgefühl, darunter der Premierminister Großbritanniens, John Major, Kanadas Premierminister Brian Mulroney, US-Präsident George Bush und der deutsche Außenminister. »Genscher versicherte mich seiner Freundschaft, der weiteren Kontakte und des Meinungsaustausches.«

In krassem Gegensatz dazu stand das Verhalten der sowjetischen Kollegen Gorbatschows, die viele Jahre mit ihm zusammengearbeitet hatten. »Keiner der Präsidenten der Souveränen Staaten – also der ehemaligen Sowjetrepubliken – erachtete es als notwendig, in diesen Tagen nach Moskau zu kommen oder mit mir zu telefonieren, obwohl mich mit den meisten von ihnen enge und kameradschaftliche Beziehungen verbanden.«

Vor seinem Abschied traf Gorbatschow in seinem Büro im dritten Stock des Kreml mit dem russischen Präsidenten Jelzin zusammen. Neun Stunden konferierten die beiden. Es ging um die Regelung der Rechtsnachfolge für die Ex-UdSSR durch Rußland. Gorbatschow übergab Jelzin wichtige Dokumente, teilweise noch aus der Stalin-Zeit, sowohl über die Unterdrückung des eigenen Volkes als auch über die Maßnahmen gegen andere Staaten. Diese Dokumente waren nach dem August-Putsch aus den Partei- und KGB-Archiven in den Kreml ausgelagert worden.

Am Dienstag, dem 24. Dezember, verabschiedete sich Präsident Gorbatschow von den Mitarbeitern seines Apparates. Bei Saft und Gebäck dankte er seinen rund siebzig Beratern für ihre

Mitarbeit. Ein Teil von ihnen wurde in Rente geschickt, andere bereiteten sich darauf vor, neue Aufgaben zu suchen.

Am gleichen Dienstag empfing Jelzin in seiner neuen Residenz am »Alten Platz« (wo einst das KPdSU-Zentralkomitee einen ganzen Stadtteil belegt hatte) Journalisten russischer Zeitungen. Auf die Frage nach dem weiteren Schicksal Gorbatschows erklärte Jelzin, Gorbatschow werde eine Rente von viertausend Rubel erhalten, die seinem Präsidentengehalt entspreche. Seine technisch speziell ausgerüstete Datscha müsse er allerdings räumen und mit einer kleineren Datscha vorlieb nehmen. Ferner dürfe er zwei Dienstlimousinen beanspruchen. Der Bitte Gorbatschows um 200 Mann Personenschutz habe die russische Regierung nicht entsprochen, sondern nur 20 genehmigt. Jelzin lehnte auch ab, Gorbatschow die Immunität zu belassen, die er als Präsident genossen hatte. »Wenn er wegen irgend etwas beunruhigt ist«, so der russische Präsident zu den Journalisten, »soll er das besser gleich sagen.«

Zwei Stunden vor seinem letzten öffentlichen Auftritt am 25. Dezember 1991 telefonierte Gorbatschow vom Büro aus noch einmal mit George Bush und anderen politischen Freunden, meist aus dem Ausland. Dann wurde ihm das Präsidententelefon abgestellt. Als Oberbefehlshaber der Streitkräfte übergab er den »atomaren Knopf«, den Code für den Einsatz von Nuklearwaffen, an Jelzin. Aber Jelzin kam nicht selbst, sondern schickte den neuen Verteidigungsminister, Marschall Jewgenij Schaposchnikow.

Anschließend erklärte Gorbatschow in einer Fernsehansprache seinen Rücktritt vom Amt des Präsidenten der UdSSR:

»Liebe Landsleute, Mitbürger!

Aufgrund der entstandenen Situation durch die Bildung der Gemeinschaft Unabhängiger Staaten beende ich meine Tätigkeit als Präsident der UdSSR. Ich habe diese Entscheidung aus prinzipiellen Überlegungen getroffen.

Ich bin immer fest für die Selbständigkeit und Unabhängigkeit der Völker sowie die Souveränität der Republiken eingetreten, zugleich aber auch für die Erhaltung des Unionstaates und der Ganzheit des Landes. Aber die Entwicklung hat einen anderen Weg genommen. Der Kurs auf die Zerstückelung des Landes und auf die Trennung des Staates hat sich durchgesetzt. Dem kann ich nicht zustimmen.«

Er halte es für seine Pflicht, eine kurze Einschätzung des seit 1985 zurückgelegten Weges zu geben: »Die Gesellschaft erstickte im Würgegriff des administrativen Kommandosystems. Zum Frondienst an der Ideologie verurteilt, mußte sie auch die schrecklichste Last des Wettrüstens tragen und lebte am Rande ihrer Möglichkeiten. Alle Versuche von Teilreformen – und davon gab es nicht wenige – scheiterten einer nach dem anderen. Das Land verlor die Perspektive. So konnte man nicht weiterleben. Alles mußte von Grund auf geändert werden.«

Er sei sich von Beginn an im klaren gewesen, »daß es eine äußerst schwierige und sogar risikoreiche Aufgabe war, Reformen solchen Ausmaßes in einer Gesellschaft wie der unseren anzufangen. Aber ich bin auch heute noch von der historischen Richtigkeit der demokratischen Reformen, die im Frühling 1985 begonnen wurden, überzeugt.« Das wichtigste Resultat sei, daß die Gesellschaft »sich politisch und geistig aus der Knechtschaft befreit« habe.

Die Umwälzungen »verliefen in einem harten Kampf, unter wachsendem Widerstand der alten, überkommenen reaktionären Kräfte, der früheren Partei- und Staatsstrukturen, des Wirtschaftsapparates, aber auch unserer Gewohnheiten, ideologischen Vorurteile, unserer Gleichmacher- und Rentnerpsychologie. Sie stießen auf unsere Intoleranz, unsere mangelnde politische Kultur und unsere Furcht vor Veränderungen.« Deswegen habe man viel Zeit verloren: »Das alte System war eingestürzt, bevor das neue funktionierte.«

Gorbatschow beendete seine Ansprache mit dem Dank an alle Bürger, die die Erneuerung des Landes unterstützt und bei der Verwirklichung demokratischer Reformen teilgenommen hätten, sowie an »Millionen Menschen im Ausland«, vor allem jene, die Verständnis für die Umgestaltung gezeigt und diese unterstützt hätten. Er verlasse seinen Posten aber auch mit Hoffnung: »Wir sind Erbe einer großen Zivilisation. Jetzt hängt es von allen und jedem einzelnen ab, daß sie zu einem neuen, modernen und würdigen Leben wiedererweckt wird.«

Nach der Rücktrittserklärung Gorbatschows wurde die seit 1917 über dem Kreml wehende rote Fahne eingeholt und durch die weiß-rot-blaue Fahne Rußlands ersetzt. Die Menschen auf dem Roten Platz nahmen jedoch kaum Notiz davon. Wie jeden Tag kehrten ein paar alte Frauen mit Reisigbesen das Kopfsteinpflaster. Vom Fernsehkorrespondenten Klaus Bednarz gefragt, was sie denn zum Einziehen der Sowjetflagge und dem Hissen der russischen Fahne über dem Kreml meinten, antworteten sie nur: »Nu i schto – Na und?«.

Der Mehrheit der sowjetischen Menschen war damals die Auflösung der UdSSR gleichgültig. Die Reformgegner sahen den Vorgang schlicht und einfach als »Verrat« an. Die meisten Demokraten hielten die Entwicklung für unausweichlich, ja notwendig. Doch es gab auch nachdenkliche Stimmen, die auf die Gefahren hinwiesen, die nach der Zerstörung des gemeinsamen multinationalen Staates virulent werden mochten. Sie verhallten an diesem Tag.

Nach dem Rücktritt Gorbatschows am 25. Dezember 1991 widmeten fast alle Zeitungen der Welt, vor allem der westlichen Länder, diesem Ereignis ausführliche Darstellungen, Analysen und Kommentare, in denen die Bedeutung Gorbatschows positiv, wenn auch nicht kritiklos gewürdigt wurde. In erheblichem Kontrast dazu stand die geringe Resonanz, die das Ereignis in der untergegangenen Sowjetunion selbst erfuhr. Die kurze, aber eindrucksvolle Rücktrittserklärung Gorbatschows wurde nur von zwei Zeitungen im Wortlaut veröffentlicht. Lediglich einige seiner Mitstreiter äußerten sich ausführlicher und positiver.

Einer von ihnen war Vadim Bakatin, von Gorbatschow ein Jahr zuvor als Innenminister abgesetzt. Er schilderte seinen Eindruck unmittelbar nach dem Rücktritt: »Ich bin der Überzeugung, daß der Name dieses Mannes, der dem Totalitarismus auf einem Sechstel der Erde den Fehdehandschuh hingeworfen und die Menschheit von der Konfrontation und der Gefahr der Selbstvernichtung befreit hat, in die Geschichte eingehen wird. Gewiß, sein Handeln verriet Unentschlossenheit, er schwankte, beging Fehler. Doch was er geleistet hat, markiert eine der hellen Seiten der jüngsten Geschichte.«

Alexander Jakowlew, seit dem gemeinsamen Treffen mit Gorbatschow im Mai 1983 in Kanada einer der engsten Vertrauten und wichtigsten Mitarbeiter Gorbatschows, schrieb: »... es ist Gorbatschows großes Verdienst, den Mut zum Handeln gehabt zu haben und das, was hier und da vorgebracht, diskutiert, erörtert, kritisiert worden war, auch angewandt zu haben.«

Und Anatolij Tschernajew, vom Februar 1986 bis zu Gorbatschows Rücktritt im Dezember 1991 erster außenpolitischer Berater Gorbatschows, meint im Rückblick: »Michail Gorbatschow hat im Verlauf seiner Amtsperiode den Grundstein für den Beginn einer neuen Epoche der Weltgeschichte gelegt. Dies wird selbst in Rußland niemand leugnen können.« Ein solcher Reformprozeß sei »nicht ohne dramatische Entwicklungen denkbar. Entscheidungen und Überlegungen sind nur nachvollziehbar, wenn man in das historische Urteil den damals aktuellen Informationsstand, aber auch die politische und psychologische Atmosphäre der Zeit einbezieht ...

Er hat mehr als jeder andere für die Beendigung des kalten

Krieges und des Wettrüstens getan. So leistete er einen entscheidenden Beitrag zur Rettung der Menschheit vor einem dritten
Weltkrieg.

Was er von seinem ganzen Volk erwartet, und er hat das
Recht dazu, ist Anerkennung und Gerechtigkeit – und wenn
nur in dem Maße, in dem er von der internationalen Gemein-
schaft geachtet und geschätzt wurde. Ich bin überzeugt, daß die
Zeit kommen wird, in der das geschieht. Wir haben ja unsere
Moral nicht für immer verloren.«

Das Urteil über Michail Gorbatschow werden spätere Historiker zu erwägen haben. Die Geschichte der Sowjetunion jedenfalls war 74 Jahre nach der Oktoberrevolution zu Ende.

Doppelherrschaft in Rußland

Anfang 1992 war der hoffungsfrohe Optimismus nach der Niederschlagung des August-Putsches bereits verklungen. Die Reformgegner in der Wirtschaft und in den beiden parlamentarischen Körperschaften Rußlands, dem Volkskongreß und dem Obersten Sowjet, gewannen bald wieder an Boden.

Die Entwicklung begann am 2. Januar mit der plötzlichen Freigabe aller Preise. Ausgenommen blieben zunächst lediglich einige Grundnahrungsmittel und die Energieträger. Die Lebenshaltungskosten verteuerten sich sofort um das Dreifache, gewisse Konsumgüter und Dienstleistungen stiegen sogar um das Zehnfache. Die Kompensationen und Einkommenssteigerungen blieben für die meisten Arbeitnehmer weit dahinter zurück.

Kritiker wiesen darauf hin, daß vor der Freigabe der Preise eine Währungsreform hätte stehen müssen. Auch waren vorher keine wirkungsvollen Maßnahmen zur Entmonopolisierung der riesigen Staatsbetriebe erfolgt, und vor allem fehlte eine für Ordnung sorgende leistungsfähige Exekutive auf allen Ebenen.

Die Anhänger Jelzins erklärten dagegen, das ehemalige Verteilungssystem sei zusammengebrochen. Die Betriebe müßten immer öfter Rohstoffe bei den Warenbörsen oder bei den Zulieferern zu freien Preisen erwerben, während der größte Teil ihrer Erzeugnisse zu festgelegten Preisen an den Staat abzuliefern sei. Dies habe zu einem katastrophalen Produktionsrückgang geführt. Zudem führe das Nebeneinander von festgelegten Preisen im Staatshandel und freien Preisen bei privaten Geschäften zu einem Versorgungschaos, weil die Waren gleich an private Lieferanten zu erhöhten Preisen verkauft würden.

Jedenfalls zeigte sich der erwartete positive Effekt nicht im erhofften Ausmaß. Der Produktionsrückgang verhinderte ein wirklich großzügiges Angebot von Lebensmitteln und Industriewaren. Gleichzeitig führte die Preisfreigabe zu einer Destabilisierung der sozialen und politischen Situation. Zwar blieben die vielfach erwarteten sozialen Unruhen aus, aber die Kritik an der Marktwirtschaft verstärkte sich. Immer lauter wurde der Ruf, den Weg in die Marktwirtschaft zu bremsen oder aufzuhalten – zuweilen sogar verbunden mit der Forderung nach der Ablösung der Regierung Jelzin-Gaidar.

Widerstände gegen die »Schocktherapie«

Die zunehmenden Schwierigkeiten und die Unzufriedenheit in Teilen der Bevölkerung riefen die Direktoren der Staatsunternehmen auf den Plan. Am 22. Februar beschlossen sie in Moskau die Gründung eines »Rußländischen Verbandes der Direktoren«. Zum Vorsitzenden wurde der 60jährige Arkadij Wolskij gewählt, der als Leiter der Industrieabteilung ein führender Funktionär im Zentralkomitee der KPdSU gewesen war. Wolskij verfügte über außerordentlich gute Kontakte zu fast allen Direktoren der Staatsbetriebe, auch im militärisch-industriellen Komplex. Zunächst hatte er die Reformen Gorbatschows unterstützt; er wurde von ihm 1988 als Emissär der Regierung nach Berg-Karabach entsandt, um den dortigen Konflikt lösen zu helfen. Während des August-Putsches hatte sich Wolskij eindeutig gegen die Putschisten gestellt.

Die Direktoren bezeichneten sich als »Bewegung der Pragmatiker« und traten zunächst als Kritiker der Regierung auf.

Erste Umrisse einer neuen Opposition wurden jedoch schon bald sichtbar.

Die Wirtschaftspolitik Gaidars und seiner engsten Mitarbeiter stieß auch auf zunehmenden Widerstand von Parlamentspräsident Ruslan Chasbulatow und dem russischen Vizepräsidenten Alexander Ruzkoj. Chasbulatow, bis dahin als treuer Parteigänger Jelzins bekannt, erklärte bereits am 14. Januar 1992, anstelle einer Preisliberalisierung sei eine »anarchistisch erfolgende Preissteigerung« im Gange. Den von Jelzin und Gaidar verfolgten Plan, die sowjetischen Staatsgüter (Sowchosen) und Kollektivwirtschaften (Kolchosen) aufzulösen, bezeichnete Chasbulatow als »riesige Dummheit«. Vizepräsident Ruzkoj, der die »Schocktherapie« von Beginn an abgelehnt hatte, trat für die Ausrufung eines wirtschaftlichen Ausnahmezustandes ein. Notwendig sei eine Periode »starker Staatsmacht«.

Im Februar 1992 bestellte Jelzin seinen Vizepräsidenten zum »Sonderbeauftragten für Landwirtschaftsfragen« – eine recht ominöse Ernennung, denn während der gesamten Sowjetperiode waren nicht selten höchste Funktionäre auf diesen Posten geschoben worden, um sie von den Entscheidungszentren fernzuhalten und später als Sündenböcke leichter abhalftern zu können.

Die Reaktion Ruzkojs blieb nicht aus: Seit dem Frühjahr begann er die Jelzin-Regierung zunehmend von einer nationalrussischen Warte aus zu kritisieren. Allerdings griff er zunächst nicht Jelzin persönlich an, sondern immer nur dessen Umgebung, vor allem Vizepräsident Sergej Schachrai und Außenminister Andrej Kosyrew. Ruzkoj warf Kosyrew vor, Rußland in eine vom Westen abhängige »Bananenrepublik« zu verwandeln. Die innere Entwicklung führe zum Zerfall Rußlands, zu Anarchie und der »Diktatur der Straße«, die Wirtschaftspolitik zur totalen Verarmung des Volkes. Ruzkoj bekämpfte vor allem die Privatisierung von Grund und Boden.

Die zunehmende Enttäuschung und Unzufriedenheit bei größeren Teilen der Bevölkerung wurde auch von ehemaligen KP-Funktionären sowie rechtsnationalistischen Kreisen ausgenutzt – wobei es seit Februar 1992 zu einer ungewöhnlichen »Aktionseinheit« kam. Am Tag der Streitkräfte (dem ehemaligen Tag der Roten Armee), am 23. Februar 1992, fanden in Moskau große Demonstrationen gegen Jelzin statt – erstmals gemeinsam unter den roten Fahnen der Kommunisten und den schwarz-gelb-weißen Bannern der zaristischen Monarchisten. Auf Transparenten wurde vor dem »Ausverkauf des Landes an den Westen« gewarnt. »Slawische Brüder, vereinigt Euch!« und »Stoppt den Zionismus – rettet Mütterchen Rußland!« war auf den Transparenten zu lesen.

Auf den Tagungen des Kongresses der Volksdeputierten traten die Reformgegner nun immer deutlicher in Erscheinung. Nach heftigen Auseinandersetzungen wurde Jelzin das Recht aberkannt, über die Struktur und personelle Besetzung der Regierung zu entscheiden. Auch andere seiner im Oktober 1991 genehmigten Sondervollmachten wurden beschnitten.

Auf den Druck der Lobby der Staatsdirektoren hin mußte Jelzin am 2. Juni drei »zentristische« Repräsentanten als Erste Stellvertretende Ministerpräsidenten in die Regierung aufnehmen: Wladimir Schumejko, der für den Bereich der Industrie sowie für die Verbindung zum Parlament zuständig sein sollte (und später als Anhänger Jelzins auftrat); Wladimir Shisha für Fragen der Rüstungsindustrie und Viktor Tschernomyrdin für den Sektor Brennstoffe und Energie. Zum Sekretär des »Sicherheitsrates« beim Präsidenten wurde Jurij Skokow ernannt, ein Repräsentant des militärisch-industriellen Komplexes. Die Leitung der Zentralbank Rußlands wurde Viktor Geraschtschenko übertragen, einem Wirtschaftsfunktionär, der sogar den August-Putsch 1991 begrüßt hatte. Die politische Kräfteverschiebung war unübersehbar.

Ein wichtiges Zeichen dieser Machtverschiebung war die Gründung der »Bürgerunion« auf einer Konferenz in Moskau am 21. Juni 1992. Sie stützte sich vor allem auf die immer mächtiger werdende »Volkspartei Freies Rußland« unter der Leitung des Vizepräsidenten Alexander Ruzkoj; auf die von Arkadij Wolskij gegründete »Rußländische Union der industriellen Unternehmer«, verbunden mit der ebenfalls von Wolskij am 30. Mai 1992 gegründeten Partei »Erneuerung«; und auf die »Demokratische Partei Rußlands« unter Leitung von Nikolaj Trawkin, die anfangs dem Bündnis »Demokratisches Rußland« angehört hatte, sich jedoch – ähnlich wie Ruzkoj, Chasbulatow und Wolskij – zunehmend von der Jelzin-Regierung distanzierte. Auch andere frühere prominente Demokraten wie Sergej Stankewitsch und Oleg Rumjanzew, einer der Begründer der Sozialdemokratischen Partei, schlossen sich der »Bürgerunion« an.

Die »Bürgerunion« forderte den Verzicht der Regierung auf den radikalen Reformkurs (»Schocktherapie«) und die Erhaltung der staatlichen Schwer- und Rüstungsindustrie. Sie verlangte, der Desintegration Rußlands entgegenzuwirken und sich deutlicher für die russischen Minderheiten in den GUS-Staaten einzusetzen. Außenpolitisch warf sie der Regierung eine zu prowestliche Politik vor. Die »Bürgerunion« bekundete im Frühsommer 1992 ihre Bereitschaft, bei zunehmenden Schwierigkeiten selbst eine Regierung zu bilden und die Verantwortung für die politische Entwicklung Rußlands zu übernehmen.

Durch die Einbeziehung weiterer Abgeordneter und kleinerer Parteien konnte die »Bürgerunion« im Spätsommer 1992 auf rund vierzig Prozent der Stimmen im Parlament rechnen und war damit zur stärksten politischen Kraft geworden. Der Parlamentsvorsitzende Ruslan Chasbulatow identifizierte sich immer offener mit ihr. Gewiß wollte diese keine Rückkehr zu früheren kommunistischen Verhältnissen, wohl aber einen national-russischen autoritären Staat und die Abkehr von der radikalen Wirtschaftsreform, vor allem im Bereich der Großindustrie. Mit allen Mitteln wollte sie die weitere Privatisierung von Grund und Boden verhindern.

Jelzin und die Bewegung »Demokratisches Rußland« hatten sich seit Sommer 1992 jedoch nicht nur mit der »Bürgerunion« auseinanderzusetzen, sondern auch mit dem Vordringen kommunistischer Gruppierungen. Viele Funktionäre der KPdSU, die sich nach der Niederlage des August-Putsches 1991 gar nicht schnell genug hatten verkriechen können, kamen nun, Morgenluft witternd, wieder hervor – allerdings in einer veränderten Version. Sie traten nun als nationalistische und soziale Opposition auf – und zwar gemeinsam mit Nationalisten und Rechtsradikalen. Ihre gemeinsame Zielsetzung: der Kampf gegen den »Ausverkauf des Landes« an den Westen, gegen Demokratie und Marktwirtschaft und für die Wiederherstellung der Sowjetunion (bzw. der zaristischen russischen Großmacht). Ein gemeinsamer Nenner war auch der offene Antisemitismus.

Dieser Schulterschluß führte Anfang Oktober 1992 zur Bildung der »Front der nationalen Rettung«, womit das seltsame Bündnis seine organisatorische Verankerung fand. Die »Front der nationalen Rettung« führte nicht nur gemeinsame, oft lautstarke Protestdemonstrationen durch, sondern konnte auf eine beträchtliche Anzahl der Abgeordneten im Volkskongreß und im Obersten Sowjet rechnen.

Der Verfassungskonflikt

So zeichnete sich seit Spätherbst 1992 eine Doppelherrschaft ab – auf der einen Seite Präsident Jelzin, die Mehrheit der Regierung und die Bewegung »Demokratisches Rußland«, auf der anderen Seite der Volksdeputiertenkonkreß und der Oberste

Sowjet, deren Ziel es war, Präsident Jelzins Reformkurs zu behindern oder ganz zu vereiteln.

Vordergründig ging es um eine »Verfassungsdiskussion«: um die Frage, wie in der neu auszuarbeitenden Konstitution die Beziehungen zwischen Präsident und Regierung einerseits und den parlamentarischen Körperschaften andererseits festzulegen seien, auf welchem Wege eine neue Verfassung ausgearbeitet und angenommen werden sollte. Die Situation war indes verwickelt und widersprüchlich. Die Verfassung der Russischen Sozialistischen Förderativen Sowjetrepublik (RSFSR) stammte noch aus dem Jahre 1978. Sie war ein Ableger der unter Leonid Breschnew verabschiedeten UdSSR-Verfassung vom Oktober 1977.

Am 22. Juni 1990, wenige Tage nach der Souveränitätserklärung Rußlands, begann der Oberste Sowjet, den Entwurf einer neuen Verfassung auszuarbeiten. Bis Ende 1992 gab es über 300 Textveränderungen, wobei in der Eile völlig widersprüchliche Artikel verblieben. So schrieb Artikel 3 die Gewaltenteilung fest, während Artikel 104 die Gewaltenkonzentration verkündete: Das höchste Organ der Staatsmacht sei der Kongreß der Volksdeputierten. Er sei ermächtigt, »jede beliebige Frage zu entscheiden, die in die Zuständigkeit der Russischen Föderation fällt.«.

Eher amüsant war die Tatsache, daß nach Artikel 181 die weiß-blau-rote Fahne als russische Staatsflagge festgelegt wurde, aber im (noch nicht veränderten) Artikel 180 nach wie vor das Staatswappen »Hammer und Sichel auf rotem Grund« mit der Aufschrift »Proletarier aller Länder, vereinigt Euch« galt.

In Wirklichkeit ging es jedoch bei dem Konflikt weniger um Verfassungsmodalitäten als um die entscheidende Frage: Fortsetzung und Vertiefung oder Abschwächung bzw. Einstellung des Reformkurses, vor allem im wirtschaftlichen Bereich. Der bei den Reformgegnern verhaßte Jegor Gaidar war daher das Hauptziel ihrer Angriffe. Am 14. Dezember 1992 gelang es den reformgegnerischen Kräften, Gaidar abzusetzen und Viktor Tschernomyrdin zum neuen Ministerpräsidenten Rußlands zu ernennen. Der Rückschlag für Jelzin, seinen Wirtschaftsreformkurs und seine Machtstellung war offenkundig.

Der Verfassungskonflikt nahm nun immer groteskere Formen an, aber die Bevölkerung nahm davon immer weniger Notiz. Die Autorität des Parlaments und seines Vorsitzenden Chasbulatow schwand, doch auch Präsident Jelzin war davon betroffen. Ihm wurde vorgeworfen, sich zu sehr mit taktischen Verstrickungen zwischen Präsident und Parlament zu beschäftigen, anstatt sich um die ihn unterstützende Bewegung »Demokratisches Rußland« zu kümmern oder sich direkt an die Bevölkerung zu wenden.

Dies änderte sich erst mit Jelzins aufrüttelnder Fernsehansprache am 20. März 1993. Darin bezeichnete er das Verbot des für den 11. April vorgesehenen Referendums durch den Kongreß der Volksdeputierten als undemokratisch und kündigte von sich aus eine Volksabstimmung für den 25. April an. Diese Abstimmung sollte nach dem Vorschlag Jelzins über das Vertrauen zum Präsidenten und Vizepräsidenten entscheiden, über die Ausarbeitung einer neuen Verfassung, über ein neues Wahlgesetz und Neuwahlen sowie über ein Gesetz zur Privatisierung von Grund und Boden. Bis zu diesem Referendum, also für eine Dauer von fünf Wochen, kündigte Jelzin eine Art abgemilderter Präsidialherrschaft an. Allerdings seien, so Jelzin, selbst in dieser Periode alle Grundrechte der Bürger, die Meinungs- und Pressefreiheit garantiert, die Verfassung bleibe unangetastet.

Gegen die Vorschläge Jelzins stellten sich sofort Parlamentspräsident Chasbulatow, Vizepräsident Alexander Ruzkoj, der Sekretär des Sicherheitsrates Jurij Skokow, der Vorsitzende des

Verfassungsgerichtes Walerij Sorkin und der Generalstaatsanwalt Valentin Stepankow.

Ohne daß das Verfassungsgericht überhaupt getagt hatte, erklärte Walerij Sorkin Jelzins Vorgehen für verfassungswidrig. Bei der anschließenden Verhandlung des Verfassungsgerichts lagen die Erlasse Jelzins und andere schriftliche Dokumente überhaupt nicht vor. Die Richter fällten ihren Beschluß ausschließlich aufgrund der Fernsehansprache Jelzins! Am nächsten Tag verkündete das Verfassungsgericht in verklausulierter Form, die von Jelzin angeordnete »besondere Verwaltungsweise des Landes« sei verfassungswidrig, die von ihm vorgeschlagene Volksabstimmung dagegen rechtmäßig.

Der Widerstand der reformgegnerischen Mehrheit verstärkte sich indes weiter. Am 28. März 1993 wurde auf Antrag des Parlamentspräsidenten Chasbulatow sogar die Amtsenthebung Jelzins versucht. Es kam zu einer dramatischen Abstimmung: 689 Abgeordnete stimmten dafür; nur 72 Stimmen fehlten für die notwendige Zwei-Drittel-Mehrheit. Jelzin konnte aufatmen – aber gleichzeitig war offenbar geworden, daß 62 Prozent der Abgeordneten des Volksdeputiertenkongresses gegen Jelzin und seine Reformpolitik opponierten.

Jelzins Vorschläge für ein Referendum am 25. April 1993 wurden zwar im Prinzip gebilligt, allerdings mit weitreichenden Veränderungen: Die Befragung über eine neue Verfassung, ein neues Wahlgesetz sowie über die Privatisierung von Grund und Boden wurde von den Abgeordneten abgelehnt. Dagegen sollte nicht nur nach dem Vertrauen zum Präsidenten gefragt, sondern auch seine Wirtschafts- und Sozialpolitik bewertet werden – in der Hoffnung, daß diese von der Mehrheit der Bevölkerung abgelehnt werden würde.

Ergänzt wurde das Referendum um zwei neue Fragen: über vorgezogene Präsidentschaftswahlen und vorgezogene Wahlen für den Volksdeputiertenkongreß. Diese sollten jedoch nicht

nach der Zahl der Abstimmenden entschieden werden (wie das
bei allen Volksabstimmungen stets der Fall war und ist), sondern nach der Zahl der Wahlberechtigten. Damit hofften die
Reformgegner (wie sich später herausstellte: zu Recht), in diesen beiden Fragen eine Zustimmung verhindern zu können,
damit die Abgeordneten des Volksdeputiertenkongresses und
des Obersten Sowjet weiterhin im Amt bleiben konnten.

Diesen Veränderungen stimmte Jelzin, wenn auch sicher
nicht leichten Herzens, zu, um das Referendum überhaupt
abhalten zu können.

Das Referendum vom 25. April 1993

Den Tag des Referendums habe ich in Moskau erlebt. Gewiß:
das stürmische Engagement der Bevölkerung bei den ersten
Mehrkandidatenwahlem am 25. März 1989, bei den großen
Demonstrationen im Frühjahr 1990, bei der Wahl Jelzins im
Juni 1991 und vor allem bei der Niederschlagung des Putsches
im August 1991 war geschwunden. Die schwierige soziale und
ökonomische Lage, die Versorgungsprobleme, die Mafia, die
allgemeine Unsicherheit und Perspektivlosigkeit hatten Enttäuschung und Apathie ausgelöst. Trotzdem waren sich große
Teile der Bevölkerung der Bedeutung dieses Referendums
bewußt.

Die drei großen, seit dem Herbst 1992 entstandenen Blöcke –
die »Reformkoalition«, also die Befürworter eines schnellen
Reformprogramms unter Führung Jelzins, die zentristische
»Bürgerunion« und die oppositionelle »Front der nationalen
Rettung« – stellten die zur Abstimmung stehenden vier Fragen
ins Zentrum ihrer Auseinandersetzungen.

Die Demokraten, die Anhänger Jelzins, versprachen auf
ihren Plakaten und Flugblättern: »Wir bauen das neue Ruß-

land« und gaben gleich die gewünschten Antworten auf die vier Fragen: JA, JA, NEIN, JA!

Die Vorschläge der Demokraten lauteten:

1. *Vertrauen Sie dem Präsidenten der Russischen Föderation, Boris Jelzin?*
JA! Wenn Sie in einem neuen Rußland leben wollen, dann antworten Sie mit Ja. Unser gewählter Präsident vereinigt alle, die an ein neues Rußland glauben und in der Praxis ein solches Rußland errichten.

2. *Befürworten Sie die Wirtschafts- und Sozialpolitik, die seit 1992 vom Präsidenten und von der Regierung der russischen Föderation durchgeführt wurde?*
JA! Unser Leben ist heute schwer. Aber es ist notwendig, sich nicht von der Wirtschaftsreform loszusagen, sondern diese entschlossen durchzuführen.
Darin liegt unsere Wahl, unsere Rettung.

3. *Sind sie für vorgezogene Neuwahlen des Präsidenten der Russischen Föderation?*
NEIN! Warum soll es eine neue Wahl eines Präsidenten geben, wenn dieser Präsident bereits das Vertrauen der Bevölkerung genießt?

4. *Sind Sie für vorgezogene Neuwahlen des Kongresses der Volksdeputierten der Russischen Föderation?*
JA! Das neue Rußland braucht ein professionelles Parlament.

Mehrfach sah ich auch ein großes Plakat mit dem Bild Jelzins, umgeben von kurzen Erklärungen vieler prominenter Schriftsteller, Dichter, Wissenschaftler, Sportler, Schauspieler und Sänger, die sich für die Unterstützung Jelzins aussprachen und dazu aufriefen, ihre Stimme nach der Jelzin-Formel – JA, JA, NEIN, JA – abzugeben.

Die Gegner Jelzins stellten die Verschlechterung der Lebensverhältnisse in den Mittelpunkt ihrer Aufrufe und Flugblätter:
die drastisch gestiegenen Preise für Nahrungsmittel und Güter
des täglichen Gebrauchs, die Zunahme von Verbrechen und
Kriminalität und die Ausbreitung der Mafia. Im Zentrum der
Argumente der »Bürgerunion« standen die Hinweise auf die
verfassungsmäßigen Rechte der Parlamente, des Obersten Sowjet und des Kongresses der Volksdeputierten.

Mit noch schärferen Formulierungen und nationalistischer
Propaganda verbreitete die »Front der nationalen Rettung«
ihren Aufruf. Als Anrede benutzte sie nicht den sonst üblichen
Begriff »Bürger«, sondern »Vaterlandsleute« (»Sootjetschest-
wenniki«).

Der Aufruf begann mit der drohenden Warnung:
»Sage später nicht, daß Du das nicht erwartet hast,
sage später nicht, daß man Dich betrogen hat,
Du bist verpflichtet, jetzt sofort – für Deine Familie und Deine
Kinder – zu erkennen, worum es bei diesem Referendum geht.«

Nach der Anprangerung der verschlechterten Lebensbedingungen folgte die Aufforderung: »Wenn Sie die Fortsetzung
eines solchen Verhängnisses für unser Land, unser Volk verhindern wollen, dann verweigern Sie dem Präsidenten Jelzin Ihre
Zustimmung!«

Der Aufruf der »Front der nationalen Rettung« schloß mit
folgenden Anklagen:

»Jelzin – das ist die planmäßige Vernichtung der russischen
Kultur und des russischen Selbstbewußtseins.

Jelzin – das ist der Verlust unseres Status einer Großmacht,
die einseitige Verringerung unserer Verteidigungskraft und die
Unterordnung unseres Landes unter die Interessen des ausländischen Kapitals.

Jelzin – das ist die Herrschaft eines volksfeindlichen und
vaterlandsfeindlichen Regimes.

Jelzin – das ist der Bürgerkrieg.

Erscheine am 25. April zum Referendum und rette Dich und Deine Kinder vor Jelzin. Eine zweite solche Möglichkeit wirst Du nicht mehr haben!«

Am Tage des Referendums sah man auf Straßen und Plätzen neben den Plakaten der drei erwähnten Hauptrichtungen auch die quer über die Straßen angebrachten Spruchbänder: »Christus ist auferstanden« zum russisch-orthodoxen Osterfest, und der Moskauer Metro (der U-Bahn) waren Plakate der Hare-Krishna-Bewegung zu sehen. An einem Gebäude erkannte ich ein Plakat, das für esoterische Vorlesungen und Seminare warb. Auf dem Roten Platz wartete geduldig eine Schlange von einigen tausend Menschen (mehr als ich und manche andere erwartet hatten) vor dem Lenin-Mausoleum. Wenige Dutzend Meter entfernt, an einer Ecke des Roten Platzes, war ein Stand errichtet worden mit der Aufforderung, in Rußland die Monarchie einzuführen. Auf dem Tisch lagen Unterschriftenlisten aus für alle Moskauer, die bereit waren, die Forderung zu unterstützen. Nur einige hundert Meter weiter, vor dem Lenin-Museum, hatten sich unter den Losungen der »Front der nationalen Rettung« oppositionelle Kommunisten versammelt. Auf den Tischen befanden sich Berge von Agitationsmaterial, und die kommunistische *Sowetskaja Rossija* wurde ebenso verkauft wie der rechtsnationalistische *Djen* (»Der Tag«). Oppositionelle Kommunisten in Moskau! Dieses Bild prägte sich mir ein.

Während des Tages besuchte ich etwa ein Dutzend Wahllokale in den unterschiedlichsten Moskauer Bezirken (»Rayons«). Die »Wahlkommissionen« unter Leitung eines Vorsitzenden, zumeist frühere KP-Funktionäre, organisierten die Wahlprozedur, als ob sie seit Generationen in einer Demokratie gelebt hätten. An den Wänden gab es klare Hinweise für den Abstimmungsvorgang.

Die Bestimmung, daß in Wahllokalen keine politischen Diskussionen stattfinden sollten, wurde – bei dem politischen Interesse der Moskauer verständlich – nicht immer eingehalten. Mehrfach erlebte ich Wähler, die laut erklärten, man müsse für Jelzin stimmen; andere sprachen sich ebenso laut gegen ihn aus. Die Geheimhaltung des Wahlvorgangs wurde jedoch von allen Beteiligten gewahrt. In einigen Wahllokalen sah ich Wähler, die die vorgedruckten Vorschläge der jeweiligen Organisationen mitgebracht hatten. Sie lasen diese sorgfältig durch und füllten dann den Wahlzettel entsprechend aus.

Im Verlauf des Tages hörte ich in Gesprächen mit Jelzin-Anhängern wiederholt die Befürchtung, daß die Wahlbeteiligung an diesem sonnigen Sonntag nur gering sein könnte und die zweite Frage nach der Bewertung der Wirtschafts- und Sozialpolitik Jelzins negativ beschieden werden würde. Beides sollte sich als nicht zutreffend erweisen.

Am späten Abend und in der Nacht zeichnete sich mit der Bekanntgabe größerer Teilergebnisse der Sieg Jelzins ab. Am nächsten Tag wurde das Resultat bekanntgegeben: Mehr als 58 Prozent der Abstimmenden hatten Jelzin ihr Vertrauen ausgesprochen – in Großstädten wie Moskau und St. Petersburg sogar über 75 Prozent. Zur Überraschung vieler bejahten sogar – trotz der Entbehrungen – über 52 Prozent der Abstimmenden den Kurs der Wirtschafts- und Sozialpolitik.

Die wichtige vierte Frage nach der Neuwahl des Parlaments erhielt jedoch nur 41 Prozent der Ja-Stimmen – weil für diese Frage nicht die Zahl der Abstimmenden, sondern, wie erwähnt, die Zahl der Stimmberechtigten zum Ausgangspunkt genommen wurde. Von den tatsächlich Abstimmenden hatten sich über 60 Prozent für vorgezogene Neuwahlen des Parlaments ausgesprochen.

Die Kontroverse um eine neue Verfassung

Nach dem Sieg Jelzins und der Demokraten beim Referendum am 25. April 1993 war Jelzins Position gestärkt. Die Fortsetzung der Reformen, darunter auch der Übergang zur Marktwirtschaft, schien nun beträchtlich erleichtert zu sein. An der reformgegnerischen Mehrheit im Obersten Sowjet und im Kongreß der Volksdeputierten hatte sich aber nichts geändert.

Jelzins Chance lag im schnellen Handeln, in der Möglichkeit, eine größere Zahl der durch das Referendum unsicher gewordenen Volksdeputierten auf seine Seite zu ziehen und damit den Volksdeputiertenkongreß zu spalten. Diese Strategie befürworteten Reformer wie Jegor Gaidar, Alexander Jakowlew und der Chefredakteur der *Iswestija,* Golembiowskij. Doch die Demokraten nutzten die Gunst der Stunde nicht.

Statt dessen konzentrierte sich Präsident Jelzin auf die Einberufung einer verfassunggebenden Versammlung aus Vertretern der 88 »Subjekte der Föderation«: aus den 21 autonomen Republiken, 11 autonomen Regionen und 56 Gebieten der Russischen Föderation. Sie sollten den vom Präsidenten vorbereiteten Verfassungsentwurf erörtern und eine abschließende Fassung ausarbeiten. Damit wollte Jelzin dem Obersten Sowjet und dem Kongreß der Volksdeputierten ein gewichtiges Organ entgegenstellen.

Das Vorhaben verlief anfangs günstig. Zwar setzte der Parlamentsvorsitzende Chasbulatow seinen Konfrontationskurs fort, er stieß jedoch sogar in den Reihen seiner Anhänger auf zunehmenden Widerstand. Selbst sein Stellvertreter Nikolaj Rjabow, bis dahin als Jelzin-Kritiker bekannt, erklärte sich bereit, an der verfassunggebenden Versammlung teilzunehmen. Auch die einflußreiche Direktorenvereinigung um Arkadij Wolskij schwächte den Konfrontationskurs ab und begann sich versöhnlicher zu zeigen.

Am 5. Juni 1993 trat die verfassunggebende Versammlung zusammen. Jelzin hatte inzwischen den Personenkreis beträchtlich erweitert. Anstelle von zwei sollten jetzt je vier Vertreter von Exekutive und Legislative der Republiken, Regionen und Gebiete teilnehmen, dazu Vertreter der Städte Moskau und St. Petersburg. Darüber hinaus waren eingeladen worden: 25 Repräsentanten der Regierung, die Mitglieder der Verfassungskommission, Vertreter der politischen Fraktionen im Obersten Sowjet, der Organe der örtlichen Selbstverwaltung, der Kirchen, der Parteien und der gesellschaftlichen Gruppen, der Jugendorganisationen sowie die Direktoren der Industrieunternehmen und private Unternehmer. Die 760 Teilnehmer aller politischen Richtungen und Ebenen standen vor der Aufgabe, bis zum 16. Juni den Entwurf einer neuen demokratischen und marktwirtschaftlich orientierten Verfassung anzunehmen und damit den lähmenden Verfassungskonflikt zu beenden.

Der von Präsident Jelzin vorgelegte Verfassungsentwurf ließ die Zielsetzung erkennen, daß das neue Rußland parlamentarisch-demokratisch, marktwirtschaftlich, liberal und rechtsstaatlich sein sollte. In Artikel 34 wurde das »Recht auf Eigentum« als »natürliches Recht der Menschen« verankert – offensichtlich, um die erstrebte Privatisierung von Grund und Boden und der großen Staatsunternehmungen zu gewährleisten.

Die bisherige Zweigleisigkeit – der Kongreß der Volksdeputierten und der aus ihm gewählte Oberste Sowjet – sollte entfallen. An ihre Stelle sollte ein Zwei-Kammer-Parlament treten, bestehend aus einem Föderationsrat (als Interessenvertretung der unterschiedlichen Regionen) und der Staatsduma. Die Staatsduma sollte auf Vorschlag des Staatspräsidenten den Ministerpräsidenten wählen. Falls die Staatsduma den Präsidentenvorschlag ablehnte und damit eine Staatskrise entstünde, habe der Staatspräsident das Recht, die Duma (in einem von der Verfassung vorgesehenen Verfahren) aufzulösen und Neuwahlen auszuschreiben. Umgekehrt durfte der Präsident, dessen Position in diesem Verfassungsentwurf sehr gestärkt war, nur nach einem komplizierten Gerichtsverfahren, bei dem ihm »absichtliche Verfassungsverstöße« nachgewiesen werden mußten, vom Parlament abgesetzt werden.

Am Tag der Eröffnung riefen nationalistische, kommunistische und rechtsextreme Oppositionsgruppen, darunter auch Abgeordnete des Obersten Sowjet, zum Widerstand gegen die geplante Verfassungsreform auf. Der Präsident, so behaupteten sie, wolle eine Diktatur errichten.

Bei der Eröffnung kam es zu einem Eklat. Nach einer kurzen Ansprache von Präsident Jelzin verlangte Parlamentspräsident Chasbulatow von Jelzin und Tschernomyrdin, die beide die Sitzung leiteten, daß man ihm, Chasbulatow, das Wort erteile. Für diese Sitzung waren jedoch die Ansprachen des angesehenen Juristen Alexejew und des Stellvertretenden Ministerpräsidenten Schachraj vorgesehen. Beide hatten maßgeblichen Anteil an der Erarbeitung des Verfassungsentwurfs.

Jelzin wies zunächst Chasbulatows Forderung zurück und schlug ihm vor, er könne auf der zweiten Plenarsitzung in der kommenden Woche als erster Redner auftreten, ließ aber Chasbulatow dann doch ans Rednerpult. Als dieser begann, wurde er von Teilnehmern durch Zurufe und Pfiffe am Weiterreden gehindert. »Sie weigern sich, den Vorsitzenden des Parlaments zu hören«, schleuderte Chasbulatow den Lärmenden entgegen. »Sie haben kein Recht, ernsthafte Entscheidungen zu treffen – nicht einmal, sie zu erörtern.« Dann verließ er protestierend den Saal. Fünfzig seiner Anhänger folgten ihm. Beim Verlassen des Gebäudes rief Chasbulatow aus, nun sei es »klar, daß wir auf eine Diktatur zugehen«.

Während die verfassunggebende Versammlung tagte, spitzte sich die Situation zu, denn inzwischen hatte sich die Bewegung »Arbeitendes Rußland«, eine unter kommunistischer Führung stehende Massenorganisation, für die Wiederherstellung der früheren sowjetischen Verfassung ausgesprochen und einen eigenen Verfassungsentwurf ausgearbeitet, in dem die Funktion eines Präsidenten überhaupt nicht vorkam. Auch die Verfassungskommission des unter Chasbulatows Führung stehenden Parlaments behauptete, ihren Verfassungsentwurf fertiggestellt zu haben, nach dem, wie zu erwarten, das Parlament eine absolut dominierende Rolle spielen sollte, während dem Präsidenten nur noch dekorative Funktionen verblieben. Unerwartet schlug Parlamentspräsident Chasbulatow vor, ein Referendum über alle drei vorliegenden Verfassungsentwürfe abzuhalten – den Jelzin-Entwurf, den Parlamentsentwurf und den Verfassungsentwurf der russischen Kommunisten.

Ab Ende Juni 1993 zeigten sich auch zunehmende Schwierigkeiten innerhalb der verfassunggebenden Versammlung. Die wichtige Teilrepublik Tatarstan mit ihren Ölvorkommen zog sich von den Beratungen zurück und stellte zusammen mit Baschkortostan (früher Baschkirien) und dem (an den Verfassungsberatungen nicht teilnehmenden) Tschetschenien die Steuerzahlungen an die Russische Föderation ein. Auch andere autonome Republiken und Regionen betonten zunehmend ihre »Souveränität«, meldeten Vorbehalte an und traten für bilaterale Abmachungen mit Moskau ein. Die einzelnen Regionen verlangten für ihre Zustimmung zur neuen Verfassung größere Unabhängigkeit, vor allem die Kontrolle über die in ihrem Gebiet befindlichen Bodenschätze und Rohstoffe sowie die Verfügung über die Steuereinnahmen. Unter diesen Bedingungen würde sich die Russische Föderation schrittweise in eine lockere Konföderation verwandeln. Im Verfassungskonflikt bedeutete dies ein zusätzliches Hindernis für den russischen Präsidenten, der ursprünglich vorgehabt hatte, die Verfassungen durch die einzelnen »Föderations-Subjekte« annehmen zu lassen.

Auch das unter Chasbulatows Vorsitz stehende Parlament ging in die Offensive. Dekrete Jelzins zur Privatisierung wurden erneut annulliert. Die Staatssicherheitsorgane wurden mit der Zusicherung des Obersten Sowjet bedacht, daß die KGB-Archive zum Schutz der Funktionäre aus früheren Zeiten für 50 Jahre verschlossen bleiben sollten. Auf einer ähnlichen Ebene lag der Beschluß, den Hochverratsprozeß gegen die Führer des Putschversuches vom August 1991 zu unterbrechen.

Am 30. Juni 1993 begab sich Boris Jelzin zu einem Urlaub in die Nähe der Stadt Nowgorod. Während seiner Abwesenheit wurden, vor allem von den Zeitungen der KP-Opposition *Sowjetskaja Rossija* und *Prawda,* Gerüchte verbreitet, Jelzin sei schwer erkrankt. Eine medizinische Kommission sollte den Gesundheitszustand des Präsidenten untersuchen. Gleichzeitig kursierten Gerüchte über einen bevorstehenden Putsch. In Jelzins Abwesenheit traf das russische Parlament unter seinem Präsidenten Chasbulatow weitere Beschlüsse zur Blockierung der Wirtschaftsreformen. Die nationalistisch-kommunistische »Front der nationalen Rettung« forderte im Juli 1993, man müsse eine »Regierung der nationalen Rettung« bilden und den Volksdeputierten außerordentliche Vollmachten erteilen sowie den Posten des Präsidenten abschaffen.

Währenddessen wurde die Erörterung und Überarbeitung des Jelzinschen Verfassungsentwurfes, wenn auch mit knapp vierwöchiger Verspätung, abgeschlossen. Am 12. Juli 1993 erschienen allerdings von den 760 Delegierten der verfassunggebenden Versammlung nur 558 Abgeordnete. Der überarbeitete Verfassungsentwurf wurde mit der großen Mehrheit von 443 Stimmen angenommen. Nur 62 Abgeordnete stimmten dagegen, 63 enthielten sich der Stimme. Ungeklärt blieb indes die Frage, wie und durch wen die neue russische Verfassung in Kraft gesetzt werden sollte. Mit Sicherheit war damit zu rechnen, daß der Volksdeputiertenkongreß und der Oberste Sowjet

sich dagegen stellen würden – erstens, weil die Parlaments-
mehrheiten auch bisher die meisten Reformen blockiert hatten,
und zweitens, weil sie mit der Annahme der Verfassung
zugleich ihre eigene Existenz beenden würden.

In der öffentlichen Diskussion wurden unterschiedliche
Alternativen vorgeschlagen: die Inkraftsetzung der Verfassung
durch die »Subjekte der Föderation«; die Abhaltung einer
neuen Volksabstimmung, in der die Bevölkerung über die Beja-
hung oder Ablehnung der neuen Verfassung zu entscheiden
hatte; die Wahl eines Interimsparlaments mit der einzigen Aufgabe, die neue Verfassung zu verabschieden und sich dann aufzulösen, um danach – im Oktober oder November 1993 –
Wahlen abzuhalten; die Verabschiedung eines neuen Verfas-
sungsgesetzes und eines neuen Wahlgesetzes für die Übergangszeit, um danach durch vorgezogene Parlamentswahlen in dem
neu gewählten Zwei-Kammer-Parlament die Befugnisse von
Präsident und Parlament für eine Übergangszeit zu definieren,
und den schwelenden Konflikt zu überwinden.

Anfang August verschärfte sich der Konflikt. Zum 50. Jahrestag des sowjetischen Sieges bei Kursk am 4. und 5. August
traten Präsident Jelzin und Parlamentspräsident Chasbulatow
getrennt auf. Chasbulatow verkündete die Absicht, die verfas-
sungsmäßige Kontrolle über die vollziehenden Machtorgane zu
verstärken, und forderte eine neue Regierung der »nationalen
Übereinstimmung«. Präsident Jelzin konterte einen Tag später
mit der Erklärung, das Haupthindernis für die Reformen und
für die Demokratie sei der Oberste Sowjet. Dieser habe einen
»ausgeprägt provokatorischen und volksfeindlichen Charakter
angenommen«.

Am 12. August kündigte Boris Jelzin für den Herbst 1993
vorgezogene Parlamentswahlen an. Sollte der Oberste Sowjet
diesen Neuwahlen nicht zustimmen, werde er den Termin per
Erlaß durchsetzen.

Die Antwort blieb nicht aus. Die reformgegnerische Mehrheit im Parlament beschloß, daß in Zukunft bei der Ernennung der Minister für Finanzen, Wirtschaft, Justiz, Medien und des Direktors des staatlichen Eigentumsfonds (der vor allem Immobilien verwaltet) das Parlament mitzubestimmen hätte. Nach dem »Gesetz über den Ministerrat« sollten auch nur noch dem Obersten Sowjet genehme Kandidaten an der Spitze der Ressorts für innere und äußere Angelegenheiten, für Verteidigung und Staatssicherheit stehen. Der Präsident solle nicht mehr Oberkommandierender der Streitkräfte sein, diese sollten dem Obersten Sowjet unterstehen. Das Verfassungsgericht sollte den Präsidenten absetzen können, falls eine »staatliche Ärztekommission« ihn für nicht mehr regierungsfähig erklärte.

Spätestens zu diesem Zeitpunkt war klargeworden: falls nicht bald ein Gegenstoß erfolgte, würden Jelzin und seine engsten Mitarbeiter in der Führung in wenigen Wochen entmachtet sein.

Der Währungs-Coup

Seit Frühjahr 1993 hatten sich auch zunehmende Gegensätze innerhalb der Regierung bemerkbar gemacht. Ministerpräsident Tschernomyrdin, ein Technokrat aus dem militärisch-industriellen Komplex, trat immer offener für verstärkte staatliche Eingriffe in die Wirtschaft ein. Boris Fjodorow, Stellvertretender Ministerpräsident und Finanzminister, ein Anhänger Jelzins und Befürworter des schnellen Übergangs zur Marktwirtschaft, sah sich zunehmend isoliert.

Eine Schlüsselrolle als Bremser der wirtschaftlichen Reformpolitik spielte Viktor Geraschtschenko, seit Juli 1992 Chef der russischen Zentralbank. Der 1937 in Leningrad geborene ehemalige Chef der Staatsbank der UdSSR war im Juli 1992 zum Chef der russischen Zentralbank ernannt worden. In dieser

Funktion übergab er, in direkter Opposition zu Jelzin, sechs Billionen Rubel Kredite an die Staatsindustrie. Er bekannte sich
offen zu einer Verzögerung der Reformen. Von vielen russischen Wissenschaftlern wird Geraschtschenko als einer der
Hauptverantwortlichen für die galoppierende Inflation in Rußland angesehen.

In der angespannten Situation des Sommers 1993 verfügte
die russische Zentralbank am 24. Juli, daß alle sowjetischen
und russischen Banknoten aus den Jahren 1961 bis 1992 auf
dem Territorium Rußlands ihre Gültigkeit verlören. Jeder Bürger hätte 14 Tage Zeit zum Umtausch von 35 000 alter Rubel
in neue. Alle darüber hinausgehenden Summen würden von
Sparkassen gegen Zinsen in sechsmonatige Verwahrung
genommen.

Der Grund war: Die Zentralbank wollte den Gegenwert der
in der ersten Jahreshälfte gedruckten (allein im April: 719 Mil-
liarden Rubel) und auf Betreiben der mächtigen Direktoren-
Lobby größtenteils an marode Staatsbetriebe ausgeteilten
Rubel beim Bürger wieder einziehen. Noch wenige Tage vor
dem Währungsschnitt hatte der Oberste Sowjet unter Ruslan
Chasbulatow das von der Regierung vorgeschlagene Haushaltsdefizit auf 32,4 Billionen Rubel fast verdreifacht – zugunsten der Rüstung und der Staatsindustrie.

Schon einen Tag später gab Geraschtschenko zu, die Bank
habe diese Maßnahme zuvor nicht mit Präsident Jelzin abgestimmt. Auch Finanzminister Fjodorow war über diese Maßnahme nicht informiert worden und daher völlig überrascht. Es
war offensichtlich, daß diese Geldentwertung am Ende einer
konzertierten Aktion erfolgte, mit der Chasbulatows Parlament
die Regierung zu spalten und das Ansehen des Präsidenten zu
mindern suchte. Prominente Reformer riefen Jelzin dazu auf,
Tschernomyrdin zu entlassen und vom Parlament die Ablösung
des Zentralbankdirektors Viktor Geraschtschenko zu fordern.

Die Aktion der Zentralbank führte zu Konfusion und Panik. Die wenigen am Wochenende geöffneten Geschäfte wurden gestürmt, um die bald wertlosen Geldscheine – zumeist mit dem Bild Lenins – rasch in Waren umzusetzen. Lebensmittelgeschäfte und Händler nahmen jedoch keine alten Geldnoten mehr an. Der Unmut der Menschen richtete sich vor allem gegen die Banken und Sparkassen, die sich häufig weigerten, den Geldumtausch vorzunehmen und ihre Haltung mit dem Fehlen neuer Scheine begründeten.

Jelzin brach nun seinen Urlaub vorzeitig ab. Nach seiner Rückkehr verfügte er am 26. Juli in einem Dekret, russische Bürger dürften bis zu hunderttausend Rubel in bar umtauschen. Außerdem sollten alle vor 1993 ausgegebenen Geldscheine mit einem Wert von 1:10 weiter im Umlauf bleiben. Der Zeitraum für den Umtausch solle bis Ende August verlängert werden.

Von April bis August 1993 waren die Jelzin-Gegner, vor allem Vizepräsident Ruzkoj und Parlamentspräsident Chasbulatow, in ständigem Vormarsch gewesen. Mit allen Mitteln wollten sie die Entmachtung Jelzins vorantreiben. Die Blockierung aller Wirtschaftsreformgesetze, die Beschränkung der Macht des Präsidenten und die auf die Diskreditierung Jelzins hinzielende Geldentwertung waren dafür deutliche Zeichen. Unter diesen Bedingungen entschloß sich Jelzin in der ersten Augusthälfte, die Offensive zu ergreifen.

Jelzin war bestrebt, seine Anhänger rechtzeitig über seine Absichten in Kenntnis zu setzen und für die neue Offensive zu mobilisieren. Am 12. August kündigte er an, er werde mit allen Mitteln, notfalls unter Umgehung der Verfassung, Parlamentswahlen im Herbst durchsetzen. Eine Woche später erklärte er, man müsse den Willen des Volkes zur Fortsetzung der Reformen gegen ein Parlament durchsetzen, das diesen Willen ignoriere: »Die entscheidende politische Schlacht in Rußland kommt im September.«

Am 1. September suspendierte Jelzin seinen Stellvertreter und Vizepräsidenten Ruzkoj vorübergehend von den Amtsgeschäften. Anfang September besuchte er Elitetruppen der Armee und des Innenministeriums und festigte seine Kontakte mit der deutlichen Zielsetzung, sich der Loyalität von Armee, Miliz und Staatssicherheit zu versichern. Am 14. September erklärte er vor dem Präsidialrat, daß im September/Oktober die zerstörerische Wirkung einer Doppelherrschaft in Rußland beendet werden müsse. Wenige Stunden später ernannte Präsident Jelzin den bei seinen Gegnern verhaßten Wirtschaftsreformer Jegor Gaidar zum Ersten Stellvertretenden Ministerpräsidenten Rußlands.

Nach diesen Vorbereitungen verkündete Jelzin am 21. September 1993 mit Erlaß Nr. 1400 die Auflösung der Parlamente sowie vorgezogene Parlamentswahlen zum 12. Dezember 1993 und eine Volksabstimmung über eine neue Verfassung.

Der blutige Herbst 1993 in Moskau

Jelzin geht in die Offensive

In einer Fernsehansprache begründete Jelzin die Einstellung der Arbeit des Volksdeputiertenkongresses und des Obersten Sowjet: Der Widerstand gegen die Reformer, die Obstruktion gegen die Politik des gewählten Präsidenten hätten deutlich gezeigt, daß die Mehrheit im Obersten Sowjet die Politik des Präsidenten verhindere. Die Grundlagen der verfassungsmäßigen Ordnung – Volksmacht, Gewaltenteilung und Föderalismus – würden zerstört. Unter diesen Bedingungen seien Wahlen für ein neues Parlament das einzige Mittel, um die Lähmung der Staatsmacht zu überwinden.

Jelzin kündete gleichzeitig »Veränderungen und Ergänzungen zur geltenden Verfassung der Russischen Föderation« an. Als höchstes Organ der Legislative sollte ein Zwei-Kammer-Parlament etabliert werden – die Föderalversammlung und die Staatsduma. Beide Organe sollten am 12. Dezember 1993 gewählt werden.

Wenige Stunden später bezeichnete Parlamentspräsident Chasbulatow im »Weißen Haus« den Erlaß Jelzins als »verfassungswidrig«. Er rief zu Widerstand und Streiks auf, »um das Land in verfassungsgemäße Bahnen zurückzubringen«; er forderte die Bürger Moskaus auf, sich vor dem »Weißen Haus« zu versammeln, um das Parlament vor einem eventuellen Angriff zu schützen. Der suspendierte Vizepräsident Ruzkoj bezeichnete den Erlaß Jelzins sogar als »Staatsstreich«. Gemäß der Verfassung der Russischen Föderation übernehme er, Ruzkoj, die Verpflichtungen des Präsidenten Rußlands. Als erste Amtshandlung hebe er den Erlaß Jelzins über die Auflösung des Kongresses der Volksdeputierten und des Obersten Sowjet auf und erkläre ihn für null und nichtig.

War Jelzins Vorgehen ein Verfassungsbruch oder gar ein Staatsstreich? Seine Anhänger machen geltend, daß das vor dreieinhalb Jahren gewählte Parlament nicht mehr den Willen der Bevölkerung vertrete. Die Wähler hätten noch am 25. April 1993 beim Referendum mit über 58 Prozent dem Präsidenten Jelzin das Vertrauen ausgesprochen. Der Vorwurf eines »Staatsstreiches« gehe an den Realitäten vorbei. Ein Staatsstreich werde vollzogen, um eine demokratische Entwicklung und demokratische Wahlen zu verhindern. Jelzin habe mit der Auflösung des Parlaments das Umgekehrte getan: nämlich den Weg zu freien Wahlen eröffnet.

Kritiker und Gegner Jelzins argumentierten, die Parlamentswahlen am 4. März 1990 seien freie Wahlen gewesen; das Parlament verfüge daher über eine demokratische Legitimation. Dieses Parlament habe Ende Oktober 1991 dem Präsidenten Jelzin sogar außerordentliche Vollmachten eingeräumt. Zudem habe Präsident Jelzin selbst Alexander Ruzkoj zu seinem Vizepräsidenten ernannt, und auf Jelzins Vorschlag hin sei Ruslan Chasbulatow zum Parlamentspräsidenten gewählt worden. Mit der Ausschaltung des Parlaments strebe Jelzin eine diktatorische Alleinherrschaft an.

Auch die Jelzin-Gegner hielten sich jedoch nicht an die Verfassung und an gesetzliche Vorschriften. Am späten Abend des 21. September, kurz vor Mitternacht, trat der Oberste Sowjet Rußlands zusammen. Beschlußfähigkeit wurde allerdings nicht festgestellt. Mit »großer Mehrheit«, so hieß es, sei der Beschluß gefaßt worden, Boris Jelzin vom Posten des Präsidenten abzusetzen, da der Präsident sich mit der von ihm verfügten Auflösung der »rechtmäßig gewählten Organe« einer »groben Verletzung der Verfassung« schuldig gemacht habe. Anstelle Jelzins wurde Vizepräsident Ruzkoj zum »amtierenden Präsidenten« ausgerufen. Die Erlasse Jelzins wurden für »null und nichtig« erklärt.

Der neu ernannte Präsident Ruzkoj entließ den Innen-, Sicherheits- und Verteidigungsminister, obwohl offensichtlich nicht die erforderlichen zwei Drittel der Abgeordneten des Obersten Sowjet anwesend waren. Der Verfassungswidrigkeit des Jelzinschen Vorgehens stand nun die Unrechtmäßigkeit der Beschlüsse des Obersten Sowjet gegenüber. De facto bestand eine Doppelherrschaft.

Die Bevölkerung Moskaus blieb völlig passiv. Am Morgen des 22. September 1993 bot Moskau das übliche Bild. Die Menschen gingen zur Arbeit, der Verkehr rollte durch die Straßen, nichts deutete auf die dramatische Zuspitzung des Kampfes zwischen Präsident und Parlament hin. Zwei Jahre nach dem August-Putsch gegen Gorbatschow erschien der Konflikt den meisten Menschen wie ein Machtkampf zwischen unterschiedlichen Cliquen und Personen.

Aufmerksame Beobachter registrierten jedoch ein verstärktes Milizaufgebot in der Stadt. In der Umgebung des »Weißen Hauses«, dem Sitz des Parlaments, sah man Milizen und Sondereinheiten des Innenministeriums, die begannen, das Parlamentsgebäude abzuriegeln.

Die Belagerung des »Weißen Hauses«

Vor dem »Weißen Haus« versammelten sich am 22. September 1993 einige hundert Demonstranten und begannen mit dem Bau von Barrikaden. Aus Pflastersteinen, ausgedienten Heizungen, Müllcontainern und anderen Materialien errichteten sie einen kniehohen Wall. Hinter dessen symbolischem Schutz verschanzten sie sich, gaben sich kämpferisch und verbrachten die Nacht an Lagerfeuern. Die meisten waren Altkommunisten, Rentnerinnen und Rentner mit Stalin- oder UdSSR-Emblemen, dazu ein paar Dutzend Jugendliche unterschiedlicher Richtungen. Einige der Männer trugen Armbinden mit der Aufschrift *Drushina* (»Volksmiliz«).

Trotz der Abriegelung hatten Journalisten und andere Interessierte zunächst noch freien Zugang zum Parlamentsgebäude. Am inneren Ring wurden sie von einer selbsternannten »Verteidigungseinheit des Parlaments« kontrolliert, am Eingang zum »Weißen Haus« erfolgte eine zweite Kontrolle durch die »Parlamentsmiliz«, die, mit Maschinenpistolen bewaffnet, den Zugang bewachte. Im Gebäude hatten Journalisten jedoch weitgehende Bewegungsfreiheit.

Im umzingelten »Weißen Haus«, dem Sitz des Parlaments, tagten am 22. September etwa 150–200 Abgeordnete des Obersten Sowjet. Sie beschlossen die sofortige Einberufung des »Kongresses der Volksdeputierten«. Am Nachmittag trat Parlamentspräsident Chasbulatow übernächtigt und bleich, aber gut gelaunt vor die zahlreich versammelten Journalisten. Die Erlasse des, wie er sich ausdrückte, »ehemaligen Präsidenten« Jelzin bezeichnete er als »einen klassischen Staatsstreich«. Etwa 80 Sowjets der Republiken, Regionen, Gebiete und Städte hätten die Position des zentralen Parlaments unterstützt, die jeweiligen Verwaltungen der Regionen nähmen »möglicherweise eine andere Haltung« ein.

Am selben Tag ging Jelzin, begleitet von Innenminister Jerin und Verteidigungsminister Gratschow, am Puschkin-Platz in Moskau spazieren. Er strahlte Gelassenheit und Zuversicht aus: Alle »wichtigen Minister«, so Jelzin, unterstützten ihn, ebenso »die meisten Regionen Rußlands«. Die Regierung werde alles tun, um den Konflikt friedlich zu beenden. Verhandlungen mit dem Obersten Sowjet schloß er jedoch aus. Ein solches Organ gäbe es schon nicht mehr. Die Ernennung Ruzkojs bezeichnete er als »Eigenmächtigkeit, die weder mit dem Recht noch mit dem Gesetz zu vereinbaren« sei. »Wir haben genug von einem Parlament, das uns und das Volk zum Narren gehalten hat«, erklärte Jelzin.

Die GUS und die internationale Staatengemeinschaft reagierten auf Jelzins Auflösung des Parlaments positiv. Der Präsident Usbekistans, Islam Karimow, bezeichnete den Entschluß Jelzins als »einzigen vernünftigen Ausweg aus der Krisensituation«. Die übrigen Staatschefs der GUS schlossen sich dieser Position weitgehend an. Auch US-Präsident Bill Clinton, Bundeskanzler Helmut Kohl und die Kollegen aus fast allen europäischen Staaten versicherten Boris Jelzin ihrer Unterstützung.

Jelzin hatte den Schlag gegen das Parlament anders als seine Gegenspieler gründlich vorbereitet, sich der Loyalität von Armee, Miliz und Staatssicherheit versichert. Die Armeeführung ließ allerdings keinen Zweifel daran, daß sie nicht zu einem direkten Eingreifen in den Konflikt bereit sei. »Russen schießen nicht auf Russen«, erklärte Verteidigungsminister Gratschow.

Am 23. September erklärte Walerij Sorkin, der Präsident des Verfassungsgerichtes, auf einer Pressekonferenz in Moskau, der Erlaß Boris Jelzins zur Auflösung des Parlaments widerspreche der Verfassung. Der Präsident habe sich die Vollmachten des Gesetzgebers angeeignet; damit bewege sich Rußland auf ein diktatorisches Regime zu. Als einzigen Ausweg aus der Krise nannte Sorkin die gleichzeitige Durchführung vorgezogener Präsidentschafts- und Parlamentswahlen – ein Vorschlag, der in den nächsten Tagen als Basis für einen möglichen Kompromiß angesehen wurde.

Bei den Abgeordneten des Parlaments zeigten sich erste

Unstimmigkeiten und eine zunehmende Unsicherheit. Am Nachmittag des 23. September erklärte der Stellvertretende Parlamentspräsident, Nikolaj Rjabow, vor dem Obersten Sowjet seinen Rücktritt. Auch Generalstaatsanwalt Stepankow begann sich von Ruzkoj und Chasbulatow zu distanzieren.

Am Abend kam es zu den ersten gewaltsamen Auseinandersetzungen. Mehr als hundert bewaffnete Männer griffen das Gebäude des Oberkommandos der GUS an, in dem sich deren Verteidigungsminister aufhielten. Der Angriff, für den die nationalistische »Offiziersunion« verantwortlich war, konnte von Sicherheitskräften des Innenministeriums zurückgeschlagen werden. Ein Polizist und eine Anwohnerin wurden dabei erschossen – die ersten Todesopfer des Konfliktes.

Am späten Abend dieses 23. September begann im »Weißen Haus« der Kongreß der Volksdeputierten zu tagen, ohne allerdings die für die Beschlußfähigkeit erforderliche Zahl von zwei Dritteln der Abgeordneten zu erreichen. Auf dem Podium saßen die drei mächtigen Gegner Jelzins: General Ruzkoj, Verfassungsgerichtspräsident Sorkin und Parlamentspräsident Chasbulatow. In einer Resolution wurde Jelzin aufgefordert, seine »verfassungsfeindlichen Aktionen freiwillig zu beenden«. In diesem Fall sei der Kongreß mit gleichzeitigen Wahlen von Präsident und Parlament einverstanden.

Am nächsten Morgen rückten die Soldaten, die das »Weiße Haus« umstellt hatten, erstmals vor, um den Druck auf das Parlament zu verstärken. Die Miliz war durch Einheiten der Infanterie, Fallschirmjäger und dreitausend Polizisten verstärkt worden. Jelzin hatte die Order ausgegeben, die selbsternannten Bewacher des Parlaments zu entwaffnen, dabei jedoch die Anwendung von Gewalt zu vermeiden.

Am Nachmittag wurden die Diskussionen im Parlament fortgesetzt. Im Mittelpunkt stand die Frage, was die Belagerten bei einem eventuellen Sturm auf das Parlamentsgebäude tun sollten. Während der zeitweilig turbulenten Debatte forderte der Koordinator der kommunistisch-nationalistischen Fraktion »Rossija«, Sergej Baburin, den Rücktritt des schwankend gewordenen Chasbulatow, aber davon wollte Ruzkoj nichts wissen: »Mitten im Gefecht werden nicht die Pferde gewechselt«, herrschte der neue »amtierende Präsident« die kritischen Abgeordneten an. Chasbulatow blieb im Amt, der Volksdeputiertenkongreß einigte sich mehrheitlich darauf, einen Angriff auf das »Weiße Haus« mit Waffengewalt abzuwenden.

Um 22.15 Uhr erlosch das Licht. Nachdem zuvor die Heizung im Parlamentsgebäude durch die Moskauer Behörden abgeschaltet worden war, wurde nun auch die Stromversorgung gekappt. Die Abgeordneten versuchten sich mit Taschenlampen, Fackeln und Kerzen zu behelfen. Die Szenerie im »Weißen Haus« nahm gespenstische Züge an.

Am gleichen Abend schlug der Präsident des Verfassungsgerichts eine Lösung des Konflikts vor: Beide Seiten sollten, so Sorkin, ihre jeweiligen Erlasse zurücknehmen. Am 12. Dezember 1993 sollten dann gleichzeitig vorgezogene Präsidentschafts- und Parlamentswahlen stattfinden. Aber dafür war es nun zu spät, der Konflikt eskalierte.

Am Samstag, dem 25. September verließ Alexander Ruzkoj gegen 14.30 Uhr das Parlamentsgebäude. »Der Präsident, unser Präsident«, riefen einige Demonstranten erregt. Ruzkoj nahm die Huldigungen matt lächelnd zur Kenntnis. Knapp zweihundert zumeist ältere Männer salutierten in Straßenanzügen, bunten Anoraks, einige in Uniform. Auch zwei Frauen, die Kalaschnikows kampfeslustig umgeschnallt, waren dabei. Ruzkoj bekräftigte, er werde »nicht einen einzigen Schritt zurückweichen und bis zum Ende kämpfen«.

Mit einem Lautsprecher wandte sich Ruzkoj an die Milizionäre. »Folgen Sie nicht länger den Befehlen der Verbrecher Jelzin, Jerin, Gratschow«, rief er ihnen zu. »Entscheiden Sie bis heute abend um 18 Uhr, ob Sie die Verfassung unterstützen wollen oder die wahnwitzige Clique der Hurensöhne.«

Am Abend erklärte Boris Jelzin in einem Fernsehinterview, die Lage in den Republiken, Regionen und Gebieten der Russischen Föderation sei ruhig. Die Verwaltungschefs der Regionen stünden bis auf wenige Ausnahmen hinter ihm, dem Präsidenten. Bei den regionalen Parlamenten liege das Verhältnis zwischen Befürwortern und Gegnern bei ungefähr »50 zu 50«. Die Situation im »Weißen Haus« bezeichnete Jelzin als »Farce, eine Blamage vor der ganzen Welt«, die beendet werden müsse. Seine Regierung wolle den Konflikt jedoch weiterhin mit friedlichen Mitteln lösen.

Am Sonntag, dem fünften Tag der Blockade des Parlaments, rief Chasbulatow den Abgeordneten mit überschlagender, fanatischer Stimme zu: Mit der Waffe in der Hand müsse die Erstürmung des »Weißen Hauses« verhindert werden. »Schlagkräftige Truppenverbände« seien bereits zur Unterstützung unterwegs, aus dem Kusbass »kommen uns die Arbeitermassen zu Hilfe«. Aber es mischte sich auch Resignation in seinen kämpferischen Aufruf: Bei einer eventuellen Niederlage werde man in eine »die Verfassung achtende Region« übersiedeln. Eine freiwillige Aufgabe des Parlamentsgebäudes käme nicht in Frage: »Wir werden die Ehre der Parlamentarier bis zum endgültigen Sieg von Gesetz und Verfassung verteidigen, keine Kräfte werden uns dazu bringen, das Weiße Haus zu verlassen.«

Am Montag, dem 27. September, lehnte Jelzin auf einer Pressekonferenz die »Nullvariante« – die gleichzeitigen Wahlen für einen Präsidenten und ein neues Parlament – kategorisch ab. Dies bedeute ein »Machtvakuum«, da »beide Institutionen zugleich in den Wahlkampf« zögen.

Die Kontrollen um das »Weiße Haus« wurden verschärft. Journalisten, die zum Parlamentsgebäude wollten, wurden nun von Sicherheitsbeamten zurückgewiesen. Vor dem »Weißen

Haus« harrten trotz strömenden Regens immer noch mehrere
hundert Menschen aus. Ab und zu sangen sie die ehemalige
sowjetische Nationalhymne. Einige junge Männer und ältere
Frauen unter dem schwarz-weiß-gelben Banner der zaristischen
Monarchie zogen mit Ikonen, Heiligenbildern und Kerzen über
den Platz. Drinnen im »Weißen Haus« wurden die Verteidi-
gungsmaßnahmen verschärft, weil die Belagerten einen Angriff
befürchteten. Treppenaufgänge und Korridore waren verbarri-
kadiert. Schwerbewaffnete Männer bewachten die Räume
Chasbulatows im fünften und Ruzkojs im dritten Stock. Die
Führung verteilte Gasmasken an die Abgeordneten. Der Strom
war immer noch abgeschaltet.

Am 28. September gegen 7 Uhr morgens trafen mehrere
Hundertschaften des Innenministeriums vor dem »Weißen
Haus« ein, um die Absperrung zu verschärfen. Den Verteidi-
gern des Parlamentsgebäudes wurde ein Ultimatum gestellt:
Innerhalb von 24 Stunden seien alle Waffen abzuliefern. Dar-
aufhin versuchten gegen 19 Uhr zweihundert bewaffnete
Anhänger Ruzkojs und Chasbulatows, den Ring der Truppen
um das »Weiße Haus« von außen zu durchbrechen. Mit den
Rufen »Tötet Jelzin!« stürzten sie sich auf die völlig überrasch-
ten Truppen des Innenministeriums, denen es jedoch gelang,
den Angriff zurückzuschlagen. Kurz nach 22 Uhr begannen die
Truppen, die Straßen um das »Weiße Haus« zu räumen. Die
Barrikaden hielten dem Angriff der gut ausgerüsteten Elitesoldaten nicht stand. Nach kurzer Zeit waren die Demonstranten
verjagt, die Barrikaden weggeräumt. Die Miliz blockierte alle
Zufahrtswege zum »Weißen Haus« mit Lastwagen, die
Zugänge wurden mit Stracheldraht abgeriegelt.

Am nächsten Mittag lief das Ultimatum an die Besetzer des
»Weißen Hauses« ab, das Parlamentsgebäude zu räumen und
die Waffen abzuliefern. Im Parlamentsgebäude befanden sich
jedoch noch Hunderte von Menschen, die über fünfhundert

Maschinenpistolen und auch Maschinengewehre verfügten. Bei strömendem Regen griffen mehrere Hundertschaften der Sondertruppen des Innenministeriums in Kampfausrüstung mit kugelsicheren Westen das »Weiße Haus« an.

In dieser fast ausweglosen Situation bäumten sich die Anhänger Ruzkojs und Chasbulatows noch einmal auf. Mehrere hundert Demonstranten versuchten, den Belagerungsring von außen zu sprengen, und griffen die Elitesoldaten an, die den Angriff jedoch zurückschlugen. Gleichzeitig attackierten einige hundert Meter entfernt, in der Nähe der U-Bahn-Station »Barrikadnaja«, Dutzende teilweise vermummter Demonstranten die Soldaten mit Eisenstangen und lieferten ihnen regelrechte Straßenschlachten, ehe sie schließlich in die Flucht geschlagen werden konnten. Ein unbeteiligter Verkehrspolizist geriet bei der Flucht vor den Gewalttätern unter ein Auto – ein weiteres Todesopfer der Kämpfe.

Zur Gewährleistung der »Sicherheit der Bevölkerung der Stadt Moskau« wurde nun auf Beschluß des Innenministeriums der Auto- und Fußgängerverkehr in der Umgebung des »Weißen Hauses« bis auf Widerruf verboten. Die Möglichkeit, das Parlamentsgebäude ungehindert zu verlassen, so wurde erklärt, bestünde jedoch weiter. Es folgte ein Ultimatum an die im Parlament befindlichen Anhänger Ruzkojs und Chasbulatows: Bis zum 4. Oktober sollten sie das Gebäude geräumt haben. Allen, die sich des illegalen Waffenbesitzes schuldig gemacht hatten, wurde Straffreiheit zugebilligt. Denen, die das Parlamentsgebäude freiwillig verließen, wurde »persönliche Sicherheit, die Freiheit der politischen und gesellschaftlichen Tätigkeit, Aufenthalts- und Bewegungsfreiheit in Moskau« zugesichert. Die Jelzin-Regierung versicherte erneut, bei allen »Aktionen zur Befreiung des Gebäudes keine Waffen einzusetzen«.

Am gleichen 29. September gab Michail Gorbatschow, der sich in seiner Heimat Stawropol aufhielt, der *Komsomolskaja*

Prawda ein Interview. Gleichzeitige Wahlen von Parlament und Präsident, so der ehemalige sowjetische Staatspräsident, seien der »einzige Ausweg aus der Staatskrise«. Er, Gorbatschow, sei bereit zur Rückkehr: »Wenn die Leute sagen, daß Gorbatschow gebraucht wird, werde ich alles stehen und liegen lassen und mich dieser Arbeit widmen.« Aber niemand meldete sich, niemand nahm von Gorbatschows Angebot Notiz.

Ein Vermittlungsversuch des russischen Patriarchen

In den 89 Republiken, Regionen und Gebieten Rußlands, den »Subjekten der Föderation«, glich die Machtverteilung weitgehend der in Moskau: 64 der insgesamt 89 von der Regierung eingesetzten Verwaltungschefs unterstützten Jelzin; auf der anderen Seite standen die noch zur Zeit der alten UdSSR gewählten Gebiets- oder Republiksowjets. Diese erklärten sich zunehmend mit den Mitgliedern des belagerten Parlaments in Moskau solidarisch.

Am 26. September trafen sich in St. Petersburg die Abgesandten von 39 der 89 Sowjets aus den Regionen und Gebieten. Die überwiegende Mehrheit befürwortete den vorgeschlagenen Kompromiß: gleichzeitige Präsidentschafts- und Parlamentswahlen. Sowohl Präsident wie Parlament sollten alle seit dem 21. September 1993 getroffenen Entscheidungen zurücknehmen und keine neuen Beschlüsse fassen.

Drei Tage später, am 29. September 1993, trafen sich 140 Deputierte aus 14 sibirischen Territorien in Nowosibirsk zu einer »Sibirischen Außerordentlichen Konferenz der Republik-, Regions- und Gebietssowjets der Volksdeputierten«. Jelzin und die russische Regierung wurden ultimativ aufgefordert, »die Blockade des Weißen Hauses« zu beenden. Falls diese Forderung bis zum 3. Oktober 1993 nicht erfüllt sein sollte, würden die sibirischen Regionen wirtschaftliche Sanktionen gegen Moskau einleiten, etwa die Lieferungen von Kohle, Erdöl und Gas einstellen. Die Abgeordneten des »Weißen Hauses« erhielten die Einladung, in Zukunft in Nowosibirsk zu tagen, falls sie aus Moskau vertrieben würden.

Die Situation wurde für Jelzin so bedrohlich, daß der Sicherheitsrat am 29. September beschloß, Vertreter der Regierung in die einzelnen Regionen und Gebiete zu entsenden. Am nächsten Tag flog der Erste Stellvertretende Ministerpräsident und Wirtschaftsminister Jegor Gaidar in das fernöstliche Chabarowsk, Ministerpräsident Tschernomyrdin zu Gesprächen mit Repräsentanten der Regionen nach Samara (früher Kuibyschew) an der Wolga, Lobow, der Sekretär des Sicherheitsrates, zu einer Konferenz in das Ural-Gebiet und Schachraj zu Verhandlungen nach Nowosibirsk.

Am 30. September versammelten sich Vertreter von 62 der 89 »Subjekte der Föderation« in den Räumen des russischen Verfassungsgerichts in Moskau. Die Regierung und Präsident Jelzin wurden ultimativ aufgefordert, den Erlaß über die Auflösung des Obersten Sowjet und die Ausschreibung von Wahlen zurückzunehmen. Sollten diese Forderungen bis 24 Uhr nicht erfüllt sein, drohten die Teilnehmer, »alle notwendigen Maßnahmen des wirtschaftlichen und politischen Drucks zu ergreifen, um die Verfassungsordnung wiederherzustellen«. Die Konferenz verlangte gleichzeitige Parlaments- und Präsidentenwahlen – für das erste Quartal 1994.

In dieser Situation appellierte der Patriarch von Moskau und ganz Rußland, Alexij II., besorgt über die »Gefahr eines möglichen Blutvergießens«, an Präsident und Parlament: »Versucht nicht, politische Konflikte mit Gewalt zu lösen! Achtet die Würde des anderen!«

Nach einigen Vorgesprächen des Patriarchen fanden am 1. Oktober Verhandlungen zwischen den Kontrahenten im

Danilow-Kloster, dem Sitz des Oberhaupts der russisch-orthodoxen Kirche, statt. Die Teilnehmer stimmten darin überein,
daß eine »Normalisierung« der Lage im »Weißen Haus« im
Vordergrund stehen müsse. Die Vertreter Jelzins forderten
jedoch als Voraussetzung dafür die Abgabe aller Waffen, während die Abgesandten des Parlaments auf der vollständigen
Aufhebung der Umzingelung des Parlamentsgebäudes beharr-
ten. Sie verlangten die Bereitstellung von Sendezeit im Fernsehen für die Vertreter des Parlaments, um ihre Positionen vertreten zu können. Da beide Seiten von ihren Positionen nicht
abgingen, endeten die Verhandlungen ohne konkretes Ergebnis.

Angriff auf Stadtverwaltung und Fernsehzentrum

Nach dem Scheitern der Gespräche beim Patriarchen Alexij II.
eskalierten am 2. Oktober die bewaffneten Kämpfe. Mehr als
tausend Anhänger von Ruzkoj und Chasbulatow lieferten sich
auf dem Smolensker Platz, vor dem Gebäude des Außenministeriums, eine regelrechte Straßenschlacht mit Einheiten des
Innenministeriums. Die Demonstranten griffen die Soldaten
mit Pflastersteinen, Eisenstangen und Dachlatten an. Erst gegen
Abend konnten die Soldaten sie zurückschlagen.

Am nächsten Tag versammelten sich auf dem anderen Ufer
der Moskwa rund zehntausend Anhänger kommunistischer
und nationalistischer Gruppen. Auf Plakaten war zu lesen:
»Nieder mit der jüdischen Jelzin-Mafia«. Ungehindert beweg-
ten sich die Demonstranten in Richtung auf das »Weiße Haus«,
bewaffneten sich mit Pflastersteinen und Eisenstangen und
warfen Molotow-Cocktails. Sie durchbrachen die Absperrung
und marschierten über den Gartenring zum Parlamentsgebäude. Immer wieder riefen sie »Ruzkoj – Präsident!«.

Gegen 15.30 Uhr eröffneten die Sondereinheiten des Innenministeriums – in voller Kampfausrüstung mit Helmen, Schilden, Tränengaspistolen, Gewehren – das Feuer. Den Sicherheitstruppen gelang es jedoch nicht, die Demonstranten aufzuhalten, die mit LKWs in die Soldaten rasten.

Chasbulatow und Ruzkoj, die inzwischen das »Weiße Haus« verlassen hatten, riefen über Megaphone die Milizionäre auf, zu ihnen überzulaufen. Rund zweihundert Angehörige der dem KGB unterstellten Elitedivision »Felix Dsershinski« folgten dem Aufruf unter dem Jubel der Demonstranten. Anschließend forderten Ruzkoj und Chasbulatow ihre Anhänger über Lautsprecher zum Sturm auf die Moskauer Stadtverwaltung und das Fernsehzentrum »Ostankino« auf. Die Führung der Aktion übernahm General Makaschow. Das Gebäude der Stadtverwaltung wurde nach kurzen erbitterten Kämpfen erobert. General Albert Makaschow ließ sich auf der Empore über dem Eingang wie ein Triumphator feiern.

Am Nachmittag hatten Demonstranten vor dem Fernsehzentrum »Ostankino« mit dem Bau von Barrikaden begonnen. Immer mehr bewaffnete Aufständische kamen hinzu, die ersten Schüsse fielen. Erneut gelang es den Sicherheitskräften nicht, die Menschen aufzuhalten. Ein Teil der Miliz zog sich sogar in das Fernsehzentrum zurück. Auf Befehl General Makaschows drückten Lastwagen die Glastüren des Gebäudes ein. Im Erdgeschoß kam es zu Gefechten. Die zahlenmäßig weit unterlegenen Soldaten flohen in die oberen Stockwerke des Gebäudes.

Kurz vor 19.30 Uhr brach das Fernsehprogramm von »Ostankino«, das wie fast alle russischen Massenmedien einseitig – pro Jelzin – über den Konflikt berichtet hatte, plötzlich ab. »Ostankino« befand sich vorübergehend in der Gewalt der Ruzkoj-Anhänger. Parlamentspräsident Chasbulatow und Ruzkoj riefen die russischen Bürger zum Kampf gegen Jelzin auf. Die »entscheidende Stunde im Kampf um unser Vaterland« sei gekommen. Aber auch dieser Appell blieb völlig wirkungslos.

Während am 3. Oktober die aus Altkommunisten, jugendlichen Randalierern, übergelaufenen Soldaten und Freiwilligen zusammengewürfelten Aufständischen ihre Erfolge feierten, blieben militärische Gegenmaßnahmen der Staatsführung zunächst aus. Im russischen Fernsehen – nach der Besetzung von »Ostankino« der einzige verbliebene regierungstreue Kanal – wurde eine Erklärung der Regierung verlesen: »Die Regierung der Russischen Föderation sieht sich gezwungen, die wildgewordenen politischen Abenteurer, an deren Händen bereits Blut klebt, mit Gewalt zu zügeln.« Die Regierung erließ ein zeitlich begrenztes Demonstrationsverbot für Moskau und forderte alle Bürger auf, Ruhe zu bewahren und sich an keinen weiteren Gewaltaktionen zu beteiligen.

In diesen Stunden der Entscheidung, da alle Welt voller Sorge nach Moskau blickte, befanden sich der Präsident und alle wichtigen Regierungsmitglieder auf ihren Datschen. Die Führung, so der im Kreml anwesende Journalist Sergej Parchomenko von der Zeitung *Segodnja,* befand sich »in einem Zustand an Panik grenzender Konfusion«. Erst nach und nach trafen Jelzin und die Mitglieder der Regierung im Kreml ein, ohne jedoch zunächst die Verwirrung zu beenden. Erst als Präsidentenberater Gennadij Burbulis und Informationschef Michail Poltoranin die Initiative ergriffen, wurden die ersten Gegenmaßnahmen eingeleitet. Sie holten die bewährten Militärs – General a. D. Wolkogonow, General Schaposchnikow und General Kobez – und verteilten die Aufgaben.

Dennoch gelang es der Regierung zunächst nicht, die Situation in den Griff zu bekommen – vor allem wegen der unklaren Haltung der Armeeführung. Verteidigungsminister Gratschow hatte noch am 29. September erklärt: »Ich versuche, das Verteidigungsministerium nicht in die Politik hineinzuziehen, und bisher hat das funktioniert.« Die Mehrheit der Offiziere verhielt sich zwar offiziell loyal zu Präsident Jelzin, griff jedoch nicht in die Kämpfe ein; einzelne Soldaten und kleinere Truppenteile liefen sogar zu Ruzkoj und Chasbulatow über.

Der Sturm auf das »Weiße Haus«

Erst nach zwölf Stunden gelang es der Jelzin-Führung, zuverlässige Einheiten des Innen- und des Sicherheitsministeriums nach Moskau zu beordern. Am Abend des 3. Oktober trafen erste Armee-Einheiten ein; sie postierten sich jedoch ausschließlich vor dem Amtsgebäude des Verteidigungsministers, um es vor möglichen Angriffen zu schützen.

Die Abriegelung des »Weißen Hauses« und der Schutz für das Fernsehzentrum waren unzureichend. Obwohl klar war, daß eine Offensive der Gegenpartei bevorstand, wurden wichtige Objekte nicht genügend gesichert. Verantwortliche in der Armee und bei der Staatssicherheit warteten offensichtlich ab, wer bei der Auseinandersetzung die Oberhand gewinnen würde. »Erst als der Kampf um das Fernsehen zugunsten von Jelzin entschieden war«, berichtete Sergej Parchomenko, »schlugen sie sich auf die Seite des Siegers.«

Am Morgen des 4. Oktober 1993 rückten schließlich Armeetruppen mit gepanzerten Fahrzeugen in die Moskauer Innenstadt vor. Vor dem »Weißen Haus« gingen schwere T-80-Panzer in Stellung; 700 Soldaten bereiteten sich für den Sturm auf das Parlamentsgebäude vor. Um 7.13 Uhr eröffneten sie das Feuer. Eliteeinheiten der Armee und des Innenministeriums drangen in das Gebäude ein und kämpften sich Stockwerk um Stockwerk vorwärts.

Der Kampf um das »Weiße Haus« dauerte von 7 Uhr früh bis zum Nachmittag, unterbrochen durch Feuerpausen, die den Aufständischen zum Verlassen des Gebäudes gewährt wurden. Gegen Mittag traf Verteidigungsminister Gratschow im Parlamentsgebäude zu Verhandlungen mit Chasbulatow und Ruzkoj ein. Diese verlangten jedoch als Voraussetzung für die Aufgabe Sicherheitsgarantien einer westlichen Botschaft. Daraufhin wurden die Verhandlungen wieder abgebrochen, und es kam erneut zu Schußwechseln. Panzer schossen gezielt in die oberen Stockwerke des Gebäudes, die sofort Feuer fingen.

Um 16.50 Uhr verließen einige hundert Kämpfer mit erhobenen Händen und ohne Waffen das »Weiße Haus«. Sie wurden festgenommen und mit Bussen abtransportiert. Abends war auch der letzte Widerstand gebrochen. Alexander Ruzkoj und Ruslan Chasbulatow sowie die Generale Makaschow und Atschalow wurden festgenommen und in das Lefortowo-Gefängnis transportiert.

Damit war der Aufstand niedergeschlagen – lediglich einige Heckenschützen verbreiteten noch bis zum nächsten Tag Angst und Schrecken in der Umgebung des Parlamentsgebäudes. Weithin sichtbar brannten die obersten Stockwerke des »Weißen Hauses« – das Symbol des glorreichen Sieges vom August 1991 war zum Mahnmal der grauenvollen Oktober-Kämpfe in Moskau geworden.

Noch während der Kämpfe wandte sich Boris Jelzin an die Bevölkerung: »In Rußlands Hauptstadt fallen Schüsse, und Blut ist vergossen worden«. Die Regierung habe stets eine friedliche Lösung des Konflikts angestrebt. Diejenigen, »die das blutige Massaker ausgelöst« hätten, seien »Kriminelle«. Der Aufstand sei von Kommunisten organisiert worden, die Vergeltung üben wollten, von faschistischen Führern und einigen früheren Parlamentsabgeordneten. Für die Verantwortlichen, so Jelzin, könne es »keine Vergebung geben, denn sie haben ihre Hand gegen das friedliche Volk erhoben«. Jelzin mahnte alle politischen Kräfte, die »internen Meinungsverschiedenheiten zu vergessen, denn nun müßten alle demokratischen Kräfte zusammenstehen«.

Am 6. Oktober wandte sich Jelzin erneut an die Bevölkerung. Die Anführer der »bewaffneten Unruhen« hätten vorgehabt, eine »blutige kommunistisch-faschistische Diktatur« zu errichten. Den Verantwortlichen drohte Jelzin mit der »vollen Härte des Gesetzes«. Man solle jedoch nun, nach Ende des Blutvergießens, nicht mehr davon sprechen, »wer einen Sieg und wer eine Niederlage erlitten« habe. »Wir sind alle gebrannt von dem verderblichen Atem des Brudermords.«

Der 7. Oktober 1993 wurde von Jelzin zum »Tag der nationalen Trauer« erklärt. In vielen Städten Rußlands gedachten die Menschen der Opfer des Moskauer Aufstands. Nach offiziellen Verlautbarungen hatten die militärischen Auseinandersetzungen insgesamt 137 Todesopfer gekostet, darunter 43 im »Weißen Haus«. Weitere 600 Menschen seien zum Teil schwer verwundet worden. Schon unmittelbar darauf kursierten Gerüchte, wonach die wirkliche Zahl der Toten und Verwundeten weit höher gelegen habe.

Am Abend des 8. Oktober wurde die »Kommunistische Partei Rußlands« und die »Volkspartei Freies Rußland«, bisher unter Leitung von Alexander Ruzkoj, verboten. In den Parteizentralen, so lautete die Begründung, habe man belastendes Material im Zusammenhang mit dem Putschversuch gefunden.

Ein Scheinsieg und seine Folgen

Auf den ersten Blick hatte Jelzin Anfang Oktober 1993 sein Ziel erreicht: Das widerspenstige Parlament war aufgelöst, Jelzins Gegner, darunter vor allem Vizepräsident Ruzkoj und Parlamentspräsident Chasbulatow, befanden sich im Gefängnis. Die Anti-Jelzin-Opposition schien durch Verbote von Parteien, Organisationen und Zeitungen geschwächt. Der Weg war nun offen für die Annahme einer neuen Verfassung und für Neu-

wahlen eines Parlaments, das – wie Jelzin und seine Anhänger
hofften – konstruktiv die Fortsetzung der Reformen ermöglichen würde.

Aber dies war nur die eine Seite der Medaille. Längerfristig
bedeutsamer war die Teilnahmslosigkeit der Bevölkerung. An
den bewaffneten Auseinandersetzungen in Moskau hatten nur
kleine Minderheiten teilgenommen. Hunderte von Moskauern
sahen den Kämpfen – auch der Erstürmung des »Weißen Hauses« – zu. Sie waren nicht mehr Agierende, sondern Zuschauer,
und zwar in beiden Lagern. Die Aufrufe Chasbulatows und
Ruzkojs, auf ihre Seite überzuwechseln, verhallten ohne Reaktion. Aber auch Jelzin konnte nur in geringem Maße auf enga-
gierte Anhänger rechnen. Seinen Sieg und vor allem die Erstürmung des »Weißen Hauses« hatte er nicht seinen Anhängern,
sondern Elitetruppen zu verdanken. Damit war er nun auf das
Wohlwollen der Armee angewiesen – verbunden mit der Notwendigkeit, ihr Konzessionen zu machen.

Jelzins Warnungen vor einer kommunistisch-faschistischen
Diktatur zogen nicht mehr. Für die überwältigende Mehrheit
der Bevölkerung ging es nicht mehr um Demokraten auf der
einen, Kommunisten und Faschisten auf der anderen Seite, sondern um einen Machtkampf zwischen unterschiedlichen Cliquen. Nicht nur Ruzkoj und Chasbulatow, sondern auch Jelzin
und Gaidar hatten an Autorität und Einfluß drastisch eingebüßt.

Der Scheinsieg Jelzins in der blutigen Auseinandersetzung
vom 21. September bis 4. Oktober 1993 läutete in Wirklichkeit
seinen Niedergang ein. Die bevorstehenden Wahlen – das war
bereits nach den Oktoberkämpfen ersichtlich – würden keine
Wiederholung des Vertrauens-Referendums vom 25. April
1993 bringen. Die Mehrheit der Menschen war von dem Konflikt angewidert, die Demokraten waren geschwächt und
gespalten.

Während des kurzen Ausnahmezustandes gab es eine Welle von Verhaftungen, offene Zensur und Verbote. Insgesamt sollen während der Wochen nach Ausbruch der gewaltsamen Auseinandersetzungen neunzigtausend Menschen festgenommen worden sein. Verhaftet wurden vor allem die Aktivisten der extremen politischen Opposition. Der neue Generalstaatsanwalt Kasannik erließ gegen die Anführer des Putsches, Ruslan Chasbulatow und Alexander Ruzkoj sowie die Generale Wladislaw Atschalow, Viktor Barannikow und Albert Makaschow Haftbefehl. Die Anklage lautete auf Hochverrat, Verschwörung mit dem Ziel, die Macht zu ergreifen, und Anstiftung von Massenunruhen. Dafür sah das Strafgesetz eine Höchststrafe von fünfzehn Jahren vor. Auch der Führer der antisemitisch-chauvinistischen Organisation »Arbeitendes Moskau«, Viktor Anpilow, wurde verhaftet. Ihm wurde vorgeworfen, ein Attentat auf Jelzin geplant zu haben.

Chasbulatow und Ruzkoj waren (wie einst der Kreml-Flieger Mathias Rust) im vergleichsweise komfortablen Lefortowo-Gefängnis inhaftiert – dennoch eine extreme Umstellung für beide. Ruslan Chasbulatow bewohnte in Moskau eine 440 Quadratmeter große Wohnung mit vier Meter hohen Wänden und einer kleinen Säulenhalle – ein halber Palast, der einst für Leonid Breschnew gebaut und eingerichtet worden war. Ruzkoj verfügte über eine luxuriöse Stadtwohnung und eine Datscha mit den Ausmaßen einer Villa. Nun mußten beide mit einer acht Quadratmeter großen Gefängniszelle vorliebnehmen, in Einzelhaft. Beide konnten allerdings Radio hören und erhielten Tageszeitungen. Chasbulatow bestellte groteskerweise die liberale *Iswestija*. Außerdem las er, der als Professor an der Moskauer Universität Volkswirtschaft gelehrt hatte, philosophische Bücher. Ruzkoj und die verhafteten Generale ließen dagegen nach Auskunft des Gefängnisdirektors Jurij Rastworow keine intellektuellen Interessen erkennen.

Jelzin entfernte auch eine Reihe diskreditierter Personen. Der 42jährige Generalstaatsanwalt Valentin Stepankow wurde durch den sibirischen Juraprofessor Alexej Kasanik aus Omsk ersetzt, jenen Abgeordneten, der Jelzin 1989 seinen Deputierenplatz überlassen und damit das Aufrücken Jelzins in den Obersten Sowjet ermöglicht hatte. Der Präsident des Verfassungsgerichtes, Walerij Sorkin, der einen Schwächeanfall erlitten hatte, trat am 6. Oktober zurück. Einen Tag später löste Jelzin per Dekret das Verfassungsgericht auf, gleichzeitig auch den Moskauer Stadtsowjet und die Sowjets in allen Bezirken der Hauptstadt.

Neu besetzt wurde am 21. Oktober der Sicherheitsrat des Präsidenten, der im Mai 1992 als Beratungs-, Koordinierungs- und Kontrollorgan ins Leben gerufen worden war. Neben den ständigen Mitgliedern – Präsident Jelzin als Vorsitzendem, Ministerpräsident Tschernomyrdin und dem Sekretär des Sicherheitsrates, Lobow – wurden unter anderen Verteidigungsminister Gratschow, Innenminister Jerin, Sicherheitsminister Goluschko, Außenminister Kosyrew, Wirtschaftsminister Gaidar, Finanzminister Fjodorow, der Stellvertretende Ministerpräsident für föderale Angelegenheiten, Schachraj, und der Chef des Dienstes für Auslandsaufklärung, Primakow, als neue Mitglieder berufen.

Aber diese Maßnahmen blieben nicht auf Moskau beschränkt. Jelzin forderte die autonomen Republiken und Regionen, die sich während der Auseinandersetzung auf die Seite des Parlaments gestellt hatten, auf, den Widerstand gegen seine Regierung innerhalb der nächsten drei Tage aufzugeben. 18 regionale Sowjets beschlossen ihre Selbstauflösung. Per Dekret ordnete Jelzin die baldige Neuwahl der Regional- und Kommunalparlamente an.

Einen Tag nach der Festnahme Ruzkojs und Chasbulatows wurden ein halbes Dutzend Zeitungen verboten, darunter das

Parteiorgan *Prawda,* das kommunistische Wochenblatt *Sowjet-skaja Rossija* und die nationalistischen Zeitungen *Djen* und *Narodnaja Gaseta.*

Aufgrund der internationalen Kritik – darunter von US-Außenminister Warren Christopher – und der dringenden Ermahnung, zur Pressefreiheit zurückzukehren, wurde die Pressezensur schon bald gelockert. Die *Rabotschaja Tribuna* (»Arbeitertribüne«) und die *Narodnaja Gaseta* (»Volkszeitung«) durften wie viele andere nach wenigen Tagen wieder erscheinen, nach einmonatiger Pause auch die *Prawda* – immer noch mit dem Lenin-Orden in der Kopfleiste. Verboten blieb jedoch die faschistische Zeitung *Rossiskij Porjadok* (»Russische Ordnung«), auf deren Titel ein stilisiertes Hakenkreuz prangte.

Das restriktive Vorgehen der Regierung richtete sich jedoch nicht nur gegen die politische Opposition. Über Nacht verschwanden auch die bunten Stände der kaukasischen und mittelasiatischen Händler mit Obst, Gemüse und Blumen von den Märkten. An ihre Stelle sollten jetzt »ehrliche Händler« aus den russischen Gebieten und Provinzen treten. Insgesamt sollen während des Ausnahmezustandes über zehntausend mißliebige Personen aus Moskau ausgewiesen worden sein.

Seit der ersten Novemberwoche galten für die Bürger anderer früherer Sowjetrepubliken verschärfte Aufenthaltsbedingungen. Jeder Staatsbürger eines anderen GUS-Staates mußte ab sofort täglich zehn Prozent des monatlichen russischen Mindestlohns an die Stadt Moskau zahlen. Wer sich diesen Bestimmungen widersetzte, dem drohte eine Strafe in Höhe des 50fachen monatlichen Mindestlohns, etwa 550 DM. Die Polizei wurde angewiesen, verschärfte Kontrollen in Wohnhäusern und Hotels durchzuführen. Jeder GUS-Bürger über 16 Jahre – mit Ausnahme von Flüchtlingen, Kranken und älteren Menschen, die bei ihren in Moskau gemeldeten Kindern lebten –

mußte sich bei der Stadt Moskau gegen eine zu entrichtende Gebühr eine »Sprawka« besorgen, ein Dokument, in dem Identität, Aufenthaltsdauer und -ort sowie die Zahlungsbestätigung für die Aufenthaltssteuer vermerkt waren. Eine Umfrage ergab, daß die meisten Moskauer die neuen Bestimmungen begrüßten.

Präsident Jelzin griff aber nicht nur gegen seine politischen Gegner und mißliebige Personen energisch durch, er strebte auch die völlige Lösung von Ritualen und Symbolen aus der sowjetischen Zeit an. Zwar waren Lenins Geburtstag und der Jahrestag der Oktoberrevolution als Feiertage gestrichen und die sowjetische Fahne endgültig eingeholt worden – andere sowjetische Relikte bestanden jedoch noch.

Vor allem die Verehrung Lenins war unangetastet geblieben. So stand der berühmte »Posten Nr. Eins«, die Ehrenwache vor dem Lenin-Mausoleum, wie immer seit 1926 am Eingang zur letzten Ruhestätte Lenins. Am 7. Oktober wurde der »Posten Nr. Eins« nun endgültig abgezogen, zunächst gegen das Votum von Ministerpräsident Tschernomyrdin.

Zugleich befürwortete die Regierung die Umbettung der sterblichen Überreste Lenins vom Lenin-Mausoleum auf den Wolkowo-Friedhof in St. Petersburg. Lenin selbst hatte in seinem Testament gewünscht, dort an der Seite seiner Mutter begraben zu werden. Am 17. November schließlich wurde auch das zentrale Lenin-Museum geschlossen.

Die Moskauer Stadtverwaltung kündigte mit der Begründung von »Wünschen zur Wiederherstellung des historischen Bildes des Roten Platzes« weitere Veränderungen an. So sollten die fünfzackigen, nachts leuchtenden Roten Sterne auf den Türmen des Kreml durch Symbole des russischen Staates ersetzt werden. An der Stelle des Lenin-Mausoleums sollte ein »Denkmal für die Opfer des Totalitarismus« errichtet werden. Auch die traditionellen Kundgebungen zum 7. November, dem Jahrestag der Oktoberrevolution von 1917, wurden untersagt.

Wichtiger als diese eher symbolischen Aktionen war Jelzin allerdings die Lösung dringender, vom Parlament monatelang verschleppter Probleme. Am 27. Oktober 1993 erließ Jelzin ein Dekret »Über die Regelung der Landverhältnisse und die Entwicklung der Agrarreform«. Der Erlaß sah die Auflösung der staatseigenen Betriebe (Sowchosen) und der Kollektivwirtschaften (Kolchosen) sowie die Privatisierung von Grund und Boden vor. Jedes Mitglied eines landwirtschaftlichen Kollektivs sollte jetzt in die Lage versetzt werden, einen eigenen landwirtschaftlichen Betrieb zu gründen.

In Punkt 4 des Dekrets wurde das Recht auf privaten Grundbesitz garantiert. Russische Staatsbürger konnten nun erstmals wieder privates Land erwerben, verkaufen, vererben, verschenken, verpachten, tauschen oder in gemeinsame Fonds von Aktiengesellschaften oder Genossenschaften einbringen. Ausländer durften zwar auch nach dem neuen Erlaß kein Land kaufen, aber Anteile an landwirtschaftlichen Betrieben erwerben.

Der Führer der Bauernpartei, Jurij Tschernitschenko, bezeichnete den Erlaß in einem Interview im Moskauer Rundfunk als das wichtigste Ereignis seit der Abschaffung der Leibeigenschaft im Jahre 1861.

Präsident Jelzin hatte es der Armeeführung unter Verteidigungsminister Gratschow zu verdanken, daß der Aufstand Chasbulatows und Ruzkojs niedergeschlagen werden konnte. Schon unmittelbar nach dem Sieg über die Aufständischen versuchten die Militärs, aus diesen veränderten politischen Bedingungen Tribut zu schlagen. Die Generalität forderte eine Erhöhung der finanziellen Zuweisungen an die Armee für eine bessere Entlohnung der Soldaten und neue Rüstungsprojekte. Zudem drängte sie auf eine neue Militärdoktrin, die den Einsatz der Streitkräfte auch zur Wahrung der inneren Sicherheit

Rußlands vorsehen sollte. Deutlich erkennbar suchten die Militärs auch stärkeren Einfluß auf die russische Außenpolitik.

Ein erster Hinweis auf den Erfolg dieser Bestrebungen waren Jelzins Äußerungen zur Frage eines möglichen Nato-Beitritts der Staaten des ehemaligen Warschauer Paktes. Im August 1993 hatte Jelzin bei einem Besuch in Warschau noch betont, er habe keine Bedenken gegen eine engere Bindung Polens an die Nato. Drei Monate später, nach den blutigen Auseinandersetzungen in Moskau, erklärte er, eine Einbeziehung Polens, Ungarns oder der Tschechischen Republik in die Nato sei ein ernstes Problem für die Sicherheit Rußlands.

Äußeres Zeichen für solche verstärkten national-russischen Akzente war die Einführung eines neuen Staatswappens für Rußland. Innerhalb der Regierung war man sich einig über eine Rückkehr zum früheren russischen Staatswappen – Meinungsverschiedenheiten bestanden dagegen in der Frage, ob man zum doppelköpfigen Adler in seiner zaristischen Form zurückkehren sollte, oder ob man die republikanische Variante ohne Krone und Zepter, wie sie bei den Demonstrationen nach der Niederschlagung des August-Putsches 1991 vielfach zu sehen war, vorziehen sollte. Die Gegner warnten vor dem Rückgriff auf zaristische Traditionen und deren Symbolwirkung. Auch im Ausland wurden Bedenken geäußert. Vor allem polnische Kommentatoren meinten, daß die Entscheidung für das Symbol aus der Zarenzeit symptomatisch wäre für die angestrebte Rückkehr der russischen Führung zur alten zaristischen Großmachtpolitik.

Nach längeren internen Debatten gab Jelzin am 1. Dezember 1993 bekannt, das neue Staatswappen entspräche dem traditionellen Doppeladler: ein doppelköpfiger Adler in Gold auf rotem Grund mit drei historischen Kronen, Zepter und Reichsapfel in den Klauen und vor der Brust ein Schild, auf dem St. Georg den Drachen tötet. Die endgültige Entscheidung über das Staatswappen sollte aber vom Parlament getroffen werden, das am 12. Dezember gewählt werde.

Der neue Verfassungsentwurf

In der ersten Oktoberwoche 1993 setzte Boris Jelzin eine Arbeitsgruppe unter Leitung von Sergej Filatow ein, die den endgültigen Text des Verfassungsentwurfs ausarbeiten sollte. Als Grundlage diente der am 12. Juli 1993 von der Verfassungskommission verabschiedete Entwurf. Nach der Niederschlagung seiner Gegner arbeitete Jelzin mit der Filatow-Gruppe den Text nun aber noch einmal um – vor allem zugunsten einer weiteren Stärkung des Präsidenten und zu Lasten der Souveränität der einzelnen Gebiete und Republiken.

Im neuen Verfassungsentwurf wurde Rußland als »eine demokratische, föderative und rechtsstaatliche Republik« definiert (Artikel 1). Die Bürger-und Menschenrechte nahmen großen Raum ein. Die Würde des Menschen werde durch den Staat geschützt, jeder Bürger solle Freizügigkeit bei der Wahl des Wohnortes und des Arbeitsplatzes genießen. Das Privateigentum und die Freiheit der wirtschaftlichen Betätigung wurden ausdrücklich garantiert, die Gleichberechtigung von privatem, staatlichem, kommunalem und anderem Eigentum festgeschrieben (Artikel 8).

Artikel 13 bekräftigte den ideologischen und politischen Pluralismus. Verboten wurden lediglich Vereinigungen, deren Ziele und Aktionen sich auf eine gewaltsame Änderung der Verfassungsordnung richteten oder soziale, ethnische, nationale und religiöse Gegensätze schürten.

Artikel 14 bestimmte die Trennung von Staat und Religion und garantierte die Unabhängigkeit aller religiösen Vereinigungen vom Staat und die Gleichheit vor dem Gesetz. Zu den in der Verfassung verankerten demokratischen Rechten gehörten Meinungs- und Pressefreiheit (Artikel 29).

Heftige Diskussionen löste die vorgesehene starke Machtstellung des Präsidenten aus. Zwar bekannte sich Artikel 10 zum Prinzip der Trennung von legislativer, exekutiver und judikativer Gewalt. Zugleich wurde dem Präsidenten jedoch eine dominierende Stellung eingeräumt – ähnlich der in den Präsidialverfassungen Frankreichs oder der USA. Nach dem Verfassungsentwurf war der Präsident der »Staatschef« der Russischen Föderation und »der Garant der Verfassung sowie der Einhaltung der Menschenrechte und Freiheiten«. Er sei vom Volk in geheimer Abstimmung auf vier Jahre zu wählen.

Artikel 83 legte die Vollmachten des Präsidenten fest: Er

a) ernennt mit Zustimmung der Staatsduma den Regierungschef,

b) trifft die Entscheidung über die Entlassung der Regierung,

c) schlägt der Staatsduma den Kandidaten für den Posten des Chefs der Zentralbank (und auch seine Entlassung) vor,

d) ernennt auf Vorschlag des Regierungschefs die einzelnen Minister und entbindet sie von ihren Ämtern,

e) bildet und leitet den Sicherheitsrat,

f) bestätigt die Militärdoktrin und

e) ernennt und entläßt das Oberkommando der Streitkräfte.

Besonders wichtig – und umstritten – war das Recht des Präsidenten, das Parlament (die Staatsduma) aufzulösen. Dieses Recht wurde ihm zugestanden, falls die Staatsduma dreimal den vom Präsidenten vorgeschlagenen Ministerpräsidenten ablehnte. In einem solchen Fall sollte der Präsident die Staatsduma auflösen und Neuwahlen ausrufen können. Ferner konnte der Präsident eine Volksabstimmung ansetzen, Gesetzesvorlagen in die Staatsduma einbringen sowie Erlasse und Verordnungen verfügen. Er sollte Oberbefehlshaber der Streitkräfte sein und über die Russische Föderation bzw. über Teilge-

biete für vom Gesetz vorgesehene Fälle den Ausnahmezustand
verhängen können.

Der Verfassungsentwurf sah als legislatives Organ eine
»föderale Versammlung« vor, die aus zwei Kammern bestehen
sollte: dem Föderationsrat und der Staatsduma. Der Föderationsrat war aus je einem Vertreter der Exekutive und Legislative jedes »Föderationssubjektes« zu bilden. Die Staatsduma
sollte aus 450 Abgeordneten bestehen, die vom Volk für vier
Jahre zu wählen waren.

Der Föderationsrat bestätigte nach dem Entwurf den Erlaß
des Präsidenten über die Einführung des Kriegszustandes oder
die Verhängung des Ausnahmezustandes und entschied über
den Einsatz der Streitkräfte der Russischen Föderation im Ausland. Die Staatsduma bestätigte den vom Präsidenten vorgeschlagenen Regierungschef, entschied über die Vetrauensfrage
der Regierung und konnte eine Amnestie erlassen.

So weitgehend die Rechte des Präsidenten sein sollten, so
kompliziert war seine Ablösung. Der Präsident schied nur dann
vor Ablauf der Amtsperiode aus dem Amt, wenn sein Gesundheitszustand ihn ständig an der Ausübung seiner Pflichten hin-
derte. Er konnte vom Föderationsrat seines Amtes enthoben
werden, wenn die Staatsduma ihn zuvor des Hochverrats oder
schwerer Gesetzesverstöße bezichtigt hatte. Allerdings mußte
das Oberste Gericht in einem Gutachten die Strafbarkeit der
Handlungen des Präsidenten und das Verfassungsgericht den
rechtmäßigen Ablauf der Prozedur bestätigen.

Gleichzeitig mit dem Verfassungsentwurf wurden die Über-
gangsbestimmungen bekanntgegeben. Die Verfassung der Russischen Föderation werde nach einer Volksabstimmung in Kraft
treten, sofern die Wahlbeteiligung bei über 50 Prozent liege und
mehr als die Hälfte der Abstimmenden die Einführung der
neuen Verfassung bejahten. Für die erste Legislaturperiode
würden Föderationsrat und Staatsduma lediglich für zwei Jahre

gewählt. In der ersten Legislaturperiode dürften Abgeordnete der Staatsduma zugleich Mitglied der Regierung sein.

Am 8. November 1993 unterzeichnete Boris Jelzin den Verfassungsentwurf. Am nächsten Tag wurde er den Medien zur Veröffentlichung übergeben.

In einem Interview mit der *Iswestija* ging Jelzin auf die Vorwürfe über zu weitgehende Vollmachten des Präsidenten ein: »Was wollen Sie? In einem Land, das an Zaren oder an Führer gewohnt ist, in einem Land, in dem sich keine klaren Interessengruppen herausgebildet haben, in dem die Träger der Interessen nicht bestimmt sind, in einem Land, in dem die Exekutivdisziplin außerordentlich schwach ist, in dem der rechtliche Nihilismus überall zu Hause ist – wollen Sie in einem solchen Land das Hauptgewicht allein oder in erster Linie auf das Parlament legen? Jede Zeit hat ihr eigenes Machtgleichgewicht in einem demokratischen Staat. Heute in Rußland schlägt dieses Gleichgewicht zugunsten des Präsidenten aus.«

Manche fürchteten das Recht des Präsidenten, die Staatsduma aufzulösen. Aber dies sei unbegründet: »Ich kann sie beruhigen. Als Präsident bin ich mehr als irgend jemand sonst an sozialer Stabilität interessiert. Und jede, auch eine legale Erschütterung in den obersten Ebenen der Macht findet ein großes Echo in der Gesellschaft. Der russische Präsident hat nur so viele Vollmachten, wie er für die Ausübung seiner Rolle bei der Reformierung der Gesellschaft benötigt.«

Der Verfassungsentwurf wurde unterschiedlich bewertet. Nachdrücklich traten sowohl der Block »Wahl Rußlands« als auch die rechtsnationalistische Partei Wladimir Shirinowskis für die Annahme des Verfassungsentwurfs ein. Abgelehnt wurde der Entwurf von der Kommunistischen Partei und der konservativen »Demokratischen Partei«. Der ehemalige Justizminister der Jelzin-Führung, Nikolaj Fjodorow (nicht zu verwechseln mit dem Finanzminister), der bei den Wahlen für die

Demokratische Partei kandidierte, erklärte: »Mit dieser Verfassung die viel beschworene Stabilisierung erreichen zu wollen, ist entweder abenteuerlich oder führt zu einem autoritären Regime mit diktatorischen Elementen.«

Der »Block Jawlinskij-Boldyrew-Lukin« befürchtete autoritäre Tendenzen und setzte sich für eine stärkere Demokratisierung der Gesellschaft ein. Einige autonome Republiken – vor allem Tatarstan und Baschkortostan – lehnten den Entwurf ab, weil der Sonderstatus und die Souveränität der Republiken und Regionen in der endgültigen Fassung des Entwurfs stark zurückgedrängt worden war. Der Oberbürgermeister von St. Petersburg, Anatolij Sobtschak, Vorsitzender der »Bewegung für demokratische Reformen«, trat zwar nicht direkt gegen den Verfassungsentwurf auf, erklärte jedoch, die Macht des Präsidenten sei nicht durch ausreichende Gegengewichte ausbalanciert.

Diese kritischen Stimmen spielten jedoch nur eine geringe Rolle in den Massenmedien. Präsident Jelzin hatte die Parteien ermahnt, die ihnen während des Wahlkampfes kostenlos zustehenden Fernsehsendungen nur für die Propagierung eigener Ziele zu verwenden und sich jeglicher Kritik am Verfassungsentwurf zu enthalten. Der damalige stellvertretende Regierungschef Wladimir Schumejko erklärte sogar, wer über den Äther das Verfassungsprojekt kritisiere, werde abgeschaltet. Ironisch fragte daraufhin die reformfreudige *Iswestija,* was das wohl für eine Verfassungsdebatte sein solle, in der man den Entwurf nicht kritisieren dürfe.

Angesichts einer derart begrenzten Diskussion über den Verfassungsentwurf war es nicht überraschend, daß – nach Moskauer Rundfunkmeldungen – etwa achtzig Prozent der Wahlberechtigten mit dem Text nicht vertraut waren. Dennoch gingen die Prognosen von einer fünfzig- bis sechzigprozentigen Zustimmung aus.

Demokratische Wahlen im
Dezember 1993

Bereits am 29. September 1993, noch während der Konflikte in Moskau, hatte Jelzin eine Zentrale Wahlkommission für die Durchführung der geplanten Wahlen am 12. Dezember eingesetzt. Leiter wurde der 48jährige, aus Rostow am Don stammende Jurist Nikolaj Rjabow. Wahlberechtigt waren 104 Millionen russische Bürger. Das Wahlgesetz – weitgehend nach deutschem Vorbild – schrieb vor, daß die Hälfte der 450 Abgeordneten der »Staatsduma« nach dem Mehrheitswahlrecht, die andere Hälfte nach dem Verhältniswahlrecht entsprechend der Stimmverteilung auf die Parteien zu wählen sei.

Ausgeschlossen von den Wahlen waren alle kommunistischen und rechtsnationalistischen Parteien und Organisationen, die sich an den blutigen Oktober-Ereignissen in Moskau aktiv beteiligt hatten. Das führte dazu, daß aus diesen Lagern nur jeweils eine Partei zur Wahl antrat: die »Kommunistische Partei Rußlands« unter Gennadij Sjuganow und die »Liberal-Demokratische Partei« von Wladimir Shirinowski. Die Reformer, die Demokraten, waren dagegen in vier Parteien zersplittert.

Am 6. November 1993, dem letzten Termin für die Einreichung der erforderlichen hunderttausend Unterschriften (in sieben Gebieten oder Republiken), hatten von den ursprünglich angetretenen 35 Parteien und Gruppierungen lediglich 13 dieses Ziel erreicht. Diese waren indes nicht mehr, wie im Frühjahr und Sommer 1990, vom Westen übernommene Organisationen, sondern befaßten sich mit den aktuellen politischen und wirtschaftlichen Problemen Rußlands. Auch ihre Namen wirkten nicht mehr »importiert«, sondern entsprachen den russischen Traditionen und Verhältnissen. Daher gab es nun auch keine sozialdemokratischen und christlich-demokratischen Parteien mehr. Diese hatten sich inzwischen gespalten und wirkten in unterschiedlichen Parteien und Wahlbündnissen mit.

Die 13 Parteien und Gruppierungen ließen sich in vier Hauptrichtungen einordnen: in Reformparteien unterschiedlichen Typs, in Zentristen, in die Opposition aus Kommunisten und Rechtsnationalisten sowie in kleinere Parteien, die ihren eigenen Standort noch nicht genau definiert hatten.

Parteien und Wahlbündnisse

Unter dem Begriff »Reformparteien« oder »Demokraten« waren jene Parteien und Wahlbündnisse zu verstehen, die für die Fortsetzung der Reformen eintraten, für ein demokratisches System, einen Rechtsstaat und für kooperative Beziehungen zu den westlichen Demokratien, sich jedoch in Einzelfragen der Durchführung der Reformen voneinander unterschieden.

Das Wahlbündnis *Wahl Rußlands (»Wybor Rossii«)* unter Leitung des Wirtschaftsreformers und Ersten Stellvertretenden Ministerpräsidenten Jegor Gaidar war eng mit der Führung um Boris Jelzin verbunden und wurde als »Präsidentenpartei« angesehen. Es trat für energische Reformen in Richtung Marktwirtschaft ein, für rasche Privatisierung von Industrie und Grund und Boden sowie für strenge Haushaltsdisziplin, in der Außenpolitik für die Wahrung russischer Interessen bei enger Kooperation mit dem Westen. Von den Wählern wurde es jedoch für die galoppierende Inflation, den niedrigen Lebensstandard und die sozialen Ungerechtigkeiten verantwortlich gemacht.

Zu den Spitzenkandidaten gehörten neben Gaidar unter anderem der Erste Stellvertretende Ministerpräsident Wladimir Schumejko, Außenminister Andrej Kosyrew und Finanzminister Boris Fjodorow. Bekannt waren auch zwei ehemalige Dissidenten: der Priester Gleb Jakunin, lange Jahre unter Breschnew in Haft, und der Kämpfer für Menschenrechte, Sergej Kowaljow, nun als Vorsitzender des Organisationsrates tätig. Die Partei wurde auch von Schachweltmeister Gari Kasparow, Jelzins Militärsachverständigem General a. D. Dimitrij Wolkogonow sowie von der Mehrheit der russischen Sozialdemokraten unterstützt.

Die Partei der russischen Einheit und Eintracht (PREE) mit dem Stellvertretenden Ministerpräsidenten für Nationalitätenfragen Sergej Schachraj an der Spitze distanzierte sich von der »Schocktherapie« Gaidars. Sie trat dafür ein, die Wirtschaftsreformen in ruhigere Bahnen zu lenken, und befürwortete einen Ausgleich wirtschaftlicher Interessen zwischen reicheren und ärmeren Regionen. Zu ihren Spitzenkandidaten zählten Ministerpräsident Viktor Tschernomyrdin (der jedoch wegen einer schweren Krankheit nicht am Wahlkampf teilnahm), der Stellvertretende Ministerpräsident Schochin und Justizminister Kalmykow – unterstützt von der Christlich-Demokratischen Union sowie einem Teil der Sozialdemokratischen Partei und der Republikanischen Partei.

Das unter dem Vorsitz von Grigorij Jawlinskij, dem Autor des 500-Tage-Programms vom Sommer 1990, stehende *Bündnis Jawlinskij-Boldyrew-Lukin* befürwortete ein langsameres Reformtempo in der Wirtschaft ein, kritisierte den Verfassungsentwurf Jelzins und trat für eine stärkere Demokratisierung der Gesellschaft. Die Partei wollte »das Märchen dementieren, zu

Jelzin gäbe es keine Alternative«. Zu ihren führenden Persönlichkeiten gehörten der Elektronik-Ingenieur und Soziologe Jurij Boldyrew, der ehemalige Botschafter Rußlands in den USA, Wladimir Lukin, und Gorbatschows ehemaliger Berater Nikolaj Petrakow.

Die *Bewegung für Demokratische Reformen*, geführt vom Petersburger Oberbürgermeister Anatolij Sobtschak, war ein Wahlbündnis bekannter Demokraten. Zu den Spitzenkandidaten zählten der frühere Chefberater und Vordenker des Reformprozesses Alexander Jakowlew, Marschall Schaposchnikow, nach Auflösung der UdSSR vorübergehend Oberbefehlshaber der GUS-Streitkräfte, sowie der Reformökonom Nikolaj Schmeljow – unterstützt vom ehemaligen Moskauer Oberbürgermeister Gawriil Popow. Die Sobtschak-Bewegung kritisierte die Jelzin-Verfassung, weil sie dem Präsidenten zu starke Vollmachten verleihe, und setzte sich, weit über die Wirtschaftspolitik hinaus, für einen demokratischen Umbau der Gesellschaft, darunter des Bildungswesens, ein.

Unter dem Begriff »Zentristen« werden in Rußland seit 1990 Strömungen, Bewegungen, Organisationen und Parteien verstanden, die sich zwar nicht direkt gegen die Reformen wenden, aber im Rahmen des gegenwärtigen Zustandes die Erhaltung des Staatseigentums betonen, sich der Privatisierung von Grund und Boden widersetzen und national-russische Tendenzen deutlich zum Ausdruck bringen.

Die *Staatsbürgerliche Vereinigung für Stabilität, Gerechtigkeit und Fortschritt* war die Nachfolgerin der früheren »Bürger-Union« unter Leitung des Vorsitzenden des »Verbandes der Unternehmer und Industriellen«, Arkadij Wolskij. Die Partei vertrat die Interessen der Direktoren und Generaldirektoren staatlicher Unternehmungen, vornehmlich der Rüstungsindustrie. Unter den 270 Kandidaten für die Parlamentswahlen waren fast achtzig Direktoren großer Staatsbetriebe. Die »Bürger-Union« war durch die Abkehr von der konservativen »Demokratischen Partei« beträchtlich geschwächt und durch die Teilnahme Alexander Ruzkojs, des Führers der »Volkspartei Freies Rußland« (früher Teil der »Bürger-Union«) an den bewaffneten Kämpfen in Moskau diskreditiert.

Die »Staatsbürgerliche Vereinigung« wandte sich gegen jede weitergehende Privatisierung. Sie forderte Subventionen für die Staats- und Rüstungsbetriebe und Steuernachlässe für die Unternehmen; der Übergang zum Markt sei staatlich zu lenken. Sie verstand sich als »konstruktive Opposition« und unterstützte den amtierenden Ministerpräsident Viktor Tschernomyrdin.

Die *Demokratische Partei Rußlands* mit Nikolaj Trawkin an der Spitze, ursprünglich Bestandteil der Bewegung »Demokratisches Rußland«, entwickelte sich seit 1991 in konservativnationale Richtung. Zu ihren bekanntesten Vertretern gehörten der Wirtschaftswissenschaftler Oleg Bogomolow, der ehemalige Justizminister Nikolaj Fjodorow und der frühere Industrieminister Ruslan Titkin. Die bereits im Frühsommer 1990 gegründete Partei trat für eine Wiederherstellung der föderativen Strukturen zwischen den Republiken der ehemaligen UdSSR ein, forderte die Priorität des Agrarbereichs und stand dem Verfassungsentwurf Jelzins kritisch gegenüber.

Zu den Oppositionsparteien zählten die Kommunisten (und die mit ihr verbündete Agrarpartei) auf der einen, die Rechtsnationalisten Shirinowskis auf der anderen Seite; sie lehnten den Reformkurs grundsätzlich ab, traten für die Wiederherstellung der Sowjetunion bzw. des russischen Imperiums, für eine stärkere Betonung russischer Staatsinteressen und autoritäre Staatsstrukturen ein.

Die mit über einer halben Million Mitgliedern am besten

organisierte Oppositionspartei war die *Kommunistische Partei der Russischen Föderation*, der einzige Kristallisationspunkt aller Kommunisten. Ihr Vorsitzender Sjuganow, ein ehemaliger Komsomolfunktionär, hat den berühmten »Aufruf an das Volk« vom 19. Juli 1991 unterzeichnet. Eine Beteiligung am August-Putsch 1991 konnte ihm jedoch nicht nachgewiesen werden. Die Partei wurde von ehemaligen Partei- und Staatsfunktionären sowie von jenen Bevölkerungskreisen unterstützt, die zu den Opfern des Übergangs zur Marktwirtschaft gehörten: vor allem Rentner, Veteranen des Krieges und viele Industrie- und Landarbeiter. Sie trat für staatlichen Dirigismus in der Wirtschaft, umfangreiche Sozialprogramme und für die Wiedererrichtung der Sowjetunion ein, offiziell auch für Pressefreiheit und Rechtsstaatlichkeit.

Die im Oktober 1993 überraschend gegründete und sich schnell ausweitende *Agrarpartei Rußlands* vertrat die Interessen der Funktionäre der Kollektivwirtschaften und der Staatsgüter, fand jedoch schnell auch großen Zuspruch bei breiteren Bevölkerungsschichten auf dem Lande. Sie wandte sich gegen die Privatisierung von Grund und Boden und forderte die »Erneuerung Rußlands durch die Erneuerung seiner Dörfer«. Ihr Vorsitzender war der zuvor kaum bekannte Michail Lapschin, einer ihrer Spitzenkandidaten der berühmte Bauernschriftsteller Rasputin. Die Partei wurde als »der ländliche Arm der Kommunistischen Partei« angesehen.

Trotz des irreführenden Namens handelte es sich bei der *Liberal-Demokratischen Partei Rußlands* um eine großrussische, chauvinistische und antisemitische Partei, geführt von dem demagogischen Juristen Wladimir Shirinowski. Im Frühjahr 1990 gegründet, wurde sie im ganzen Land durch die Teilnahme ihres Vorsitzenden an der russischen Präsidentschaftswahl im Juni 1991 bekannt, bei der dieser 6,2 Millionen Stimmen erhielt.

Bei den bewaffneten Konflikten Anfang Oktober 1993 in
Moskau stellte sich Shirinowski auf die Seite Jelzins, begrüßte
die Erstürmung des Parlamentsgebäudes und unterstützte auch
den Verfassungsentwurf des Präsidenten. Während des Wahlkampfes forderte Shirinowski die Wiederherstellung des russischen Imperiums in seinen früheren Grenzen (einschließlich des
Balitkums), die Bekämpfung der Unterdrückung der Russen in
den anderen GUS-Staaten, ein Zurückdrängen des Einflusses
des Westens auf allen Ebenen und die Besinnung auf die eigene
Stärke Rußlands. Seine Partei warnte vor der »Weltverschwö-
rung der Juden und Freimaurer«.

Zu den noch nicht festgelegten Parteien zählten die *Frauen
Rußlands*, die, völlig unerwartet, mit einer Kandidatenliste von
Ärztinnen, Pädagoginnen, Juristinnen, Unternehmerinnen und
Mitarbeiterinnen der öffentlichen Verwaltung auftraten, sich
aber keineswegs nur auf Frauenthemen beschränkten. Ihre
Wahlsprüche lauteten »Frauen Rußlands für Rußland« und
»Es gibt keine Demokratie ohne Frauen«.

Unter der Bezeichnung *Zukunft Rußlands – neue Namen* trat
der politische Nachwuchs an, vorwiegend ehemalige Komso-
molzen, die später im Jugendflügel der zentristischen »Bürger-
Union« tätig waren, sowie aktive Mitglieder des »Russischen
Jugendverbandes« und des »Russischen Rats junger Wissenschaftler«. Die Partei trat dafür ein, »daß die Politiker ausge-
tauscht werden, an deren Händen Blut klebt«. Sie wollten vor
allem jungen Russen aus der Provinz Zugang zur nationalen
Politik verschaffen.

Der vom Filmregisseur und früheren sowjetischen Kulturmi-
nister Nikolaj Gubenko gegründeten Partei »*Würde und Barmherzigkeit*« gehörten vorwiegend ältere Personen an, meist aus
den Reihen der Intelligenzija. Sie verstand sich als soziale Vereinigung mit starken kulturellen Ansätzen. In ihrer programmati-

schen Erklärung stellte sie sich vor als eine Partei für die »kleinen Boote auf dem großen Fluß, die im turbulenten Strom des
heutigen Lebens keinen Ankerplatz zu finden vermögen«.

Bei der Registrierung gelang es keiner der »grünen« Parteien
in Rußland, die notwendige Unterschriftenzahl zu erreichen.
Die *Konstruktive ökologische Bewegung »Zeder«* war nur eine
begrenzt »grüne« Partei. Sie erhob keine radikalen Forderungen wie etwa die Abschaltung der Atomkraftwerke, sondern
beschränkte sich auf den Hinweis, sie wolle »den ökologischen
Zustand Rußlands verbessern«.

Als Wahlbeobachter im früheren Königsberg

Die letzte Woche vor der Parlamentswahl und dem gleichzeitigen Verfassungsreferendum erlebte ich als ausländischer Wahlbeobachter in Kaliningrad, dem ostpreußischen Königsberg,
das seit dem Zweiten Weltkrieg unter sowjetischer Verwaltung
stand und lange Zeit nicht zugänglich war. Drei Beobachter
kamen aus Großbritannien, zwei aus Schweden, einer aus
Dänemark (der ehemalige Minister für Verteidigung), drei aus
Polen und vier aus Deutschland.

Im Kaliningrader Gebiet (dem früheren nördlichen Ostpreu-
ßen) leben gegenwärtig 894 000 Einwohner, davon 78,5 Prozent Russen, unter ihnen eine große Zahl von Militärangehöri-
gen, vorwiegend der Baltischen Flotte. Obwohl die Mehrheit
der Militärs gegen Jelzin und die Demokraten eingestellt war,
hatte es allerdings beim Referendum im April 1993 eine Überraschung gegeben: Mehr Kaliningrader stimmten für Jelzin als
im Durchschnitt der Regionen der Russischen Föderation (60,3
gegenüber 58,7 Prozent).

Bei meinen Fahrten durch das Kaliningrader Gebiet bis zu
den Ostseebädern wies erstaunlich wenig auf die unmittelbar

bevorstehenden Wahlen hin. Selbst im Vergleich zum Referendum im April, das ich in Moskau erlebt hatte, war das Bild
ernüchternd, fast erschütternd. Das Interesse der Bevölkerung
war sehr gering. Die wenigen Flugblätter und Plakate warben
nicht für Parteien, sondern für die Kandidaten – vorwiegend
der »Wahl Rußlands«. Mehrfach sah ich ein Plakat mit einem
großen Bild Gaidars mit der Balkenüberschrift »Wahl Rußlands«, darunter die Zeile: »Alle reden – er handelt«. Es gab
nur eine große Wahlkundgebung, sonst lediglich Treffen der
jeweiligen Kandidaten mit kleineren Wählergruppen.

Beeindruckend war dagegen die objektive Berichterstattung
der Presse. Die drei wichtigsten Kaliningrader Zeitungen
berichteten informativ und sachlich über die 13 unterschiedlichen Parteien und ihre Kandidaten. Die Zeitungen waren
bestrebt, den unterschiedlichen Gruppierungen gerecht zu werden und ihnen den gleichen Raum zur Verfügung zu stellen.
Dasselbe galt für die Vorstellung der wichtigsten Kandidaten.
Die für uns ausländische Wahlbeobachter zuständigen Stellen
bemühten sich, unsere Tätigkeit zu erleichtern und standen uns
mit Rat und Tat zur Verfügung – ähnliches hörte ich später von
den ausländischen Wahlbeobachtern anderer Wahlkreise. Wir
wurden vom Bürgermeister und von Vertretern der städtischen
und regionalen Behörden zu Gesprächen eingeladen und erhielten von der Wahlkommission ausführliche Informationen.

Die einzig große Wahlveranstaltung in Kaliningrad fand mit
Wladimir Schumejko statt, dem Ersten Stellvertretenden Mini-
sterpräsidenten Rußlands und Spitzenkandidaten der »Wahl
Rußlands« in Kaliningrad. Schumejko, am 10. Februar 1945 in
Rostow am Don geboren, hatte nach seinem Dienst in der
Armee die Technische Hochschule in Krasnodar absolviert und
war später zum Generaldirektor der dortigen Produktionsver-
einigung für Meßgeräte avanciert. Im März 1990 ins russische
Parlament gewählt, hatte er sich im Obersten Sowjet vor allem

mit gesetzgeberischen Fragen der Wirtschaftsreform beschäftigt. Im Juni 1992 wurde er (damals gemeinsam mit Tschernomyrdin) zum Ersten Stellvertretenden Ministerpräsidenten ernannt, galt als Technokrat, näherte sich jedoch schon bald der Reformrichtung Jelzins an.

Im Saal waren etwa 700 Personen anwesend, darunter die Hälfte Studenten und Professoren, die andere Hälfte Bürger der Stadt, davon nicht wenige Militärs. In seiner etwa zwanzigminütigen Erklärung verzichtete Schumejko auf jeden Hinweis für die »Wahl Rußlands«; statt dessen konzentrierte er sich ausschließlich auf den Verfassungsentwurf. Er unterstrich die Unabhängigkeit der Richter im Verfassungsentwurf und meinte, die Macht des Präsidenten sei keineswegs uneingeschränkt, weil er von der »Duma« nach einer bestimmten Prozedur abgelöst werden könne. Überraschend für mich waren Schumejkos Hinweise auf die geplante weitgehende Dezentralisierung. Nach der Annahme der Verfassung am 12. Dezember werde jede Region ein eigenes Statut »Ustaw« erhalten, mit der Möglichkeit, in Übereinstimmung mit der Verfassung eigene regionale Interessen und Ziele zu verankern und eine relativ große Eigenständigkeit zu erlangen.

Schon während seiner Ansprache und auch im Anschluß daran wurden Schumejko schriftlich formulierte Fragen gereicht. Nicht wenige waren sehr kritisch, aber es gab weder feindliche Töne gegen Schumejko noch eine feindselige Stimmung. Überrascht war ich, daß überhaupt keine außenpolitische Frage gestellt wurde und – bis auf eine Frage nach der Krim – auch die GUS nicht vorkam. Alle Fragen konzentrierten sich auf Rußland und das Kaliningrader Gebiet. Wirtschaftliche und soziale Themen wurden – das hatte ich nicht erwartet – nur einmal erwähnt. Die meisten Teilnehmer interessierten sich für die Verfassung, die Beziehungen zwischen Exekutive und Legislative, den Präsidenten, Kirche und Religion, wobei sich die Teilnehmer – früher undenkbar – nicht scheuten, auch ganz persönliche Fragen zu stellen.

Schumejko beantwortete die Fragen freundlich, souverän, mit Sachkenntnis, ohne seine eigene Meinung zu verschweigen – aber auch ohne den Zuhörern die eigene Meinung aufzuzwingen. Er dachte sich in die Menschen hinein und fand den richtigen Ton.

Ich hätte mir, so dachte ich beim Nachhauseweg, Schumejko durchaus als Spitzenkandidaten der Bewegung »Wahl Rußlands« vorstellen können – vielleicht sogar später einmal als Kandidaten für den Posten des Präsidenten. Aber Schumejko verhielt sich (auch später) loyal gegenüber Jelzin.

Shirinowski und der Wahlkampf im Fernsehen

In Kaliningrad fand, wie in ganz Rußland, der Wahlkampf vorwiegend im Fernsehen statt. Trotz der Ankündigung des zentralen Fernsehsenders »Ostankino«, alle Parteien und Wahlblocks würden gleich behandelt, war es unverkennbar, daß Jegor Gaidar und die Präsidentenpartei »Wahl Rußlands« im Fernsehen bevorzugt wurden. Ein Fernsehkommentator verkündete, die Mitarbeiter des Senders »Ostankino« hätten sich für das Bündnis »Wahl Rußlands« entschieden. Ihre Kandidaten kamen immer wieder in den Nachrichten zu Wort, wurden bei Reisen und Begegnungen mit ausländischen Gästen ausführlich gezeigt; die Repräsentanten der anderen Parteien blieben außerhalb ihrer festgelegten Sendezeit im Nachrichtenprogramm fast unerwähnt.

So vorteilhaft die Zuneigung des zentralen Fernsehens auch war, so wenig überzeugend wurde es von Jelzins Leuten genutzt. Gaidar und andere Spitzenkandidaten gingen nicht auf die Menschen ein, ihre Sorgen, Leiden, Entbehrungen, Wünsche und Hoffnungen. Statt dessen ergingen sich die Repräsentanten von »Wahl Rußlands« meist in kaum verständlichen Wirtschaftsanalysen – oft kalt, gefühllos und abstrakt vorgetragen – und erwiesen sich außerstande, Hoffnungen zu vermitteln.

Ganz anders Wladimir Shirinowski. Der Führer der Rechtsnationalisten beeindruckte viele Wähler durch sein Redetalent. Geschickt griff er im Fernsehen die Sorgen der Menschen auf: die hohen Preise, den Verfall von Sitte und Ordnung, die zunehmende Kriminalität, die Verärgerung über das Spekulantentum und die Mafia. In seiner Kampagne geizte er nicht mit Versprechungen, stellte große Wohnungen, billiges Brot, Vollbeschäftigung und ein Ende der Inflation in Aussicht. Er werde den Lebensstandard auf das Doppelte des gegenwärtigen Niveaus heben. Wie? Dafür, so Shirinowski, seien drei Bedingungen zu erfüllen: die Einstellung der Hilfe Rußlands an andere GUS-Staaten, die Beendigung aller Rüstungskonversion und die Wiederaufnahme des Verkaufs von Waffen, schließlich der Kampf gegen die Kriminalität. »Fünftausend Banden auf dem Territorium Rußlands« müßten »vernichtet werden«.

Für alle Probleme bot Shirinowski einfache Lösungen: Alle Kaukasier, Zentral-Asiaten und sonstige Nicht-Slawen sollten raus aus Rußland. Die anderen GUS-Republiken müßten wirtschaftlich in die Knie gezwungen werden. Dann würden sie über kurz oder lang betteln, von Rußland wieder aufgenommen werden. Vor allem versprach er die Rückgewinnung der Ukraine. »Wir hören auf, der Ukraine Holz zu liefern – und alle Bergwerke im Donbass stürzen ein«, erklärte er in einem Interview. »Wir hören auf, der Ukraine all das zu liefern, was wir ihr heute liefern, und nach drei Monaten wird sie auf den Knien liegen, und die Regierung Krawtschuk wird zusammenbrechen.« Auch einige der heutigen GUS-Staaten wie Kasachstan oder Turkmenien werde er als Gouvernements an Rußland anschließen – durch wirtschaftlichen Druck. Schließlich habe es

Kasachstan und Turkmenien zuvor nie als selbständige Staaten gegeben.

Shirinowski forderte die Wiederherstellung des alten Imperiums in den Grenzen des Zarenreichs – einschließlich Finnlands, der baltischen Länder und fast ganz Polens. »Niemals wieder dürfen die Russen erniedrigt werden.« Den Demokraten warf er den »Ausverkauf« der russischen Großmacht an den Westen vor und weckte Hoffnungen auf neue Größe. Seine Thesen hatte er in dem kleinen Buch »Der letzte Sprung nach Süden« dargelegt. Der Sprung Rußlands nach Süden, so Shirinowski, werde die Völker von Kabul bis Istanbul beruhigen. Alles Unglück Rußlands sei aus dem Süden gekommen: die Korruption, Stalin, der Personenkult, die Bürgerkriege. Er träume davon, daß russische Soldaten ihre Stiefel im warmen Wasser des Indischen Ozeans reinigten. Gewiß seien bei dieser Ausdehnung nach Süden lokale Kriege nicht auszuschließen, aber damit komme es »zu einer natürlichen Auslese«.

Wladimir Shirinowski war durch den Kauf von Sendezeiten täglich auf dem Bildschirm zu sehen. Unter meinen Gesprächspartnern in Kaliningrad lehnten ihn alle eindeutig ab, machten sich teilweise über ihn lustig. Aber sie sahen und hörten sich Shirinowski an.

Ebenfalls wirkungsvoll im Fernsehen, aber oft unterschätzt, war Gennadij Sjuganow, der Spitzenkandidat der Kommunistischen Partei. Kein kommunistischer Bürokrat breschnewistischer Prägung mit langweiligen Beschönigungsreden, ideologischen Floskeln und leeren Worthülsen, war Sjuganow – untersetzt, muskulös, mit grob geschnittenen Gesichtsauszügen – im Fernsehen wie auf Massenkundgebungen ein mitreißender Redner. Er griff in seinen Reden die sozialen Nöte auf und lastete diese der Jelzin-Regierung an, ohne das Erbe der kommunistischen Vergangenheit auch nur mit einem Wort zu erwähnen. Er gab sich als Vertreter der »einfachen Menschen«, stellte stets die aktuellen Fragen überzeugend in den Vordergrund.

In den letzten Tagen des Wahlkampfes spitzte sich die Lage zu: auf der einen Seite die »Wahl Rußlands«, auf der anderen Seite die beiden Parteien der Totalopposition, die Rechtsnationalisten Shirinowskis und die Kommunisten. Dies ging zu Lasten aller anderen Parteien.

Mein vorherrschender Eindruck war und blieb jedoch das mangelnde Interesse der Menschen in Kaliningrad. Bis in die letzten Tage hinein wußten viele Menschen nicht, ob sie überhaupt wählen sollten und, wenn ja, wen. Mehrfach sagten sie mir völlig ehrlich: »Ich weiß es nicht.« Diese Unschlüssigkeit machte Prognosen äußerst schwierig. Die meisten überschätzten die Jelzin-Stimmen und unterschätzten Shirinowski und die Kommunisten.

Aus Anfang Dezember veröffentlichten Umfragen ging indes hervor, daß »Wahl Rußlands« in der Wählergunst stetig verlor, während die Rechtsnationalisten und Kommunisten kontinuierlich hinzugewannen. Aber der tatsächliche Ausgang dieser Wahlen wurde von niemandem vorausgesehen.

Der Tag der Entscheidung

Am Sonntag, dem 12. Dezember 1993, fanden in allen Regionen Rußlands (mit Ausnahme Tschetscheniens) die ersten Mehrkandidatenwahlen seit 1917 und gleichzeitig ein Referendum über den Verfassungsentwurf statt. Die Bevölkerung wurde in einer ökonomisch und sozial äußerst schwierigen Situation zu den Urnen gerufen: Eine galoppierende Inflation, der Rückgang der Produktion, steigende Arbeitslosigkeit, ständige Preissteigerungen für Waren, die ohnehin für die Mehrheit der Bevölkerung unerschwinglich waren, kennzeichneten die

Lage. Viele Rentner, Industriearbeiter und Angestellte lebten unter dem Existenzminimum. Gleichzeitig erlebten sie das luxuriöse und deutlich zur Schau gestellte privilegierte Leben der Neureichen und die erschreckende Allgegenwart der Mafia.

Für die schwierige Lebenslage wie für die sozialen Gegensätze, die an den Frühkapitalismus erinnerten, wurden in erster Linie »Wahl Rußlands« und Jegor Gaidar verantwortlich gemacht. Manchen erschienen die Demokraten sogar als Partei der Neureichen. Die schwere Hinterlassenschaft der kommunistischen Herrschaft war verdrängt, das jahrelange Ringen mit den Reformbremsern um Tschernomyrdin, das die Leiden und Entbehrungen der Bevölkerung verlängert hatte, war nur einem Bruchteil der Wähler bekannt.

Die Kämpfe zwischen Kommunisten und Demokraten in den Jahren 1985 bis 1991, die damals Hunderttausende von Menschen mobilisiert hatten, waren fast völlig vergessen. Für die meisten Wähler ging es nicht mehr um den Kampf zwischen Diktatur und Demokratie. Sie sahen die unterschiedlichen Parteien als politische Cliquen an, die lediglich ihre eigenen Machtinteressen verfolgten. Nach den jahrelangen Auseinandersetzungen, dem chaotischen Durcheinander und vor allem den blutigen Kämpfen in Moskau sehnten sich viele Menschen nach Ruhe, Ordnung und Autorität.

Das Auseinanderbrechen der Sowjetunion, die nationalen Konflikte in der GUS und der Verlust der Weltmachtstellung führten in breiten Bevölkerungsschichten zu einer Indentitätskrise. Viele Menschen – weit über eingefleischte, bornierte Rechtsnationalisten hinaus – suchten Zuflucht bei der Partei Shirinowskis und ihren national-imperialen Zielen. Die Demokraten zeigten sich außerstande, einen demokratischen Patriotismus zu wecken und an den Stolz auf die historischen, kulturellen und wissenschaftlichen Errungenschaften Rußlands zu appellieren. Sie waren zersplittert, während es für Kommunisten und Rechtsradikale jeweils nur eine Partei als Sammelbecken gab. Vor allem gelang es diesen, eine Vielzahl von Protestwählern auf ihre Seite zu ziehen, die den Demokraten einen Denkzettel verpassen wollten.

Am Vorabend der Wahlen hatten wir ausländischen Wahlbeobachter uns im Hansa-Schiffshotel in Kaliningrad getroffen, um den »Aufteilungsplan« für den Wahltag zu beschließen. Am nächsten Morgen besuchten wir ab 8 Uhr die Wahllokale – unangemeldet und stets von uns selbst ausgesucht. Von den Wahlkommissionen wurden wir fast überall freundlich und zuvorkommend empfangen, mehrfach sogar zu einem Essen eingeladen. Sie waren enttäuscht, als wir aus Zeitgründen ablehnten, da wir schließlich 15 Wahllokale besuchen wollten.

Manche Wahllokale, vor allem in der Stadt, waren so überfüllt, daß die Wähler vor den Wahlkabinen Schlange stehen mußten. Nicht selten füllten sie ihre komplizierten Wahlzettel einfach auf den Tischen oder den Fensterbänken aus.

Der erste Wahlschein galt der Wahl von zwei Abgeordneten in den »Föderationsrat«. In Kaliningrad gab es sieben Kandidaten, wobei die Parteizugehörigkeit nicht angegeben wurde, sondern lediglich Alter, Geburtsort und Beruf, zum Beispiel: »Schumejko, Wladimir Filipowitsch, geboren 1945, Erster Stellvertreter des Vorsitzenden der Regierung der Russischen Föderation, lebt in der Stadt Moskau«. Der Wähler mußte in den Quadraten rechts daneben ein Kreuz oder ein anderes Zeichen machen – und wurde ausdrücklich darauf hingewiesen, nicht mehr als *zwei* Abgeordnete zu wählen. Am unteren Ende der Wahlliste befand sich ein Quadrat mit der Möglichkeit, »gegen alle Kandidaten« zu stimmen.

Auf dem zweiten, besonders komplizierten Wahlschein, in doppelseitigem DIN-A4-Format, waren die 13 Parteien bzw. Wahlblöcke in der Reihenfolge des russischen Alphabets aufgeführt. Bei jeder Partei oder jedem Wahlblock war zusätzlich vermerkt, welche Teilparteien dem Block angehörten. So hieß es etwa beim »Block Jawlinskij-Boldyrew-Lukin«: »Russische Christlich-Demokratische Union, Neue Demokratie, Republikanische Partei, Sozialdemokratische Partei«. Unter dem Namen der jeweiligen Partei waren links die Spitzenkandidaten (in der Regel: drei) für ganz Rußland und rechts die Spitzenkandidaten für den Wahlkreis aufgeführt. Die Wähler wurden aufgefordert, jeweils nur *eine Partei* im rechten Quadrat anzukreuzen. Am unteren Ende konnte ein Quadrat mit dem in großen Lettern verzeichneten Hinweis »Gegen alle Wahllisten« angekreuzt werden.

Der dritte Wahlzettel führte die sechs Kandidaten für die »Staatsduma« auf. Hier hatte jeder Wähler *einen* Kandidaten anzukreuzen, und es bestand ebenfalls die Möglichkeit, »gegen alle Kandidaten« zu stimmen.

Der vierte Wahlzettel (zur Unterscheidung im kleineren DIN-A5-Format) enthielt das entscheidende Verfassungsreferendum mit der fettgedruckten Frage: »Nehmen Sie die Verfassung der Russischen Föderation an?« Darunter stand in großen Buchstaben links »Ja« und rechts »Nein«. Im Unterschied zu den drei Wahllisten mußte man beim Referendum das Nichtgewünschte streichen, bei Zustimmung zur Verfassung also das »Nein« tilgen.

Auf allen vier Wahlscheinen war vermerkt, daß der Wahlschein nur gültig sei, wenn er gestempelt und von zwei Mitgliedern der Wahlkommission unterzeichnet sei.

Zu diesen vier Wahlscheinen kam in einigen Regionen und Städten noch ein fünfter Wahlzettel hinzu: In den autonomen Republiken Inguschien, Kabardino-Balkarien und Marie-El wurde zusätzlich noch ein Republik-Parlament gewählt, in Moskau noch eine Stadtduma, in Tschuwaschien und Baschkortostan noch ein Präsident, in den Republiken Komi, Karelien und Daghestan fand gleichzeitig noch ein zweites Referendum über die Einführung eines Präsidentamtes statt.

Die meisten Wähler hatten sich schon vorher informiert – der Wahlvorgang war häufig im Fernsehen gezeigt worden – und waren ohne größere Schwierigkeiten imstande, die Wahlscheine auszufüllen. Nur etwa acht bis zehn Prozent der Wähler in Kaliningrad, oft ältere Frauen, waren auf Hilfe angewiesen. »Muß ich nun alle 13 Parteien anstreichen?« fragte eine Frau aufgeregt – und war sehr erstaunt, daß sie selbst eine der Parteien aussuchen sollte. Manche Wähler unterhielten sich, was mit diesen komplizierten Wahlzetteln zu geschehen habe.

In manchen Wahllokalen sah ich kleine Grüppchen, in denen die Vorzüge oder Nachteile von bestimmten Bewerbern oder einer Partei erörtert wurden. Viele lasen aufmerksam die Lebensläufe der Kandidaten auf den Ankündigungen im Wahllokal. Einige beschwerten sich, daß die Nationalität nicht verzeichnet war. »Man muß doch wenigstens wissen, daß man bestimmt einen Russen wählt«, hörte ich sie schimpfen.

In Unterschied zu der in allen demokratischen Ländern gültigen Bestimmung, wonach jeweils nur ein Wähler in einer Wahlkabine geheim seine Stimme abgibt, ist es in Rußland gestattet, daß zwei Personen gleichzeitig zur Stimmabgabe in eine Wahlkabine gehen. Oft waren es ganze Familien oder Freundeskreise bis zu fünf Personen, die sich noch in der Wahlkabine darüber unterhielten, wo sie nun ihre Kreuze machen sollten. In zwei der von mir besuchten Wahllokale war die Wahlurne mit dem Wappen der früheren »Russischen Sozialistischen Föderativen Sowjetrepublik« mit rotem Stern und Hammer und Sichel gekennzeichnet – aber kein Wähler schien davon auch nur die geringste Notiz zu nehmen. Erst auf Hinweis ausländischer Wahlbeobachter wurden die früheren Embleme überklebt.

In fast allen von mir besuchten Wahllokalen begegnete ich russischen Wahlbeobachtern, die von den entsprechenden Parteien entsandt wurden, um den Verlauf der Wahlen zu kontrollieren – einmal sah ich eine ältere Dame von der kleinen Partei »Würde und Barmherzigkeit«, sonst mehrfach Wahlbeobachter der »Wahl Rußlands« und immer ein oder zwei Kommunisten. Angehörige der Shirinowski-Partei traf ich niemals – sie gaben sich dabei genausowenig zu erkennen wie während des Wahlkampfes.

Die Wahlbeobachter der »Wahl Rußlands« waren meist nur vorübergehend für ein oder zwei Stunden anwesend, die Kommunisten harrten dagegen während des gesamten Wahltages, von 8 bis 22 Uhr, aus, und später traf ich sie noch in der Nacht bei der Auszählung. Sie gaben sich, auch gegenüber ausländischen Wahlbeobachtern, sofort deutlich, teils sogar mit einem gewissen Stolz, zu erkennen. »Ich bin Kommunist – gut?! Grüßen Sie die Kommunisten in Deutschland«, meinte einer von ihnen auf Deutsch. Ausgerechnet manche Kommunisten beschwerten sich wiederholt über die »mangelnde Pressefreiheit«. Sie seien in den Massenmedien benachteiligt und auch bei Wahlveranstaltungen in Kaliningrad behindert worden.

Die Kommunisten diskutierten gern – teilweise mit grotesken Argumenten: »Bei uns Kommunisten gab es früher noch Ordnung – da waren die Wahlen viel besser als jetzt.« Über ihre Aussichten gaben sie sich keinen Illusionen hin: »Unsere Partei wird bei den Wahlen zwar nicht die stärkste«, meinte ein KP-Wahlbeobachter, »aber auf jeden Fall werden wir im Parlament deutlich vertreten sein.« Der Wahlbeobachter von der »Wahl Rußlands« war dagegen, wie viele in diesen Tagen, überoptimistisch: »Ich rechne für unsere Partei mit 50 Prozent oder mehr Stimmen.«

Nach 14stündiger Tätigkeit wurden die Wahllokale pünktlich geschlossen. Nun befanden sich nur noch die Wahlkommissionen zum Auszählen der Stimmen sowie die russischen und ausländischen Wahlbeobachter im Raum.

Zunächst wurden die vier unterschiedlichen Wahlzettel auf den Tischen gruppiert. Die Auszählung begann mit der Parteien-Liste. Es wurde still im Saal. Mitarbeitern der Wahlkommission – meiner Einschätzung nach vorwiegend von »Wahl Rußlands« und den Kommunisten – sah man ihr Erstaunen, ja Erschrecken an, als sich der Haufen Nr. 10 mit den Wahlzetteln für die Liberal-Demokratische Partei Shirinowskis immer schneller vergrößerte, während die Wahlzettel für alle anderen Parteien weit zurückblieben.

Am nächsten Tag, morgens um sechs Uhr, war ich zum Fernsehzentrum Kaliningrads bestellt. Die ganze Nacht über hatte das russische Fernsehen, beginnend von den Wahlkreisen im Fernen Osten über Sibirien, Ural, Zentral-Rußland bis zum Westen, über jede Wahlregion kurz berichtet. Als letzter, weil westlichster Wahlkreis, kam Nr. 39, Kaliningrad, an die Reihe. Wie bei einigen anderen Fernsehberichten wurde ich als ausländischer Wahlbeobachter gebeten, meinen Eindruck wiederzugeben; ich verband ihn mit dem Glückwunsch für die entstehende russische parlamentarische Demokratie.

Dann wurde die Wahlleiterin des Gebietes Kaliningrad befragt. »Ich kann jetzt schon sagen, daß unser Spitzenkandidat Wladimir Schumejko in den Föderationsrat gewählt ist«, bemerkte sie freudig und fügte dann ernster hinzu: »Außerdem ist in Kaliningrad die Liberal-Demokratische Partei als stärkste politische Kraft aus den Wahlen hervorgegangen«. Den Namen Shirinowski erwähnte sie nicht.

Das unerwartete Wahlergebnis

Bereits am Montag, dem 13. Dezember, zeichnete sich nach Auszählung größerer Regionen Rußlands der allgemeine Trend ab. Schon die Wahlbeteiligung war eine Enttäuschung: nur

54,8 Prozent (gegenüber mehr als 70 Prozent bei den Präsidentschaftswahlen im Juni 1991 und immerhin noch 60 Prozent
beim Referendum über Jelzin im April 1993).

Auch die für die demokratischen Reformer im Mittelpunkt
stehende Zustimmung zum Jelzinschen Verfassungsentwurf fiel
weit schwächer aus als erwartet. Für die Verfassung stimmten
58,4 Prozent der Wähler, während Jelzin noch am Wahltag
60 bis 65 Prozent erwartet hatte. Immerhin: die Verfassung
wurde angenommen. Dies war allerdings kaum ein Sieg Jelzins,
denn auch Shirinowski hatte vehement für deren Annahme plä-
diert.

Vor allem aber die Parlamentswahlen waren für die Demokraten eine herbe Enttäuschung, ja ein Schock. Ihre Erwartung,
»Wahl Rußlands« würde alle anderen Parteien weit überflü-
geln, erwies sich als Illusion. Statt dessen lag die von Wladimir
Shirinowski geführte Liberal-Demokratische Partei mit 22,8
Prozent der Stimmen an der Spitze, der Präsidentenblock
»Wahl Rußlands« blieb mit 15,4 Prozent der Stimmen weit
dahinter, gefolgt von der Kommunistischen Partei, die – über
allen Erwartungen – 12,3 Prozent der Stimmen auf sich vereinigte.

Unerwartet war auch der Wahlerfolg der »Frauen Rußlands«
mit 8,1 Prozent, unmittelbar gefolgt von der mit den Kommunisten verbündeten »Agrarpartei« mit 8 Prozent. Der Block
»Jabloko« (»Apfel«), geführt von dem immer populärer werdenden Ökonomen Grigorij Jawlinskij, bekam 7,8 Prozent, Sergej
Schachrajs »Partei der Russischen Einheit und Eintracht«, die vor
allem mit großem Widerhall in den Regionen gerechnet hatte,
mußte sich mit 6,8 Prozent begnügen, die von Nikolaj Trawkin
geführte, gemäßigt national-konservative »Demokratische Partei« kam auf ganze 5,5 Prozent der abgegebenen Stimmen.

Die übrigen fünf Parteien scheiterten an der 5-Prozent-
Hürde, so daß über die Parteienliste nur 8 der insgesamt 13

Parteien in das neue Parlament gewählt wurden (durch die Direktkandidaten sollte sich das noch verändern).

Jelzins Versuch eines Durchbruchs, seine Hoffnung auf ein neues, reformfreudiges Parlament waren gescheitert. Die Reformparteien, vor allem »Wahl Rußlands«, hatten die sozialen Auswirkungen des Systemwandels und die damit verbundene Unzufriedenheit größerer Bevölkerungsschichten unterschätzt. Die Wahl zeigte auch den Wunsch nach Wiedererrichtung des russischen Imperiums im Sinne Shirinowskis oder nach Wiederherstellung der Sowjetunion, der viele Kommunisten – mehr als angenommen – nachtrauerten.

Die Wahlen vom 12. Dezember 1993 führten damit nicht zu der erhofften Stabilität, sie leiteten im Gegenteil eine neue Phase politischer Auseinandersetzungen ein. Angesichts der Stärke der Oppositionsparteien von Rechtsnationalisten und Kommunisten wurden die Reformer zu Kompromissen genötigt. Damit verbunden war eine Stärkung der nationalen Komponente: das forcierte Eintreten für russische nationale Minderheiten in anderen GUS-Staaten und das Bestreben Rußlands, als Ordnungsmacht auf dem Territorium der übrigen GUS-Staaten anerkannt zu werden.

Sofort nach dem Debakel wurden Sündenböcke für die Niederlage der Demokraten gesucht. Jelzin hielt sich mit Erklärungen zunächst zurück – es schien, als ob es ihm die Sprache verschlagen habe –, setzte aber zwei Berater, Stankewitsch und den Direktor des GUS-Fernsehens »Ostankino«, Bragin, ab.

Wiederholt wurde das Fernsehen für die Niederlage verantwortlich gemacht. Shirinowski, so wurde behauptet, habe Fernsehzeit auf Kredit bekommen. Bragin verwahrte sich gegen diese Vorwürfe. Das Fernsehen sei nicht verantwortlich, Shirinowski habe lediglich die Möglichkeiten des Fernsehens besser genutzt. Außenminister Kosyrew, selbst einer der Spitzenkandidaten von »Wahl Rußlands«, erklärte der Zeitung *Segodnja*:

»Mein Freund Gaidar mag über die Reformen Bescheid wissen, aber er hat sie dem Durchschnittswähler nicht in verständlicher Sprache erklären können.« In ihrem Wahlkampf habe »Wahl Rußlands« gegenüber den verarmten Menschen das notwendige Gespür vermissen lassen. So habe die Partei in ihren Fernsehspots mit einem fetten Bernhardiner geworben. »Dieser Hund sah aus, als hätte er mehr Fleisch zu essen bekommen als meine Wähler in Murmansk.«

Aber was tun? Gleichzeitig mit der Suche nach Sündenbökken gab es unterschiedliche Vorschläge, was die Demokraten nun tun sollten. Vizepremier Anatolij Tschubajs forderte eine sofortige »starke Koalition der Demokraten gegen die faschistische Gefahr«. Jegor Gaidar rief dazu auf, gegen die rechtsextreme LPDR eine »große antifaschistische Koalition zu bilden«, wobei er die Kommunisten, die er als Antifaschisten herausstellte, zur Teilnahme aufforderte. Aber der KP-Führer lehnte ab. Er, Sjuganow, ziehe es vor, »mit vernünftigen Kräften« in der Liberal-Demokratischen Partei zusammenzuarbeiten.

Schon wenige Tage nach dem Wahldesaster der Demokraten kam es zu Auseinandersetzungen innerhalb der Regierung – zwischen Jelzin-Gaidar-Reformern auf der einen, Ministerpräsident Viktor Tschernomyrdin und seinen Anhängern auf der anderen Seite. Es wirkte wie eine Neuauflage des Konflikts vom Sommer 1993, als nun Regierungschef Viktor Tschernomyrdin in der Gewerkschaftszeitung *Trud* erklärte, die Zeit für »Schock-Methoden« sei vorbei, denn diese Politik habe zum Aufschwung der rechtsextremen LDPR und der Kommunisten geführt: »Rund 30 Millionen Russen leben an der Armutsgrenze – das sind potentiell etwa 30 Prozent Gegenstimmen.« Der Reformkurs müsse nun stärker sozial ausgerichtet werden. Die Anhänger der sogenannten »Schock-Therapie«, darunter Wirtschaftsminister Gaidar und Finanzminister Fjodorow, sowie der für Privatisierung zuständige Stellvertretende Mini-

sterpräsident Tschubajs müßten jetzt neue Konzepte entwik-
keln.

Finanzminister Boris Fjodorow erklärte dagegen der Zeitung
Rossiskije Westi, die Regierung müsse unbedingt an der straf-
fen Finanzpolitik festhalten: »Das wichtigste, was wir vermeiden müssen, ist das Hin- und Herschwanken auf dem Reformkurs.«

Staatsduma und Föderationsrat

Die 225 direkt gewählten Abgeordneten veränderten die parlamentarischen Kräfteverhältnisse zugunsten der Reformparteien, da viele Direktkandidaten ihnen zuzurechnen waren: Sie
wurden vor allem wegen ihres Bekanntheitsgrades gewählt;
positiv wirkte sich für die Reformkandidaten aus, daß die Parteizugehörigkeit auf den Wahlzetteln nicht vermerkt war.

Wie die Übersicht (auf S. 324) zeigt, verfügten alle vier
Reformparteien zusammen (»Wahl Rußlands«, »Jawlinskij-
Block«, »Russische Partei der Einheit und Eintracht« und die
»Bewegung für demokratische Reformen«) im neuen Parlament über 164 Abgeordnete. Allerdings wurden schon kurz
nach der Wahl, vor allem zwischen der Präsidentenpartei
»Wahl Rußlands« und der von Schachraj geführten »Russischen Partei der Einheit und Eintracht«, ernste Differenzen
offenbar, so daß im neuen Parlament keineswegs automatisch
mit einer Zusammenarbeit aller Demokraten zu rechnen war.

Die Kommunistische Partei und die mit ihr verbundene
»Agrarpartei«, mit 112 Abgeordneten zweitstärkste Kraft,
schlossen ein Bündnis mit der »Demokratischen Partei« Trawkins, so daß sich dieser Block auf insgesamt 133 Abgeordnete
stützen konnte. Shirinowskis Liberal-Demokraten waren mit
70 Abgeordneten die dritte große politische Kraft in der Staatsduma. Die »Frauen Rußlands« hatten sich mit ihren 25 Abge-

Die Zusammensetzung der Staatsduma

Partei	Abgeordnete		
	auf Parteilisten	Direkt- kandidaten	insgesamt
»Wahl Rußlands«	40	56	96
Liberal-Demokraten (Shirinowski)	59	11	70
Kommunisten	32	33	65
Agrarpartei	21	26	47
Jawlinskij-Block	20	13	33
Einheit und Eintracht (Schachraj)	18	9	27
Frauen Rußlands	21	4	25
Demokratische Partei (Trawkin)	14	7	21
Staatsbürgerliche Vereinigung (Wolskij)	–	18	18
Demokratische Reformen (Sobtschak)	–	8	8
Würde und Barmherzigkeit	–	3	3
Zukunft Rußlands – neue Namen	–	1	1
Unabhängige	–	30	30

ordneten zu Beginn der parlamentarischen Tätigkeit noch nicht
klar für einen der bestehenden Blöcke entschieden.

Am 11. Januar 1994 nahmen beide Kammern des Parlaments – der Föderationsrat (178 Abgeordnete) und die Staatsduma (450 Abgeordnete) – ihre Tätigkeit auf. Auf eine feier-
liche Zeremonie zur gemeinsamen Eröffnung des Parlaments
wurde verzichtet. Präsident Jelzin nahm an der ersten Sitzung
des Föderationsrats teil, Ministerpräsident Tschernomyrdin
sprach vor der Staatsduma – eine Aufteilung, die schon auf
Differenzen hindeutete.

Die beiden Kammern unterschieden sich nicht nur in ihren
Funktionen und Rechten, sondern auch in ihrer Zusammensetzung erheblich. In der Staatsduma mit ihren ständig anwesenden Abgeordneten stellten die Oppositionsparteien die Mehrheit. Im Föderationsrat waren die regionalen Eliten, die Leiter
der Exekutive und der Legislative der 88 »Subjekte der Föderation«, vertreten. Der Föderationsrat konnte in Zukunft ein
Gegengewicht zur Staatsduma bilden, da die regionalen Repräsentanten in ihrer Mehrheit die Reformpolitik des Präsidenten
unterstützten. Sie hielten sich allerdings nur zu den Tagungen in
Moskau auf, ihr Hauptaugenmerk galt der wirtschaftlichen
Selbständigkeit der Regionen. Hier war durchaus Raum für
künftige Komplikationen.

Die erste Sitzung des Föderationsrates wurde am 11. Januar
1994 von dem ranghöchsten Abgeordneten Jurij Tschernitschenko, dem Vorsitzenden der Bauernpartei, eröffnet. Präsident Jelzin wandte sich mit einer Grußbotschaft an die Abgeordneten: Das neue russische Staatswesen stütze sich auf eine
feste Rechtsgrundlage, die Verfassung, die erstmals in der
Geschichte Rußlands durch eine Volksabstimmung angenommen worden sei. Als Präsident werde er die Verfassung strikt
einhalten, was er auch von den Abgeordneten erwarte. Er forderte sie auf, durch die Annahme entsprechender Gesetze zu

helfen, daß der Weg der Marktwirtschaft fortgesetzt werde, damit die Menschen arbeiten und sich ihren Lebensunterhalt verdienen könnten.

Am nächsten Tag kam es zu Auseinandersetzungen über die Position des Vorsitzenden. Erst im dritten Wahlgang, am 14. Januar, wurde Wladimir Schumejko, Erster Stellvertretender Ministerpräsident Rußlands, mit 98 Stimmen gewählt.

Weit kontroverser und turbulenter verliefen die ersten Tage der neu gewählten Staatsduma. Am 11. Januar 1994 eröffnete der Parlamentsälteste, der 69jährige Giorgij Lukawa von der Shirinowski-Partei, die Sitzung. In einer Ansprache erklärte Ministerpräsident Tschernomyrdin, die Duma habe Grund, über die Lehren aus der jüngsten Vergangenheit nachzudenken. Die Regierung sei bereit, mit den Abgeordneten in allen Fragen zusammenzuarbeiten.

Nach der Rede Tschernomyrdins kam es zu heftigen Auseinandersetzungen über den Tagungsvorsitzenden. Einige Abgeordnete monierten, der Parlamentsälteste Lukawa sei wegen mangelnder Erfahrung zur Fortsetzung der Tagung nicht imstande. Über das Mikrophon gab Wladimir Shirinowski jedoch Lukawa die kategorische Anweisung, auf seinem Posten zu bleiben, das Mikrophon abzuschalten und niemanden auf die Tribüne zu lassen. Falls nötig, solle Lukawa die Polizei rufen. Dazu kam es nicht, dafür aber zu turbulenten Kampfabstimmungen über den Posten des Präsidenten der Staatsduma. Hier erlitten die Reformer ihre erste Niederlage: Der 47jährige Ivan Rybkin, Kandidat der »Agrarpartei«, wurde mit knapper Mehrheit gewählt.

So eindeutig indes die reformgegnerische Grundhaltung des promovierten Agraringenieurs war, so bekannt war er auch dafür, in wichtigen Streitfragen den Weg zu Kompromissen zu ebnen. Seine Wahl, so die nun in der Minderheit befindlichen Reformer, sei »keine Katastrophe«. Nach seiner Wahl erklärte

Rybkin, er befürworte ein gemeinsames Handeln mit dem Präsidenten und der Regierung und hoffe, die jetzige Staatsduma werde die gesamte Wahlperiode (also bis Dezember 1995) tätig sein. Wenige Tage später wurden die Stellvertreter des Parlamentspräsidenten gewählt: je ein Kandidat von der »Wahl Rußlands«, den »Frauen Rußlands«, der Kommunistischen Partei und Shirinowskis Liberal-Demokraten.

Von den politisch besonders wichtigen Komitees, um deren Vorsitz es ebenfalls heftigen Streit gab, übernahm »Wahl Rußlands« das Komitee für Verteidigung (Sergej Jushenkow) und das Komitee für Informationspolitik (Michail Poltoranin). Den Vorsitz des Komitees für Sicherheit übernahm der KP-Funktionär Viktor Iljuchin, der früher versucht hatte, Michail Gorbatschow wegen angeblichen Vaterlandsverrats strafrechtlich zur Verantwortung zu ziehen. Der Vorsitz des Komitees für Gesetzgebung, Gerichte und Rechtsreform ging an Wladimir Issakow von der »Agrarpartei«, ebenfalls KP-Funktionär. Das Komitee für internationale Angelegenheiten wurde Wladimir Lukin, dem ehemaligen Botschafter in den USA, übertragen. Vorsitzender des Komitees für Angelegenheiten der GUS wurde ein Abgeordneter von Schachrajs »Partei der Russischen Einheit und Eintracht«. Die »Demokratische Partei« Trawkins übernahm den Ausschußvorsitz für Wirtschaftspolitik, zum Bevollmächtigten für Menschenrechte wurde der bekannte Dissident Sergej Kowaljow, ein führender Vertreter von »Wahl Rußlands«, bestimmt.

Shirinowski im Siegesrausch

Noch in der Wahlnacht hatte Wladimir Shirinowski bei einem Bankett in Moskau seine zukünftigen Pläne verkündet: Zunächst sei die Hilfe Rußlands an alle GUS-Staaten einzustellen. Dabei sei es möglich, daß sich die russischen Grenzen »weiter weg bewegen« – bis zu den Grenzen des ehemaligen Rußland. Die Waffenproduktion sei anzukurbeln. Innenministerium, KGB und Armee sollten im Innern »aufräumen«, dem organisierten Verbrechen sei »ein entscheidender Schlag« zu versetzen. Die Regierung Rußlands müsse verändert werden: »Tschubajs, Kosyrew, Schachraj und Gaidar aus dem Kabinett entlassen, Ministerpräsident Tschernomyrdin gleich mit«. Präsident Jelzin, so Shirinowski gnädig, dürfe noch bleiben, die Liberal-Demokraten bestünden nicht auf vorzeitigen Präsidentenwahlen. »Wir sind bereit zu warten, bis die Vollmachten auslaufen.« Aber bei der Präsidentenwahl im Juni 1996 werde er sich zur Wahl stellen. »1996 werde ich 50 Jahre alt sein. Ich möchte, daß meine Partei mir hilft, mit 50 Jahren Präsident von Rußland zu werden.«

Am Morgen nach der Wahl gratulierte der Vorsitzende der rechtsextremen »Deutschen Volks-Union«, Gerhard Frey, zum Wahlsieg: »Unsere gemeinsamen Hoffnungen haben sich erfüllt.« Shirinowskis Erfolg sei »ein Fanal auch zum Schulterschluß der beiden größten Völker des Abendlandes, der Russen und der Deutschen«.

Wenige Tage später befand sich Shirinowski auf seiner ersten Auslandsreise nach seinem Wahlsieg – er fuhr nach Deutschland. In München traf er sich mit Gerhard Frey. Für den 22. Dezember abends war ein *Life*-Auftritt Shirinowski in einer Kölner Fernsehsendung vorgesehen. Wenige Stunden vorher sagte Shirinowski ab – weil er in der Sendung nicht mit dem Autor dieses Buches konfrontiert werden wollte und ihm ein geplantes, in diese Sendung einzuspielendes Interview mit Michail Gorbatschow mißfiel. So fand die Fernsehsendung ohne den russischen Rechtsnationalisten statt.

Shirinowski fuhr gleich weiter nach Österreich. Auf einer Pressekonferenz erklärte er dort, falls es zu einem »von gewissen westlichen Kreisen« provozierten Bürgerkrieg in Rußland komme, könnten chemische und Atomwaffen »außer Kontrolle geraten«. Rußland verfüge über »Elipton-Waffen«, mit denen die ganze Welt vernichtet werden könne. Diese Behauptung wurde in Moskau von Sachkennern sofort dementiert – darunter mit dem Hinweis, daß es zum ABC russischer Rüstung gehöre, nie westliche Namen für eigene Waffen zu verwenden.

Bei seinem anschließenden Besuch in Bulgarien schlug Shirinowski am 26. Dezember anstelle des (demokratisch gewählten) bulgarischen Präsidenten Schelju Schelew einen anderen Kandidaten vor. Als Gegenleistung werde er, Shirinowski, Mazedonien für Bulgarien »besorgen«. Und damit nicht genug, griff er gleich auch dessen nördlichen Nachbarn an: Rumänien sei ein von italienischen Zigeunern gegründeter Staat, der Gebiete von Rußland, Bulgarien und Ungarn besetzt halte.

Am 28. Dezember wurde Shirinowski aus Bulgarien ausgewiesen – wegen Beleidigung des bulgarischen Staatspräsidenten und Einmischung in die inneren Angelegenheiten des Landes. Daraufhin wollte er weiter nach Deutschland. Auf dem Flughafen teilte ihm indes ein deutscher Diplomat mit, daß er kein Visum erhalte. Man wünsche nicht, daß seine Ansichten »von deutschem Boden aus verbreitet« würden. Shirinowski reagierte mit einem Wutanfall und kündigte dem deutschen Diplomaten Vergeltung an. Er, Shirinowski, verfüge über gute Beziehungen zum KGB. Diese Drohung war sicher ernst zu nehmen.

Shirinowski stand nun im Rampenlicht der Öffentlichkeit. Damit wuchs auch das Interesse an der Frage, wie es eigentlich im März 1990 zur Gründung der Liberal-Demokratischen Partei und zur politischen Karriere Shirinowskis gekommen war. In der *Literaturnaja Gaseta* vom 12. Januar 1994 erklärte Anatolij Sobtschak, der Oberbürgermeister von St. Petersburg, er verfüge über Informationen, Shirinowski sei vom KGB lanciert worden. Nach der Außerkraftsetzung des Artikels 6 der damaligen Verfassung über das Machtmonopol der KPdSU am 12. März 1990 habe Gorbatschow auf einer Sitzung des Politbüros erklärt: »Das Mehrparteiensystem bricht an. Wir müssen dem Ereignis zuvorkommen. Wir müssen selbst die erste alternative Partei gründen, jedoch eine Partei, die lenkbar ist.« Die Auswahl des Parteiführers, so Sobtschak, wurde dem damaligen Komitee für Staatssicherheit (unter Leitung Krjutschkows) übertragen. Dort wurde auch über den Namen der Partei entschieden: Liberal-Demokratische Partei. Unter dem im KGB üblichen Begriff »Einsatzreserve« wurde eine Person im Range eines Hauptmanns gefunden: Shirinowski. Bereits zwei Wochen später war die neue Partei als erste offiziell registriert.

Wenige Tage später berichtete auch die Politologin Stefanie Babst in der *FAZ* vom 21. Januar 1994 über die Anfänge der Liberal-Demokratischen Partei. Im Sommer 1990 hatte Frau Babst für einen mehrmonatigen Forschungsaufenthalt in Rußland die Aufgabe übernommen, die Herausbildung der politischen Parteien in Rußland zu untersuchen, und dabei die Liberal-Demokratische Partei und ihren Vorsitzenden kennengelernt. Shirinowski sei damals in einem alten »Lada« durch Moskau gebraust und habe manchmal sogar die Metro benutzt, um zu Treffen und Demonstrationen zu gelangen. Damals beim Verlag »Mir« beschäftigt, habe Shirinowski die Partei »von seinem zehn Quadratmeter großen Büro aus« geleitet, »in dem stets ein hektisches Chaos herrschte«. Wortgewaltig und energisch habe er die programmatischen Vorstellungen seiner Partei interpretiert »und war ständig auf der Suche nach Kontakten, von denen er sich Vorteile erhoffte«.

Tatsächlich fuhr Shirinowski im August 1990 nach Hannover zum Parteitag der F.D.P. Auf dem Kongreß hielt er jedoch keine Rede, sondern nahm lediglich an einem Empfang in einer Brauerei teil. Kaum jemand nahm von ihm Notiz. Ein Korrespondent der *Neuen Ruhr-Zeitung* berichtete, Shirinowski sei auf den damaligen F.D.P.-Vorsitzenden Graf Lambsdorff zugegangen und habe ihm seine Visitenkarte übergeben. »Es war Wladimir Shirinowski. Der Name sagt nichts, der Titel um so mehr. Es war der Chef der Liberalen Partei der Sowjetunion«, berichtete die *NRZ* am 13. August 1990.

Shirinowski kehrte ernüchtert nach Rußland zurück. Von den Kontakten zu den liberalen Parteien (Deutschlands und übrigens auch Schwedens) hatte er sich vor allem finanzielle Hilfe für den Aufbau seiner Partei versprochen. Er zeigte sich daher, so Stefanie Babst, ernüchtert, als er anstelle des erhofften VW-Busses mit Megaphon lediglich Literatur über den Liberalismus in Deutschland erhielt.

Im Herbst 1990 herrschte in Moskau Überraschung, als Shirinowski eine groß angelegte Pressekonferenz im Moskauer Nobel-Parteihotel »Oktjabrskaja« abhielt. Er mußte offensichtlich über gute Beziehungen zur KPdSU-Zentrale verfügen, die dieser Mini-Partei ihren pompösen Pressesaal zur Verfügung stellte. Shirinowskis »lautstark vorgetragenes Angebot zur Zusammenarbeit mit den Kommunisten« blieb erfolglos, denn »nur wenig später verbreiteten sich Gerüchte, nach denen er ein bezahlter KGB-Agent sei, der im Auftrag der KPdSU das entstehende sowjetische Parteienspektrum aufmischen sollte« (Babst).

Aber es ging nicht nur um Shirinowskis Vergangenheit. Seit Mitte Januar 1994 wurde in Rußland zunehmend auch über Möglichkeiten strafrechtlicher Maßnahmen gegen den LDPR-Vorsitzenden diskutiert. Am 26. Januar leitete der Generalstaatsanwalt Rußlands ein Strafverfahren gegen Shirinowski nach Artikel 7 des Strafgesetzbuches (»Kriegshetze«) ein. Anlaß waren seine Aufrufe zum Gebrauch von Waffen während der Wahlkampagne sowie seine Aufrufe, Grenzfragen und internationale Konflikte mit Waffengewalt zu lösen. Shirinowski nahm dies jedoch nicht ernst. »Sollte es Leute mit der kranken Phantasie geben, in meinen Reden oder Büchern sei eine bestimmte Kriegshetze enthalten, dann muß ein psychiatrisches Gutachten erstellt werden«, erklärte er am gleichen Tag auf einer Pressekonferenz.

Der Erfolg der rechtsradikalen LDPR und die Tiraden Shirinowskis in Rußland und bei seinen Auslandsaufenthalten haben die Öffentlichkeit der Welt schockiert. Wiederholt wurden dabei Vergleiche mit Hitler gezogen, ja Shirinowski als »Russen-Hitler« apostrophiert. Ein solcher Vergleich scheint mir zu hinken. Gewiß gibt es gewisse Ähnlichkeiten – in dem sozialen Milieu, dem sie entstammen, in den grotesken sozialen Versprechungen und der größenwahnsinnigen Demagogie. Aber es gibt auch zwei wichtige Unterschiede: Erstens verfügte Hitler schon während der Weimarer Republik über eine starke, gut organisierte NSDAP und eine starke militärische Organisation, die SA. Davon kann bei Shirinowski keine Rede sein. Zweitens war Hitler von eiserner Bestimmtheit, auf ein eindeutiges Ziel orientiert, während Shirinowski eher als Karikatur eines Faschisten erscheint, der aus taktischen Erwägungen, manchmal aus reinem Spaß, die Themen wechselt. Ihm haftet eine gewisse Clownerie an.

Die Gefahr, die von Shirinowski ausgeht, liegt auf einem anderen Gebiet. Bei den Wahlen hatte er 23 Prozent der Stimmen erhalten. Selbst wenn wir in Betracht ziehen, daß es sich dabei vorwiegend um Proteststimmen handelte, verkörpert er zweifellos starke rechtsnationalistische Strömungen in der russischen Bevölkerung. Die Demokraten nehmen seinen Einfluß ernst und haben begonnen, ihm und seiner Bewegung Konzessionen zu machen, ja selbst immer unverhohlener national-russische Töne angeschlagen.

Offensichtlich in der Hoffnung, Shirinowski den Wind aus den Segeln zu nehmen, betonten seit Herbst 1993 auch Jelzin und Kosyrew, Rußland solle politischen, wirtschaftlichen und militärischen Einfluß in den GUS-Staaten, dem Gebiet der ehemaligen Sowjetunion, ausüben. Die Sicherheitsinteressen Rußlands vor allem im »nahen Ausland« (womit die GUS-Staaten gemeint waren) und sogar in den baltischen Ländern wurden stärker betont, eine eventuelle Osterweiterung der NATO als Bedrohung Rußlands bezeichnet. Außenminister Kosyrew, bis dahin als Politik des Ausgleichs und der Verständigung bekannt, erklärte Mitte Januar 1994, die russischen Truppen sollten sich nicht aus den Regionen zurückziehen, die seit Jahrhunderten zu Rußlands Einflußgebiet gehörten. Vor allem gehe es um den Schutz der russischen und russischsprachigen Bevölkerung und ihr Recht auf eine doppelte Staatsbürgerschaft.

Anläßlich des litauischen Wunsches von Mitte Januar, der NATO beizutreten, kam es zu einer neuen Bekundung russischer Sicherheitsinteressen. Rußland, so erklärte Jelzin, achte den Wunsch Litauens, der NATO beizutreten. Aber die Eile, mit der dieser Wunsch ausgedrückt werde, gemahne zur Vorsicht. Die Erweiterung der NATO durch neue Mitglieder aus Ländern, die sich in unmittelbarer Nähe zur russischen Grenze befänden, könne »eine negative Reaktion in der öffentlichen Meinung Rußlands« hervorrufen und »zu einer militärischen und politischen Destabilisierung in der Region« führen.

Diese »Akzentverschiebung« (Kosyrew) machte sich auch im Innern Rußlands bemerkbar. Am 26. Januar teilte das Verteidigungsministerium mit, der schwere Raketenkreuzer »Peter der Große« werde trotz Finanzschwierigkeiten in der baltischen Werft in St. Petersburg weitergebaut und solle Ende 1994 fertiggestellt sein. Und einen Tag später wurde diese national-russische Tendenz ebenfalls deutlich, als Einschränkungen für die in Rußland lebenden vierhunderttausend ausländischen Arbeitnehmer (wobei mit dem Begriff »ausländisch« vor allem die Bürger anderer GUS-Staaten bezeichnet werden) bekanntgegeben wurden: Jeder Arbeitgeber muß für die Einstellung ausländischer Arbeiter eine Genehmigung haben, für die Beschäftigung ausländischer Arbeitskräfte an den örtlichen Haushalt Steuern abführen und nachweisen, daß sich um den fraglichen Arbeitsplatz kein russischer Bürger bewirbt und sich keine russische Arbeitskraft mit entsprechender Qualifikation finden läßt.

Tschernomyrdins Kurswechsel

Die »Akzentverschiebung« nach der Niederlage der Demokraten und dem Sieg der Opposition bei den Wahlen im Dezember 1993 mündete Mitte Januar 1994 in einen weitgehenden Kurswechsel der Regierung.

Jelzin selbst hatte an Autorität und Popularität beträchtlich verloren. Trotz seiner in der neuen Verfassung garantierten Machtfülle spielte er nun längst nicht mehr die Rolle wie einige Monate zuvor. Unter diesen Bedingungen verstärkte sich die Machtstellung von Ministerpräsident Tschernomyrdin, der zum »starken Mann« Rußlands wurde. Er galt als »Praktiker« und anerkannter Fachmann der für Rußland wichtigen Erdgas- und Erdölindustrie – allerdings mit einer glatten Nomenklatura-Karriere in der Ära Breschnew.

Viktor Tschernomyrdin hatte an der ingenieurtechnischen Fakultät der Hochschule in Kuibyschew (heute Samara) studiert und war 1961, mit 23 Jahren, der KPdSU beigetreten. Er stieg in den folgenden Jahren bis zum Direktor des Oranienburger Gaskombinats auf. 1978 nach Moskau beordert, war er bis 1982 Instrukteur des Zentralkomitees der KPdSU. Nach dem Tode Breschnews im November 1982 wurde Tschernomyrdin Minister für Gasindustrie der Sowjetunion, 1989 Vorstandsvorsitzender des staatlichen Gaskonzerns »Gasprom«. Im Juni 1992 wurde er zum Ersten Stellvertretenden Ministerpräsidenten Rußlands ernannt, ein halbes Jahr später gelang es Parlamentspräsident Chasbulatow und der damaligen Parlamentsmehrheit, Jegor Gaidar abzusetzen und Tschernomyrdin als Ministerpräsidenten Rußlands durchzusetzen. »Der gesunde Menschenverstand hat gesiegt«, lobte damals die KP-Zeitung *Prawda*. Seitdem gab Tschernomyrdin zwar Lippenbekenntnisse zum Reformkurs ab, von reformerischem Eifer war jedoch nie etwas zu spüren. Er vertrat die Interessen der großen Staatsunternehmungen in Industrie und Rüstung.

Von Anfang an war klar, daß Tschernomyrdin bestrebt war, die Reformer – vor allem Vizepremier Jegor Gaidar, Finanzminister Boris Fjodorow und Sozialministerin Ella Pamfilowa – auszubooten und durch Funktionäre seiner »zentristischen« Richtung zu ersetzen. Am 16. Januar 1994 erklärte Jegor Gaidar, er sei nicht bereit, in die neue Regierung Tschernomyrdin einzutreten. Und Ella Pamfilowa folgte diesem Schritt. »Für die russischen Radikalreformer sind anscheinend dunkle Tage angebrochen«, meinte dazu ein Kommentator von »Radio Rußland«. »Der Rücktritt Gaidars bedeutet wenn nicht ihr Ende, so zumindest eine bedeutende Verlangsamung der Reformen.«

Am 20. Januar gab Ministerpräsident Tschernomyrdin die Zusammensetzung der neuen Regierung bekannt. Er werde den »strategischen Kurs der Reformen« nicht aufgeben, allerdings sei die »Zeit der marktwirtschaftlichen Romantik« vorbei. Eine wichtige Rolle spielte sein Stellvertreter, der 44jährige Oleg Soskowez, Generaldirektor eines Stahlkombinats in Karaganda und anschließend Minister für Stahlindustrie der Sowjetunion, der eine Kurskorrektur der Wirtschaftsreform bekannt gab.

Ähnlich wie Soskowez für die Industrie, sollte der 54jährige Alexander Swerjucha, ein Spitzenführer der mit der KP verbundenen »Agrarpartei«, die Oberaufsicht über die Landwirtschaft übernehmen. Swerjucha trat für die Erhaltung der Kollektivwirtschaften und sowjetischen Staatsgüter ein und widersetzte

sich der Privatisierung von Grund und Boden. Schließlich ging
Zentralbankchef Viktor Geraschtschenko, der schon seit langem die Privatisierung und den Übergang zur Marktwirtschaft
verzögerte, aus der Regierungsumbildung gestärkt hervor.

Nach der Bekanntgabe der neuen Regierung legte auch
Finanzminister Boris Fjodorow sein Amt nieder. Und auch die
beiden wichtigen ausländischen Berater der russischen Regierung, Anders Aslund aus Schweden und Geoffrey Sachs aus den
USA, stellten ihre Tätigkeit ein, weil die von Ministerpräsident
Tschernomyrdin verkündeten Ziele ihren Ansichten radikal
widersprächen.

Immer wieder wurde behauptet, die wirtschaftlichen Schwierigkeiten seien durch eine angebliche »Schocktherapie« von Jelzin und Gaidar verursacht worden. Doch es hat nie eine solche
Therapie gegeben, weil Jelzin und Gaidar ihre Wirtschaftsreform gar nicht durchsetzen konnten – das Parlament und auch
Tschernomyrdin hatten den Reformprozeß ständig gebremst.
Die wirklichen Schwierigkeiten rührten daher, daß es einen
ständigen Wechsel gab zwischen den Versuchen, den Staatshaushalt in Ordnung zu bringen, und den erneuten Subventionen an die maroden Staatsbetriebe. Zu Recht erklärte Gaidar in
einem *Spiegel*-Interview, dem Staatshaushalt wurden »immer
wieder Belastungen aufgebürdet, die nicht zu erfüllen waren.
Der Schock hat eben gerade gefehlt.« Die Kritik der »Schocktherapie« war eine Ausrede, um den Reformprozeß zu verlangsamen, die Privatisierung zu unterbinden, dem Staatssektor in
der Wirtschaft neue Subventionen zukommen zu lassen.

Aber es ging nicht nur um eine Veränderung des Wirtschafts-
kurses, sondern um eine wichtige Machtverschiebung. Die
Wirtschaftsreformer Gaidar, Fjodorow und Pamfilowa waren
ausgeschaltet. Tschernomyrdin und der Erste Stellvertretende
Ministerpräsident Soskowez vertraten die Interessen der Staatsbetriebe und des militärisch-industriellen Komplexes. Die

Kommunisten hatten – teils direkt, teils durch ihre »Agrarpartei« – entscheidende Schlüsselpositionen erhalten, die Shirinowski-Anhänger den Vorsitz von fünf Parlamentsausschüssen über wichtige Wirtschaftsbereiche übernommen.

Die Reformzeitung *Iswestija* kommentierte: »Die russische Reformregierung hat ihre Existenz aufgegeben. Sie wird von den Direktoren und Apparatschiks alten Typs abgelöst, die nur zwei Methoden kennen: Befehle geben und Kredite verteilen.«

Der Kurswechsel war nicht mehr zu übersehen. Die große Hoffnung Jelzins und der Demokraten, durch die Auflösung des Chasbulatow-Parlaments und die Ablösung Ruzkojs über den Weg der Neuwahlen zu einem konstruktiven, reformfreudigen Parlament zu gelangen, war gescheitert.

Wie um dies zu unterstreichen, beschloß die russische Staatsduma am 23. Februar 1994 (mit 252 gegen 67 Stimmen bei 28 Enthaltungen) eine Amnestie für die Anführer des Putsches vom August 1991 und die führenden Jelzin-Gegner der Oktober-Kämpfe 1993. Der Amnestie-Beschluß wurde nicht nur von rechtsextremen Parteifreunden Shirinowskis und Kommunisten getragen, sondern auch von den zentristischen Fraktionen der »Frauen Rußlands« und der »Partei der Russischen Einheit und Eintracht« Schachrajs unterstützt.

Shirinowski bezeichnete die Amnestie als »Befreiung vom Joch historischer Fehler«, der KP-Führer Sjuganow erklärte, der frühere Vizepräsident Ruzkoj könne »Führer einer vereinten Opposition« werden. Die sich jetzt in der Opposition befindlichen Demokraten sahen in dieser Amnestie eine »Herausforderung für die russische Demokratie«: »Die Gefühle von Millionen Russen werden mit Füßen getreten«.

Präsident Jelzin ging jedoch in seiner Rede vor der Staatsduma am nächsten Tag mit keinem Wort auf die Amnestie ein. Im Zentrum seiner Ansprache stand die »Stärkung der russischen Staatlichkeit«.

Am 27. Februar nachmittags verließen die Amnestierten, darunter der ehemalige Vizepräsident General Alexander Ruzkoj, der ehemalige Parlamentspräsident Chasbulatow, Generaloberst Albert Makaschow, der Führer der nationalen Rettungsfront Konstantinow und der Führer der russischen kommunistischen Arbeiterpartei Viktor Anpilow, das Lefortowo-Gefängnis. Sie wurden von den vor dem Gefängnis versammelten Menschen mit Beifall begrüßt.

Die Regierung Tschernomyrdin war zu einem entscheidenden Machtzentrum geworden. Gewiß wird ihr niemand eine Rückkehr zum kommunistischen System unterstellen, aber eine deutliche Abschwächung und Verzögerung der Reformen ist nicht zu übersehen. Damit aber werden die Leiden und Entbehrungen der Bevölkerung in der Übergangsperiode verlängert.

Auch mit weiteren national-russischen Tendenzen ist zu rechnen. Der Vormachtanspruch Rußlands auf dem Gebiet der ehemaligen Sowjetunion (auch gegenüber den Vereinten Nationen und der NATO artikuliert), die Forderung nach doppelter Staatsbürgerschaft der Russen in den GUS-Staaten und die Versuche, den Einfluß auf die mittel- und osteuropäischen Länder der ehemaligen Warschauer-Pakt-Staaten auszudehnen, können als Hinweise auf neue Ambitionen gewertet werden.

Seit Anfang 1994 hörte man in Rußland immer weniger von Demokratie, Reformen, vom Übergang zur Marktwirtschaft und vom Ausbau der Zusammenarbeit mit den demokratischen Ländern des Westens. Statt dessen standen Ordnung, Autorität, russische Staatsinteressen, Moskauer Machtbefugnisse im Rahmen der gesamten GUS und die Sicherheitsinteressen Rußlands im Vordergrund.

Der steinige Weg zu einem demokratischen Rußland war noch längst nicht beendet. Neue Auseinandersetzungen und Kämpfe, ja vielleicht auch ernste Rückschläge standen bevor.

Rußland am Scheideweg

Rußland und die GUS heute

Seit der Ernennung Gorbatschows am 11. März 1985 und dem Beginn des Systemwandels ist ein knappes Jahrzehnt vergangen. Wo steht Rußland, wo stehen die GUS-Staaten nach fünf Jahren Perestroika und einem sich über mehrere Jahre hinziehenden Systemwandel?

Die großen Wandlungen vollzogen sich mit sehr unterschiedlicher Geschwindigkeit und Intensität – vor allem zwischen den Reformprozessen im politischen Bereich, in der Wirtschaft und innerhalb der Nationalitäten. Erfolge und Rückschläge wechselten einander ständig ab, schnelle Durchbrüche und lange Verzögerungen prägten die Entwicklungen.

Die demokratische Entwicklung

Im politischen Bereich sind eine Reihe wichtiger Erfolge – wenn auch meist mit Einschränkungen – erzielt worden. Die frühere allmächtige Kommunistische Partei der Sowjetunion und ihr Apparat, der das gesamte gesellschaftliche Leben plante, leitete, dirigierte und kontrollierte, existiert nicht mehr. Gewiß gibt es noch »Seilschaften«, und die Macht der Nomenklatura-Funktionäre in Staat, Wirtschaft, Armee und Staatssicherheitsdienst ist noch keineswegs völlig gebrochen.

Aber in Rußland ist, mehr als in anderen GUS-Staaten, eine *vielfältige Parteienlandschaft* entstanden. Die Parteien können

in der Regel ungehindert operieren und ihre unterschiedlichen
Auffassungen verbreiten.

Anstelle des früheren, völlig bedeutungslosen Obersten
Sowjet, der nach inhaltslosem Beschönigungsgeschwätz stets
einstimmig die von der Parteiführung festgelegten Resolutio-
nen, Verordnungen und Verfügungen bestätigte, sind im Laufe
eines mehrjährigen schweren Ringens echte *Parlamente* entstanden. Staatsduma und Föderationsrat in Rußland verfügen
über Macht und Einfluß. Ihre Zusammensetzung entspricht
dem Willen der Bevölkerung, wie er in den Wahlen am 12. Dezember 1993 zum Ausdruck kam. Damit ist der Grundstein zu
einem parlamentarischen System gelegt.

Die Zeiten des früheren allmächtigen, demokratisch nicht
legitimierten Generalsekretärs der KPdSU, der stets verherrlicht
und niemals kritisiert werden durfte, sind vorbei. An der Spitze
Rußlands steht nun ein *Präsident*, der unter sechs Kandidaten
von der gesamten Bevölkerung gewählt wurde. Dieses erste frei
gewählte Staatsoberhaupt in der über tausendjährigen
Geschichte Rußlands steht unter öffentlicher Kontrolle, kann
beliebig kritisiert werden – und wird kritisiert.

Zum ersten Mal hat Rußland (und auch einige andere GUS-
Staaten) eine *Verfassung*, in der demokratische Rechte und
Freiheiten verankert und die Trennung der Gewalten festgeschrieben sind. Allerdings birgt sie bedenkliche Machtbefugnisse des Präsidenten. Die Gefahr ist nicht von der Hand zu
weisen, daß diese Befugnisse zur Errichtung eines autoritären
Staates benutzt werden könnten.

Erfreulicher Ausdruck der demokratischen Entwicklung im
heutigen Rußland ist eine erstaunliche *Pressevielfalt*. Dies gilt,
wenn auch in beträchtlich geringerem Maße, auch für die meisten GUS-Staaten. In wenigen Jahren ist ein breites Spektrum
unterschiedlicher Zeitungen entstanden, die allerdings wegen
der katastrophalen Wirtschaftslage teilweise ums Überleben

kämpfen. Bedenklich ist zudem, daß das Fernsehen noch keineswegs über jene Unabhängigkeit verfügt, wie sie in einer Demokratie unabdingbar ist.

Ein wichtiger Schritt auf dem Weg zur Überwindung der Willkürherrschaft war die Auflösung des früher allmächtigen *Staatssicherheitsdienstes.* An seine Stelle sind Sicherheitsdienste der einzelnen Republiken getreten, die zwar nach wie vor als Machtinstrumente existieren, aber, vor allem im Innern, mit dem früheren KGB nicht zu vergleichen sind. Bespitzelung, Hausdurchsuchungen und Überwachung durch Abhörgeräte existieren heute nur noch in Ausnahmefällen, sind jedoch nicht mehr, wie früher, die Regel.

Die ersten Schritte auf dem Wege zum Rechtsstaat sind erfolgt: Kontrolle der Tätigkeit der Staatssicherheit durch das Parlament, Einführung eines Verfassungsgerichts, Unabhängigkeit der Gerichte und die Ernennung der Richter auf Lebenszeit. Allerdings vollzieht sich dieser Prozeß widerspruchsvoll und in den verschiedenen GUS-Staaten sehr unterschiedlich. Von wirklich rechtsstaatlichen Verhältnissen kann noch nicht die Rede sein.

Die Demokratisierung wäre jedoch unvollständig, wenn sie *Kultur und Religion* nicht einbezöge. Die frühere Staatsideologie ist lautlos zusammengebrochen. Wer heute durch Rußland oder andere GUS-Staaten fährt, kann sich kaum mehr vorstellen, daß bis vor einem Jahrzehnt der Marxismus-Leninismus die absolut beherrschende Staatsideologie war. Selbst die kommunistischen Parteien – abgesehen von Nina Andrejewas kleiner »Unionspartei der Bolschewiki« – gebrauchen kaum noch die früheren Formulierungen.

Die Auflösung der allumfassenden Staatsideologie – verstärkt durch den gleichzeitigen Zusammenbruch der Weltmacht und des Systems – hat allerdings ein ideologisch-psychologisches Vakuum hinterlassen, das von bedenkenlosen Ratten-

fängern politischer und weltanschaulicher Observanz miß-
braucht werden könnte. Bis zu einem gewissen Ausmaß mögen
die Kirchen dabei Halt bieten. Anstelle des jahrzehntelangen
Atheismus, wo die Kirchen und Religionsgemeinschaften – oft
von Spitzeln durchsetzt – lediglich Gottesdienste abhalten
konnten (und auch dies galt nicht für alle Religionsgemeinschaften), gelang es in Rußland und in anderen GUS-Staaten in
relativ kurzer Zeit, die Religionsfreiheit nicht nur zu verkünden, sondern auch in der Praxis zu verwirklichen. Weit über
Gottesdienste hinaus wirken die Religionsgemeinschaften kari-
tativ und sozial, erteilen Religionsunterricht in öffentlichen Bil-
dungsanstalten und beteiligen sich aktiv am gesellschaftlichen
Leben.

Literatur und *Kunst* wurden aus den Zwängen der Parteikontrolle, der verpflichtenden »Parteilichkeit« und des »sozialistischen Realismus« befreit. In den ersten Jahren der Perestroika kam es zu der Veröffentlichung einer Vielzahl von
Romanen, Gedichten und Theaterstücken, die sich, meist auf
neuartige Weise und auf hohem künstlerischem Niveau, mit der
Gegenwart oder jüngsten Vergangenheit auseinandersetzten
und eine bedeutsame Rolle bei der Öffnung der Gesellschaft
und der Demokratisierung spielten. Die zunehmend schwierige
wirtschaftliche Lage wirkte sich jedoch besonders bedrohlich
auf die Verlage aus, die sich, um überleben zu können, in
zunehmender Weise auf billige Unterhaltungsliteratur konzentrierten.

Auch die verfälschende, beschönigende und propagandistische *Geschichtsschreibung* gehört der Vergangenheit an. Seit
1987 erschienen eine Vielzahl oft gut recherchierter Darstellungen über die sowjetische Geschichte. Die Bürger können sich
nun differenziert mit ihrer Vergangenheit auseinandersetzen.
Gefährdet ist die Arbeit allerdings durch die schwierige finanzielle Situation der Historiker, historischen Institute und Verlage.

Unter den Begriffen Demokratisierung, Humanisierung und Dezentralisierung entsteht derzeit ein freies *Schulsystem* mit unterschiedlichen Schultypen. Die frühere zentrale Gängelung ist vielfach ersetzt durch die Unabhängigkeit einzelner Bildungseinrichtungen, auf kommunaler Ebene mit dem Recht, Bildungsziele, Lehrpläne und Lehrbücher selbst zu bestimmen. An die Stelle der Einheitsschule ist eine Vielzahl von Lyceen und Gymnasien sowie kleineren Privatschulen entstanden. Gleichzeitig erfolgte eine Rückkehr zu traditionellen pädagogischen Konzepten, vor allem der Reformpädagogik der zwanziger Jahre, darunter auch der Montessori- und Waldorf-Schulen. An den Hochschulen vollzieht sich eine Entideologisierung und Neuformierung vor allem gesellschaftswissenschaftlicher Studiengänge. Einzug gehalten hat auch die Erforschung moderner Wirtschaftsprobleme.

Die Erfolge beim Übergang von einer Diktatur zu einem parlamentarisch-demokratischen Mehrparteiensystem sind – obwohl dieser Prozeß in manchen GUS-Staaten langsamer verläuft und auch in Rußland noch nicht völlig gesichert ist – um so erstaunlicher, als es dort, abgesehen von wenigen Monaten 1917 in Rußland und in Georgien zwischen 1918 und 1920, vorher keine demokratischen Verhältnisse gegeben hatte.

Die Demokratisierung kam auch nicht – wie etwa in Deutschland, Italien und Japan nach Ende des Zweiten Weltkrieges – von außen, sondern erfolgte aus eigener Kraft – und geführt von ehemals hohen KP-Funktionären! Der Prozeß wäre indes niemals erfolgreich verlaufen ohne das aktive Engagement großer Bevölkerungsgruppen gegen reformfeindliche Kräfte, die diese Entwicklung stoppen oder gar das diktatorische System der Vergangenheit wiederherstellen wollten. Die oft leichtfertig ausgesprochene Behauptung, die Russen seien »zur Demokratie unfähig«, ist durch die Ereignisse des letzten Jahrzehnts weitgehend widerlegt.

Der Stand der Wirtschaftsreform

Der Übergang von einer Planwirtschaft zu modernen Wirt-
schaftsformen mit dem Ziel einer Marktwirtschaft hat sich als
die schwierigste Transformation erwiesen. Dafür sind objektive
Gründe maßgebend, aber auch subjektive Verzögerungen und
Fehleinschätzungen.

Die bürokratisch-zentralistische Planwirtschaft existierte
siebzig Jahre, also fast drei Generationen lang. Unter diesen
Bedingungen mußte die Fähigkeit der Menschen, eigene wirtschaftliche Initiative zu entwickeln, verkümmern. (Auf privatwirtschaftliche Tätigkeit stand die Todesstrafe!) Und Gorbatschow wollte zwar von der überzentralisierten, bürokratisier-
ten Planwirtschaft abgehen, aber keineswegs den Weg einer
Marktwirtschaft beschreiten, sondern die Gesamtplanung –
wenn auch in einer modernisierten Form – beibehalten. Er ließ
sogar die beste Möglichkeit, die Verwirklichung des 500-Tage-
Plans von Schatalin und Jawlinskij, im Sommer 1990 unge-
nützt verstreichen.

Selbst in den letzten drei Jahren ist der erhoffte Durchbruch
zur Marktwirtschaft nur teilweise erfolgt – vor allem wegen des
zunehmenden Widerstands der Repräsentanten der großen
Staatsbetriebe, des militärisch-industriellen Komplexes sowie
der Kolchos- und Sowchos-Bürokratie in der Landwirtschaft.

Im gesamten Wirtschaftsbereich fehlen einheitliche Rahmen-
bedingungen. Es gibt weitgehende Unterschiede von einem GUS-
Staat zum anderen, sogar innerhalb der Russischen Föderation von einer autonomen Republik zur anderen und zwischen
den einzelnen Gebieten und Regionen. Durch den Zusammenbruch der Sowjetunion und die Bildung der GUS sind vielfach
die horizontalen Verbindungen zwischen Rohstofflieferanten
und Industriebetrieben zerrissen, die nun oft verschiedenen
Staaten mit unterschiedlichen Währungen angehören.

Doch damit nicht genug: Russische und ausländische Unternehmen und Firmenvertretungen werden häufig von Kriminellen bedroht, müssen hohe Schutzgelder zahlen oder versuchen, unter hohen Risiken zwischen sich befehdenden Mafia-Gruppen zu überleben. Erpressungen durch die Mafia gehören in Rußland zum allgemein bekannten unternehmerischen Risiko. Nach Berichten des russischen Innenministeriums sind allein in Rußland 3300 organisierte kriminelle Gruppen tätig. Die Zahl der Morde wird auf jährlich 1500 geschätzt.

In der Großindustrie findet häufig eine Scheinprivatisierung statt: Die alten Direktoren der Staatsbetriebe und Kombinate überschreiben die Anteile auf sich selbst; die früheren Nomenklatura-Generaldirektoren treten nunmehr als Vertreter der »freien Marktwirtschaft« auf.

Die Privatisierung wird zuweilen durch einen Unternehmertyp verkörpert, der nicht zur Popularisierung der entstehenden Marktwirtschaft beiträgt. Nicht selten treten »Bisnessmeny« auf (nach dem englischen *businessmen*), die mehr an die oft rücksichtslosen Pioniere des Frühkapitalismus erinnern als an verantwortungsbewußte Unternehmer einer sozialen Marktwirtschaft. Protzig zur Schau gestellter Reichtum verbittert die große Zahl der verarmten und im Elend lebenden Menschen, von denen mindestens ein Drittel unter dem Existenzminimum lebt. Eine Zuspitzung der sozialen Beziehungen ist nicht zu übersehen.

Geordnete Beziehungen zwischen Unternehmern auf der einen, Arbeitern und Angestellten auf der anderen Seite existieren nur in Ausnahmefällen. Zwar gibt es bereits eine Reihe von Unternehmerverbänden und unabhängigen Gewerkschaften, inzwischen zu einer »Konföderation der Arbeit« zusammengefaßt. Aber geordnete Tarifverhandlungen sind gegenwärtig eher die Ausnahme als die Regel.

Zu den Schwierigkeiten kommt noch die zunehmende Zerrüttung der Geldwirtschaft. Der seit Jahren amtierende Zentralbankchef Viktor Geraschtschenko, der den Staatsdirektoren zuzurechnen ist, untergräbt eine geordnete Finanzpolitik durch riesige Subventionen für marode Staatsbetriebe; er ist weitgehend für die galoppierende Inflation und das wachsende Defizit im sowjetischen Staatshaushalt verantwortlich.

Trotz all dieser besorgniserregenden Erscheinungen gibt es erste Anzeichen dafür, daß die Talsohle durchschritten ist. 70 000 Kleinbetriebe sind bereits privatisiert. Die meisten privaten Straßenhändler haben feste Container bezogen, 12 Prozent der Waren werden bereits im Einzelhandel umgesetzt. Etwa 15 Prozent der Industriebetriebe sind in privatwirtschaftliche oder genossenschaftliche Unternehmungen verwandelt. Von den im Oktober 1992 ausgegebenen »vouchers« (Privatisierungsschecks), damals ironisch belächelt, sind inzwischen zwei Drittel angelegt.

Die gegenwärtigen Versuche, die Wirtschaftsreformen zu verlangsamen, erfolgen nicht wegen der auswegslosen Situation, sondern weil die Vertreter der Staatsindustrie deutlich erkennen, daß die Marktwirtschaft zu greifen beginnt.

Die GUS und die nationalen Konflikte

An der im Dezember 1991 gebildeten GUS nahmen von den 15 ehemaligen Unionsrepubliken weder die drei baltischen Staaten – Estland, Lettland und Litauen – noch Georgien teil. Die GUS erhielt weder eine gemeinsame Exekutive noch ein gemeinsames Parlament, sondern lediglich einige koordinierende Einrichtungen wie den »Rat der Präsidenten der Mitgliedsstaaten«, den »Rat der Regierungschefs«, den »Rat der Verteidigung«, die »Interparlamentarische Versammlung« sowie eine zwischenstaatliche Bank. Das bei der Gründung in Aussicht gestellte Oberkommando der vereinten GUS-Streitkräfte besteht nicht mehr.

Zwischen den elf GUS-Mitgliedsstaaten besteht eine deutliche Differenzierung in drei Gruppen: Die erste Gruppe befürwortet einen festeren Zusammenschluß in der Konföderation, unterstützte und unterzeichnete alle (oder fast alle) Abkommen. Zu ihr gehören neben Rußland Kasachstan, Kyrgystan, Usbekistan, Tadschikistan. In Usbekistan und Tadschikistan sind die aus der Sowjetzeit stammenden Machtstrukturen noch weitgehend erhalten. Die Länder werden von Präsidenten geführt, die früher die Ersten Parteisekretäre waren.

Zur zweiten Gruppe, die sich gegenüber einer Kooperation in der GUS beträchtlich distanzierter verhält, gehören Turkmenistan, Armenien und Weißrußland, inzwischen Belarus. Turkmenistan hofft, aufgrund der beträchtlichen Bodenschätze, darunter auch Goldvorkommen, seine Wirtschaftsprobleme weitgehend unabhängig von der GUS durch direkte Kontakte mit entwickelten Industriestaaten zu lösen. Armenien, der älteste christliche Staat der Welt, ist in der Wirtschaftsreform und Privatisierung am weitesten, jedoch durch den lang andauernden Krieg um Berg-Karabach geschwächt. Belarus versteht sich als osteuropäisches Land, hat nach dem Führungs- und Kurswechsel im Februar 1994 jedoch seine stärkeren Bindungen an Rußland wieder unterstrichen.

Zum »äußeren Ring« der GUS-Staaten gehören die Ukraine sowie (seit Herbst 1992 nur noch als assoziierte Mitglieder) Aserbaidschan und Moldawien. In der Ukraine hat die Wirtschaftsreform, vor allem die Privatisierung, kaum begonnen. Auch die alten politischen Machtstrukturen treten hier deutlicher hervor als in Rußland. Aserbaidschan ist durch den Krieg um Berg-Karabach sowie 1993/94 zusätzlich durch militärische Niederlagen gegen vorrückende armenische Truppen und durch innere Konflikte beträchtlich geschwächt. In Moldawien wurde, nach den Wahlen im Februar 1994, den politischen Kräften, die eine Annäherung an Rumänien anstrebten, eine Absage erteilt. Damit könnten sich nun die Beziehungen sowohl zu Rußland wie zur GUS wieder verstärken.

In der GUS kam es zu mehreren nationalen Konflikten, die auch in bewaffneten Formen ausgetragen wurden. Ausgangspunkt war – nach einer mehrere Generationen währenden Unterdrückung in einem sowjetischen Einheitsstaat – das Streben nach Souveränität nicht nur in Sprache und Kultur, sondern durch einen eigenen, unabhängigen Staat. Angesichts der großen Alltagsschwierigkeiten und der zunehmenden sozialen und psychologischen Unsicherheit flüchteten sich die Völker häufig in einen Nationalismus, der nicht selten anderen Nationen bzw. nationalen Minderheiten im eigenen Lande die Schuld an der mißlichen Lage zuschrieb.

Der wichtigste, tragischste und langandauerndste Konflikt brach zwischen Armenien und Aserbaidschan um Berg-Karabach aus. Dieser seit Frühjahr 1988 andauernde Konflikt hat zu gewaltigen Opfern an Menschenleben geführt, zu Verwüstungen und einer riesigen Zahl von Flüchtlingen. Seit Anfang 1994 gibt es erstmals gewisse Hoffnungen auf eine Beendigung des Krieges.

Einen zweiten Konfliktherd stellt Georgien dar. Die Abchasier in ihrer autonomen Republik mit der Hauptstadt Suchumi stellen dort nur eine Minderheit von 90 000 Einwohnern. Abchasien, im Mittelalter ein unabhängiges Königreich, stand unter osmanischem Einfluß und wurde teilweise islamisiert, während Georgien zu den ältesten christlichen Ländern der Erde gehört. Während der Stalin-Periode wurde das georgische Alphabet eingeführt, der abchasische Unterricht abgeschafft und das Land wirtschaftlich vernachlässigt.

Die Ursachen des georgisch-ossetischen Konflikts liegen darin, daß die Osseten (ein iranischsprachiges Volk) in der

Sowjetperiode geteilt wurden: Nord-Ossetien, mehrheitlich islamisch, gehört zur Russischen Föderation, Süd-Ossetien mit überwiegend christlicher Bevölkerung zu Georgien. Nach langwierigen, blutigen Kämpfen folgte eine Vereinbarung zwischen Rußland (Jelzin) und Georgien (Schewardnadse). Rußland stellte sich auf die Seite Georgiens, und der bewaffnete Konflikt wurde überwunden. Offensichtlich als Gegenleistung trat Georgien im Februar 1994 der GUS bei.

Ein dritter Konfliktherd ist die Republik Moldau (»Moldawien«) im Südwesten der GUS. Von den 4,3 Millionen Einwohnern sind 2,8 Millionen Moldauer (de facto Rumänen). Die anfänglich starken Strömungen zugunsten einer Vereinigung Moldawiens mit Rumänien führten zu einer starken Opposition der dortigen nationalen Minderheiten. Die Gagausen, orthodoxe Christen, riefen ihre eigene Republik aus.

Gleichzeitig entbrannte ein noch ernserer Konflikt zwischen Moldawien und Transnistrien. Nach dem Geheimabkommen zum Hitler-Stalin-Pakt wurde im August 1940 das rumänische Bessarabien an die Sowjetunion angegliedert und die »Moldauische Sozialistische Sowjetrepublik« gebildet. Diesem Gebiet wurde Transnistrien östlich des Dnjestr angegliedert, das niemals zu Bessarabien gehört hatte. In Transnistrien befinden sich jedoch etwa 40 Prozent des Industriepotentials von Moldawien. Befürchtungen der Bevölkerung hinsichtlich einer Rumänisierung nutzten die Nomenklatura-Funktionäre in Transnistrien aus, um eine eigene »Dnjestr-Republik« auszurufen.

Die Konflikte in Moldawien verschärften sich, weil die Nomenklatura-Funktionäre sowohl in der »Dnjestr-Republik« als auch in Gaugasien den Putsch im August 1991 unterstützten und die Wiederherstellung der Sowjetunion verlangten. Die 14. Armee nahm an den Kämpfen der »Dnjestr-Republik« gegen Moldawien teil. Vizepräsident Ruzkoj besuchte die »Dnjestr-Republik« und setzte sich öffentlich für den »Schutz aller Russen« und die Souveränität der »Dnjestr-Republik« ein. Erst nach dem von Jelzin und dem moldawischen Präsidenten Snegur unterzeichneten Friedensplan und der Entsendung einer Kontrollkommission aus Vertretern Rußlands, Moldawiens und der Dnjestr-Republik zur Überwachung der Waffenruhe konnte der bewaffnete Konflikt eingedämmt werden. In einem Referendum am 6. März 1994 stimmten 90 Prozent der Wähler für die Beibehaltung der Unabhängigkeit. Mit diesem Referendum, erklärte Präsident Snegur, werde allen Spekulationen über einen Anschluß Moldawiens an Rumänien ein Ende gesetzt.

Ein weiterer Konfliktherd ist Tadschikistan, ein Staat mit 5,2 Millionen Einwohnern, in dem die Tadschiken (im Unterschied zu den anderen zentralasiatischen Völkern kein Turkvolk, sondern Iraner) 62 Prozent der Bevölkerung ausmachen. Der Bürgerkrieg zwischen Nomenklatura-Funktionären auf der einen und einer gemäßigt islamischen und demokratischen Opposition auf der anderen Seite ist mit traditionellen regionalen Feindschaften verwoben. Manches spricht indes dafür, daß die Vereinbarungen der Präsidenten Rußlands, Kasachstans, Usbekistans, Kyrgysiens und Tadschikistans über »friedensschaffende Truppen« zur Überwindung einer der größten Tragödien in der GUS führen.

Das Auseinanderfallen der früheren Sowjetarmee hat dazu geführt, daß es überall Waffen gibt. Große Mengen, darunter auch Panzer, Raketenwerfer und andere schwere Waffen, befinden sich in den Konfliktgebieten. Lokale Militärbefehlshaber verfügen darüber und können damit Waffenstillstands- oder Friedensvereinbarungen erschweren.

Aber auch im politischen Bereich bestehen nationale Konflikte. Das gilt vor allem für das russisch-ukrainische Verhältnis. Der Streit darüber, wer die Souveränität über die Schwarzmeerflotte und die Kontrolle über den Hafen Sewastopol ausübt, hat bereits zu grotesken Auseinandersetzungen zwischen Russen und Ukrainern geführt. Es bleibt abzuwarten, ob die Vereinbarung zwischen den Präsidenten Jelzin und Krawtschuk über die Schwarzmeerflotte eine allmähliche Entspannung ermöglichen wird.

Im russisch-ukrainischen Verhältnis ist die Zugehörigkeit der Halbinsel Krim ein weiterer wichtiger Streitpunkt. Im März 1944 wurden alle Krimtataren zwangsumgesiedelt. An ihrer Stelle wurden Russen angesiedelt und die Krim der Russischen Föderation zugeschlagen. Alle tatarischen Ortschaften erhielten russische Bezeichnungen. 1954 übergab dann der damalige Generalsekretär Chruschtschow die Krim an die Ukraine – eine Geste anläßlich des 300. Jahrestages von Perejaslawl, als sich die Ukraine mit Rußland »vereinigte«. Nach dem Zusammenbruch der Sowjetunion im Dezember 1991 und der Errichtung der unabhängigen Ukraine wurde in Rußland eine Überprüfung der Verfassungsmäßigkeit dieser Übertragung beschlossen.

Im Februar 1994 fand auf der Krim die Präsidentenwahl statt. Sieger wurde mit 73 Prozent der Stimmen Jurij Meschkow, der für einen Anschluß der Krim an Rußland plädierte. Damit könnte eine Vereinigung der Krim mit Rußland auf die Tagesordnung kommen, was jedoch einen sehr gefährlichen Präzedenzfall für zukünftige Grenzveränderungen darstellen würde.

Nationale Probleme gibt es allerdings nicht nur im Rahmen der GUS-Staaten, sondern auch innerhalb der Russischen Föderation. Das gilt besonders für den Nord-Kaukasus, wo insgesamt vierzig ethnische Gruppen mit komplizierten Beziehungen sowohl untereinander als auch zu Rußland leben. Tschetschenien hat sich bereits unabhängig erklärt und nicht mehr an den Dezember-Wahlen und am Verfassungsreferendum teilgenommen. Im Wolgagebiet verlangt Tatarstan nach Souveränität, und ähnliche Strömungen gibt es auch in Baschkortostan (dem früheren Baschkirien), einer wichtigen Öl und Gas produzierenden Region.

Auch kleinere Völkerschaften, die innerhalb ihrer autonomen Republik meist eine Minderheit ausmachen, verfügen heute als Folge willkürlicher Grenzziehung über riesige Territorien. Das gilt für die Republik Sacha-Jakutien in Ostsibirien – ein Territorium, achtmal so groß wie Deutschland, in dem jedoch nur eine Million Menschen leben, davon nur ein Drittel Jakuten. Trotzdem gibt es Strömungen, die die nationale Souveränität über das riesige Territorium und seine Bodenschätze verlangen.

Das wahrscheinlich schwierigste und für die Zukunft vielleicht gefährlichste Problem sind jedoch die starken russischen Minderheiten in den anderen GUS-Staaten. Von den 145 Millionen Russen leben zwar 82 Prozent in der Russischen Föderation, aber über 25 Millionen Russen leben und arbeiten in anderen GUS-Staaten: 11,3 Millionen in der Ukraine, 6,2 Millionen in Kasachstan, 1,6 Milllionen in Usbekistan, 1,3 Millionen in Belarus und fast eine Million in Kyrgystan. Die Russen hatten in der Sowjetperiode in der Regel – teils durch politische Bevorzugung, teils durch bessere Ausbildung – die wichtigeren Positionen in Verwaltung und Wirtschaft inne. Seit dem Zusammenbruch der Sowjetunion werden die Russen in ihrer beruflichen Tätigkeit behindert, degradiert, teils sogar völlig aus ihren Positionen entfernt.

Nun verlassen Hunderttausende von Russen ihren Wohnsitz und ihre Arbeitsstelle und übersiedeln nach Rußland, teils mit mehr oder minder sanftem Druck dazu genötigt. Auf diese Weise verlor Tadschikistan 150 000–170 000 der ursprünglich dort lebenden und arbeitenden 380 000 Russen.

Bis Ende 1993 gab es bereits zwei Millionen russischer Aussiedler. Für die kommenden zwei Jahre wird mit sechs Millionen weiterer russischer Flüchtlinge aus anderen GUS-Staaten gerechnet. Damit entsteht ein zusätzliches Konfliktpotential – vor allem das zunehmende Bestreben Rußlands, sich für seine russischen Minderheiten in den anderen GUS-Staaten einzusetzen, was wiederum das Mißtrauen der GUS-Staaten gegenüber Rußland verstärkt und zu einer zunehmenden Belastung innerhalb der GUS führen kann.

Wohin treibt Rußland?

In den ersten Jahren der Perestroika überwogen die optimistischen Erwartungen. Gorbatschow war damals in aller Munde und galt – im Westen mehr als in der damaligen Sowjetunion – als der große Hoffnungsträger, der die kommunistische Diktatur zur Demokratie führe, die Planwirtschaft zur Marktwirtschaft, die frühere Konfrontation zu einer weitreichenden Zusammenarbeit mit dem Westen. Die Hoffnungen waren weit gespannt, die Zweifler in der Minderheit. Angesichts der zunehmenden ökonomischen Schwierigkeiten, des wachsenden Widerstands der Reformgegner und der Militärintervention in Litauen verdüsterte sich 1990/91 aber das Bild.

Neue Hoffnungen nach der Niederschlagung des Putsches im August 1991 waren nur von kurzer Dauer. Der sich in die Länge hinziehende Konflikt zwischen Jelzin-Regierung und reformfeindlichem Parlament, die blutigen Kämpfe im Oktober und der unerwartete Wahlsieg des Rechtsnationalisten Shirinowski im Dezember 1993 dämpften erneut die Erwartungen. Armut und Elend, Kriminalität und Mafia, Kompetenzwirrwarr und Korruption, Zerfall und Chaos werden nun zunehmend nicht mehr als tragische Übergangserscheinungen gewertet, sondern vielfach als Vorboten einer trüben Zukunft. Die düsteren Prognosen reichen bis zu einem Militärputsch oder gar einem blutigen Bürgerkrieg, der den Jugoslawien-Konflikt als harmloses Scharmützel erscheinen ließe.

Was daran ist, nüchtern betrachtet, realistisch?

Die Gefahr eines Militärputsches

Im Offizierskorps und in der Generalität gibt es starke reformfeindliche Strömungen. Offiziere und Generale beteiligen sich
in Uniformen in einem Maße an der nationalistisch-kommuni-
stischen Opposition, wie es in anderen Ländern kaum denkbar
ist. Die Mehrheit der Offiziere und Generale lehnen den Übergang zum Mehrparteiensystem und zur Marktwirtschaft ab,
bekämpfen die angebliche »Westorientierung« der russischen
Außenpolitik und opponieren gegen die Privatisierung der
Wirtschaft. Gleichzeitig gibt es aber auch die – wenn auch relativ kleine – Strömung der *Wojennyje Sa Demokratiju* (»Militärs für die Demokratie«). Entscheidend ist vor allem die im
Offizierskorps weit verbreitete Meinung, daß die Armee sich
aus innenpolitischen Konflikten heraushalten solle. Die reformfeindlichen Stimmungen bedeuten daher keineswegs die Bereitschaft zum aktiven Handeln.

Die für einen Militärputsch und die Errichtung einer Militärdiktatur notwendige Bereitschaft und Fähigkeit zum politischen Handeln fehlt. Im Gefolge des Verlusts der sowjetischen
Weltmachtstellung mußten die Militärs einen drastischen sozialen Abstieg hinnehmen, begleitet von Autoritätsverfall, Demo-
ralisierung, Disziplinverweigerung und mafioser Kriminalität.

In einem solchen Zustand sind die Streitkräfte weder organisatorisch noch psychologisch in der Lage, einen Putsch vorzu-
bereiten und die Herrschaft an sich zu reißen. Schließlich haben
Offizierskorps und Generalität den fehlgeschlagenen August-
Putsch 1991 und die Oktoberkämpfe 1993 vor Augen. Schon
1991 handelte die Armee nicht als einheitliche Kraft. Und im
Oktober 1993 erhielten die im Weißen Haus verschanzten Militärs, darunter der in der Armee populäre Alexander Ruzkoj,
trotz beschwörender Appelle an Offiziere und Generale keine
nennenswerte Unterstützung.

Unter diesen Bedingungen halte ich einen Militärputsch für
unwahrscheinlich. Für eine bonapartistische Machtübernahme
fehlt die notwendige Einheit der Streitkräfte, die entsprechende
Tatkraft, die Bereitschaft zum Risiko und die Hoffnung auf
einen Erfolg. Damit sollen weder die Gefahren der Unzufriedenheit der Armee und ihre Unterstützung der nationalistisch-
kommunistischen Opposition unterschätzt werden noch ihr
Einfluß auf die Führung des Landes. Die wiederholten Besuche
Präsident Jelzins bei den Truppen vor den Oktoberkämpfen,
die Verkündung der neuen Militärdoktrin, der zunehmende
Waffenexport, die Unterstreichung der Rolle der russischen
Armee in der GUS sind deutliche Zeichen. Aber dies ist nicht
mit der Gefahr eines Militärputsches und einer Militärdiktatur
gleichzusetzen.

Droht ein nationaler Flächenbrand?

Weit verbreitet ist die Befürchtung, die GUS treibe einem gewaltigen nationalen Bürgerkrieg entgegen, einem Flächenbrand,
der zu einem gigantisch vergrößerten Jugoslawien-Konflikt in
der GUS führen werde. Auch diese Zukunftsperspektive halte
ich für unwahrscheinlich. Damit bagatellisiere ich nicht die oft
grauenvollen Auseinandersetzungen und Kriege, die es bereits
gibt. Wer indes heute durch die GUS-Staaten reist oder auch
nur aufmerksam die Landkarte betrachtet, wird feststellen, daß
es sich um begrenzte regionale Konflikte auf dem riesigen Territorium der GUS handelt.

Zudem gibt es deutliche Zeichen dafür, daß in den GUS-Staaten nach anfänglichen großen Hoffnungen, die Probleme auto-
nom lösen zu können, erkannt wird, daß eine wirtschaftliche
Zusammenarbeit im größeren Rahmen erforderlich ist und es
keine Alternative zu einer GUS-Zusammenarbeit gibt. Die stei-

gende Zahl von multilateralen und bilateralen Verträgen und Abkommen zeugt davon, daß diese Erkenntnis – wenn auch verspätet und halbherzig – an Boden gewinnt.

Natürlich wäre es verkehrt, die nationalen Konflikte zu verharmlosen. Sie werden noch auf längere Zeit hinaus ein schweres Problem für die Entwicklung Rußlands und der GUS darstellen. Auch die russischen Minderheiten in den GUS-Staaten werden noch Probleme aufwerfen. Dennoch ist es schwer vorstellbar, daß sie einen nationalen Flächenbrand auslösen.

Rückkehr zum Sowjetsystem?

Nach dem Zusammenbruch der kommunistischen Systeme in Mittel- und Osteuropa und dem Auseinanderfallen der Sowjetunion im Dezember 1991 wurde häufig vom »Ende des Kommunismus« gesprochen. Aber bereits heute sieht das Bild anders aus: Viele Menschen sehnen sich nach der sozialen Absicherung des früheren Systems und der einstigen Weltgeltung. Die Kommunisten in Rußland (und teilweise noch mehr in anderen osteuropäischen Ländern) distanzieren sich von den, wie sie es selbst nennen, »negativen Aspekten« des früheren Systems, verknüpfen ihre sozialen Forderungen mit nationalen Aspekten und der Sehnsucht nach nationaler Größe. Dabei gelingt es ihnen mit ihren gewohnten taktischen Fähigkeiten, Bündnisse mit gemäßigten Nationalisten oder zentristischen Parteien einzugehen. Sie verfügen über einen relativ festen Wählerstamm, über landesweit präsente Organisationsstrukturen und Zeitungen.

Diese Faktoren haben zu einem relativ schnellen, teilweise unerwarteten Anwachsen der kommunistische Parteien und Organisationen in Rußland, in anderen GUS-Staaten und in ehemaligen Mitgliedstaaten des Warschauer Paktes geführt.

Allerdings sollte die Zersplitterung der kommunistischen Bewegung in eine Vielzahl unterschiedlicher Parteien und Organisationen, die sich häufig erbittert bekämpfen, nicht übersehen werden. Die Spaltung zwischen den an der Vergangenheit hängenden »Systemkommunisten« und der teilweise reformerisch eingestellten »Kommunistischen Partei der Russischen Föderation« ist nach wie vor vorhanden. Die Systemkommunisten werfen der KPRF vor, sie sei »sozialdemokratisch«.

Auch die nostalgischen Erinnerungen an die sowjetische Vergangenheit sollten nicht überschätzt werden. In allen Gesprächen mit Russen ist mir immer wieder aufgefallen, und dies wird mir von vielen anderen Gesprächspartnern bestätigt: Nach einer langen Tirade genügt eine höfliche Zwischenfrage: »Würden Sie eine Rückkehr zur Breschnew- oder Stalin-Zeit befürworten?« Dies wird stets mit einem erschreckten »Um Gottes willen, nein!« beantwortet. Ein Zurück zum früheren kommunistischen System sehe ich deshalb als unwahrscheinlich an. Zu weit ist der Reformprozeß fortgeschritten – trotz aller Schwierigkeiten und negativen Begleiterscheinungen –, als daß heute eine Rückkehr zur Planwirtschaft und zum diktatorischen Einparteiensystem denkbar wäre.

Die Möglichkeit einer russisch-autoritären Entwicklung

Seit Herbst 1992, vor allem aber seit den Wahlen vom 12. Dezember 1993 sind immer deutlicher national-russische autoritäre Tendenzen zu beobachten.

Die Enttäuschung breiter Bevölkerungskreise über die schwierigen sozialen Lebensbedingungen, über soziale Ungerechtigkeit, Amtsmißbrauch, Korruption, Bestechung und die

Angst vor der wachsenden Kriminalität verbinden sich immer häufiger mit der Rückbesinnung auf den früheren Weltmachtstatus. Dies ist ein günstiger Nährboden für die national-russischen autoritären Kräfte. Nach einer im Februar 1994 veröffentlichten Umfrage wird die Auflösung der ehemaligen UdSSR von zwei Dritteln der russischen Bevölkerung als tragischer Fehler angesehen.

Die Charakterisierung dieser Strömung ist nicht leicht. Die russisch-autoritären Nationalisten artikulieren ihre Hoffnungen auf nationale Größe in schwülstigen Worten und verbinden damit oft unklare Andeutungen über angebliche Verschwörungen – zumeist von Juden und Freimaurern, aber auch aus dem »Westen« –, die für die gegenwärtige Misere in Rußland Schuld trügen.

Rußland brauche heute vor allem Ordnung, Autorität und Festigkeit. Dies entspreche der russischen Tradition und den gegenwärtigen Notwendigkeiten. Die Entwicklung in Rußland sei seit der Oktoberrevolution von 1917 auf einem katastrophalen, ja tragischen Irrweg verlaufen – und zwar durch den Import des aus dem Westen kommenden Marxismus. Dieser Irrweg habe die russische historische Tradition unterbrochen und Rußland in eine Katastrophe geführt. Es gelte jetzt, durch Rückbesinnung auf russische Traditionen und Institutionen einen Ausweg aus dieser Katastrophe zu finden.

Nach dem Zusammenbruch des Kommunismus hätten die Demokraten versucht, das russische Volk erneut in einen Irrweg zu führen – durch die Übernahme westlicher Modelle einer pluralistischen Demokratie, einer Marktwirtschaft und eines parlamentarischen Systems. Die von den Demokraten angestrebte Integration Rußlands in die europäische Zivilisation führe zur Preisgabe der nationalen Identität. Der Weg der Demokraten ende mit der Kapitulation vor dem Westen, der Schwächung und dem Ausverkauf Rußlands.

Ideologisch-totalitäre Bestrebungen, wie sie die Kommunisten auf der einen und Shirinowski auf der anderen Seite propagierten, seien abzulehnen. Rußland brauche jedoch eine Autorität, eine starke Macht unter Führung einer mit weitreichenden Vollmachten ausgerüsteten integrierenden nationalen Persönlichkeit, um Chaos, Verbrechen und Mafia zu überwinden, einen Neubeginn und Aufstieg zu gewährleisten.

Rußland sei die Heimat der russisch-orthodoxen Kirche. Sowohl im Interesse des Landes als auch der Kirche sollten andere Religionen und Religionsgemeinschaften von russischer Erde ferngehalten werden. Eine gewisse verantwortungsbewußte Mitwirkung der Bevölkerung sollte in entsprechend der russischen Tradition und Geschichte entwickelten Institutionen erfolgen. Das Staatseigentum habe in der Wirtschaft stets eine wichtige Rolle gespielt – dies gelte auch für Gegenwart und Zukunft.

Rußland müsse einen Weg beschreiten, der der »russischen Idee« entspreche, einen »dritten Weg« Rußlands. Das Ziel müsse die Wiedergeburt in den Grenzen des früheren russischen Imperiums sein. Dies bedeute die Heimführung der »verlorenen« Territorien.

Die geographische Lage Rußlands zwischen Europa und Asien bedinge eine besondere Mission, eine auf dem geopolitischen Status Rußlands beruhende außenpolitische Konzeption. Daher könnten normale Beziehungen zum Westen zwar weiter bestehen, aber gleichzeitig solle eine Brücke zum asiatisch-pazifischen Raum (Japan, Südkorea) und zu den großen asiatischen Ländern (etwa Indien und China) hergestellt werden. Eine stabile Weltordnung könne nur durch Rußland als Zentrum einer eurasischen kontinentalen Weltordnung geschaffen werden. Diese eurasische Kontinentalmacht stehe im Gegensatz (wenn auch nicht notwendigerweise im ständigen Konflikt) zur atlantischen Macht der angloamerikanischen Zivilisation.

Soweit, kurz zusammengefaßt, die wichtigsten Zielsetzungen der russisch-autoritären Strömung. In den Erklärungen, Manifesten, Memoranden dieser Richtung fällt indes auf: Verfasser und Exponenten dieser Richtung sind fast nie bereit, sich in die Niederungen der praktischen Wirtschaftsfragen zu begeben – obwohl gerade diese für Gegenwart und Zukunft der russischen Föderation von zentraler, ja ausschlaggebender Bedeutung sind.

Noch haben die russisch-imperial-autoritären Strömungen keineswegs die Macht in ihren Händen. Unverkennbar aber sind die ersten Schritte in diese Richtung. Auch wichtige Repräsentanten der demokratischen Reformrichtung haben bereits beträchtliche Konzessionen gemacht.

Der erste Schritt erfolgte 1992 durch die auch von Außenminister Kosyrew getroffene Unterscheidung zwischen einem fernen und einem »nahen Ausland«, womit die früheren Unionsrepubliken der Sowjetunion, also auch die baltischen Staaten, gemeint waren.

Mitte 1992 folgte die Expansion der Rüstungsexporte. Dies wurde als wichtigste Maßnahme zur Ankurbelung der russischen Wirtschaft bezeichnet, da die Waffen- und Rüstungstechnologie zu den wenigen Bereichen gehören, in denen Rußland Weltniveau erreiche und auf dem Weltmarkt erfolgreich bestehen könne. Den »Westlern« wurde vorgeworfen, durch eine zu enge Bindung an die westlichen Industrieländer die nationalen Interessen Rußlands zu beeinträchtigen. Offensichtlich unter diesem Druck erklärte Außenminister Kosyrew im Oktober 1992, daß die »romantische Periode« der Beziehung zum Westen zu Ende sei.

Im April 1993 wurde erstmals die dominierende Position Rußlands in der »Gemeinschaft Unabhängiger Staaten« postuliert. Siebzig Prozent der ukrainischen und achtzig Prozent der belorussischen Wirtschaft seien auf Rußland ausgerichtet. Das

Ziel bestehe darin, »in sämtlichen Bereichen des Lebens einen höchstmöglichen Integrationsgrad der früheren Unionsrepubliken zu erreichen«. Rußland trage die Verantwortung für die »Stärkung von Stabilität und Sicherheit auf dem Territorium der früheren UdSSR«.

Weitere Stationen in dieser russisch-autoritären Entwicklung waren die Entscheidung für das zaristische Wappen im November 1993, die zunehmende Aktivität russischer Truppen in den anderen GUS-Staaten, die Erklärungen Rußlands, sich aktiv für die russischsprachige Bevölkerung in den anderen GUS-Staaten einzusetzen, das Verlangen einer doppelten Staatsbürgerschaft für Russen und die russischsprachige Bevölkerung in diesen Ländern (ohne umgekehrt den Angehörigen anderer GUS-Staaten dieselben Rechte in Rußland einzuräumen), die immer deutlichere Betonung der »friedensschaffenden Missionen« Rußlands im »nahen Ausland« und wiederholte Erklärungen, Rußland sei auf keinen Fall bereit, die Kontrolle über die auf dem Territorium der ehemaligen Sowjetunion entstandenen Staaten aufzugeben. Nach der Amnestie und Haftentlassung der Putschisten erklärte der ehemalige russische Vizepräsident Alexander Ruzkoj am 16. März 1994 bereits unverblümt, er wolle die Wiedervereinigung der ehemals sowjetischen Republiken mit friedlichen Mitteln erreichen. Die Sowjetunion solle durch eine Volksabstimmung in der gesamten GUS wiederhergestellt werden.

Allerdings ist auch innerhalb der national-russischen Kräfte mit Auseinandersetzungen zu rechnen, je mehr die autoritär-imperiale Richtung hier dominiert. Eine relativ gemäßigte Strömung distanziert sich von den rechtsextremen Ansichten Shirinowskis. Sie ist bestrebt, ihre autoritären Zielsetzungen im Rahmen der Verfassung zu halten und in den Beziehungen zum Westen zwar deutlich die eigenständige Rolle Rußlands zu betonen, aber die Verbindungen nicht einzustellen. Die füh-

rende Rolle Rußlands in den GUS-Staaten soll mittels wirtschaftlichen und politisch-diplomatischen Drucks, aber ohne
Gewalt erreicht werden.

Extremere Richtungen nähern sich Shirinowskis Kräften an,
bezichtigen Gorbatschow und Jelzin des Verrats und verlangen,
alle in der Gorbatschow-Jelzin-Periode abgeschlossenen Verträge, Abkommen und Konventionen mit dem Westen zu überprüfen sowie, falls sie Rußland und seinen traditionellen Verbündeten schaden, sogar zu kündigen. Sie deuten diktatorische
Maßnahmen im Innern an sowie ihre Bereitschaft, eine zukünftige russische Vorherrschaft in den GUS-Staaten notfalls mit
Waffengewalt durchzusetzen.

Entscheidend wird jedoch längerfristig die wirtschaftliche
Entwicklung sein. Je mehr die autoritär-nationalistischen
Kräfte die Regierungspolitik beeinflussen oder gar direkte
Regierungsverantwortung übernehmen, um so mehr werden sie
genötigt sein, über grundlegende wirtschaftspolitische Orientierungen zu entscheiden. Die gegenwärtig vorherrschende
Richtung ist offensichtlich bestrebt, die Wirtschaftsreformen zu
begrenzen oder gar ganz abzubrechen, die riesigen Staatsunternehmen, vor allem im militär-industriellen Komplex, zu sub-
ventionieren und sich weiterer Schritten zur Marktwirtschaft
und zur Privatisierung zu widersetzen. Diese Politik aber – und
dafür gibt es heute bereits die ersten Anzeichen – würde nicht
nur die Inflation weiter anheizen, sondern auch die wirtschaft-
lich-sozialen Schwierigkeiten vergrößern und damit die Leiden
und Entbehrungen breiter Teile der Bevölkerung verlängern.

Zunehmend machen sich daher auch Strömungen bemerkbar, die unter dem Schirm eines national-autoritären Systems
den wirtschaftlichen Aufschwung, darunter auch Privatisierung
und marktwirtschaftliche Tendenzen, fördern wollen. Diese
Kräfte weisen auf das Modell der »Tiger« (Taiwan, Südkorea
und Singapur) hin, auf die späte Franco-Herrschaft oder das

Pinochet-Regime in Chile – teilweise auch auf Dengs Kurs in China. Es ist ihr Ziel, mittels einer autoritären Diktatur den Durchbruch zu einem wirtschaftlich modernen Industriestaat zu vollziehen.

Von der Entscheidung über die wirtschaftspolitischen Grundpositionen dürfte auch das zukünftige politische Schicksal der national-autoritären Kräfte abhängen. Ein Abbremsen der Wirtschaftsreform und die sich daraus ergebenden schwerwiegenden Konsequenzen für die Bevölkerung könnten dazu führen, daß diese sich entweder den Rechtsradikalen oder erneut den Demokraten zuwendet. Eine erfolgreiche wirtschaftliche Modernisierung dagegen würde, langfristig gesehen, zur Sprengung des autoritär-diktatorischen Systems und zur Entwicklung einer pluralistischen Gesellschaft führen, die einer modernen Wirtschaftsstruktur am ehesten entspricht.

Eine Chance für die Demokraten?

Ungenutzt haben die Demokraten nach der Niederschlagung des August-Putsches 1991 ihre historische Chance verstreichen lassen. Die zunächst einheitliche Bewegung »Demokratisches Rußland« spaltete sich in eine Vielzahl unterschiedlicher Organisationen und Vereinigungen. Der »Befreiungsschlag« Jelzins mit der Auflösung des alten Parlaments Ende September 1993 und die Mehrparteienwahlen im Dezember 1993 endeten mit einem Fiasko. Seitdem befinden sich die Demokraten in einer Periode des Niedergangs, in der Rolle einer in sich gespaltenen Opposition, deren Mehrheit immer weitergehende Konzessionen an die national-autoritären russischen Kräfte macht.

Seit Anfang 1994 sind die Hoffnungen, Rußland werde in den nächsten Jahren den Weg einer demokratisch-parlamentarischen Ordnung gehen, erheblich geschwunden. Eine erneute

Chance für die Demokraten in der Zukunft könnte sich allenfalls ergeben, wenn es weder der Regierung Tschernomyrdin noch den autoritären Kräften gelingt, der Bevölkerung eine überzeugende Alternative im Sinne einer ökonomisch-sozialen Stabilisierung zu bieten.

In einem solchen Fall käme es für die Demokraten darauf an, ihre bisherigen internen Querelen zu überwinden, eine große einheitliche Partei oder Bewegung zu schaffen, die nicht nur als lockerer Wahlblock in Moskau besteht, sondern sich auf weit verzweigte organisatorische Strukturen in der gesamten Russischen Föderation stützen kann. Die Demokraten müßten ein klares, überzeugendes Programm ausarbeiten und eine neue Führungsgarnitur aus kraftvollen und populären Persönlichkeiten bilden, um in der Lage zu sein, ihre Zielsetzungen der Bevölkerung überzeugend zu vermitteln. Es müßte ihnen gelingen, die gegenwärtig vorherrschende politische Mentalität zu ändern, die imperialen Großmachtbestrebungen zu überwinden, Rußland in den Kreis der demokratischen Staaten einzugliedern, gutnachbarschaftliche Beziehungen zu den angrenzenden Staaten anzustreben und zu verwirklichen. Rußland als Teil der europäischen Zivilisation müßte eine auf Demokratie, Marktwirtschaft und Rechtsstaat beruhende Gesellschaft zu errichten suchen.

Eine wichtige Weichenstellung könnte sich im Juni 1996 bei der Präsidentenwahl ergeben, die durch die außerordentlich starke Macht des Staatsoberhaupts von großer Bedeutung sein wird. Aus heutiger Sicht ist damit zu rechnen, daß sich Wladimir Shirinowski als Kandidat der Rechtsextremen stellen wird. Er dürfte aber kaum imstande sein, seinen Wahlerfolg vom Dezember 1993 zu wiederholen. General Alexander Ruzkoj könnte mit großer Wahrscheinlichkeit als führender Exponent einer »nationalen Front«, also aller national-autoritären Strömungen, mit relativ großen Erfolgschancen rechnen. Die Kommunisten würden wohl den gemeinsamen Kandidaten – vor allem nach Übereinkommen über Repräsentanz in den Führungsgremien – unterstützen, im Falle künftiger Differenzen jedoch ihren eigenen Kandidaten – wahrscheinlich Gennadij Sjuganow – aufstellen.

Der gegenwärtige Ministerpräsident Viktor Tschernomyrdin verfügt zwar über eine gestärkte Machtstellung, vor allem weil nach der jetzigen Verfassung kein Vizepräsident vorgesehen ist und diese Rolle bei Erkrankung oder Ableben des Präsidenten der Ministerpräsident übernimmt. Seine Chancen für Juni 1996 werden jedoch davon abhängen, ob es ihm bis dahin gelingt, das Land zu einer gewissen wirtschaftlichen Stabilität zu führen. Nur in einem solchen Fall kann er sich Erfolgschancen ausrechnen.

Aus dem demokratischen Lager dürften, nach heutigem Stand zu urteilen, der Ökonom Grigorij Jawlinskij, der Petersburger Oberbürgermeister Anatolij Sobtschak und der Präsident des Föderalrats, der 49jährige Wladimir Schumejko, als Kandidaten für das Amt eines zukünftigen Präsidenten auftreten. Eine Chance für die Demokraten bestünde jedoch nur dann, wenn sie sich auf einen gemeinsamen demokratischen Reformkandidaten einigen.

Allerdings: die politische und auch personelle Entwicklung vollzieht sich gegenwärtig in Rußland so ungestüm, daß Prognosen über einen längeren Zeitraum hinweg nur unter großen Einschränkungen aufzustellen sind. Dessen muß man sich auch im Westen bei allen Überlegungen, wie man eine demokratische Entwicklung fördern könnte, bewußt bleiben.

Der Westen und der Reformprozeß in Rußland

Milliardenkredite oder Pilotprojekte?

Wer heute nach Rußland oder in die anderen Mitgliedsländer der Gemeinschaft Unabhängiger Staaten (GUS) reist oder gar beruflich dort tätig ist, wird erschüttert sein: Dem westlichen Beobachter eröffnen sich Kompetenzwirrwarr, Desorganisation, Amtsmißbrauch, Bereicherung, Inflation, Kriminalität, Armut und soziale Gegensätze. Die Mafia trägt ihre Auseinandersetzungen auf offener Straße aus, die Menschen reagieren mit nackter Angst und Verzweiflung. Sieht so, fragen sich die Bürger dort, die Zukunft des Landes aus? Hat es überhaupt Sinn, sorgt man sich in wirtschaftlichen und politischen Kreisen des Westens, weiterhin auf den Reformprozeß zu setzen, Geld und Know-how zu investieren?

So berechtigt solche Sorgen und Fragen sind – man sollte sich vor Augen halten, daß die Länder sich in einem gewaltigen Transformationsprozeß befinden, der, anders als in den Industrieländern des Westens, in wenigen Jahren eine auf Dirigismus beruhende Planwirtschaft, die siebzig Jahre lang das Bewußtstein der Menschen geprägt und jegliche Privatinitiative gehemmt hat, in das kalte Wasser einer Entwicklung geworfen hat, die marktwirtschaftliche Verhältnisse anvisiert.

Schließlich ist es erst sieben Jahre her, daß der damalige deutsche Außenminister Hans-Dietrich Genscher im Februar 1987 auf dem »World Economic Forum« in Davos auf die Bedeutung

der Reformentwicklung in der damaligen Sowjetunion hingewiesen hat. Heute gibt es kaum noch Diskussionen darüber, *ob*
man die Reformentwicklung unterstützen soll oder nicht.
Schon aus politischem Eigeninteresse lautet die Frage: wie, mit
welchen Methoden, mit welchen Schwerpunkten, in welchen
Zeiträumen, mit welchen Erwartungen. Allerdings: Westliche
Unterstützung kann lediglich als Initialzündung oder Beschleunigung eines Wandlungsprozesses dienen, kann nur – um eine
abgegriffene, aber immer noch richtige Formel zu verwenden –
»Hilfe zur Selbsthilfe« leisten. Die eigentlichen Weichenstellun-
gen und Anstrengungen müssen vor Ort stattfinden.

Im Mittelpunkt des öffentlichen Interesses steht natürlich die
wirtschaftliche Unterstützung. Darüber hinaus aber geht es um
die Stärkung der Reformkräfte in Wirtschaft und Politik, um
Zusammenarbeit mit den demokratischen Kräften und Organisationen, um humanitäre Hilfe, Unterstützung beim Aufbau
eines Rechtssystems, bei der Entfaltung kultureller Beziehungen und im Bildungsbereich sowie vor allem um Partnerschaf-
ten zwischen Städten, Gemeinden und Regionen. Nach Jahr-
zehnten der totalen Abschottung der Sowjetmenschen von der
Außenwelt durch das kommunistische System können gerade
diese unmittelbaren zwischenmenschlichen Beziehungen ein
Gefühl der Zugehörigkeit zu den demokratischen Ländern des
Westens begründen. Angesichts der Labilität der wirtschaftlichen, politischen und sozialen Lage sollte, bei aller Bedeutung
langfristiger Zielsetzungen, das Schwergewicht auf kurz- und
mittelfristigen Konzepten liegen.

Um die Perestroika von außen zu unterstützen, hoffte man
zunächst, die Probleme der damaligen Sowjetunion vor allem
durch die Gewährung von Milliardenkrediten lösen oder
zumindest erleichtern zu können. Die bereits gewährten Kredite haben die angestrebten Ziele jedoch nicht selten verfehlt.
Die Mittel flossen teils in planwirtschaftlich ineffektive Staats-

ausgaben, teils verschwanden sie in undurchsichtigen Kanälen. Nur ein kleiner Teil kam produktiven Vorhaben zugute.

Der Westen sollte deshalb auf genauen Zielsetzungen und strengen Kontrollen bestehen und Kredite nur für zuvor genau auf ihre Rentabilität untersuchte Einzelprojekte gewähren. Am effizientesten sind *joint ventures*, westliche Investitionen und Beteiligungen, da sie neben dem Kapitalzufluß auch Know-how sicherstellen.

Gezielte Hilfe ist dort empfehlenswert, wo sie in vergleichsweise kurzer Zeit schnellen Nutzen bringen kann: im Energie- und Rohstoffsektor, in der Landwirtschaft sowie vor allem bei der Herausbildung leistungsfähiger mittelständischer Unternehmen, die noch immer durch zahlreiche institutionelle und finanzielle Barrieren gehemmt werden.

Zuweilen gibt es immer noch Bestrebungen, gewünschte Übereinkommen durch direkte Verhandlungen mit den zentralen Behörden in Moskau zu erzielen. Die Bedeutung der Moskauer Zentrale nimmt jedoch, wie im vorliegenden Buch dargelegt, immer mehr ab. Initiative und Schwergewicht verlagern sich auf die einzelnen Gebiete (»Oblasty«) und sogar Kreise (»Rayons«). Dies sollte bei westlichen Aktivitäten – auch in der Wirtschaft – bedacht werden. Auf lokaler Ebene existieren mittlerweile eine Vielzahl unterstützenswerter privater Projekte und Initiativen. Vor Ort lassen sich die konkreten Probleme meist viel besser erkennen, und die Hilfe zur Selbsthilfe kann hier schneller wirksam werden.

Deshalb sollte sich die westliche Wirtschaft vor allem auf sorgfältig vorbereitete kleinere Pilotprojekte konzentrieren, bei denen das Risiko des westlichen Investors sich in Grenzen hält, die jedoch, wenn der Übergang zur Marktwirtschaft gelingt, als Kern größerer Unternehmen ausgebaut werden können. Ansprechpartner dafür können eher Bürgermeister oder regionale Verwaltungen als Minister der zentralen Regierung sein.

Im Laufe der letzten Jahre sind viele Berater nach Rußland und in andere GUS-Staaten gekommen, in der Regel erfolgreich – in Wirtschaft und Verwaltung, in der Justiz, zur Aus- und Fortbildung von Fach- und Führungskräften. Zu den sich ständig erweiternden Aufgaben gehören die Unterstützung beim Aufbau einer neuen Finanzverfassung und eines Handels- und Gesellschaftsrechts, die Ausnützung und Verwertung von Energie- und Rohstoffreserven, Hilfe beim Umweltschutz und Unterstützung auf dem Dienstleistungssektor.

Es ist sinnvoll, das Schwergewicht der westlichen Aktivitäten auf die Ausbildung der Menschen zu legen, damit sie in möglichst kurzer Zeit ihre Probleme selbst lösen, die Schwierigkeiten überwinden und durch ihre eigene Tätigkeit zur Stabilisierung der Verhältnisse aktiv beitragen können.

Ausbildungsprogramme waren in den letzten Jahren bereits erfolgreich. Bei der Auswahl der Teilnehmer sollte sich die westliche Seite jedoch unbedingt ein Mitspracherecht vorbehalten, um zu verhindern, daß diese Programme vorwiegend von ehemaligen Partei- und Wirtschaftsfunktionären zur Sicherung ihrer früheren Macht genutzt werden. An ihrer Stelle sollten vor allem bislang unterprivilegierte Fach- und Nachwuchskräfte die Möglichkeit zu Aus- und Weiterbildung erhalten. Sie sind zumeist höher motiviert und gegenüber den neuen Herausforderungen aufgeschlossener und fähiger als die älteren Nomenklatura-Funktionäre.

Bis diese Hilfe »greift«, kann auf humanitäre Hilfe nicht verzichtet werden. Im November 1990 hatte sich der Oberbürgermeister von St. Petersburg, Anatolij Sobtschak, mit einem dramatischen Appell an das westliche Ausland gewandt und um Unterstützung bei der Versorgung der Bevölkerung mit Lebensmitteln gebeten. Aus vielen Ländern trafen daraufhin Spenden ein, in Deutschland wurde unter dem Motto »Helft Rußland« und »Ein Herz für Rußland« gesammelt. Obwohl ein Teil der

Nahrungsmittel durch Korruption und Bestechung in Einzelfäl-
len die Empfänger nicht erreichte, hat die Lebensmittelhilfe
dazu beigetragen, die drohende Hungerkatastrophe im Winter
1990/91 und auch 1991/92 zu verhindern. Seit 1992 ist der
Tiefpunkt überschritten.

Viele Betriebsangehörige werden von den Kantinen der
Unternehmen mitversorgt, manche Familien verfügen über
umfangreiche Vorräte an Lebensmitteln. Unter den Versor-
gungsschwierigkeiten leiden vor allem Rentner, Kranke, Kinder
und kinderreiche Familien in den Großstädten St. Petersburg
und Moskau sowie in den Industriestädten und früheren Zentren der Rüstungsproduktion wie Swerdlowsk (heute Jekaterinburg), Tscheljabinsk, Magnitogorsk und Nowosibirsk.

Für diese völlig unverschuldet in Notlage geratenen Menschen sollte die Entsendung von Lebensmitteln und – zunehmend – Medikamenten fortgesetzt werden. Westliche Mithilfe
bei Transport, Lagerung und Verteilung müßte dabei garantieren, daß die Lieferungen wirklich in die Hände der Bedürftigen
gelangen.

Unterstützung der Reformentwicklung

Neben der wirtschaftlichen Unterstützung (und natürlich
humanitärer Hilfe) sollte es zur Zielsetzung der westlichen Länder gehören, Formen zu finden, die interessierten Bevölkerungsgruppen in Rußland und den anderen GUS-Staaten mit
den Idealen und Inhalten von Demokratie und Rechtsstaat vertraut zu machen. In der Praxis dürfte die Beratung und technische Hilfe beim Aufbau demokratischer Institutionen vor allem
der Rechtspflege und der Verwaltung im Vordergrund stehen,
sowie eine zunehmende Zusammenarbeit mit Parteien, privaten Stiftungen, Gewerkschaften, Kirchen und Unternehmerver-

bänden. Auch hier dürfte es inzwischen selbstverständlich sein, daß die im Westen entwickelten politischen und juristischen Strukturen sich nicht mechanisch auf Rußland oder andere Länder der GUS übertragen lassen.

Die Kontaktaufnahme und Zusammenarbeit westlicher politischer Parteien mit den politischen Parteien Rußlands und, wenn auch meist geringer entwickelt, anderer GUS-Staaten kann dabei mehr als bisher in unser Blickfeld gerückt werden. Aus naheliegenden Gründen sind die politischen Parteien in Rußland in ihrem Aufbau, in ihrer Struktur und Zielsetzung nicht identisch mit den im Deutschen Bundestag vertretenen Parteien oder dem Parteienspektrum westlicher Länder. Trotz der völlig unterschiedlichen Aufgabenstellungen dürfte es für Mandatsträger oder andere Repräsentanten westlicher politischer Parteien nicht schwer sein, Personenkreise in den entsprechenden russischen politischen Parteien zu finden, die in ihrer Grundeinstellung und ihren Zielvorhaben weitgehende Übereinstimmung aufweisen.

Eine Zusammenarbeit im kulturellen Bereich ergibt sich für uns nicht nur aus der bereits seit Jahrhunderten bestehenden (manchmal etwas in Vergessenheit geratenen) Wechselwirkung zwischen der deutschen und russischen Kultur, sondern auch angesichts des stark gewachsenen Interesses an deutscher Kultur, Literatur und Kunst und an vielen neuen ungehinderten Begegnungen.

Deutsche Künstler berichten von herzlichen Empfängen in Rußland und anderen GUS-Staaten und freundschaftlichen Begegnungen mit Künstlern des Gastlandes. Erfreulicherweise ist das Zweigstellennetz der Goethe-Institute durch neue Institute in Alma Ata, Kiew, Minsk und St. Petersburg erweitert worden. Gastspielreisen, Theaterprojekte, Ausstellungen und Dichterlesungen stoßen auf außerordentliches Interesse. Die Nachfrage nach deutschen Büchern ist sprunghaft gestiegen.

Die ersten Büchersendungen für Buchhandlungen und Biblio-
theken Rußlands und anderer GUS-Staaten, gemeinsame Seminare russischer und deutscher Buchhändler und Verleger sind
vielversprechende Anfänge.

Besonders wichtig ist die Frage der Rußlanddeutschen. Die
Wiederherstellung der Wolgarepublik scheint kaum möglich.
Die 1,9 Millionen Rußlanddeutschen leben heute in unterschiedlichen Regionen, fast die Hälfte in Kasachstan, im asiatischen Teil der GUS. Anstelle der Wiederherstellung einer Wolgarepublik werden seit zwei Jahren deutsche Rayons gegründet
(ein Rayon entspricht etwa einem deutschen Landkreis). Die
ersten deutschen Kreise sind bei Omsk und Altai entstanden,
gegenwärtig werden ähnliche in Rußland, Kyrgystan und vor
allem in der Ukraine vorbereitet.

Mit der Bildung der deutschen Kreise beginnt sich das Verhalten der Rußlanddeutschen zu verändern. Manche Rußland-
deutsche, die bereits Anträge für die Ausreise in die Bundesrepublik ausgefüllt hatten, wollen jetzt erst einmal abwarten. Je
schneller die deutschen Kreise gebildet werden und je aktiver
sich die Bundesrepublik mit der Bereitstellung von Fertighäu-
sern, durch Hilfe beim Aufbau von Schulen und Krankenhäu-
sern sowie kleineren Handwerks- und Produktionsstätten ein-
schaltet, um so größer ist die Hoffnung, daß die Rußlanddeutschen dort neue Arbeits- und Lebensmöglichkeiten finden.

Am 9. November 1990, dem Jahrestag der Öffnung der Berli-
ner Mauer, haben Bundeskanzler Kohl und der damalige
Staatspräsident Gorbatschow in Bonn den deutsch-sowjetischen »Vertrag über gute Nachbarschaft, Partnerschaft und
Zusammenarbeit« unterzeichnet. Dieser Vertrag ist engstens
mit der Unterstützung des Reformprozesses verbunden. Bei der
zweiten Beratung und Schlußabstimmung am 25. April 1991
im Deutschen Bundestag wurde dies deutlich unterstrichen.

Der damalige Außenminister Hans-Dietrich Genscher erklärte, der deutsch-sowjetische Vertrag trage »mit dazu bei, für die Sowjetunion den notwendigen äußeren Rahmen zu schaffen, in dem sich die inneren Reformen vollziehen können. Der Erfolg der Reformpolitik in der Sowjetunion, ein konsequenter Demokratisierungsprozeß und die Einführung eines marktwirtschaftlichen Systems werden das Schicksal Europas mitbestimmen. Eine demokratische und wirtschaftlich erneuerte Sowjetunion liegt in unserem Interesse wie auch im Interesse ganz Europas.«

Das Schwergewicht sollte auf der möglichst engen Kooperation vor Ort, auf unterster Ebene, liegen. In Artikel 14 wurde vereinbart, die Vertragspartner unterstützen »die umfassende Begegnung von Menschen« und den »Ausbau der Zusammenarbeit« von Stiftungen, Schulen, Hochschulen, Sportorganisationen, Kirchen, Parteien, Gewerkschaften, sozialen Einrichtungen, Jugendverbänden, Frauenverbänden und Umweltschutzorganisationen. Gleichzeitig wurde die »partnerschaftliche Zusammenarbeit« zwischen Gemeinden, Regionen, Bundesländern und den entsprechenden territorialen Gliederungen in der damaligen Sowjetunion vereinbart.

Als der Vizepräsident des Deutschen Bundestages, Hans Klein, zur Abstimmung aufrief, gab es weder eine Gegenstimme noch eine Stimmenthaltung. Das Protokoll verzeichnet »Beifall im ganzen Hause«.

Seit der Ratifizierung des deutsch-sowjetischen Vertrages sind über drei Jahre vergangen. Die Union der Sozialistischen Sowjetrepubliken ist von der Landkarte verschwunden. Die Gemeinschaft Unabhängiger Staaten hat die Bestimmungen des Vertrages übernommen. Seither hat sich gezeigt, daß der große Transformationsprozeß in Rußland und anderen Nachfolgestaaten weit komplizierter, langwieriger und schwieriger war als zunächst angenommen.

Noch ist die weitere Entwicklung und das Schicksal Rußlands und der GUS nicht endgültig entschieden. Gewiß scheinen gefährliche Rückschläge, etwa die Errichtung einer Militärdiktatur, eine Rückkehr zum früheren kommunistischen System oder ein Durchbruch rechtsradikaler Kräfte, eher unwahrscheinlich zu sein. Aber völlig unmöglich ist nichts. Gerade in einer solchen Situation ist eine wachsende Zusammenarbeit vor Ort, die Schaffung eines ganzen Netzes von Beziehungen, dringend erforderlich, um das riesige Gebiet von Brest bis Wladiwostok, vom arktischen Workuta bis zum subtropischen Duschanbe auf dem schwierigen Weg zur Demokratie, zu Rechtsstaatlichkeit und Marktwirtschaft zu unterstützen.

Bibliographische Notizen

Michail Gorbatschow und Boris Jelzin

Das wichtigste Buch Michail Gorbatschows: »Perestroika. Die zweite russische Revolution« (München 1987) enthält sein politisches Programm für die Perestroika nach dem Stand von 1987. Mehr als die Hälfte des Buches beschäftigt sich mit der Außenpolitik, sechzig Seiten sind allein dem sowjetisch-amerikanischen Verhältnis und der atomaren Abrüstung gewidmet. Der Bereich der Wirtschaftspolitik bleibt vage, auch der Nationalitätenfrage in der Sowjetunion maß Gorbatschow damals nur geringe Bedeutung bei. Zurückhaltend ist Gorbatschows Auseinandersetzung mit der sowjetischen Vergangenheit.

Gorbatschows zweites Buch »Der Staatsstreich« (München 1991) enthält verschiedene Texte aus den Tagen des August-Putsches 1991, darunter auch die heimliche Videoaufzeichnung aus der Nacht vom 19./20. August. Interessant ist seine »Bestandsaufnahme« der Situation in der Sowjetunion, die Gorbatschow in den Tagen vor dem Putsch geschrieben hatte und in der er sich sehr kritisch mit seinen Gegnern in der Partei auseinandersetzt.

Ein Jahr später erschien sein Buch »Der Zerfall der Sowjetunion« (München 1992) – der Rückblick eines über die Entwicklung verbitterten Präsidenten. Als sein bislang letztes Buch veröffentlichte er schließlich 1993 die »Gipfelgespräche. Geheime Protokolle aus meiner Amtszeit« (Berlin 1993). Neben Gesprächsprotokollen u. a. mit Helmut Kohl, Margaret Thatcher, George Bush und François Mitterrand enthält das Buch auch Protokolle aus Sitzungen des Politbüros und bis dahin unveröffentlichte Notizen Gorbatschows »Über Stalin« vom 2. Februar 1989 sowie das einleitende »Ich kenne keine glücklichen Reformer . . . Ein Blick zurück«, in dem Gorbatschow auf 34 Seiten seine Zeit an der Spitze der KPdSU und der Sowjetunion resümiert.

Von den Biographien Gorbatschows ist vor allem das Buch von

Gerd Ruge »Michail Gorbatschow« (Frankfurt 1990) zu erwähnen.
Der langjährige ARD-Korrespondent in Moskau und exzellente
Kenner der Sowjetunion hat eine kenntnisreiche und bei aller Sympathie für Gorbatschow ausgewogene Darstellung von seiner Kindheit
bis zur Wahl zum Präsidenten der Sowjetunion im März 1990 vorgelegt.

Weitere Biographien Gorbatschows sind u. a. Gail Sheehys »Gorbatschow – der Mann, der die Welt verändert hat« (München 1991),
Zhores Medwedjews »Der Generalsekretär. Eine politische Biographie« (Neuwied 1987), Christian Schmidt-Häuers »Michail Gorbatschow« sowie – kritischer als die bisher genannten – Nikolaj Poljans-
kis und Alexander Bahrs »Gorbatschow, der neue Mann« (Frankfurt/
Main, Berlin 1987).

Der langjährige Rußland-Korrespondent Klaus Bednarz zeichnet in
der Bildmonographie »Michail Gorbatschow. Sein Leben, seine Ideen,
seine Visionen« (Hamburg 1990) ein knappes, aber sachkundiges Por-
trait Gorbatschows, anschaulich ergänzt durch eine Vielzahl sorgfältig
ausgewählter Bilder.

Boris Jelzins Buch »Die Aufzeichnungen eines Unbequemen« (München 1990) stellt die Auseinandersetzungen bei seiner Wahl zum
Volksdeputiertenkongreß der UdSSR Ende März 1989 in den Mittelpunkt, ergänzt durch zuweilen ausführlichere Rückblicke auf
Abschnitte seines Lebens sowie Reflexionen und Polemiken. Neben
der farbigen Darstellung seines privaten, beruflichen und politischen
Werdegangs bietet das Buch faszinierende Einblicke in die Arbeit der
zentralen Machtorgane der ehemaligen Sowjetunion. Dabei spart Jelzin nicht mit Kritik, vor allem an Michail Gorbatschow und dessen
Amtsführung.

Wichtige Zeitzeugen des Reformprozesses

Das Buch Boris Jelzins »Die Alternative« (Bad König 1991) enthält
seine Reden und Interviews vom Herbst 1987 bis Herbst 1990, die
Veröffentlichung »Reden gegen den Putsch« (Vorwort von Andrej
Gurkow, Bergisch Gladbach 1991), die Erklärungen und Erlasse Jelzins während des August-Putsches 1991.

Zu den wichtigsten Biographien Jelzins gehören John Morrisons
»Boris Jelzin – Retter der Freiheit« (Frankfurt/Main 2/1991) sowie

Wladimir Solowjows und Elena Klepikowas »Der Präsident. Boris Jelzin. Eine politische Biographie« (Berlin 1992).

Mehrere Wegbegleiter und enge Mitarbeiter von Gorbatschow und Jelzin haben inzwischen ihre Erinnerungen veröffentlicht. Besonders wichtig sind die Erinnerungen von Anatoli Tschernajew: »Die letzten Jahre einer Weltmacht. Der Kreml von innen« (Stuttgart 1993). Anfang 1986 von Gorbatschow zu seinem Ersten außenpolitischen Berater ernannt, befand sich Tschernajew fast immer in der Nähe Gorbatschows – auch während des August-Putsches 1991 – und begleitete ihn auf vielen Auslandsreisen. Er beschreibt, mit bisher unbekannten Details, Gorbatschows Erfolge in den ersten Jahren der Perestroika, aber auch die Kämpfe gegen die Reformgegner in ZK und Politbüro, die Zerwürfnisse und Konflikte unter den Demokraten, Gorbatschows wachsende Isolation, sein Zaudern und schließlich sein Scheitern.

Einen persönlichen Zugang zu Michail Gorbatschow bieten die Erinnerungen von Raissa Gorbatschowa: »Leben heißt hoffen. Erinnerungen und Gedanken« (Bergisch Gladbach 1991). Frau Gorbatschowa beschreibt ihre Kindheit und Jugend, ihre Studienzeit in Moskau und ihr Leben an der Seite Gorbatschows, zunächst in Stawropol, dann in Moskau.

Eduard Schewardnadse zieht in seinem Buch »Die Zukunft gehört der Freiheit« (Reinbek bei Hamburg 1991) eine politische und persönliche Bilanz, beschreibt seine Erfahrungen als sowjetischer Außenminister bis zu seinem Rücktritt im Dezember 1990.

Weniger persönlich gehalten ist das Buch von Alexander Jakowlew: »Offener Schluß. Ein Reformer zieht Bilanz« (Weimar 1992). Das Buch beruht auf einer Reihe von Gesprächen Jakowlews mit der französischen Journalistin Lilly Marcou im September 1990 und in den Wochen nach dem August-Putsch 1991 über Intentionen und Probleme der Perestroika, die Gründe für das Scheitern Gorbatschows, die Problematik der Wirtschaftsreformen, die Erfolge der sowjetischen Außenpolitik und die umfassende Aufarbeitung der Vergangenheit.

Der St. Petersburger Bürgermeister Anatolij Sobtschak beschreibt in seinem Buch »Für ein neues Rußland! Unser Kampf um Recht und Demokratie« (Bergisch Gladbach 1991) seinen Kampf an der Seite Jelzins und der Reformer sowie seine Tätigkeit im Obersten Sowjet der UdSSR. Er legt auch seine politische Konzeption für ein anderes Rußland dar.

Vadim Bakatin, liberaler Innenminister unter Gorbatschow, gibt in

seinem Buch »Im Innern des KGB« (Frankfurt am Main 1993) erstmals ein detailliertes Bild von Struktur und Methoden des KGB.

Der sowjetische Bürgerrechtler Andrej Sacharow befaßt sich auf den
letzten 160 Seiten seiner Erinnerungen »Mein Leben« (München
1991) mit seiner Rückkehr aus der Verbannung im Dezember 1986
und seiner aktiven Mitarbeit auf seiten der Reformer.

Den Schwerpunkt des Buches von Georgi Arbatow: »Das System.
Ein Leben im Zentrum der Sowjetpolitik« (Frankfurt am Main 1993)
bilden seine Erinnerungen an die Breschnew-Zeit. Auf den letzten vierzig Seiten behandelt er die Wandlung des sowjetischen Systems seit
1985, die Ursachen für das Scheitern Gorbatschows und die Probleme
Jelzins.

Nicht fehlen dürfen hier auch die Bücher zweier langjähriger führender Diplomaten. In Valentin Falins »Politische Erinnerungen«
(München 1993) steht die Außenpolitik der Sowjetunion, vor allem
die Deutsche Frage in der Zeit vor 1985, im Mittelpunkt. Lediglich die
letzten 85 Seiten beschreiben die Perestroika unter Gorbatschow – mit
einer Reihe bislang unbekannter Details, vor allem über die Phase des
Zusammenbruchs der DDR und die sowjetische Haltung zur deutschen Vereinigung.

Julij A. Kwizinskij beschreibt im letzten Drittel seiner Erinnerungen
»Vor dem Sturm« (Berlin 1993) die Deutschlandpolitik der Sowjet-
union und den Weg zur deutschen Vereinigung. Für den sowjetischen
Reformprozeß bedeutsam ist seine Schilderung der Zeit zwischen dem
Rücktritt Schewardnadses im Dezember 1990 und dem August-Putsch
1991, die Kwizinskij im Moskauer Außenministerium erlebte.

Kurz vor dem Abschluß steht ein Buch des russischen Diplomaten
und Publizisten Nikolai Portugalow, der bisher im Verborgenen
gebliebene Aspekte der sowjetischen Deutschlandpolitik vor allem bei
der Wiedervereinigung offenbart.

Darstellungen über die Perestroika und den Systemwandel

Die wichtigsten Dokumente der Perestroika-Periode und des beginnenden Systemwandels, darunter Protokolle von Parteitagen und Parlamenten, die Reden Gorbatschows, Jelzins und anderer höherer
Funktionäre sowie eine Vielzahl wichtiger Analysen sind in der Zeit-

schrift *Osteuropa* und in den Veröffentlichungen des »Bundesinstituts für ostwissenschaftliche und internationale Studien« in Köln zu finden. Einzelne wichtige Beiträge sind enthalten im *Europa-Archiv* und, in zunehmender Objektivität, in der Zeitschrift *Sowjetunion heute* (seit 1992 *Wostok*).

Zu den wenigen Gesamtdarstellungen der Ära Gorbatschow bis zum Ende der Sowjetunion im Dezember 1991 gehören unter anderem die »Jahrbücher des Bundesinstituts für ostwissenschaftliche und internationale Studien: Sowjetunionn« (München/Wien 1987, 1989, 1991). Sie bieten einen außerordentlich informativen Überblick über den Gesamtbereich der Perestroika von 1985 bis 1991 in der Sowjetunion. In dem Buch »Aufbruch im Osten Europas. Chancen für Demokratie und Marktwirtschaft nach dem Zerfall des Kommunismus« (München/Wien 1993) behandeln Ostexperten des Bundesinstituts die politische und ökonomische Entwicklung in den Staaten der GUS und Osteuropas nach dem Zusammenbruch des Kommunismus.

Werner Adam, über zwei Jahrzehnte Auslands- und Moskaukorrespondent der *Neuen Zürcher Zeitung* und der *Frankfurter Allgemeinen Zeitung*, faßt in seinem Buch »Ein Imperium zerbricht. Reportagen über den Untergang der Sowjetunion« (Frankfurt am Main 1992) wichtige Analysen und Kommentare von Ostexperten und Moskaukorrespondenten zwischen 1985 und 1991 zusammen. Der Anhang enthält einen knappen, aber informativen Abriß über die Geschichte Rußlands und der Sowjetunion.

In seinem Buch »Rußland hat Zukunft. Die Wiedergeburt einer Weltmacht« (Frankfurt am Main 1993) schildert Andrej Gurkow den Aufstieg und das Scheitern Gorbatschows, zeichnet ein positives Bild Boris Jelzins, beschreibt den Aufbruch in die Konsumgesellschaft und die Herausbildung einer neuen, von Fesseln der Zensur befreiten russischen Kultur und entwirft ein »letztlich optimistisches« Bild des neuen Rußland.

Eine kurze zusammenfassende Darstellung der Entwicklung von 1985 bis Sommer 1992 enthält das Buch von Gerhard und Nadja Simon: »Verfall und Untergang des sowjetischen Imperiums« (München 1993).

Eine genau recherchierte, ausführliche Darstellung der ersten Jahre der Perestroika bietet das Buch von Boris Meissner: »Die Sowjetunion im Umbruch« (Stuttgart 1988). Meissner beschreibt die Entwicklung von der Ernennung Gorbatschows bis zum Februar-Plenum 1988, analysiert Verlauf und Ergebnisse der gesellschaftlichen Reformen von 1985 bis Anfang 1988 sowie die Hindernisse und Gegenkräfte.

Äußerst kenntnisreich ist das Buch von F. Wilhelm Christians: »Wege nach Rußland. Bankier im Spannungsfeld zwischen Ost und West« (Hamburg 1990). Der Vorstandssprecher der Deutschen Bank schildert Gorbatschow und beschreibt anschaulich die ermutigenden Entwicklungen, aber auch Schwierigkeiten in den ersten Jahren der Perestroika, vor allem im Bereich der Wirtschaft.

Zu den wichtigen Veröffentlichungen zu Teilaspekten des Reformprozesses gehören u. a.: Robert W. Davis' »Perestroika und Geschichte« (München 1991) über die Auswirkungen der Perestroika auf die sowjetische Geschichtswissenschaft und die kritische Auseinandersetzung mit der sowjetischen Geschichte. Paul Roth gibt in »Glasnost und Medienpolitik unter Gorbatschow« (Bonn 1990) eine äußerst informative Darstellung über die Medien- und Informationspolitik unter Gorbatschow. Walter Laqueur »Der Schoß ist fruchtbar noch« enthält eine sachkundige Beschreibung und Analyse der nationalistischen und rechtsextremistischen Kräfte in Rußland. Johannes Grotzky untersucht in »Herausforderung Sowjetunion. Eine Weltmacht sucht ihren Weg« (München 1991) die Auswirkungen der Perestroika auf die Nationalitätenproblematik, verbunden mit einer informativen Darstellung über die einzelnen Republiken und Regionen und ethnischen Gruppen. Grigorij Jawlinskij stellt in seinem Buch »Reform von unten – die neue Zukunft Rußlands« (Gütersloh 1994) seine Konzeptionen für die Wirtschaftsreform dar – mit besonderer Betonung der Aktivitäten auf regionaler Basis.

Aus der großen Zahl von Berichten deutscher Korrespondenten seien hier einige genannt: Lois Fisher-Ruge beschreibt in: »Überleben in Rußland. Chaos und Hoffnung im Alltag« (Hamburg 1991) einfühlsam und plastisch das schwierige Alltagsleben der einfachen Menschen, ihre Nöte und Enttäuschungen. Klaus Bednarz schildert in seinem Buch »Rußland. Ein Volk sucht seine Zukunft« (Hamburg 1992) das Alltagsleben der russischen Menschen, verknüpft mit politischen Betrachtungen, und vermittelt ein facettenreiches Bild der im fundamentalen Wandel befindlichen russischen Gesellschaft. Gabriele Krone-Schmalz berichtet in: »Rußland wird nicht untergehen . . .« (Düsseldorf 1993) von ihren Reisen durch Rußland und schildert Begegnungen mit einfachen russischen Menschen sowie mit Arkadij Wolskij, dem mächtigen Direktor des russischen Industrieverbandes,

· und eine Zusammenkunft mit Michail Gorbatschow. Christian
Schmidt-Häuer stellt in seinem Buch »Rußland in Aufruhr. Innenan-
sichten aus einem rechtlosen Reich« (München 1993) die Schwierigkeiten des Rechtssystems in den Mittelpunkt, untermauert durch
historische Betrachtungen. Christoph Neidhart hat alle 15 Nachfolgestaaten der UdSSR bereist und stellt sie und ihre Menschen, die Probleme der wiederentstehenden nationalen Eigenständigkeiten sowie
die Entwicklungsprobleme der jungen Staaten in 16 einfühlsam
geschriebenen Reportagen vor: »Nach dem Kollaps. Die ehemaligen
Sowjetrepubliken« (Zürich 1993).

Eine umfangreiche Chronologie der Geschichte der UdSSR bis zu
ihrem Ende im Dezember 1991 stammt von Harald Moldenbauer und
Eva Maria Stolberg: »Chronik der UdSSR« (München 1993). Cathrin
Kahlweits Buch »Architekten des Umbruchs. 85 Politiker des neuen
Ost-Europas in Porträts« (Frankfurt am Main 1993) enthält auf 412
Seiten Kurzbiographien der wichtigsten Reformpolitiker Osteuropas.

Zeittafel

1985

11. März	Michail Gorbatschow Generalsekretär der KPdSU
3. April	Boris Jelzin Leiter der Abteilung Bauwesen im ZK der KPdSU
12. April	Jelzin Sekretär des ZK für das Bauwesen
23. April	Gorbatschow fordert eine »beschleunigte sozialökonomische Entwicklung«. Ryschkow, Ligatschow und Tschebrikow werden Vollmitglieder des Politbüros der KPdSU.
1. Juli	Der Leningrader Parteisekretär Nikolaj Romanow wird aus dem Politbüro entfernt; Eduard Schewardnadse rückt in das Politbüro auf.
2. Juli	Gromyko wird Vorsitzender des Präsidiums des Obersten Sowjet, Schewardnadse Außenminister der UdSSR.
27. Sept.	Rücktritt von Ministerpräsident Tichonow; Nachfolger wird Nikolaj Ryschkow.
22. Dez.	Jelzin wird Erster Parteisekretär des Moskauer Stadtkomitees der KPdSU.

1986

25. Febr.– 6. März	XXVII. Parteitag der KPdSU in Moskau. Gorbatschow als Generalsekretär bestätigt; Jelzin Kandidat des Politbüros
26. April	Katastrophe im ukrainischen Kernkraftwerk Tschernobyl
19. Dez.	Rückkehr Sacharows aus der Verbannung in Gorki

1987

27.–29. Jan. Plenum des ZK der KPdSU. Gorbatschow schlägt vor: a) mehrere Kandidaten für die Wahlen zu den Sowjets auf Stadt- und regionaler Ebene und später auch für das Zentrum; b) innerhalb der Partei geheime Wahlen und Auswahlmöglichkeit zwischen mehreren Kandidaten; c) Unterstützung von engagierten, parteilosen Kandidaten für wichtige Positionen in Verwaltung und Wirtschaft.

14. Febr. Gorbatschow für umfassende Aufarbeitung der Vergangenheit: »Vergessene Namen, weiße Flecken« dürfe es »weder in der Geschichte, noch in der Literatur geben«.

25.–26. Juni Plenum des ZK der KPdSU beschließt Einberufung der All-Unions-Konferenz. Jakowlew rückt in das Politbüro auf.

26. Aug. Ligatschow wendet sich gegen »zu kritische Einstellung zur Stalin-Ära«.

21. Okt. Jelzin aus ZK ausgeschlossen und als Moskauer Parteichef abgesetzt (am 11. November vom Stadtkomitee bestätigt)

2.–7. Nov. Feiern zum 70. Jahrestag der Oktoberrevolution. Gorbatschow erklärt, Stalins Rolle in der sowjetischen Geschichte sei »widersprüchlich«.

1988

17. Febr. Gorbatschow bezeichnet die Nationalitätenfrage als »grundsätzlichste und vitalste Frage unserer Gesellschaft«.

18. Febr. Jelzin aus dem Politbüro ausgeschlossen

13. März Die *Sowjetskaja Rossija* veröffentlicht den »Brief« der Nina Andrejewa.

5. April Antwort Alexander Jakowlews auf Andrejewa-Brief

29. April Gorbatschow empfängt erstmals den Patriarchen der Russischen Orthodoxen Kirche, Pimen.

28. Juni– 1. Juli	Auf der XIX. All-Unionspartei-Konferenz schlägt Gorbatschow vor: a) die Einführung des Amtes eines Staatspräsidenten mit weitreichenden Vollmachten; b) ein neues Wahlgesetz; c) die Bildung eines mit umfassenden Funktionen versehenen Volksdeputiertenkongresses.
1. Okt.	Michail Gorbatschow Vorsitzender des Obersten Sowjet als Nachfolger Gromykos
16. Nov.	Der Oberste Sowjet Lettlands erklärt die Souveränität Lettlands.

1989

26. März	Wahlen zum Volksdeputiertenkongreß; von den Reformer werden u. a. Jelzin, Sacharow, Sobtschak und Bakatin gewählt.
9. April	Blutiges Vorgehen sowjetischer Truppen gegen Demonstranten in Tiflis (Georgien). Offizielle Angaben: 20 Tote und 191 Verletzte
21. Mai	Massenkundgebung der Reformkräfte in Moskau.
25. Mai– 10. Juni	Konstituierende Erste Tagung des Kongresses der Volksdeputierten: Gorbatschow wird mit 95,6 Prozent auf fünf Jahre zum Präsidenten gewählt.
10. Juli	Beginn des Bergarbeiterstreiks im Kusnetzker Becken
10.–18. Juli:	Massenstreiks von 300 000 Bergarbeitern für soziale und politische Forderungen.
29. Juli	250 reformerische Abgeordnete des Volksdeputiertenkongresses (darunter Jelzin, Sacharow und Sobtschak) bilden die »Interregionale Gruppe«, um Reformen zu forcieren.
1. Okt.	Zehntausend Menschen demonstrieren in Moskau für Jelzin und eine beschleunigte Demokratisierung.
12.–24. Dez.	Zweite Sitzungsperiode des Kongresses der Volksdeputierten. Verurteilung des geheimen Zusatzabkommens zum Hitler-Stalin-Pakt vom 23. August 1939.
14. Dez.	Tod Andrej Sacharows

1990

19. Jan.	Einmarsch sowjetischer Truppen in Baku
21. Jan.	450 Reform-Kommunisten gründen die »Demokratische Plattform«.
3.–5. Febr.	Auf dem Plenum des ZK der KPdSU fordert Gorbatschow die Aufgabe des Machtmonopols der Partei.
4. Febr.	Zweihunderttausend Menschen fordern auf der größten nichtstaatlichen Demonstration seit 1917 demokratische Reformen in der UdSSR.
4. März	Wahlen zum Volksdeputiertenkongreß der Russischen Föderation
15. März	Außerordentliche Sitzung des Kongresses der Volksdeputierten: Gorbatschow mit 59 Prozent der Stimmen zum Staatspräsidenten der UdSSR gewählt.
Mitte März	Gründung der »Liberal-Demokratischen Partei Rußlands« unter Wladimir Shirinowski
1. Mai	Demonstranten fordern Gorbatschows Rücktritt
4.–6. Mai	Gründungskongreß der »Sozialdemokratischen Partei der Russischen Föderation«
29. Mai	Jelzin wird zum Präsidenten der Russischen Föderation gewählt.
Ende Mai	Gründungskongreß der »Demokratischen Partei Rußlands« unter Nikolaj Trawkin
12. Juni	Russische Föderation erklärt sich für souverän.
19.–23. Juni	Gründungskongreß der »Kommunistischen Partei der Russischen Föderation«
2.–14. Juli	XXVIII. Parteitag der KPdSU
10. Juli	Gorbatschow erneut zum Generalsekretär der KPdSU gewählt
12. Juli	Jelzin erklärt Austritt aus der KPdSU
1. Aug.	Einsetzung der »Gruppe der 13« (u. a. Schatalin, Jawlinski und Petrakow) für den Übergang zur Marktwirtschaft
23. Aug.	Per Dekret hebt Gorbatschow die ökonomische Souveränitätserklärung der Russischen Regierung auf. Konflikt zwischen Gorbatschow und Jelzin.
1. Sept.	Die »Gruppe der 13« unter Schatalin legt das »500-Tage-Programm« für den Übergang zur Marktwirtschaft vor.

16. Sept.	In Moskau demonstrieren Hunderttausende gegen die Regierung Ryschkow und Staatspräsident Gorbatschow.
17. Sept.	Gorbatschow lehnt das Schatalin-Reformprogramm ab.
9. Okt.	Der Oberste Sowjet der Russischen Föderation beschließt, das »500-Tage-Programm« am 1. November in Kraft treten zu lassen.
9. Okt.	Der Oberste Sowjet der UdSSR verabschiedet ein »Gesetz über gesellschaftliche Organisationen« – Grundlage für das Mehrparteiensystem.
15. Okt.	Das Nobelpreiskomitee gibt bekannt, daß der Friedensnobelpreis an Michail Gorbatschow vergeben wird.
20./21. Okt.	Gründung der Reformbewegung »Demokratisches Rußland«
27. Nov.	Jelzin fordert eine umfassende Agrarreform, das Privateigentum an Grund und Boden und ein selbständiges Bauerntum.
30. Nov.	Gorbatschow will Grund und Boden weiterhin »in den Händen der werktätigen Massen« belassen.
1./2. Dez.	Per Erlaß verbietet Gorbatschow den Republiken, eigene Streitkräfte aufzustellen.
2. Dez.	Gorbatschow entläßt Innenminister Bakatin. Nachfolger wird Lettlands ehemaliger KGB-Chef Boris Pugo.
3. Dez.	Der russische Volksdeputiertenkongreß nimmt das Gesetz zur Einführung von privatem Landbesitz in der RSFSR an.
20. Dez.	Rücktritt Außenminister Schewardnadses
25. Dez.	Entwurf des neuen Unionsvertrages mit 1605 gegen 54 Stimmen angenommen
27. Dez.	Reformgegner Janajew wird sowjetischer Vizepräsident.

1991

| 10. Jan. | Gorbatschow fordert litauische Regierung zur Einhaltung der sowjetischen Verfassung auf. |
| 11. Jan. | Sowjetische Fallschirmjäger besetzen zentrale Einrichtungen der litauischen Hauptstadt Wilna (Vilnius). |

13. Jan.	Beim Sturm des litauischen Fernsehens durch sowjetische Soldaten werden 13 Menschen getötet.
13. Jan.	Jelzin unterzeichnet in Tallinn mit den Führungen der drei Baltenrepubliken Vereinbarungen über die Anerkennung der Souveränität der baltischen Länder.
14. Jan.	Pawlow Nachfolger Ryschkows als Ministerpräsident der UdSSR
16. Jan.	In Wilna nehmen 500 000 Menschen an einem Trauerzug für die Opfer des 13. Januar teil.
16. Jan.	Gorbatschow schlägt zeitweise Außerkraftsetzung der Pressefreiheit vor.
20. Jan.	In Moskau demonstrieren 300 000 Menschen gegen die Militärintervention in Litauen.
19. Febr.	Jelzin fordert Rücktritt Gorbatschows.
22. Febr.	In Moskau demonstrieren 400 000 Menschen für Demokratie.
23. Febr.	Gegendemonstrationen für die Einheit der Sowjetunion und die Unterstützung der Armee
7. März	»Sicherheitsrat der UdSSR« geschaffen
10. März	In Moskau demonstrieren mehr als 250 000 Menschen für Jelzin und die Demokraten.
14. März	In der RSFSR werden die ersten politischen Parteien registriert: die »Demokratische Partei Rußlands«, die »Sozialdemokratische Partei« und die »Republikanische Partei«.
17. März	Referendum über die Zukunft der UdSSR als »erneuerter Union«. 76,4 Prozent stimmen mit »Ja«. In der RSFSR stimmen fast 70 Prozent für einen direkt vom Volk zu wählenden Präsidenten.
28. März	50 000 Soldaten, Polizisten und Sicherheitsbeamte können Demonstration von 100 000 Menschen zur Unterstützung Boris Jelzins nicht verhindern.
27. April	Die Bewegung »Demokratisches Rußland« stellt Boris Jelzin als Kandidaten für die Präsidentschaftswahlen am 12. Juni 1991 auf.
12. Mai	Gorbatschow trifft Jelzin sowie die Vorsitzenden von 14 der 16 Autonomen Republiken der RSFSR zu Gesprächen über den Unionsvertrag.
12. Juni	Jelzin wird zum Präsidenten der Russischen Föderation gewählt.

2. Juli	»Bewegung für demokratische Reformen« konstituiert sich.
19. Juli	Jelzin vom Patriarchen der russisch-orthodoxen Kirche als Präsident Rußlands vereidigt
19. Juli	Beginn des 5. Volksdeputiertenkongresses Rußlands. Jelzin scheitert bei dem Versuch, Ruslan Chasbulatow zum Parlamentspräsidenten wählen zu lassen.
20. Juli	Jelzin verbietet per Dekret die Tätigkeit der KPdSU in allen Organisationen und Betrieben.
23. Juli	In der *Sowjetskaja Rossija* erscheint die »Rede an das Volk« – ein kaum verhüllter Aufruf konservativer Reformgegner zu einem Putsch gegen Gorbatschow und den Reformkurs.
4. Aug.	Gorbatschow reist auf die Krim.
18. Aug.	Eine Delegation der Putschisten fliegt zu Gorbatschow auf die Krim, um ihn aufzufordern, die Amtsgeschäfte an Vizepräsident Janajew zu übergeben. Gorbatschow lehnt ab.
19.–21. Aug.	Das »Notstandskomitee« unter Vizepräsident Gennadij Janajew übernimmt die Macht. Boris Jelzin erklärt die Maßnahmen der Putschisten als Staatsstreich und ruft zum unbefristeten Generalstreik auf. Vor dem »Weißen Haus«, in dem sich Jelzin und seine Anhänger aufhalten, versammeln sich zehntausende Moskauer, um das Parlamentsgebäude vor dem Sturm der Soldaten zu schützen.
21. Aug.	Die Putschisten geben auf.
22. Aug.	Gorbatschow landet auf dem Moskauer Flughafen Wnukowo.
23. Aug.	Jelzin verbietet die zentralen KP-Zeitungen und unterschreibt den Erlaß »Über die Einstellung aller Aktivitäten der Russischen Kommunistischen Partei auf dem Gebiet der RSFSR«.
24. Aug.	Rücktritt Gorbatschows als Generalsekretär der KPdSU
25. Aug.	Hunderttausende nehmen an Trauerfeier für die Opfer des Putsches teil.
18. Okt.	Gesetz über die Rehabilitierung der Opfer der Sowjetzeit

28. Okt.	Jelzin erhält Sondervollmachten für den »Durchbruch der Reformen«. Chasbulatow wird nach dreimonatigen Auseinandersetzungen zum Parlamentspräsidenten gewählt.
30. Okt.	Konstituierung des russischen Verfassungsgerichts
6. Nov.	Jegor Gaidar wird Stellvertretender Ministerpräsident für Wirtschaftsfragen.
8. Dez.	Rußland, die Ukraine und Weißrußland beschließen die Gründung der GUS.
12./13. Dez.	Bei einem Treffen in der turkmenischen Hauptstadt Aschchabad sprechen sich die Präsidenten Turkmenistans, Usbekistans, Kyrgystans und Tadschikistans für einen Beitritt zur GUS auf gleichberechtigter Grundlage aus.
21. Dez.	Konferenz von Alma-Ata: Gründungsakt für die GUS. Außer den baltischen Staaten und Georgien beteiligen sich alle früheren Republiken der Sowjetunion.
25. Dez.	Gorbatschow tritt als Präsident der UdSSR zurück.

1992

2. Jan.	Freigabe der Preise für die meisten Güter in Rußland
8./10. Febr.	Gründung der »Rußländischen Völkischen Versammlung« als Bündnis nationalistischer Gruppierungen
22. Febr.	Gründung eines »Rußländischen Verbandes der Direktoren«; Vorsitzender wird Arkadij Wolskij.
23. Febr.	Gemeinsame Demonstrationen von Kommunisten und Nationalisten gegen Jelzin
2. Juni	Jelzin nimmt drei »zentristische« Repräsentanten in die Regierung auf: Wladimir Schumejko, Wladimir Shisha und Viktor Tschernomyrdin.
11. Juni	Der Oberste Sowjet Rußlands verabschiedet ein Gesetz zur Privatisierung staatlicher und kommunaler Unternehmen.
15. Juni	Jegor Gaidar wird Ministerpräsident Rußlands, Schumejko Erster Stellvertreter.
21. Juni	Gründung der zentristischen »Bürgerunion« unter Arkadij Wolskij als Vertretung der Staatsindustrie

1. Okt.	Jeder Bürger erhält einen Privatisierungsgutschein (»voucher«) im Wert von 10 000 Rubel.
2. Okt.	Bildung der »Front der nationalen Rettung«
14. Dez.	Viktor Tschernomyrdin wird Nachfolger Gaidars.

1993

28. März	Der Versuch einer Amtsenthebung Jelzins scheitert an der erforderlichen Zwei-Drittel-Mehrheit.
25. April	Referendum in Rußland: Mehr als 58 Prozent sprechen Jelzin ihr Vertrauen aus; 52 Prozent unterstützen seine Wirtschaftspolitik.
5. Juni	Verfassunggebende Versammlung nimmt Tätigkeit auf
12. Juli	Mit 443 zu 62 Stimmen nimmt die Verfassunggebende Versammlung den Entwurf einer neuen Verfassung an.
24. Juli	Die russische Zentralbank verfügt, daß alle sowjetischen und russischen Banknoten nach Ablauf von zwei Wochen ihre Gültigkeit verlieren.
26. Juli	Jelzin schwächt die Verfügungen der Zentralbank ab.
4. Aug.	Parlamentspräsident Chasbulatow kündigt verschärfte Kontrolle des Parlaments über die Regierung an.
7. Aug.	Mit großer Mehrheit hebt das Parlament einen Erlaß Jelzins über die Beschleunigung der Privatisierung von staatlichen Industriebetrieben auf.
12. Aug.	Jelzin kündigt vorgezogene Parlamentswahlen für den Herbst 1993 an, notfalls unter Umgehung der alten Verfassung.
1. Sept.	Jelzin suspendiert Vizepräsident Ruzkoj von seinen Amtsgeschäften.
14. Sept.	Jelzin ernennt Gaidar zum Ersten Stellvertretenden Ministerpräsidenten Rußlands.
21. Sept.	Jelzin unterzeichnet den Erlaß Nr. 1400 über die Auflösung der Parlamente sowie vorgezogene Parlamentswahlen für den 12. Dezember 1993. Vizepräsident Ruzkoj bezeichnet den Erlaß Jelzins als »verfassungswidrig« und erklärt sich zum »amtierenden Präsidenten«.
22. Sept.	Im »Weißen Haus« verbarrikadieren sich die Anhänger Ruzkojs und Chasbulatows.

23. Sept.	100 bewaffnete Anhänger der »Offiziersunion« stürmen das Gebäude des GUS-Oberkommandos.
26. Sept.	15 000 Menschen demonstrieren für Ruzkoj und Chasbulatow. Auf dem Roten Platz nehmen Zehntausende an einem Konzert zur Unterstützung Jelzins teil.
29. Sept.	Jelzin setzt die Zentrale Wahlkommission für die Vorbereitung der Wahlen am 12. Dezember ein. Leiter: Nikolaj Rjabow.
30. Sept.	In Moskau fordern 62 der 89 »Subjekte der Föderation« die Regierung Jelzin auf, den Erlaß über die Auflösung der Parlamente zurückzunehmen.
1. Okt.	Die auf Vermittlung des Patriarchen der russisch-orthodoxen Kirche stattfindenden Verhandlungen zwischen Vertretern der Regierung und des Parlaments verlaufen ergebnislos.
3. Okt.	10 000 Demonstranten durchbrechen die Umzingelung um das »Weiße Haus«, stürmen das Gebäude der Moskauer Stadtverwaltung und das Fernsehzentrum »Ostankino«.
4. Okt.	Um 7.13 Uhr beginnt die Beschießung des Parlamentsgebäudes. Am Nachmittag ist der Widerstand gebrochen, Ruzkoj, Chasbulatow und ihre Anhänger werden verhaftet und in das Lefortowo-Gefängnis eingeliefert.
5. Okt.	Jelzin verbietet eine Reihe kommunistischer und nationalistischer Zeitungen, u. a. die *Prawda*.
6. Okt.	Walerij Sorkin, Präsident des Verfassungsgerichts, tritt zurück.
7. Okt.	»Tag der nationalen Trauer«. In vielen Städten Rußlands gedenken die Menschen der Opfer der militärischen Auseinandersetzung. Um 15.40 Uhr wird der »Posten Nr. Eins«, die Wache am Lenin-Mausoleum, abgezogen.
8. Okt.	Jelzin verbietet die »Kommunistische Partei Rußlands« und die »Volkspartei Freies Rußland«.
16./17. Okt.	Gründungskongreß der Präsidentenpartei »Rußlands Wahl« in Moskau; Leitung: Jegor Gaidar. Gründungsparteitag der zentristischen »Partei der Russischen Einheit und Eintracht« in Nowgorod; Leitung: Schachraj.

27. Okt.	Dekret Jelzins über die Privatisierung von Grund und Boden
17. Nov.	Das Lenin-Museum wird geschlossen.
1. Dez.	Jelzin gibt das neue Staatswappen Rußlands bekannt: den traditionellen russischen Doppeladler der Zarenzeit.
12. Dez.	Wahlen in Rußland

1994

11. Jan.	Beide Kammern des Parlaments, Staatsduma und Föderationsrat, nehmen ihre Tätigkeit auf.
13. Jan.	Die Staatsduma wählt den KP-Funktionär Ivan Rybkin von der »Agrarpartei« zum Vorsitzenden.
14. Jan.	Der Föderationsrat wählt den Ersten Stellvertretenden Ministerpräsidenten Wladimir Schumejko zum Vorsitzenden.
16. Jan.	Die Reformer Jegor Gaidar und Sozialministerin Ella Pamfilowa treten aus der Regierung aus.
20. Jan.	Ministerpräsident Tschernomyrdin gibt die Zusammensetzung der neuen Regierung bekannt. Als Reaktion legt Finanzminister Boris Fjodorow sein Amt nieder.
30. Jan.	Bei den Wahlen auf der Krim wird Jurij Meschkow zum Präsidenten der Republik der Krim gewählt. Er tritt für eine schrittweise Angliederung an Rußland ein.
16. Febr.	Streik der Bergleute in Workuta
23. Febr.	Die russische Staatsduma beschließt eine Amnestie für die Jelzin-Gegner vom Oktober 1993 sowie für die Anführer des Putsches vom August 1991.
2. März	Das georgische Parlament beschließt den Beitritt Georgiens zur GUS.
6. März	In Moldawien sprechen sich in einem Referendum über 90 Prozent der Wähler gegen einen Anschluß Moldawiens an Rumänien aus und befürworten eine Annäherung an Rußland.

Personenregister